U0144553

方祖燊全集（十）

第二十二卷・宋教仁傳

三湘漁父

國家圖書館出版品預行編目資料

方祖燊全集 / 方祖燊著. -- 初版. -- 臺北市 : 文史哲, 民 85-88
冊 : 公分
ISBN 957-549-044-4 (一套 : 平裝). -- ISBN 957-549-221-8 (第五冊 : 平裝). -- ISBN 957-549-222-6 (第六冊 : 平裝). -- ISBN 957-549-223-4 (第七冊 : 平裝). -- ISBN 957-549-224-2 (第八冊 : 平裝). -- ISBN 957-549-225-0 (第九冊 : 平裝). -- ISBN 957-549-226-9 (第十冊 : 平裝). -- ISBN 957-549-227-7 (第十一冊 : 平裝). -- ISBN 957-549-228-5 (第十二冊 : 平裝). -- ISBN 957-549-229-3(第十三冊 : 平裝)

089.86　　85013624

方祖燊全集・十一

宋教仁傳

著　者：方　祖　燊
出版者：文史哲出版社
登記證字號：行政院新聞局版臺業字五三三七號
發行人：彭　正　雄
發行所：文史哲出版社
印刷者：文史哲出版社
臺北市羅斯福路一段七十二巷四號
郵政劃撥帳號：一六一八〇一七五
電話 886-2-23511028・傳眞 886-2-23965656

實價新臺幣四八〇元

中華民國八十八年七月初版

ISBN 957-549-227-7

自序

一個人勉強去做自己不熟悉的工作，總是困難重重的。我對清末民初的一段歷史，過去確實未曾深入研究。僅就一般常識，要來撰寫一部宋教仁先生傳記的專書，這困難可想而知，當然必須從頭做起。

去年八月，我趁暑假之便，去香港探望家岳時，忽接內子黃麗貞女士來信，告知中央黨史會主任委員秦孝儀先生要我撰寫先烈的傳記。九月初，回到臺北和黨史會聯絡，才知道要我撰寫宋教仁傳。要我根據歷史事實，用文學筆調去撰寫，並希望於去年底完成。

接受了這個工作，由於時間急促，第一步就是立卽去圖書館搬回許多有關書籍，影印部分有關資料。由本書後面所附主要參考書目，可以知道資料繁富到大大出我意料之外，大約估計一下，當在一千五百萬字左右。要在這多如恒河之沙裏，去揀淘一些金粒，自然費時極了！單單把這些史料翻閱一過，有個大略的印象，知道各種史料的所在，三個多月就忽忽過去了。

眞正開始動筆，是在去年十二月間。我開始編擬初步章目，然後逐章摘錄資料，撰寫初稿，逐章刪改修潤；然後由內子幫我謄清。若由去年九月閱讀史料算起，到今年九月寫成七十章二十八萬字，前後經過了十三個月。在這十三個月中，我除了教書一份工作以外，摒除所有外務，一切約稿，每天從清晨工作到深夜，日復一日。有時一個星期工作，寫成兩章，許多時候只能寫一章，遇到特別複雜的地方，一章要寫十天半個月。前後我手摘的資料，總有七八十萬字。每一章都經過兩三次更易，定稿後再補充添加的也有。許多資料常常反覆看了又看，然後下筆。幾乎每天都要扔掉一小垃圾桶的廢稿紙；用去的稿紙，約三四十本。寫的極苦，寫到後來，愈覺其難，幾乎身心交疲，運筆不靈，幾次我都想停筆不寫了。這當然也是由於當時情況複雜，史料的記載就時時在變動，若不從頭到尾細細看完，漏過一條極小的資料，你就不能寫出最正確的歷史。現在，終算全稿完成了；有些地方，自己看看雖然還不覺得頂滿意，但也有相當的收穫。

第一、由於撰寫這部宋教仁傳，我對於中華民國開國的歷史，增加了許多知識。有些朋友看我寫的很苦，鼓勵我說：「你寫完了這部宋教仁傳，可以成為宋教仁專家了。」這當然是過譽的話；不過，現在我對宋教仁似乎有了一份特別喜愛的感情了。

第二、我盡力用文學筆調去撰寫這部傳記，總希望能夠提高它可讀性，希望一般讀者喜歡讀它。就是這一點也並不容易做到。有些章，我自己讀來仍感枯燥。因為宋教仁是現代的人物，史料那麼多，作者能夠自由運用想像力構思的地方，必然大受資料限制。資料愈多，想像愈少；資料缺乏，作者也不能自由虛構，不然也很容易遭到研究現代史的學者的批評。所以這本書中的種種事蹟，都是依據史料來撰寫，只有一些無關宏旨的地方，才依據其他史料，作為聯貫描繪的基礎。總而言之，我希望能夠將當日歷史的真象，借這本傳記重現了出來。其中有一些章的情節，你讀來可能以為這是我虛構的小說，像「失敗與逃亡」、「三二九之役」、「武昌首義的戰爭」、「明孝陵」、「北京兵變」、「遇刺」、「一顆巨星殞落了」、「哀思與悲憤」、「移柩的哀榮」、「破案」……等等，其實所寫的完全是有史料依據真實的人物的事情，完全是「實錄」。我所做的工作，只是如何編寫組織這些史料罷了。

第三、這本傳記採用的體例是「編年中紀事」。所有記事大都是隨着時間的發展來撰寫。每一章大抵以宋教仁的某一件事為重心，詳記其開始、經過與結局，寫它的來龍去脈，前因後果，希望能夠像剝繭抽絲一樣的清楚明瞭。許多人撰寫歷史的時候，對時間的觀念並不十分嚴格，常常將史事提前按後，自由撰寫。這樣，一件事情的因果關係就看不出來了，甚至顛倒了。這本傳記在這一方面是極其嚴格地順着事情發生的前後而記，不但記它年月，記它日子，甚至記它發生的時刻；因此，也糾正了一般史書的錯誤，也可以看出事情轉變的過程，詳細的情節了。譬如鄒魯著「廣州三月二十九革命史」，追記宋教仁參加「廣州之役」一事，說同志在陰曆二十九日（陽曆四月二十七日）分早輪、夜輪兩批前往，「已定早輪上省之人，全體不眠以候，至天明到輪，已無隙地。宋教仁……何天烱、呂天民、何克夫……均乘此輪。」吳相湘撰「宋教仁」傳，據此就作「四月二十七日晨，宋復與何天烱等及海外同志乘輪赴廣州，二十八日舟行抵穗，義軍已告失敗矣」。這節記載時間錯誤，僅差早輪、晚輪而已。何克夫搭二十九日早輪前往，所以能夠參加了這一戰役，受傷脫險而出。宋教仁則搭二十九日夜輪，和胡漢民、趙聲一樣，所以到三十日凌晨才到達廣州，事已失敗，宋教仁未曾參加戰役，悵然而返香港：本書乃據徐血兒的「宋教仁傳略」資料而定。又譬如蔡元培「壬子迎袁始末」，自云「二月二十五日到北京，二十六日為談話會」。二十九日兵變，其中有二十七、二十八兩日，空白一片。而據民立報隨行記者報導，因自煙臺往天津時，海上大霧，船延期了兩天，到二十六日才抵達天津，蔡元培一行，二十七日到北京，二十八日為談判會，二十九日夜間兵變，事極緊湊，可信。本書乃採民立報的記載。務使這本傳記事實與時間的關係，求其正確。

筆墨生涯的歷程是很艱苦的，但當它完成之後，却又感到有一陣日子的快慰。但願讀者讀到這一本宋教仁傳的時候，能够有些所得，我就感到滿意了。

方祖燊　於六十八年九月二十六日

宋教仁先生遺像

宋教仁與華興會幹部合影
前排左起：第一人黃興、第四人宋教仁

宋教仁與唐內閣部分閣員合影
前排左起：蔡元培、王正廷、劉冠雄、胡惟德、唐紹儀。後排左起：宋教仁、施肇基、段祺瑞、王寵惠、魏宸組

宋教仁致陳英士等三先生函
（辛亥年九月十日）

宋先生手草大政見寫眞

宋教仁手書大政見原跡

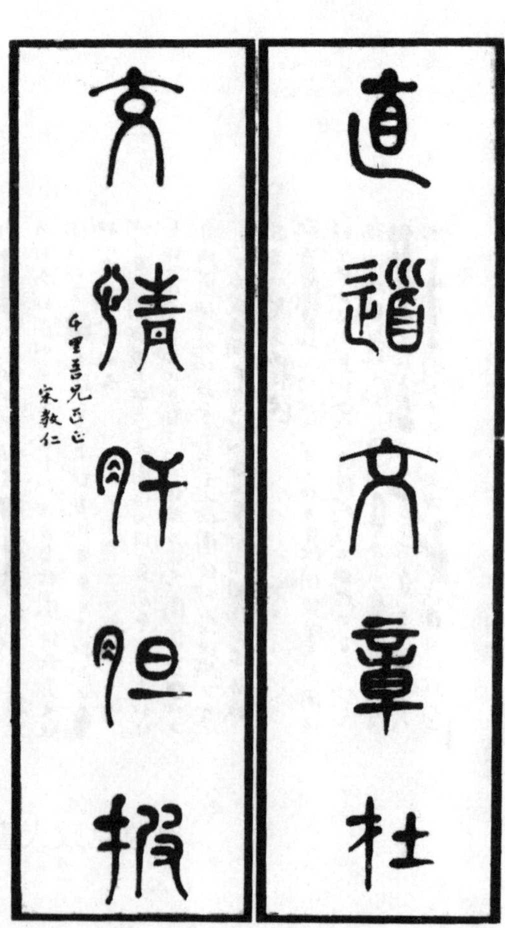

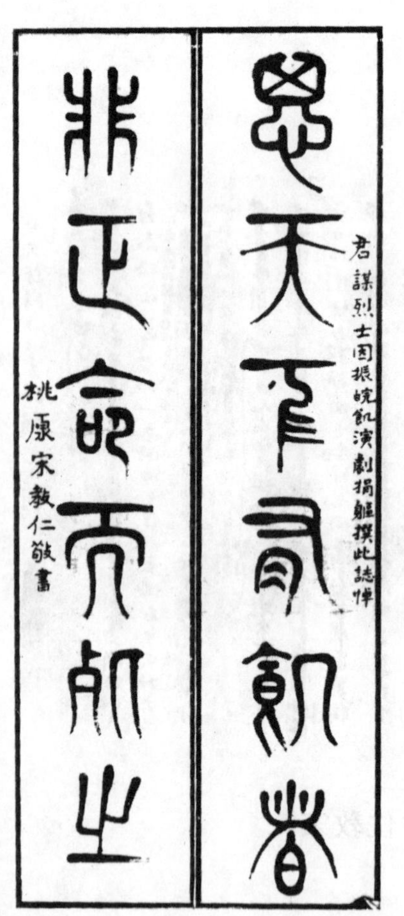

宋教仁遺墨

遇刺身亡的宋教仁遺像

宋案四兇犯：應夔丞（右上）、洪述祖（右下）
趙秉鈞（左上）、袁世凱（左下）

三湘漁父——宋教仁傳

目錄

三湘漁父

——宋教仁傳

第一章　少青年時代

宋教仁，字遯初，清光緒八年（一八八二）陰曆二月十八日，生於湖南省桃源縣的一個小農村裏。桃源，在常德縣西八十里沅江的北岸，風景優美，也就是陶淵明「桃花源記」所描述的「武陵人，捕魚為業，緣溪行，忘路之遠近，忽逢桃花林」的地方。常德，就是「晉太元中」的「武陵郡」。所以後來宋教仁替「民立報」撰稿，就自稱「桃源漁父」，不認識他的人，有的叫他「桃先生」。

宋教仁，在他十二歲的時候，就死了父親，只留下一些薄薄的田產，供一家七口生活。他的祖母已經年老，母親也已五十歲左右，還有兩個哥哥，一個姐姐，一個妹妹。他排行第四。因為家裏很窮，他從小跟大哥教義、二哥石卿早出晚歸，下田做活兒，幫着拔草捉蟲，鋤地鬆土，栽菜種稻，十分忙碌。但在工作的餘暇，喜歡讀書，用腦筋。有了問題，他就深入思索，窮源究委。因此，他讀過的書，都能夠觀其大全，得其精要，養成他傑出的判斷力。他情感豐富，又喜歡讀詩詞。過了三四年，對於作詩也很有進步。到了十六、七歲，在家時常仿效着前人作品，學作詩歌與文章。

有一個秋夜，他看着滿窗月光，晶瑩皎潔，偶得一聯云：

「月來窗紙薄，

露下客衣單。」

他覺得這輪明月好像要透窗而入似的。

宋教仁的天份俊秀，不但文章寫得好，口才也很好，而且個子長得高高的。到了十七歲的時候，已經有七尺多高，寬額頭、大耳朵、高挺的鼻子，眼睛亮亮的，充滿着神采，還富有堅毅意味的嘴唇與一個有力的下巴，再加他的性格朗爽開豁，頭腦靈活，做事的能力又很强，所以在鄉裏早有小小的名氣。

大概有許多人家都願意將女兒嫁給他；不久，他就跟當地李家的一個小姐結婚了。太太雖不很漂亮，但年輕健康。她嫣紅的臉兒上掛滿了笑靨，生活也很幸福。

也就在這一年——光緒二十五年（一八九九）二月，宋教仁到桃源縣城裏讀書，進入漳江書院。漳江書院有學生一百多人。

清廷自從甲午年（一八九四）與日本一戰大敗之後，當時明智之士已經上書，請求廢除科舉考試，抨擊民貧國弱都是由於八股文；學做八股，毫無用處。這時，科舉考試，曾經一度改試策論。但戊戌（一八九八）政變以後，慈禧又推翻了一切新政，下令恢復八股取士。直到宋教仁進入漳江書院的第三年，鄉會試的頭兩場考試，改試「中國政治史事」，「各國政治藝學」策論，第三場仍考四書五經義，但不用八股文的程式。所以漳江書院中，宋教仁的許多同學，和當時的一般讀書人一樣，仍然急急切切想求取功名，大都攻讀四書五經，與一些時務新學，努力習作策論。眞是：

「案頭放高頭講章，店裏買新學利器，讀得來肩高背低，講得來維新玩藝，騙個官來做一做，給百姓找來晦氣。」

宋教仁不屑科名，立下了要改良中國政治的猛志，所以他平日讀經書史籍，只講求一些有用的實學，又特別喜歡讀兵、刑、名、法諸家，尤其喜歡研究地理輿圖的書籍，很有些心得，對天下的山川形勢，瞭如指掌。和同學談起話來，常常論列國家大事，大言炎炎，滔滔不絕。同學都叫他「狂生」，而不敢和他接近。他也不在乎。在學校裏，他只跟覃振（理鳴）、文駿（榆蔭）、鳳高翥、孫安仁……幾個人過往比較親密。課餘，他們常常相聚一起，遨遊飲酒，高談濶論。

又到了一個初秋的傍晚，紅日西落，飛霞滿天。宋教仁和幾個同學登上了城頭，遠眺黃昏美景。只見城外一片金黃的田野，江邊的綠樹叢裏，已飄起了裊裊的炊烟，回視城內一些高樓飛閣，高高低低，沐在夕陽的餘暉下，晚風不斷地吹了過來，隱隱約約中，還可聽到寒蟬搖曳着一絲絲幽幽的餘響。

「遯初，多美的晚景！」文榆蔭指着四周的景象說。

「眞是美極了！你看，那一輪火球燒紅了半邊的天空！」孫安仁也說。

「遯初，作一首詩吧！」

「快寫一首，教大家欣賞吧！」

「這夕陽殘照，美雖美，只是美中涵蘊着蕭索，雄偉中涵蘊着悲涼！人生又何嘗不是這樣。最光輝燦爛的時節，也往往就是隕落沒滅的一刹那。」宋教仁接着又說：「也好，讓我好好想一想。搜索一下枯腸，看看有什麼好句子？」

「你這個聞名我們班上的大文豪，下筆動輒千言。寫一首短詩，還想什麼？」鳳高壽話雖這麼說着，但還是安靜了下來，讓宋教仁用心構思。

宋教仁想了片刻，就說：「啊，有了！」接着，他就低聲地唸了出來：

「晚烟綠隱臨江樹，
早稻黃催負郭田。
樓閣參差餘落日，
關河蕭索咽殘蟬！」

大家都認為寫得極好。宋教仁雖然能寫詩，却不常常動筆作詩。

第二章　革命思想的萌生

新思潮不斷湧了進來，這時中國的知識份子漸漸覺醒了。中國從鴉片戰爭後，備受列強的壓迫，一天比一天厲害；國人救亡圖存的運動，風起潮湧，有孫逸仙、陸皓東的倡導革命，有康有為、梁啓超的獻議維新。他們雖然遭到失敗，却一再在知識青年的心理掀起極大的衝擊。尤其當時湖南瀏陽人譚嗣同參加維新變法，被捕殺害。兩年之後，譚的同鄉好友唐才常，設立「自立軍」，計劃在漢口起義革命，又事洩被害。這兩個湖南人這種為着理想奮鬥至死的殉道精神，給三湘人的刺激更是深刻，終而形成兩湖青年參加革命的一股熱潮，於是有膽識的青年對於國事常常暗加討論了。宋教仁也常常和他的幾位知心的同學，登上漳江閣，談個人的抱負，天下的大事。

一個夏夜，皎月凝彩，繁星點點，宋教仁又和幾個同學帶了一瓶烏程美酒，一些辣干絲，五香花生，在漳江閣上乘涼。江上流動着溶漾的月光，他們喝酒賞月。酒飲到酣處，他們不禁又高談濶論了起來。

「高爵，畢業後，你打算做什麼？」

「要是將來能夠通過鄉會試，中個進士：我想當個知縣，做些有益百姓的事。只是現在國勢這樣衰弱，也不知道我這個小小的願望，能不能實現？」

「遯初，你呢？」孫安仁臉喝得紅紅的，微笑着向宋教仁問說。

「我吧，跟各位的想法不一樣。」宋教仁沈吟了一下，才說：「我認為滿清政府昏瞶無能極了。自從道光間鴉片戰爭失敗，訂立南京條約後，外人就看透了清人，不斷侵略我國。咸豐間有英法聯軍，光緒間又發生了乙酉的中法戰爭，甲午的中日戰爭；接着又因義和團殺洋人、燒教堂，引發庚子（一九〇〇）的八國聯軍，攻進了北京。清廷不斷吃敗仗，就不斷訂立不平等的條約。不是割地，就是賠款；不是劃定租界，就是奉送領事裁判權；不是指定通商港口，協定關稅；就是允許外人在我國開鐵路，設工廠，採礦產；甚至讓外國人的兵艦商船在我們的內河自由航行，橫衝直闖，外國的軍隊駐防在北京的附近。這那裏是一個獨立的國家！可是那些滿清的皇室與權貴，還是壓迫我們漢族，隨便殺害人民，一事不辦，每天只是在皇宮中享樂聽戲！」

「說起聽戲，就使我想起那個慈禧太后和太監李蓮英，竟將建設海軍的經費，挪去修建頤和園。軍機大臣李鴻藻、翁同龢都奉派在頤和園中當差監工。竣工之後，在慈禧這個老妖婆六旬萬壽日，在頤和園的大戲樓上演出靡曼之戲，酒哇之曲。聽說這個老妖婆還親自扮飾觀音菩薩，李蓮英扮飾韋陀呢。啊，眞是『國家將亡，必有妖孽』。」鳳高翥不勝感慨地說道。

「列强已經在我國劃分勢力範圍，」宋教仁這時放下了酒杯，憂心忡忡地說：「東北、蒙古、新疆歸俄人，山東半島歸德國，康、藏與長江流域歸英國，福建歸日本，法國要求中越邊境的雲南、廣西，不得割讓他人。這些帝國主義的國家，沒有一個是好東西，都想瓜分我們的國家！要是我們還不覺醒過來，終要淪為亡國奴了！」

「遯初兄，應該怎樣？才能挽救國家呢？」孫安仁問。

「除非革命，別無他途！只有推翻這個專制腐化的滿清政府，建立共和政體的中國。這樣，才能鞏固我們的國家，增進同胞的幸福！我們必須犧牲個人，以造福社會；犧牲現在，以造就將來！」

「革命，由誰領導？又從哪裏下手？」覃振說。

「理鳴兄，像洪秀全、孫逸仙，都是倡導革命的英雄。」宋教仁說着，又連連飲了幾杯酒，微微有點醉意了，說話更無顧忌了：「現在，要是有一個英雄出來，雄踞湖北的武昌，向東進扼江西的九江，再攻下了南京；更分兵北進，出湖北、河南交界的武勝關，炸斷黃河鐵橋，西向打通四川，南下取糧湖南。要是再能夠砍下湖廣總督張之洞的首領，繫在肘後，然後就可以在這個世界上實現他的理想了！」

這一夜，他們談得非常激昂慷慨，好像他們都要做革命的志士。直談到夜涼的時分，他們幾個人才踏着滿地的月色，回到宿舍就寢。而革命的種子已開始在宋教仁的心田裏漸漸萌生了。

第三章　認識黃興

宋教仁在漳江書院讀了四年。

這時，舊式的書院紛紛停辦，有的改制成新式的學堂。漳江書院也在清光緒二十九年（一九〇三）停辦。剛好去年十二月湖北武昌設立了許多新學堂。除了小學堂外，又設立文、武普通中學堂，文、武高等學堂，兩湖大學堂。宋教仁的母親要他前往報考。宋教仁就考入了武昌文普通中學堂。

武昌的學校教育所以發達，是由於湖廣總督張之洞是一個主張新政的人物。他在漢陽等地設立煉鐵、槍炮、鋼藥等工廠，紡織、繅絲、製革諸局，鑄造銀元，辦理郵政，設立新式學校，派遣學生出國留學。當時文普通中學堂的學生名額，為二百四十名；湖南省限額只有三十名。因此，能夠考進去的，都是天分甚高的學生。他們每天上課八小時，四年畢業。

宋教仁在前往武昌，路過長沙的時候，曾經上書湖南巡撫趙爾巽，請將岳麓、城南、求忠三所書院，改辦新式的學堂。當局採納了他的建議，奠定湖南新學堂的基礎。

宋教仁進了文普通中學堂後，認識了田桐、吳崑兩人。田桐，字梓琴，號恨海，湖北蘄春縣人，幼跟做塾師的父親，讀諸子與唐、宋的文章，所以他不但博學強記，文章漂亮，而且寫得一手好字。吳崑，字壽田，號吼生，湖北黃岡人。宋教仁和他們兩人志同道合，稱做莫逆，常在一起，切磋學問，謀畫革命。吳崑又介紹宋教仁認識了在天主教聖公會工作的劉靜庵，說：

「靜庵，原名貞一，一字敬庵，教名保羅，湖北潛江縣人，學問廣博，儒家、諸子、釋、道之說，與新學時務，無不通曉。是一個極熱心救世的鐵漢，跟我們同道。」他們因此結為同志。武昌花園山耶穌教堂，成為他們秘密集會的機關。

清光緒二十六年庚子（一九〇〇）五月義和團之亂，英、俄、德、法、日、意、美、奧八國組織聯軍，七月二十日攻陷了北京。入城之後，擄掠燒殺；又分兵四出，東至山海關，南至保定，北至張家口，西至井陘，大肆殺掠。清廷前後派李鴻章、奕劻、王文韶，與各國談和。到第二年（一九〇一）七月二十五日，簽訂了「辛丑和約」十二款，賠款四億五千萬兩。各國才答應撤軍回國，並各留下一二千人保護使館；只是入侵東三省的俄國的軍隊，卻有意違約，不肯撤出。這樣又拖延了一年，才由清慶親王奕劻、大學士王文韶與俄使雷薩爾，另訂「交收東三省條約」，俄軍在十八個月內，分三期撤兵。第一期，俄人略略撤走了錦州、遼河西南部的一些軍隊。這時已拖到光緒二十九年（一九〇三）三月（陽曆四月）——也就是宋教仁到武昌就學的那一年暮春——，第二期撤兵又到了，俄人不但一個兵不撤，反而在吉林增兵，而且派官吏前來治理東三省。在東三省的俄軍多達十五萬人。二十一日，俄駐北京代理公使普拉嵩（de Plancon）又向清廷提出七項新要求。

這個俄人要挾清政府的新聞報導，傳播海內外各地，引起了中國知識青年的憤慨。在日本東京的中國留學生便組織「拒俄義勇隊」，推舉留學陸軍士官學校的學生藍天蔚為隊長，領導大家每日操練射擊騎馬。黃興便時常到神樂坂武術會練習槍法。他們並派代表鈕永建、湯槱（爾和）回國，請求直隸總督袁世凱出兵抗俄，學生願意充當前鋒，並通電國內各地學界。清廷對俄人的違約不敢過問，但却將中國留學生這種愛國的行動，看做「名為抗俄，實則革命」，而請求日本政府嚴加禁止。當鈕、湯抵達天津的時候，袁世凱已下令緝拿。幸他二人見機得快，才逃出了魔掌。留日學生既憤慨報國無路，公開活動又受日本政府的限制，只好將「拒俄義勇隊」，改組成「軍國民教育會」的秘密組織，終於被迫走上革命的路子了。秦毓鎏起草意見書，作為宣言。其大意說：

「東三省一亡，各國皆將隨俄國之後瓜分我國了，使吾族為萬刼不復的奴隸；與其坐以待斃，不如奮鬥而死！這就是我們組織軍國民教育會的緣起。」

國外的情形如此，國內的教育文化界人士，對於俄人不肯撤兵一事，也極悲憤不平。北京、上海的教育界，也都紛紛覆電東京響應。上海文化界的吳敬恒（稚暉）、鄒容（蔚丹）、陳範（夢坡）等，在張園集會，聯名向清廷抗爭，並致電各國外交部，表示中國人的民意。武昌的學生也開會商議。由湖北文高等學堂學生代表上書湖廣總督張之洞，說：

「請正告政府，將俄人背約之罪，布告萬國，聯合英、日，以作後援。學生等願披甲執戈，一雪我四萬萬人同胞之大恥。即飲俄人之刃，食俄人之彈，亦不恤也！」

在這個舉國人心悲憤的激流中，宋教仁與吳崑、田桐對於革命的事更加積極籌畫了。到了五月，剛好黃興第一個被「軍國民教育會」推選回湖南發動革命，經過武昌。

黃興，原名軫，字廑午，後改名興，別號克强，湖南善化縣人，早年暗中參加唐才常的「自立軍」運動，未被發覺；前兩年（一九〇一），他去日本留學，在東京弘文學院學習師範教育。這時，他路過武昌，當地教育界的人士請他在兩湖書院演講。

宋教仁、田桐、吳崑、劉靜庵，都去兩湖書院聽黃興演講。田桐說：

「聽說黃廑午就是從兩湖書院出來的。他在這裏讀書時節，因為文似東坡，字工北魏，深為院長梁鼎芬所器重。」

「他雖然出身書香之家，父親筱村為湘中名秀才。他却文武雙全，曾跟瀏陽李永球學烏家拳，隻手能擧百鈞；而且槍法奇準，彈無虛發。他又膽大多智。據日本來的朋友說，他在東京時，跟日本軍官學軍略兵法，又時常參觀日軍聯隊的操練。他跟楊守仁（篤生）等人創辦『湖南游學譯編』，所譯大多是倡言『民族』『民權』的思想。在東京留學界可說是一個極活躍而傑出的人物！」劉靜庵將他對黃興所知道的事，十分詳細地向宋教仁介紹了出來。

不久，他們的談話就被熱烈的掌聲所打斷了。這時講臺上出現一位年約三十歲上下的青年，除了眼睛細長外，其他都屬於粗豪型，臉寬頰豐，眉濃鼻高，唇厚無鬚，個子魁偉，充滿了勃勃的英氣。宋教仁心裏想道：「這位大概就是黃廑午吧。」黃興開始演說時，還帶着微微的笑意。可是，講到了後來，他却越講越激烈，內容大抵抨擊清廷政治的腐敗，對帝俄侵佔東三省事，懦弱無能，而力主改革政體，以維護國家的生命。許多聽衆都深受感動。宋教仁就在這一次講演會散後，和黃興見了面。兩人談得十分投機，眞有「惺惺惜惺惺」、「英雄愛英雄」的感受，就成了知交。黃興就將東京留學生對俄人侵佔東三省的反應情形，說了一遍，又說：「陳天華、楊守仁、劉揆一、張繼、程家檉、馬君武、時功玖、馮自由都是我們在東京的同志。」這是宋教仁和黃興携手合作的開始。

黃興在兩湖書院宣揚革命思想這件事，很快就傳到湖廣總督張之洞的耳朶裏。他非常生氣，叫人請武昌府太守兼兩湖書院院長梁鼎芬到總督府來，見面就說：

「眞是造反了！黃軫怎麽可以公開演說『造反』？節庵，他在兩湖書院講演，傳出去了，不好聽。你還是趕緊派人拿辦，最好！」

這個對湖北省新學的興辦有相當貢獻的梁鼎芬，對他得意的學生黃興也不敢明目張膽的庇護，只得出一張告示，驅逐黃興出境，敷衍了事。有人勸黃興趕快回湖南去。黃興還在武昌逗留了八天，將他這次帶來四千多册倡言民族革命思想的兩種小書：鄒容的「革命軍」，與陳天華的「猛回頭」，全部分送給軍學兩界的人士，然後從容不迫地搭輪回湖南長沙去。

宋教仁也分得兩册，回到學堂，躲在宿舍裏細讀。「革命軍」一書，約兩萬多字，高唱革命，說：

「要掃除數千年種種之專制政體，
要脫去數千年種種之奴隸性質，
要暨獨立之旗，撞自由之鐘！」

又說：

「我中國今日不可不革命：我中國今日欲脫滿洲人之羈縛，不可不革命；我中國欲與世界列強並雄，不可不革命；我中國欲長存於二十世紀新世界上，不可不革命；我中國欲為地球上名國，地球上主人翁，不可不革命。革命可以使我們由野蠻進入文明，除奴隸而為主人。一六八八年英國革命，一七七五年美國革命，一七八九年法國革命，都使人人享有平等自由之幸福！」

宋教仁讀來，覺得筆極犀利，文極沈痛，非常動人。而且這部小書，五月十四日上海蘇報，章炳麟曾作文加以闡揚介紹，已經轟動一時。據說作者鄒容，四川巴縣人，年紀很輕，才十九歲，曾經留學日本。

陳天華的「猛回頭」也有兩萬多字，是用「彈詞」寫成的，描述我中華民族受異族統治做亡國奴的慘劇，大意說：

我們中華，原是大國，土地大，人口多，物產豐富，人才傑出，照理應該獨霸天下，而今却割地賠款，快要滅亡。推其原因：有的是由於骨肉自相殘殺，引起外人割據，如西晉末五胡的亂華；有的是由於懦弱不求振作，如宋人向異族稱臣稱姪，終致覆滅；有的是由於不曉民族主義，認仇作父，如明末的吳三桂、孔有德，勾引清兵入關；終教異族屠我同胞，好比瓜果！煎我人膏，燃做燈油！清洗揚州，三屠嘉定！這都是由於中國人自己的無恥與無能。現在列强洋人又要瓜分中國來做皇帝，一般無恥的中國人少不得又要喊『聖皇』。不過，將來亡國滅種的慘酷，將百倍淒涼。吾人要像睡獅猛醒起來，驅逐外族，奮發自强，才能成為獨立自由的國家！

陳天華，字星台，湖南新化縣人。「猛回頭」，是他在東京，當俄人侵佔東三省不肯撤軍時所作，眞是「一字一淚，一語一血」。宋教仁讀過之後，心裏激動不已，澈夜失眠，更加堅定他革命的決心，立志參加實際的革命工作了。

後來，張繼由南京去長沙，經過武昌，帶來了上海的消息。張繼，字溥泉，河北滄縣人，留學日本，在早稻田學習經濟政治。他回到上海後，與章炳麟（太炎）、章士釗（行嚴）、鄒容參加陳範在租界承辦的蘇報，與愛國學社的蔡元培、吳稚暉，中國教育會的黃宗仰（烏目山僧），互通聲氣，撰寫鼓吹革命的文字。他說：

「章炳麟因為替鄒容的『革命軍』作序；又在『駁康有為政見書』中，痛罵光緒『載湉小醜』，清廷就要上海租界工部局逮捕炳麟等人。炳麟在閏五月五日（陽曆六月二十九日）

被捕，關進西牢。鄒容，我將他藏在虹口一個教士的寓所裏，但當他聽到炳麟被捕的消息，就再不肯藏匿了，第二天就去自首。『蘇報』也被查封，『愛國學社』也無形解散。陳範逃到日本，吳稚暉避往倫敦。黃宗仰原留在上海，請律師替他們辯護，沒有效果，也就去日本了。我和章士釗、蘇曼殊留在上海，另辦『國民日日報』，代替『蘇報』。其間，我又去了南京，聯絡哥老會。唉，蘇報結案了，炳麟被判監禁三年，鄒容二年。」

張繼給宋教仁的印象，是臉形比較長，高高額頭，俊秀鼻子，緊抿着笑意的嘴唇，人長得很漂亮，平常說話的時候，滿臉含笑，是一個很容易親近的朋友。這次，張繼談起「蘇報案」却充滿了憂憤的聲調。

第四章　參加華興會

到了十一月，黃興的好友劉揆一從日本，回到湖南長沙。黃興籌組華興會，函邀在武昌的宋教仁、吳祿貞等前去參加。吳祿貞，字綬卿，湖北雲夢人，畢業日本士官學校，學騎兵，為興中會會員，這時在武昌替張之洞訓練新軍，並在湖北將弁學堂、武普通學堂執教。

宋教仁在寒風凜冽的時候，到了湖南的省城長沙，才知道胡元倓創辦的明德學堂，是黃與他們掩護革命工作的一個機構。胡元倓，字子靖，湖南湘潭縣人，是黃興留學日本弘文學院時的同學。明德學堂，設在北門正街。黃興在明德擔任圖畫、博物等課程。張繼教西洋歷史。宋教仁由黃興的介紹，認識了許多和自己年齡相仿的新同志。黃興指着一個看來很穩重樸實的年輕人說：

「揆一字林生，是我留學東京時結識的好友。道一字炳生，是揆一的弟弟，口才好得很呢！無論學那一種話，都是一學就會。也是我們的大同鄉。揆一是湖南衡山人。你呢？」

「桃源。」宋教仁答說。

黃興又笑着介紹蘇曼殊等人，說：「曼殊、王正廷、楊守仁三人，在明德跟我同事。曼殊能詩能文能畫畫；他的小說『斷鴻零雁記』寫得十分哀艷感人！正廷，浙江奉化人，留學美國耶魯大學，將來可能是一位傑出的外交家吧。守仁，本地人，他最近因為試驗炸藥，傷了一隻眼睛。」宋教仁看王正廷戴着眼鏡，風度翩翩。楊守仁的樣子很秀氣，文質彬彬的；他的一隻眼睛好像有點毛病似的。宋教仁就向他們一一點頭示意。

這時，有一個長寬臉、薄嘴唇的人走了進來。宋教仁就聽到黃興向他打招呼，說：

「遯初，星台兄來了；我給你介紹這一位鼎鼎有名的作家吧！」說着，黃興就拉着他們兩個人的手介紹說：「星台，就是『猛回頭』的作者陳天華兄。和揆一都是剛剛從日本回來的。」

宋教仁一剎那之間緊緊地握住陳天華的大手，說：「久仰，久仰！」兩人的友情，就由兩手相握間交流而訂定了。

「溥泉，你早已會過，我不必再介紹了。」接着，黃興又介紹一個長眉高挑，顯得特別英俊的青年，說：「這位是趙聲，字伯先，江蘇丹徒人，畢業於南京江南陸師學堂，和秦毓鎏都是長沙高等實業學堂的老師。」黃興又介紹龍璋、秦效魯、柳聘農、趙幼梅……等人，和他的學生胡瑛、寧調元（仙霞）……等人，與宋教仁認識。最後介紹譚人鳳，說：

「人鳳老兄，號石屏，留有鬍子，又自號『雪髯』，其實他的鬍子還沒白呢！他是湖南新化人，是一個讀書人，却跟湖南、江西、廣西一帶會黨的老師最有交情。丟了東西，找他幫忙，準找回來。」說得大家都笑了。譚人鳳在這些人中，年齡最大，看來有四十出頭了。

龍璋這時為泰興縣令，捐出了一筆巨款；柳聘農也捐出家財，充作革命的經費，於是「華興會」就在長沙連陞街成立了，對外稱為「林公館」，又稱「旅湘俱樂部」；參加的同志有五百多人，大抵以湘、鄂二省各學堂與留日的學生為本體。大家推舉黃興為會長，秦毓鎏為副會長。黃興首先提議說：

「本會既要實行革命，自當討論發難的地點與方法，何者最為適宜？一種是傾覆北京，像法國大革命，由巴黎發難。可是我們革命，既不能藉北京偷安無識的市民，撲滅虜廷，也不能和滿族的禁衛軍，同謀合作。因此，我們只能採取『雄據一省與各省紛起』的方法。今就湖南省來說，革命思想，日見發達；洪會黨人，久已蔓延；正像一個炸藥桶，只等我們引火點燃罷了！假使能夠聯絡會黨與軍學界人士，互為聲援，不難取湖南作為根據地。不過，仍然要分途運動外省響應。不然，是『以一隅而敵天下』，仍難『直搗幽燕，驅除韃虜』。所以希望同志在本省與他省各界有機緣的，分途運動。等有了成效，再討論發難與應援的策略。」

過了幾天，宋教仁、吳祿貞要回武昌去了，臨別的時候，黃興特別叮嚀宋教仁說：「在武昌擴展革命力量，可找曹亞伯商量。老曹和我是兩湖書院的同學。」

第五章　黃興與馬福益

宋教仁從長沙回到武昌後，全心全力地，展開了工作。和同志開了幾次會，採取劉靜庵

「從軍隊下手」的意見。劉靜庵首先投入了武昌的新軍，充當馬隊管帶黎元洪的書記。他穿了一身軍裝，背後拖着一條長辮子，腰間皮帶上掛着兩盒子彈，脚下一雙長統馬靴，樣子很是神氣。因此，軍中有一些機密的消息，也就很容易打聽了出來。這是他們安插在軍隊中一個諜報的人員。

十二月二十日（陽曆光緒三十年二月五日），日本與蘇俄斷絕邦交；二十一日開始了日俄戰爭；起因由於蘇俄侵佔中國的東三省，又威脅朝鮮，損害到日本的利益。日本與蘇俄交涉，要蘇俄互認兩國在東三省的優越的權益，朝鮮在蘇俄利益範圍以外；但最後談判破裂，於是發生日、俄兩國在我國領土上的戰爭。滿清宣告中立，只限制日俄作戰的區域，在遼河以東，要日、俄兩國尊重罷了；這眞是聞所未聞的奇大的國恥，難怪不久英國人也進兵西藏了。

在光緒三十年（一九〇四）日、俄戰雲密佈，黃梅久雨的季節裏，胡瑛帶了黃興的一封秘函，從長沙到武昌來見吳祿貞。

吳祿貞看了信，當卽派人約宋教仁、劉靜庵、曹亞伯、田桐、吳崑幾個人夜裏到花園山孫森茂花園他的公館來，和胡瑛見面。

胡瑛，字經武，湖南桃源人，與宋教仁同鄉，是明德學堂黃興的學生。大家見了面，覺得胡瑛年輕英挺，口才相當好，是一個精明能幹的小夥子。大家來齊了，吳祿貞就請胡瑛，將黃興、劉揆一運動湖南哥老會首領馬福益的經過，黃興要此間同志加緊革命工作的意思，向大家報告。胡瑛就說了一段近乎傳奇性的故事：

「馬福益，湖南湘潭人，是江湖上的一個豪俠，強力多智，重義輕財。有一次，他遇到了危難，劉揆一幫他脫了險；因此，他非常感激揆一。去年十一月間，華興會成立以後，一轉眼就到了今年初春，揆一對我的老師黃廑午先生說：

『談民族革命，要不運動軍界、學界的人士參加，就不容易成功，只是太慢吞吞了。要快速生效，只有利用會黨的力量。他們反對滿清，素來又團結，講堂規，重義氣。就像洪江會首領馬福益，我幫過他。能說服他參加革命的陣營，就是一股很大的力量。』

黃老師聽了劉先生的建議，非常高興，就說：『揆一，你的看法不錯！只是派誰去搭線呢？』

『你寫封信，教會黨中人萬武，帶了我的弟弟道一，專程送去。』

於是劉道一和萬武兩個人坐船到了湘潭，又走了幾十里路，見到了馬福益。馬福益是一個粗獷豪壯的人，有黨徒一萬多人，散佈在長沙、衡州、永州三府的地區，清軍對他也沒有辦法。當時，他看了黃先生的信，意存輕視，就想一口拒絕了。而道一不愧能言善道，他就很誠懇地向馬福益說：

『馬大哥，我今天是奉了黃先生之命前來的，除了信上的話之外，我還有幾句話，要在大哥臺前領教。請你允許我說完。如果不以為然，我們馬上就走。我今天要請教的是：馬大哥究竟是遵照洪門的遺訓，擔當起滅清復明的責任呢？還是收些黨徒，集點金錢，頭上揷個草標兒，出賣人頭兒呢？還是集點力量，使官兵疲於奔命，莫奈我何？然後再接受官廳的招撫，別開一條門徑，去做滿清的奴才？我們久聞馬大哥的大名，知道馬大哥是一條漢子，又是肯替老百姓打算的英雄！所以黃先生才特地要兄弟來，同馬大哥談談。信上所不能說的，都由兄弟口述！』

馬福益聽了這番辭嚴義正的話，十分佩服，就連聲答應說：『好，好！誰要做異族的奴才？我馬福益就是拼了這一條命，也要消滅清虜，脫下了枷鎖！』

劉道一回來，把經過情形跟黃先生說了。黃先生就和劉揆一親自去了湘潭，和馬福益相見。他們為了避開狗腿的耳目，化裝成做工的，穿着短棉衣，兩脚釘鞋，頭頂個斗笠，趁着大雪紛飛的黑夜，趕了三十里山路，冒着嚴寒，到了茶園舖礦山的一個巖洞裏，和馬福益見面。他們一到，馬福益立卽派人把守所有的山路，非常安全，所以他們在巖洞裏，可以誠摯而暢情地交換了彼此的意見。

柴火熊熊照着三個人，溫暖與興奮慢慢流過了他們三顆心，在黑暗的寒夜裏放出了一線光明。他們坐在地上，痛飮着烈酒，狂啖着雪煨的香雞，各傾肝膽，訴說猛志，共同計畫光復我中華民族的大事。劉揆一說：

『會黨跟軍、學二界，習氣不同，合在一塊兒，不太方便！』

『福益兄，我們可以另組一個機關，聯絡會黨。叫做「同仇會」。淸虜是我們共同的仇人，就採取「同仇敵愾」這個成語上面的兩字做會名。由老兄率領。』黃老師說。

『黃老哥，我是個粗人，不會說客氣話。這樣不好，還是請大哥做主帥，揆一和小弟做正、副指揮。』馬福益說。

黃老師跟我說，他這時忽然想起了日本陸軍，有『大將』、『中將』、『少將』，很適合會黨的色彩。所以，他就提議採用日本的將佐尉的軍制，編組同仇會的各階層。

他們三人談得投機，就結拜為兄弟。並決定由黃先生兼任大將做主帥，劉揆一任中將，掌陸軍的軍務，馬福益任少將，管會黨的事務，為左右總指揮。他們討論直到了天曉，才分手了。黃老師說他在歸途中，還寫下了一首詩，其中有『結義憑杯酒，驅胡等割鷄』，紀述他們這一次的相會結義的事。現在，聯絡會黨有了眉目，擧事就快了，所以黃老師派我來武昌，向各位報告。希望武昌這方面能够加緊地策動各界，到時響應！」

大家聽完了胡瑛帶來的這個好消息，都感到歡喜，每一個人的眼睛裏都露出了希望的微笑與興奮的光采。劉靜庵這時又提出了「加强從軍隊下手」的這個舊案來了。

「哦，革命！革命就要軍隊與槍桿。『秀才造反，三年不成』，就是因為沒有軍隊與槍桿。能够運動『新軍』參加，槍桿與軍隊就都有了。而且革命之火，一經點燃，由新軍來佔領漢陽的兵工廠，楚望臺的軍械局，也比較容易多了。能奪下這兩個地方，就不怕少槍缺彈了！新軍經過訓練，也比較會打仗。這叫做『向敵借兵，就地取糧』，省錢省事，又沒有偷運槍彈所擔的風險。我們應該特別加緊運動軍隊參加我們革命的陣營！我看胡先生，既到此間，就不必回去了，跟我一樣的從軍報國嗎？從軍中策動革命，從敵人的『根』拔起。」

「只要胡老弟願意，這事交我去辦好了！」吳祿貞說。

宋教仁認為革命已有一絲希望，漸漸從黑夜裏露出一片曙光了。

第六章　科學補習所

胡瑛在吳祿貞的幫助下，投入了湖北陸軍第八鎮工程營，充當一名士兵。吳祿貞不久調往北京練兵處，擔任騎兵監督去了。

胡瑛說他入伍後，認識了張難先。那也是一個熱愛國家的年輕人，他對國家的衰落與危險，深感痛心，覺得需要結合同志，起來推翻這腐敗的滿清政府。他們兩人就利用飯後及休息時間，在閒聊天中，給士兵灌輸民族主義與革命思想。宋教仁等人也在各學校中積極地吸收同志，幹得非常起勁。同志漸漸多了。不久，他們就發起組織「科學補習所」，作為「華興會」的一個分枝機關。

五月二十日（陽曆七月三日），氣候漸漸炎熱，樹木漸漸蓊鬱，美麗的木槿花開滿了多寶寺街時寓的粉牆邊，小池中的綠荷紅花上含着幾點滾圓的雨珠，清清香氣，隨着風飄送了過來。景色怡人，宋教仁走進了時象晉寓所，精神不覺舒爽極了。這一天，是「科學補習所」成立大會，來的人很多，都是軍、學二界熱情的青年。他們在多寶寺街時寓內開了半天會，最後推舉湖北省武高等學堂學生呂大森做所長，胡瑛做總幹事，宋教仁擔任文書，曹亞伯管宣傳，時功壁掌財政，康建唐辦庶務，又在武昌各個學堂，各個兵營設置代表，繼續吸收同志，如劉靜庵為前鋒營代表，朱子龍、李勝美為工程營代表，陳應甲為武普通學堂代表，宋教仁、歐陽瑞華、劉復為文普通學堂代表，劉度成為武高等學堂代表，朱子陶、易本義駐所辦事。這時因為受清廷對俄羅斯外交失敗的刺激，軍學兩界的青年悲憤不滿，參加的很多，像王漢、田桐、孫武、張難先、朱和中、季雨霖、范鴻勳……也都先後成了科學補習所的成員。

這個科學補習所表面說是研究科學，實際是策畫革命。其中最主要的一項工作，就是「介紹新兵入伍」。由於劉靜庵在軍中職務的關係，湖廣當局一有招考新兵的計畫，他就知道了，就馬上轉告胡瑛、宋教仁派遣同志應徵，或通知各地的會黨前來投軍，暗受科學補習所的約束，劉月昇、韓飛等幾百人，就這樣，加入了兩湖的新軍，擴張了軍中革命的勢力。後來，武昌新軍發動「辛亥革命」的一粒種子，已經在這時播種了下來。

第七章　商議長沙之役

八月的涼秋，科學補習所派宋教仁到長沙，參加會議。他住進東牌樓崇正書屋。這也是華興會的一個秘密機關。黃興六月中到過武昌，和科學補習所同志商量，大致決定起義的日期，在陰曆十月十日，就是陽曆十一月十六日，在長沙萬壽宮裏預先埋下大量的炸藥，趁着湖南省城的文武百官在萬壽宮內，慶祝慈禧太后七十大壽的時節，一舉引爆，炸斃他們。然後，乘着人心紛亂，起兵舉義。這一次，黃興在長沙瀏陽門正街東文講習所內，召集華興會的幹部會議，主要商討進行細節的問題。黃興用含着笑意的眼睛看着大家，報告了今天開會的目的，接着說：

「劉揆一、陳天華代表我去參加『授與馬福益少將』的典禮，剛剛回來。現在，就請揆一兄報告與馬福益商洽的結果。」

劉揆一就站了起來報告說：

「我和星台，最近到瀏陽去，代表本會黃會長，任命馬福益為同仇會的少將。這天剛好是一年一度的普集市日，附近的各鄉各村的村民，都趕了一大羣一大羣的家畜前來瀏陽，參加比賽。總有好幾萬人參加吧！不過，他們大都是哥老會籍的。這天眞是熱鬧極了，滿山蓋野都是長得十分肥滿的豬，雄壯的牛，高駿的馬，還有敏捷靈活的各種狗。人擠人，車擠車。此外，還有騎馬、競牛、比豬、賽狗種種節目，優勝的發給大獎品。還有賣拳、耍把戲、走鋼絲、賣酒、賣吃、賣土產品的。眞是熱鬧得很。哥老會也訂在這一天拜盟。我和星台兄代表本會出席。由我主持監督馬福益的黨衆加入『同仇會』宣誓的儀式。我們送二十桿步槍，四十枝手槍，四十匹馬給他們。儀式莊嚴，衆情激奮，觀者如堵，高聲歡呼；一下子，會衆宣誓入會的有好幾萬人。江西自强會的董福開、黎元望，也派了代表鄒永成，跟我們連繫。現在有十幾萬人參加同仇會。集市之後，我和馬福益商量起義的事，擬好了一個計畫。馬福益說，只要我們在省城內一發動，他們就在省城外，分做瀏醴、衡州、岳州、寶慶、常德五路響應。詳細的辦法，我已送交我們的黃會長，請他作全盤的安排。」他報告完了，就坐了下來。這時，大家熱烈地鼓起掌來，表示慶賀。

這時，黃興又站了起來，說：

「揆一、星台二位，這次非常圓滿地達成他們的任務，我代表本會表示感謝。至於十月十日擧事的詳細計畫，也擬好了。我們打算以長沙武備各校的學生，以及新舊各軍為主，會黨為副，趁着炸藥爆炸動亂的時節，佔領省城。會黨分做五路，在外圍響應。馬福益已經分配同仇會的弟兄，謝壽祺、郭義庭主持瀏陽、醴陵一帶的軍事，申蘭生、黃人哲主持衡州一帶，蕭桂生、王玉堂主持岳州一帶，鄧彰楚、譚菊生主持寶慶一帶，游得勝、胡友堂主持常德一帶。我們學界則配合他們，派出適當的同志擔任各路指揮。像常德一路，我想請遯初負責。……」

宋教仁聽了這話，心裏猛然一跳，沒想到黃興如此重用自己，竟將獨當一方的責任，交自己主持，眞是既高興，但又害怕做不好，誤了大事。他正想發言謙辭，却聽到劉揆一說：

「這次工作是很艱險的，每個人都要盡力去做，誰也不可推讓！長沙一行動，各路切要立卽響應。」

「經費呢？」曹亞伯問道。

「非常緊。柳大任、彭淵恂、劉揆一三位，非常熱心，變賣了家產，還有楊守仁、龍璋和我，一共籌了二萬三千元，購買五百枝步槍，兩百枝手槍。這些槍械如何運送各地？倒是一個問題。租船運，容易走洩消息。大家看看有什麼好辦法？」黃興說。

「我家也做貨運生意，有兩艘輪船，運送槍械，我可以負責。只是派誰去起運呢？」龍璋說。

「讓胡瑛、王漢到湖口起運。」

「起義之後，省外如何響應？這也該早早進行。」

「這個問題，我早和揆一兄商量過：由宋教仁和胡瑛運動湖北武漢三鎮的新軍；陳天華等去江西活動防營統領廖名縉，周維楨等接洽四川會黨，屆時響應。楊守仁、章士釗已去京滬，聯絡會黨，遙相策應。希望十月長沙一起事，武、漢能够馬上響應。遯初，武昌的情形如何？是不是可以報告一下？」

「當然，可以。」宋教仁說着就站了起來。「我們武昌方面，早已分頭進行。呂大森、康建唐聯絡施南一帶，何季達負責荊門、宜昌一帶的會黨，劉靜庵策動馬隊，張難先策動工程營。下個月，我們會請曹亞伯先生，來長沙與本會聯絡。還有我們秘密印了三十萬『軍用票』，準備起義後，供應湘、鄂兩省的開銷。」

黃興說：「胡元倓對我說：『革命是流血犧牲的事業。』各位雖可不計個人的生死，却要特別小心警惕去做，一有差錯，不但個人生命有了危險，也破壞了大局。」

他們一討論，就是幾個小時過去了，大家也不覺得疲倦。宋教仁從內心裏佩服黃興縝密的計畫，沈着的安排，有方的調度，覺得他眞有古代大將之風。這次起事的規模這麽大，也眞有一擧成功的可能。

第八章　失敗與逃亡

會議圓滿結束，宋教仁帶着一腔興奮的心情，趕回了武昌，向科學補習所的同志，報告此行的情況。他接着又匆匆地趕往常德，到五省客棧，和常德人胡幻安（範庵）、劉堯澂（瑤臣，名復基）這些同志，籌商常德一路響應省城的辦法。為了革命經費的短絀，又趕回桃源鄉下，和他的母親、兩位兄長石卿、文卿商量變賣管家坤的一塊田地。見到了年輕嫵媚的妻子李氏，想起自己的這次參加實際的革命行動，成敗未卜；二十二歲的他，心情自然緊張而沈重極了。他在家鄉四出奔走了好幾天，但急切間找不到買主。時間又緊迫，只好決定去常德，再往長沙，和黃興商量，另籌一筆款項應付。

九月二十三日（陽曆十月三十一日）清早，宋教仁由桃源雇了一隻小船，坐了七小時，到了常德，上了岸，又趕到五省客棧。楚義生已自省城來，只帶來二十元銀洋，不够做什麼用。

「游得勝還沒到省城。」胡範庵說：「會不會有什麼變故？」

「堯澂兄，你和義生兄坐鎮常德，指揮會黨與同志；我和晏熊、範庵二兄：趕往長沙商洽。」宋教仁說。

過了兩天，游得勝還沒有消息。宋教仁就和胡範庵、晏熊坐船趕往長沙去了。船走了三天，到二十八日下午才到了長沙。船靠在朝宗門外，宋教仁一個人上岸。進了城，馬上覺得城裏的情勢很緊張，一路上只聽人說殺了兩個人。趕到東牌樓崇正書屋，則見門戶緊閉。敲了老半天門，也沒有人出來。又趕到瀏陽門正街東文講習所，也是這樣。宋教仁的心裏有點慌。又轉到紫東園黃興的家去打聽。這一次，出來一個老頭兒，看了他一眼，說：「趕緊走吧！黃先生出門十幾天了，不知道什麼時候回來！」

「到哪裡去？」

「不知道。」

宋教仁心裏想道：「一定發生了什麼變故了！」他一個人茫茫然在街頭上徘徊，不曉得怎麼辦才好！他慢慢走到了福興街，突然，有人拍他肩膀，他吃了一驚，回頭一看，原來是曹亞伯。曹亞伯趕緊拉宋教仁到吉祥巷聖公會堂的樓上，——聖公會就是天主教堂。曹亞伯才放低了聲音，很悲傷地問宋教仁說：「什麼時候到？」

「剛到。」

「難怪你不知道。今天，省城裏剛殺了兩個會黨中的同志，一個游得勝，一個蕭桂生。這兩個同志都勇敢地犧牲了。現在撫臺陸元鼎正派兵四處巡邏，嚴拿廑午和揆一。抓得緊呢！聽說游得勝受刑不過，已經供出常德一個姓『宋』的人來。你還是趕快離城遠走吧！」

宋教仁猝聞這個消息，悲痛不已，也不禁心慌意亂，急急出城，回到船上，和胡範庵、晏熊商量，苦無辦法可想。他叫船夫將船移往大西門外。

二十九日上午，宋教仁又進了城，去寧鄉中學找曹亞伯，想打聽此間的詳情。曹亞伯只好一五一十地告訴了他：

「據說先是武備學堂一個姓朱的學生，打算游說城南書院院長王先謙參加革命，無意中將華興會秘密的性質洩露了出來。王先謙這個混蛋知道了，就向巡撫陸元鼎告密邀功，指明黃廑午、胡元倓、周震麟三個人，圖謀起事，應該『速卽拿問，明正典刑』。幸好，學務處總辦張鶴齡向撫臺擔保，這事才算擱下了。

「但陸元鼎並不因此鬆下來，仍暗令湖南巡防營統領趙春生派出捕快，冒充會黨，加入同仇會調查，故意親近會黨中五路巡查何少卿、郭鶴卿二人，而盡得了底細。因此，何、郭二人在湘鄉被捕。元鼎馬上下令緝拿廑午。馬福益在湘潭聞訊，馬上派了飛毛腿顏三，連夜繼行一百四十里，趕到長沙保甲局巷彭淵恂家，通知劉揆一，並說他自己也要逃避到廣西去了。劉揆一就趕緊去東文講習所，剛走到正街的巷口，就見幾十名清兵押解着何、郭兩人從大街過來，情勢緊張極了。兩人用眼睛向揆一示意。揆一趕緊斜走南巷避去。其實，這時游擊熊得壽已經率兵包圍了黃㢈午住宅。幸好㢈午的小孩子一歐，年幼沒人注意，逃了出來，跑到東文講習所；㢈午才得從後門逃走了，先躲在侍郎龍湛霖家裏，後來藏在吉祥巷美國教堂聖公會的樓上。九月十八日晚上，㢈午化裝成海關辦事的人員，坐着轎子，放下竹簾。我和張繼各懷了手槍，跟在轎子後頭，護送㢈午，才混出長沙城；㢈午和張繼登上日本沅江丸輪，前往上海了。秦毓鎏也秘密離開湖南。劉揆一、道一兄弟、徐佛蘇、李松林……也都去上海了。

「這時，學務總辦張鶴齡派人到明德學堂，找胡元倓去，說他自己備受巡撫陸元鼎的責備。元倓從容告訴張總辦說：『這些事，我都參加了。假使你想升官，我的「血」就可以染紅你的「頂子」了。拿我就是。』」

「那麼，胡元倓已經被關進監獄了？」宋教仁急問曹亞伯。

「沒有，沒有！」曹亞伯繼續說了下去：「你不會想到吧，張鶴齡竟用手拍着桌子說：

『這種傷天害理的狗官，誰願意幹？此刻，最要緊的是如何保護他們？』兩人商量結果，找兵備處總辦俞明頤研商，將所有搜查到的證據湮滅，一起燒掉了，並且嚴諭屬下：『沒有證據，不准拿人。』因此株連很少。才將這事掩蓋了過去。其實，我們的同志與會黨，前十幾天滲入省城來的，多達三千多人。若追究起來，眞不堪設想！現在，都已離開了。你還是趕快離城吧。我過些日子，也要去上海了。」

這時黃吉亭牧師回來，也說：「撫臺已從各地調來許多軍隊增防。我從衙門的兄弟中，抄得游得勝的口供，內開五路總管，有你的名字，只是把『教仁』兩字，誤開做『家仁』，昨天已派兵去常德追拿了。你還是趕快離城遠走吧！」說完，就拿出十五塊銀洋給宋教仁做旅費。

宋教仁離開了寧鄉中學，外面到處是清兵在巡邏，盤問過往的人。幸好有驚無險，他終於安全出了長沙城，回到船上。他和胡範庵、晏熊商量，最後決定各自分手逃走。宋教仁不敢回桃源去，倉倉皇皇地搭了炭船，前往漢口。

十月一日（陽曆十一月七日）清晨，這艘運炭船離開了長沙，宋教仁望着這座湘水邊的巍峩古城，再遠望對岸烟雲飄渺的嶽麓山，他的心裏，眞是百感交集。不知母親和自己的妻子知道了這事，將如何擔憂？而今自己卻是有家歸不得，眞是「前途茫茫，鄉關何處？」一路蘆荻蕭索，觸目悲涼。

十月四日，船過了岳陽的螺髻山，宋教仁離開故鄉更遠了，心境也更加惆悵了，想「沽酒買醉」，他就岸邊買了一壺白燒，獨自一個人喝着，不知不覺間喝醉了，湖面上鎔着一大片殷紅的夕陽落照，恍惚似同志的鮮血。他顧懷感傷，不禁要高唱一曲楚人之歌：

「噫吁嘻！

朕沅水流域之一漢人兮，

愧手腕之不靈！

謀自由獨立於湖湘之一隅兮，

事竟敗於垂成。

虜騎遍於道路兮，

購吾頭以千金。

效古人欲殺身以成仁兮，

恐徒死之無益；

且慮繼起之乏人。

負衣徒步而走兮，

遂去此生斯、長斯、歌斯、哭斯之國門！

嗟神州之久淪兮，

盡天荊與地棘！

展中國輿圖以大索兮，

無一寸完全乾淨、漢族自由之土地！

披髮長嘯而四顧兮，

悵悵乎如何？

逝則欲完我神聖之主義兮，

亦惟有重展！」

十月十日（陽曆十一月十六日）上午十點鐘，到了武昌。宋教仁雇人挑了行李入城，就在文昌門附近慶雲客棧住下。他不敢到學堂去，就寫了一封信，託店主送往文普通學堂，交給曾松喬。

這天，正是慈禧太后的大壽，滿街懸燈結綵，家家大門上掛着龍旗，街上人來人往，車聲馬嘶，一片歌舞昇平氣象；只是有許多營兵全副戎裝，扛着槍，拿着刀，如梭巡邏，在城門口嚴查出入。據店主說，是為防備華興會份子搗亂。午後，曾松喬、歐陽俊民、陳文生、曹德銘……好幾個人，陸續來客棧看望宋教仁，都送了一些旅費，說：

「這裏的風潮也很大，我們魏家巷一號的科學補習所已經封閉了，停止一切活動。知府梁鼎芬正派人查訪胡瑛的來歷呢！你還是趕快離開吧！」

接着又有羅立中、汪育松來訪，又告訴宋教仁一些消息：「幸好劉靜庵銷毀所中一切文件，張難先通知重要的同志遠避，像呂大森大概已逃往鄂西建始山中去了。所以九月二十二日軍警搜查科學補習所時，才能一無所獲。不過，學校當局已經將你和歐陽瑞驊的學籍開除了。」

宋教仁等這些同學走了以後，寫了一封掛號信回家。他害怕這次參加革命的事，會拖累到家裏，加以游得勝已經死了，所以他在信中，對他的哥哥石卿否認與游得勝同謀起義。並說如果府、縣追究起來，可持此信抗辯。但自己的前途正自茫茫然，不知上哪裏去才好？

十月十一日，天氣很冷，宋教仁只有一襲單薄的夾衣，不能禦寒，上斗級營去買幾件衣服。沒想到在南樓轉角處，忽見一人戴着墨鏡，穿着一身青綠色的棉袍，細細一看，原來是胡瑛。兩人相見，其悲傷之情，眞是不可名狀，就一起到黃鶴樓邊的一家茶店內吃茶。胡瑛告訴他：「這幾天，我和王漢躲在漢陽南郊的鸚鵡洲上。劉靜庵回到教堂聖公會去了。」

「經武，還有那些軍械，你處理了沒有？」宋教仁放低聲音問，惟恐人聽見似的。

「我和王漢、陳教懋早已把它藏在鸚鵡洲中，非常隱密安全。」胡瑛也極力放低了聲音答說。

「黃老師與劉揆一先生呢？」

「經過這裏，去上海了。我們在上海新閘英租界新馬路餘慶里啓華譯書局內，有我們組織第八號的秘密機關。你可以去上海找他們，就說找黃興老師。今天晚上，就搭瑞和輪走吧！我還有一封信，託你帶去。」

宋教仁聽了這話，才把茫茫無路可走的心鬆了一下，趕忙答道：「這樣很好。那你趕緊寫信去吧！」

兩人分別之後，宋教仁就回客棧。不久，曾松喬、歐陽駿民、胡靜軒……等人又送些旅費給宋教仁。下午，松喬、駿民又送宋教仁渡江，前往漢口，登上瑞和輪船。六點多鐘，二人告別回去。胡瑛才匆匆趕來，交給了宋教仁一封給章士釗的信；話還未說完，汽笛已嗚嗚地響了。胡瑛只好又匆匆下輪走了。

十月十五日（陽曆十一月二十五日）一點鐘，到了繁華的上海，瑞和輪下碇靠岸。宋教仁找了洋涇橋一家叫做永安客棧住了下來，就想去找「啓華譯書局」。他在街上找了半天，找不着，時間也不早了，決定明天再去。

第二天一早，宋教仁找到新馬路，好不容易找到了餘慶里啓華譯書局，却發現大門緊緊關着，門外有一個身材高大，頭上紮着黃頭巾的印度巡捕在把守着，就不敢過去了。又轉往東大陸書局和警鐘報社去問，都不得要領。最後到了昌明公司去找章士釗，却見到萬午亭。萬午亭說：「章行嚴已被捕了。你從哪裏來的？」

「湖南。」

萬午亭進去半晌，出來要：「有請。」

宋教仁跟着萬午亭上樓，沒想到却見到劉揆一，兩人都十分驚喜。坐了下來，劉揆一又告訴他，昨天晚上這裏又發生一些不幸的事件：

「黃興已經被捕了！」

「什麼？」

「還不止黃興一人，一共十二個人。」

「唉，這怎麼辦呢？」

「長沙失敗後，兩湖的同志陸續到了上海，有三十多人，就計畫再起。安徽人萬福華，字紹先，因吳春陽的介紹，加入了本會。」

「林生兄，春陽就是暘谷嗎？」

「是的。」劉揆一又說了下去，「剛好，前廣西巡撫王之春退休，到上海做寓公。因為王之春高唱聯俄，大家都想除去他。萬福華拿去了張繼的手槍，並且假借王之春的朋友吳保初的名義具柬，請王之春於十月十三日下午七時，到四馬路金谷香西菜館吃飯。王果中計，應約來了。萬福華在樓梯間向他開槍，沒想慌亂間，未曾撥開開關，所以連扳了十幾下，都射不出子彈。王之春東奔西逃，大叫大嚷。西捕進來了，萬福華就給逮去了。十四日，章士釗私下去老捕房看望萬福華，被西探跟踪逮捕，又偵知了餘慶里機關。昨天十五日，黃興、陳天華、張繼、郭人漳、趙世暄、周素鏗、徐佛蘇、蘇鵬、薛大可、章勤士等十個人，都被逮捕入獄了。只有我因事外出倖免罷了。今日上午審判，我託人打聽。聽說萬福華供稱：『

王之春，這個賣國賊，是我個人要幹掉他，與他人無涉。』他已被判處十年苦獄。黃興詭稱是『安徽教員李有慶』，因此沒事，和其他幾人，可望不久出獄。不過，此間機關已破，無法再活動。我們可能不久都要去日本。你還是和柳聘農、龍鐵元、楊度（晢子）、楊守仁幾人先去東京再說吧！」

到十月二十九日（陽曆十二月五日），宋教仁等人搭乘日本三菱公司的禿格薩約麥魯商船，中譯「高沙丸」，船長約三十丈，寬約三丈。當船開出了黃浦江，宋教仁在甲板上憑欄眺望，只見水天一色，朝霧茫茫；他的心裏才覺得舒快，沒有隨時被拘捕的恐懼了。中午，船已駛出吳淞口，進入黃海中，遠望白浪連天，漫漫無邊無際。宋教仁回顧大陸一眼說：「再見，苦難的中國。」

第九章　往東京

光緒三十年（一九〇四）十一月二日（陽曆十二月八日）晨七時，高沙丸快進日本長崎港了。宋教仁站在甲板上遠望，只見羣山聳翠，海水彎環，房屋依山而建，景色頗為秀逸。十點鐘，停輪了，他和柳聘農、龍鐵元、楊度幾人搭了小船上岸去遊覽。長崎市面，略似中國，只是房屋很矮小，服裝言語，完全不同。

宋教仁經過郵局，寄了一封快信，給在東京的朋友吳紹先、李和生。中午，就在一家中國人開的料理店吃飯喝酒。午後，又到處走走，才又搭小船返輪。

傍晚，高沙丸離港，向東北而行。宋教仁向東南望去，山嶺時隱時現，人說是九州山地。

三日，船過佐世保、福岡，到馬關，日本人今稱「下關」。午後一時，又開行，進入瀨戶內海。這時兩邊大都是山灣高岸；據常去日本的旅客說：左岸是「中國山地」，右岸是「四國山地」；兩岸中間，一海如帶，寬處海面相隔約數十里，窄處只有幾里。宋教仁憑欄凝眺，時見山巒起伏，忽斷忽續，形圓的像覆笠，尖削的像筆架，巉巖歷亂，古木森森，風浪平靜，碧波漾漾，輪船沿着海岸邊而行，非常平穩。據說內海中島嶼，星羅棋佈，有三千多個。快到神戶時，兩岸小山更多，在甲板上觀賞，羣山接目而來。晚間，只聽濤音風響，聲甚壯濶。時時有漁舟上下，出沒烟波，燈火閃爍，明滅不定。

宋教仁心裏想道：「這一帶的風景，眞像畫圖一樣的美呀！」

四日十時，輪船到了神戶，市上比起長崎，稍稍華麗，西式洋房很多。下午四點鐘，又開行，過大阪灣，出紀伊水道，進入太平洋，只見萬頃一碧，無邊無際，海風颯颯，白浪滔滔。此後兩三天，船顛搖不停，宋教仁只好多多躺在床上休息。

七日（陽曆十二月十三日）八時，輪船靠近東京灣了，海岸已隱約在望。又過了好久，才靠在横濱市的碼頭邊。宋教仁檢查過行李，上了岸，李和生已等在岸上接他了。湖南西路同鄉會也派了龍濟雲前來招待他們。吃過東西，到停車場，一起坐汽車前去東京。時已中午十二點鐘了，車行兩小時，才到了東京新橋站。

東京，就是江户城，過去是日本德川大將軍的府地。德川世執日本國政，長達二百六十多年，天皇徒擁虛名。到明治天皇卽位，才收回統治大權；第二年並由京都（西京），遷都東京。

宋教仁等人下了車，坐人力車前往江户川旅館，只見街道寬敞，市況繁盛，電車來來往往，行人摩肩接踵。到了旅館，住進樓上客房，室内沒有桌椅，地面上鋪着「榻榻米」的草蓆，修潔無塵，入室必須脱鞋，坐臥都在上面，宋教仁覺得不大習慣。不久，吳紹先、田桐（梓琴）、賀年仙都來看宋教仁。還有幾個宋教仁不認識的朋友。入夜電燈璀燦耀目。晚飯後，李和生勸宋教仁搬到神田香澄館和他同住。當夜，宋教仁卽坐車，載了行李，搬往香澄館，和李和生同住一室。和李和生同住的，還有湖南人申錦章，湖北梁星甫，也過來看他，談了很久。宋教仁覺得現在雖然漂泊異國，但這裏的友情很親切，暫時忘記了被迫離鄉去國的悲傷。

第十章　創辦「二十世紀之支那」

宋教仁到東京已二十多天了，轉眼間新的一年（一九〇五）來了。一月三日（陰曆光緒三十年十一月二十八日）下午一時，兩湖文普通學堂的校友，借駿河臺中國留學生會館，召開歡迎宋教仁的大會，到的人不少。主席致詞介紹過了，宋教仁開始報告，他們打算在湖南長沙發動轟轟烈烈的革命事件，出死入生的脫險經歷，以及一些會黨中同志不幸犧牲的情形。大家聽了都對這一次革命沒有成功，感到十分惋惜；對這個年才二十三歲的宋教仁，也贊美不絕。大家都願意出力，替宋教仁籌措留學東京的費用。宋教仁不肯接受。不過，他却也因此認識了許多新朋友。歡迎會開了三個小時，到四點鐘才散會。

宋教仁走出了會館，就轉到越州館吳崑住處，開籌辦雜誌的會議。他想發起創辦一個雜誌用來宣傳民族革命的思想。到有吳崑、田桐、張步青、魯魚（文卿）、郭堯階、雷道亨、白逾桓（楚香）、羅傑、陳天華、程家檉（韻蓀）、秋瑾（璿卿）、李仲卿等十多人。幾經辯難，大家終於同意他的意見，決定創辦「二十世紀之支那」這個月刊。

宋教仁又陸續拜訪東京各個旅館與學校，努力奔走，如拜訪振武學校江峪岷等人，道德館的龍際雲等人，昇盛館的彭希明、徐運奎……不到二十天，贊成參助的竟多達三十多人。大家公推宋教仁為總庶務，張步青為經理，陳天華為總編輯，李仲卿為會計。不久李仲卿回國，由白逾桓接任。郭堯階管印刷。

宋教仁開始收集股金，撰寫時評性文稿，又約人寫稿、寫發刊詞，與牛込秀英舍工場訂立了印刷的合同，決定每期印三千冊，每冊一百二十頁，印刷費為一百八十二元，又刻了圖章，準備發行，並與國內、海外的雜誌社、報館、書店，如警鐘社、震亞社、中外日報館、時報館、中國日報館、昌明公司函洽代銷的事宜。第一期的雜誌沒幾天就印好了。

但辦雜誌也是一項很艱難的工作；但最困難的有兩項：一是經費，一是稿源。大家留學在外，未必人人經濟寬裕，有餘款來支持雜誌，也未必人人能動筆撰稿，義務撰稿，所以當日認股的人很多，繳股金，寫稿子的却不多。光緒三十一年（一九〇五）二月十二日（陰曆一月九日）下午一時，宋教仁到中國留學生會館收取股金，白逾桓、張步青等也都來了。他們三個人坐等了三個小時，前來繳股金的寥寥無幾，稿件也極缺之。宋教仁辦「二十世紀之支那」，的確很艱巨，甚至遭遇到挫折。他和少數的幾個人撑着，但經費稿子兩相缺乏，雜誌如何能夠出版。

拖到三月十九日，宋教仁只好在留學生會館召開社員大會，到了三十多人。他首先向大家說明：

「這次雜誌不能如期出版，第一、是許多人的股金沒有交，印刷費沒有着落；第二、是文稿也不能收齊，無法付排。遲延至今，還不能出版。這樣下去，就是能夠出了這一期，下一期也不能繼續出。我認為全體社員在經費、在文稿兩方面，必須設法維持，才好。」

宋教仁說完了，才坐了下去。陳天華早已站了起來說：「我個人能力薄弱，無法使雜誌如期出版，我覺得很對不起各位付託。這樣下去，不好。我這個總編輯還是另請他人擔任，較好！」

大家聽了都不禁喪氣，勸了半天，也沒用。陳天華辭意非常堅決：「我是辭定了！」

當天的會議，就這樣的散了。

宋教仁回到寓所，又接到他的哥哥石卿自家鄉桃源寄來一信，說：「家內皆平安；惟余於去冬，因汝事曾繫獄月餘。族中人以汝造反，貽禍家族，皆恨汝，甚至有禱神拿獲汝者。

惟春臯、文卿，略見天良……。」看了家信以後，他的心裏更加懊惱。

第二日，振武學校的戴渭卿、江峪岷、陳性農等八人給宋教仁寄來了一封信，說：

「『二十世紀之支那』之總編輯既已辭職，部分同仁復不肯繳清股金。鄙意以為本社宜從此解散；弟等已交股金，尚祈退還，為感。」

宋教仁接了這樣一封信，心裏實在感到為難，恰好郭堯階來訪。宋教仁就將戴渭卿等人的信，交給他看。郭堯階說：

「沒關係，總編輯問題解決了。昨天散會後，程家檉對我表示：既然星台不幹了，他有意接任。」

「你說韻蓀先生願意當『二十世紀之支那社』的總編輯？那最好不過了。我們馬上就去找他談談吧！」

程家檉，字韻蓀，一字下齋，江南休寧人，肄業武昌兩湖書院，很早卽來日本留學，並且娶了一位日本夫人。在光緒二十四年（一八九八）初，透過三合會會員陳可平的關係，在橫濱結識了興中會黨魁孫逸仙先生，與日人宮崎滔天、平山周、內田良平、末永節等，成為孫先生的信徒；與沈翔雲、秦力山、王寵惠辦國民報，鼓吹革命的學說。黃興、劉揆一來東京弘文學院留學時，都深受他的革命思想的啓導與影響，可說是革命界的前輩之一。

宋教仁一聽程家檉自願當總編輯，正是求之不得，就趕緊和郭堯階前往北辰社拜訪程家檉。剛好程家檉夫婦都在家裏。程家檉是南方人却長着一副北人的粗豪相貌，一頭濃黑的頭髮，大眼睛，大鼻子，下巴還留着一顋幫兒大黑鬍子。宋教仁和他見過面，寒暄一過，就直接談到總編輯的事。程家檉說：

「遯初，找到了適當的總編輯了罷？」

「還沒有。堯階兄說，您願意出任『二十世紀之支那』的總編輯。您這種大力支持的盛意，我們衷心感謝！」

「革命思想的傳播與鼓吹，都需要一個刊物。又怎能讓『二十世紀之支那』停刊？星台兄既然不幹了，我就不自揣能力的薄弱，向您暫時要了這個差事。只是希望這刊物能夠繼續出版下去。」

「韻蓀兄，以您過去編『國民報』豐富的經驗，來主編我們這個雜誌，一定有良好的發展！」

他們就這樣談妥了，由程家檉繼陳天華之後，出任二十世紀之支那社的總編輯了。

過了兩天，戴渭卿等八人又來函，催宋教仁開會宣佈解散雜誌社。但白逾桓、田桐、郭堯階都主張繼續辦了下去，說：「要解散，也得開社員大會，投票公決！」宋教仁就發出開會通知。

到了二十六日下午二時，在留學生會館召開「二十世紀之支那」社員大會，到有二十多人。宋教仁擔任主席，報告召開這次會議的原因：

「最近，我接到戴渭卿八位社員的來函，他們認為既然陳天華兄不願擔任總編輯，有些社員的股金又不肯交清，經費又如此艱難，所以主張停刊，退還股金。但田桐、郭堯階幾位社員認為要談革命，就必須有宣傳性的刊物，代表我們的言論。這樣，我們才能將革命的理想，民族主義的種子，散播到海內海外各個角落去。他們認為一定要維持這一個雜誌，作為鼓吹革命的利器。郭堯階先生並附帶提出請程家檉先生接任總編輯一職。現在有這兩種不同的意見。本席只好召開本次會議，請來諸位同仁，發表高見。」

這一次會議，結果是贊成維持雜誌的意見的佔多數，「二十世紀之支那」這個雜誌，就照原定計畫繼續出版。戴渭卿八人仍堅持退會。大家又依據郭堯階的提議，公推總編輯由程家檉繼任。宋教仁也辭去了總庶務，大家又推選黃益庵繼任。宋教仁雖然辭去了總庶務，實際上他仍然是「二十世紀之支那社」重要的成員。其中四分之一的文稿，是由他一個人所撰寫；所以後來在美國由劉成禺主筆的大同日報，發佈出版新聞，甚至說「二十世紀之支那」是宋教仁一人所專辦。

第十一章 勸阻陳天華赴京

宋教仁在東京，由於他交游的廣濶，活動的積極，不久結交了許多朋友，成為留學界非常活躍的一個份子。他學習日語、英語、體操、騎馬，參加了秋瑾所組織演說練習會，並為書記，並替他們的「白話報」撰稿，又為高天梅主編的「醒獅」雜誌寫稿。這時，他所撰寫的文章，大都是抨擊清廷的施政，如在「二十世紀之支那」上，發表時評「雖設學部亦何益耶」，指出清廷設立學部不過欲將奴隸教育普及於國民罷了。在「醒獅」上，發表「西太后之憲政談」，揭發清廷所謂「立憲」不過是一種懷柔的手段，並非眞正的立憲。宋教仁又與程家檉、羅子雲、日人平山周商討組織速成陸軍的事情，又在湘西學會及湖南同鄉會常提出各種議案。二月間，他終於被選為湖南同鄉會桃源縣的代議士。與日本進步的人士如女教育家金井歌子、國民黨人宮崎滔天、平山周等人交往。又與兩湖的革命同志，如湖南的劉堯激、孫迪卿，湖北的歐陽俊民、曹德銘等通信，繼續進行革命的工作。

同時，華興會的其他首要份子黃興、劉揆一、張繼、章士釗、陳天華，因為在湖南長沙舉事不成，上海的秘密機關又因萬福華案而暴露，所以當黃興等人被龍璋保釋出獄，黃興安排好了國內的革命與聯絡的據點後，就都前前後後走避日本，都集中東京，於是東京逐漸形成革命的中心，中國留日學生談革命的都隱隱接受黃興的領導。宋教仁原是華興會一份子，時常和他們聚會商議，由於他個人的活動能力，思想的堅定，逐漸成為華興會中僅次於黃興、劉揆一的重要份子。華興會中重要的事情與決策，他都參與會議。

光緒三十一年（一九〇五）一月一日（陰曆光緒三十年十一月二十六日），旅順俄軍一萬四千多人投降日本。俄軍逐漸失利，日俄戰爭有媾和的趨勢，歐洲一些國家，如法國陰謀乘機瓜分中國。所以入春以來，東京報紙日日刊登列強要瓜分中國的電訊。美國國務卿海約翰，因此倡議：對華門戶開放，將來日、俄和議，應該保全中國領土的完整。後來駐德的美國公使給美國總統羅斯福打了一通電報，說據德國皇帝云：

「英、法計畫瓜分中國領土。」

這對中國留日的學生，當然是一種極大的刺激，成為大家關心討論的一個大問題了。

陳天華自從去秋湖南長沙起義失敗，與黃興等人逃亡日本，對國事已經非常憂憤。這些舊日同志相聚一起，每次談起國家的衰弱，每次想起湖南一些同志的犧牲，常常哽咽流淚，悲憤痛哭。現在瓜分中國的謠言，日見東報，更加憂憤不安，認為不能夠再事等待了，必須急起救亡，在中國的留學生討論「列强瓜分中國問題」的時候，陳天華散發「要求救亡意見書」，主張用全體留日學生的名義，向清廷請願，要求實行立憲政治；並且聲言打算回北京去，向滿清政府陳述維新救亡的政見。

宋教仁對陳天華想完全倚賴滿清政府改革政治來救亡的意見，不以為然。他在一月二十八日到山本館劉揆一處，和黃興、章士釗、揆一討論陳天華的問題：

「主張革命的陳星台，怎可走上康有為、梁啓超維新的路子？這對於革命陣營心理的影響，非常不好。我們必須設法勸止他。」

「遯初，後天開同鄉會，你可以提出一些正確的意見。他是我們華興會的會員，勸說不行！必要時，也可以實行干涉主義，以公衆議決，强制他服從。」黃興說。

「好的，我已打算明天在湘西學會，後天在湖南同鄉會中，反對陳天華的『要求清廷立憲』之說；另提出『列强要是眞要瓜分中國，各省就宣告獨立自治』的議案。」

一月三十日，宋教仁「湖南省獨立自治」的提案，終於成了湖南同鄉會的決議，通過了。但陳天華仍決意要去北京。黃興與宋教仁相約改天去勸說陳天華。

二月一日下午，宋教仁和黃興一起到了東新譯社，與陳天華開特別談判。陳天華是一個思想非常激烈、一心只要救國的人。過去他寫的「猛回頭」「警世鐘」，鼓吹覺醒、革命、救國，都非常動人，成為影響極大的刊物。現在他由於急切想救國，就想前去北京，呈文清廷，請求實行君主立憲，維新政治；這當然要使舊日同志大大吃驚了。大家見了面，沈默了一會兒。黃興首先開口，而用非常沈重的語氣說：

「星台兄，你怎麼放棄了革命的理想了？」

「我並沒有放棄革命的理想。我只是比較置重政治的改革，少計較民族的仇恨罷了。我所以『排滿』，不像『倡復仇論』者所說的，仍然是為了政治問題。我所恨的只是滿洲政府不早行變法罷了。假使清廷在十年間，能够練常備軍五十萬，增海軍軍艦二十萬噸，修十萬里鐵路，列强就不至瓜分我們國家了。」

「星台兄，所以你想去北京，勸說清廷，期望他們實行這種新政？」宋教仁忍不住打斷陳天華的話頭，說：「清朝昏聵的皇室權貴，會聽你的話吧！」

「我想國家到了這般危險的地步，也許會聽聽我們的意見吧！」

「你對我說過：你見過梁啓超，並且和他通了幾次信。你現在改變革命的宗旨，我可以說你是中了這些保皇黨人運動的毒！竟會相信這些自以為『主子』的清人，會聽從他們所謂『奴才』的意見，而實行立憲，實行維新呢？假使能夠，那倒也不失為一種救亡的方法。」宋教仁說到這裏，停了一下，又繼續說下去，「光緒與康有為、梁啓超講維新變法，慈禧那個老妖婆聽了吧？戊戌（一八九八）政變，康有為的胞弟康廣仁與譚嗣同、楊銳、楊深秀、林旭、劉光第六個維新黨，統被砍了頭；光緒也被囚禁在西苑湖中的小島瀛臺，至今還沒有放出來呢！康、梁兩人也逃到了日本。現在，你還竟相信梁啓超的鬼話！」

「我並不是全然聽信梁某的話，我只是認為談革命，必須使中層社會都知道革命主義。單靠會黨來搞革命，不夠。長沙失敗，就是由於會黨的同志不易保密，以致功敗垂成。現在我去北京，能夠說動清廷革新，最好；不能，我們也可以趁機將革命的思想，黨人的勢力，打進了政界，暗中活動，由中層社會，漸漸普及到下層社會。到時，一夫發難，萬衆響應！不是很好嗎？不然，國家被人瓜分滅亡了，再來談革命，有什麼用呢？」

「你的想法，雖然不錯。可是清人會信任你嗎？清廷不會監視你、調查你嗎？萬一發現你曾寫過了那樣激烈的倡導革命的書刊。那你去了，只有像鄒容一樣的，送進了虎口，恐怕還有生命的危險呢！」

「這樣白白的犧牲，是不值得的。」黃興也勸陳天華說。

「我實在不願久留這個人間。」陳天華嘆了一口氣說，「唉，只要對國家有好處，我隨時都願獻出一己的生命，絕不猶豫！」

「我們不是不相信你的愛國犧牲的精神！但犧牲需要有價值，需要有意義！你也知道：我們『排滿』不過自最近幾年開始；他們壓迫我們，兩百年如一日。我們以忠言勸說他們；他們却以刑戮殘殺來對待我們。我們怎能希望他們消釋嫌疑，共同起來挽救國家呢？要使中國不亡，只有革命。你能寫文章，更不可輕言犧牲，應該留下可貴的生命，多寫一些宣傳革命的文章才是！」宋教仁又說。

「你們兩位來勸我，非常感謝！讓我好好想一想，才答覆你們吧！」

宋教仁和黃興只好向陳天華告辭，走出了東新譯社，黃興說：「明天，我再去一趟。」二日下午三時，黃興來了，很高興地說：「星台已決定不去北京了！」宋教仁聽了，也替陳天華歡喜。

第十二章 大阪之行

宋教仁忙完了陳天華這件事，又忙着出版雜誌「二十世紀之支那」的事，時間如水逝。二月十一日，劉揆一來邀宋教仁去本鄉元町元日館秋瑾寓所議事。

秋瑾字璿卿，號競雄，又號鑑湖女俠，浙江紹興人，寄籍福建，曾經隨父親到過臺灣，從小涉獵書史，詠歌詩詞，好騎馬，會喝酒，二十二歲到湖南湘潭，嫁給富商子王廷鈞。庚子年（一九〇〇）在北京目擊八國聯軍攻陷北京後，搶掠姦淫燒殺，蹂躪中國人民的慘況，萌生了革命的思想，跟她丈夫的意見不合，遂告分居。光緒三十年（一九〇四）三月，東渡日本，留學青山實踐女校，結識很多革命黨人。宋教仁、劉揆一都時常跟秋瑾來往。為人欽奇磊落。秋女俠所作詩詞，很有男子氣概。譬如她在北京的舊作滿江紅詞：

「小住京華，早又是中秋佳節。為籬下黃花開遍，秋容如拭。四面歌殘終破楚，八年風味徒思浙。苦將儂强派作蛾眉，殊未屑。身不得，男兒列，心却比，男兒烈。平生肝膽，因人常熱。俗子胸襟誰識我？英雄末路當磨折。莽莽紅塵何處覓知音？青衫濕！」

也可以見出秋瑾志趣的所在了。

宋教仁和劉揆一吃過了午餐，就同往元日館拜訪秋瑾。秋瑾說：「我等候二位很久了。」兩人進了室內，席地坐下。秋瑾捧來兩杯香茗奉客，說：

「喝杯熱茶吧。揆一兄說：『有事找我商量。』有什麽事要我效勞？」

「最近，舍弟道一自上海來信，說馬福益派謝壽祺到上海跟他接洽：去年的失敗，一半由他屬下不小心引起，深感愧恨！現在，想再在洪江舉事，希望在糧餉與軍械，能够給他幫助，並且請我們派人指揮。屢午和我都認為洪江地僻山多，進戰退守，足以持久，可以等待各方響應。因此，對馬此舉，頗為贊成。現在，找你女俠商量的，就是『糧餉』這件事。日前聽你說，大阪有一兩個華僑富商，很熱心國事。能不能請他捐些款子，作這次革命的經費呢？」

「這些富商，又是怎樣的人呢？」宋教仁也問。

「揆一兄說的，是吳縣沈伯壯君的好友，東京古今圖書局店東王薇伯，和同鄉孫實甫。王薇伯，山西人，生長蘇州，是一個很熱心國事的人。孫實甫，是一個大保險商，由沈先生介紹，我見過一面；他就在我的面前，拍着胸脯說：『我孫某頂熱心公益，佛寺尼庵要我化緣，我絕不後人。要是需要，只要秋小姐開口，就是要我拿出十萬八萬，也不在乎！』籌措這次革命的資金，找他幫忙，不會有問題吧。」

「那就請邏初和伯壯兄，上大阪一趟吧！」

「沈先生，這兩天剛好要去大阪！我去約他，晚上在我這裏，再商量商量。」

宋教仁和劉揆一告辭了秋瑾出來，到書店逛逛，買了一本「世界十女傑」。回來吃了晚飯。兩人又到秋瑾的寓所。沈伯壯（强漢），還有彭金門都已經來了。談起了大阪之行，沈伯壯說：「我先去聯絡，你後一兩天來。」

「我們約在大阪那裏見面？」宋教仁問說。

「你下了火車，就找車站附近的『久世田屋』旅館。我就住在那裏。」

「好，就這麼辦吧！我不是十四，就是十五由東京出發。」

二月十五日，天氣非常晴朗。宋教仁在東京新橋火車站，花了四元一錢，買了一張火車票，搭上十二時班次的火車南下大阪。車上人聲嘈雜。宋教仁的日語還不很通，實在感覺不便。火車過了橫濱不久，看到三千七百七十六公尺高的富士山，山頂平整，像一把倒置的摺扇，蓋着一片白雪。宋教仁墜入了夢想，但願此行回來能够成一個「富士」，那就好了！火車經過靜崗、名古屋、歧阜、彥根等城市。彥根，在琵琶湖濱，風景甚佳。深夜二時，火車經過京都——就是日本人所說的「西京」。

十六日上午八時，到了日本第二大城市大阪了。宋教仁出了火車站，就打聽久世田屋。到了那旅館，沈伯壯已經先到兩天了。十一點鐘，王薇伯來訪，約他們一起去遊覽日本佛教的發祥地四天王寺，也就是日本聖德太子的紀念所。到了寺內，宋教仁覺得無大意識。到下午四點鐘回來。休息了一下。到了六時，和沈伯壯前去孫實甫家拜訪。孫實甫的房屋，佔地很大，四周圍以花木，看門的一副臭嘴臉，說：「哦哦，找我家的主人。不在家！」

十七日上午八時，宋教仁到街上逛逛，覺得大阪的市況，富庶繁盛，不減東京。下午五點多鐘，和沈伯壯再去孫實甫家。這次孫實甫在家，宋教仁進了門，只見室內擺設華麗。看來，孫實甫是一個肥頭肥腦的市儈式的商人。談了一會兒，時間已晚，孫實甫就留他們晚餐說：「特別準備了四五道菜。」下女捧了上來，原來是一碟鹹魚，一碟醃蘿蔔，一碗悶雞蛋，一碗炙小蝦，還有一大碗黃渾渾的米素湯。在吃飯的中間，孫實甫談的都是玩女人花錢的事，非常慷慨。

「哦，老弟，昨日夜頭，我來哚桂源閣，朋友請吃花酒，叫來幾個藝妓，擺酒，搳拳，唱曲子，鬧熱得很！這些藝妓，粉擦的又香又白，說話又甜啘！像這樣的女人，要我花二三千元，無啥要緊。」

「秋瑾女士說你很愛國。大概，沈先生也已跟您說過。」

「謝謝耐哰！愛國嘴裏說說勿要緊；要出錢，勠難為我！我哰『做生意，將本求利』，錢沓水裏，要響噹噹。」

宋教仁心想，像這樣「既鄙且吝」的商人，又怎能教他出資幫助革命呢？

十九日一早，忽然飄起了白色的雪片，紛紛飛舞，旅館內的溫度起了變化。外面的飛雪颯颯作響，空氣似乎被寒冷凍住了，正像宋教仁這時的心境。他正埋首案前寫信給劉揆一，說明籌措革命資金，要另行設法，而不可指望大阪了。

宋教仁在大阪又待了四五天，到二十三日和王薇伯一道搭火車回東京。火車經過的兩邊田野、山頭、水邊都被白雪蓋住了，成了一片銀色的世界，樹上掛着冰柱，綴着瓊花，非常美麗。在車座上，宋教仁和王薇伯談着閒天。同車的有兩個剛從滿洲回來，能講一些中國話的日本軍官，宋教仁向他們打聽日俄在滿洲戰爭的情況。宋教仁說：「俄國那麼強大，你們為什麼能夠節節打敗他們呢？」

其中一個答道：「貴國有一句話：『先聲奪人』，我們一開始就用了這個『先聲奪人』

的策略。去年（一九〇四）二月八日，我們的海軍趁着俄國的海軍假日夜宴、忘情大樂的時節，偷襲了旅順的俄國艦隊，打得他們稀里花拉。給他們的士氣一個重大的打擊！」

「日俄戰爭，就由此引發了。」宋教仁嘴裏說着，心裏却想道：「日本人的狡詐，由此可見。」

「我是去年三月初被派到平壤去的。」另一個日本軍人說：「到了四月，我們的部隊佔領了朝鮮的義州。五月越過了鴨綠江，佔領九連、鳳凰、大連。這半年來，我們在海上擊垮了俄國太平洋第一艦隊，打死了他們的司令官 Witgeft。在滿洲，我們許多次猛攻，又佔領了遼陽、沙河、黑溝台、旅順。不過，雙方傷亡都非常慘重。激戰時候，眞是『炮雨彈烟，血肉横飛』。唉，我們的傷亡在十幾萬人！俄國佬也差不多。當然，戰爭在貴國的土地上進行，貴國的人民受害更大，滿洲許多城市，由於激烈的炮火的轟擊，已變成了廢墟。」

「哦，貴國報紙說：這次與俄人戰爭是為了保護我們中國？並且強調中日兩國為同種，必須親善合作。」

「坦白說，當然不是為貴國，而是為了我們日本的利益。貴國儒家的思想中，有『繼絶世，擧廢國，治亂持危』，主持正義的國家，要扶助一些弱小的民族，對抗强國的侵略！這種理想，極難做到的。不必諱言，許多國家發動戰爭，都是為了『攻城掠地』，而『殘民以逞』的。」

「哦！」

「就拿這次日俄戰爭來說，打贏了，我們在朝鮮的勢力，就可以大大擴張。去年八月，我們打敗了蘇俄的海軍，我們就取得朝鮮的財政與外交的監督權。」

「哦，」

「將來，我們在支那徹底打敗了俄人，不但可以合併朝鮮，而且俄人在南滿的所有的權益，當然也就歸我們接收。國際之間，哪有為了別國的利益，而參加危險的戰爭呢？一個國家只有圖强，才能自立，就像我們日本從明治維新以後，就日趨强大。」

「德國和俄國的關係很密切，去年德皇曾說要援助蘇俄。對這個問題，你們日本人有什麽看法？」

「這個，我們不怕。英國是我們的同盟。德國假使動手，英國人也就會參戰。」

「據你看，戰爭還會拖多久？」

「現在，瀋陽大會戰卽將開始。我們集結了二十五萬的大軍，跟三十萬的俄軍決戰。假使能够一舉殲滅了他們，戰爭很快就會結束了。」

宋教仁聽了，心裏不勝感慨地想道：「這些帝國主義者都是一丘之貉！德國、俄國固屬『軍事侵略派』，主張分割中國；美國、英國則為『經濟侵略派』，他們主張『中國門戶開放，領土保全，機會均等』，也只是想實行他們在我國經濟侵略的政策罷了。日本這個『假保全派』更包藏禍心。將來的局勢必然是『俄退日進』罷了。不過，日俄戰爭對中國倒不失是一個喘息、覺醒、復興的機會。日、俄兩國由於戰爭造成的疲弊，總難一下恢復，可能將暫時抑制他們侵略我國的野心！唉，只是我們這個腐敗的滿清政府，還只知苟且偷安，虛飾面目，不求把握時機，力圖振興！唉，等到有一天列強在中國的勢力與權益劃分清楚了，恐怕我中國將為第二個『波蘭』了！」

二十四日上午，宋教仁回到了東京新橋火車站。出了車站，回到神田香澄館的寓所休息了一下。下午卽分訪劉揆一、黃興、秋瑾三人，報告此行的經過情形。

第十三章　哀悼王漢、鄒容、馬福益

到三月十日（陰曆二月五日），日軍攻佔了瀋陽；俄軍大敗，傷亡九萬多人。黃興與劉揆一也就在這個日俄激戰的三月間，偷偷從日本回國，趕往湖南洪江，應馬福益之約。宋教仁為了掩護劉揆一，每隔兩三天，就去山本館劉揆一的寓所一趟，替他處理一些事情以及函件，並在日記「我之歷史」中虛記一筆，如「某日至劉林生寓」，「某日偕林生觀電影」「某日劉林生來」。宋教仁並在四月一日與李和生搬到今川小路二丁目十七番地越後館去。張繼和黃興同住一處。黃興的事情，由張繼負責處理了。

又過了兩三天，宋教仁看上海報，見載有「王漢謀刺鐵良，不果投井而死」，心裏不禁一驚，再細看內容：

「戶部侍郎鐵良奉命清查東南財賦，以充內府，歷江、浙、皖、贛抵鄂，有革黨暴徒王漢欲於漢口大智門車站，伺機狙擊。幸王漢至，車已開行。漢以鐵侍郎尚有事於河南彰德，復尾隨追蹤。及至彰德，漢乘侍郎下車之際，拔槍轟擊之不中，雜人羣中逃逸。彰德府縣，乃遣邏卒，四出搜查。王漢遂自畏罪投井死，並留遺書於逆旅，詳述其事，不期竟云：羞以身膏『虜』刄，故而自殺！」

宋教仁看了這一節新聞，不禁想起了王漢的影像和為人。王漢，湖北蘄水人，字竹庵，號怒濤，也是武昌科學補習所同志，與胡瑛交情最好，平日沈毅寡言，沒想到他竟如此勇烈犧牲了！心裏震悼悲痛不已，眼淚不覺就簌簌直流而下。

到了四月九日，宋教仁正在寓所看書撰稿。突然徐竟成匆匆來訪，並說：「郛容已經在本月三日（陰曆二月二十九日）死在上海租界的西方監獄裏了！十六日下午三點鐘，我們在玉川亭開追悼郛容、王漢的大會。」說完又匆匆走了。

十六日那天，天氣微陰，上野公園櫻花盛開了，綴滿枝頭，絢爛得像一條條的花雲。東京的士女，相携往遊，眞是人山人海。許多日本的青年穿着鮮衣麗服，彈着三絃，唱着歌，跳着舞，讓花瓣兒像雪片一樣的飛落到頭髮上、衣服上，歌聲舞影，隨着春風駘蕩，正自盡情歡樂。可是中國的留日學生有二百人左右，正在玉川亭開郛容、王漢的追悼會，會場的氣氛非常沈痛肅穆。宋教仁的心裏尤其感到悲痛憤慨！

郛容因為撰寫「革命軍」一文，倡導革命而入獄，被判刑監禁二年，至此刑期將滿，却忽然死了，有些人士懷疑他是被謀害的。二十日下午六時，留日學生借中國留學生會館商討「調查郛容死因」的問題。宋教仁也去參加，到會有四十多人。留日學生會總幹事張繼說：

「郛容兄從光緒二十九年（一九〇三）七月一日（陰曆閏五月七日）入獄，至今年（一九〇五）六月三十日，兩年的刑期就要滿了。眞沒想到却在刑期滿前七十多天，死在洋人的監獄裏。他的死因，我們當然要調查。」

「溥泉兄說的是，鄒先生的死因可疑，也可能被人謀害。還有他的後事也亟待料理！我們最好能够推選一位他的好友回國去辦理這兩件事。」鄒容的一個姓王的四川老鄉提議說。

「為了調查鄒容死因，我們可以設立一個機構，請黃興主持；黃興今日因為生病沒來，不過我可以轉告他。另外在鄒容同鄉中再推選三個人參加。」張繼說。

「顧、王、曹三位先生，都是鄒蔚丹的四川老同鄉，就請三位參加吧。溥泉兄和蔚丹的交情最好，回國一行非他莫屬！至於費用，則由大家捐助。」有人提出這樣的一個建議。關於「鄒容」的後事就這樣的通過了。會開了二小時才結束。

五月一日，雨下得很大。中午，羅品山來，告訴宋教仁說：「馬福益已被端方殺害！」

「誰說的？」

「劉揆一。」

「他們回來了？」

「回來了。」

宋教仁聽了，就匆匆地出門，上山本館去。見到了劉揆一，劈面就問：

「馬福益眞的被害了？」

「眞的！」劉揆一接着詳述此行的經過：「我和黃興到了漢陽，將埋藏鸚鵡洲上的槍械起了出來，可以用的，只有槍四十三枝，子彈七排。謝壽祺僱來一艘心腹的民船，我們將槍子彈藏在艙底，運到了常德，方幸一路無事。誰知到沅陵的釐卡，來了四個卡兵，由前一艘貨船上搜出一批私鹽；因此在我們船上也就大搜特搜了，槍械終給發現了。一個卡兵直撲過來。黃興的烏家拳也眞厲害，只一提，那人就被攛下水去。我和謝壽祺合力，才把另一個打昏了，逃走了兩個。我們三個人只好拿了些槍彈，上岸逃去。不久，有二十多個清兵從後面開槍追來，被我們射倒了幾個。幸好，天漸漸黑了，他們不敢窮追；我們才脫了險境。路上遇到楊任同志，告訴我們說：『馬福益從廣西回來，聽說四月十二日（陰曆三月八日）在湘鄉給清兵逮捕了。』我們聽了非常憂急，連夜向洪江進發。到了天亮，遇到洪江派來的會黨彭茂春證實了這事，並且說：洪江已被偵緝團包圍，死了一些同志，力勸我們回去。我們只好化裝成小販、商人、委員各種人，逃到了漢口，才知道有三個人同時被捕，馬福益一押到長沙，就被湖南巡撫端方殺害了。只有譚菊生一人，福益力白不是他的黨徒，得免於難，也還關在監獄裏。唉，現在，我們只有力圖光復國土，以報死友了。」

革命的同志接二連三的犧牲，更加强宋教仁革命的信念與決心了。

第十四章　等待孫逸仙先生的領導

黃興漸漸成為留東學生界的領導人物。——五月七日，湖南留學生開同鄉會，有兩百多人出席，推選總理，黃興得八十七票最多，其次是楊度八十二票。黃、楊兩個人都堅辭，再投票，劉耕石才當選。

華興會其他份子，劉道一（炳生）自上海來，於五月十五日到東京；歐陽瑞驊（吉香）自湖北來，於六月九日到東京，打算學師範；胡瑛自湖北來，於六月十二日到了東京，住在臥龍館。

宋教仁趕緊去臥龍館看胡瑛。兩人見了面，談起別後事，不覺悲從中來，愴然落淚。胡瑛沈默了好一陣子，才說：

「科學補習所被封後，劉靜庵避難武昌聖公會，為司理。他就借聖公會的閱報室，設立革命機關，叫做『日知會』，添購新書、報刊、雜誌。每天來閱報看書的很多，他就暗中散佈『猛回頭』、『警世鐘』、『黃帝魂』這些灌輸革命思想的圖書，吸收革命的同志，因此湖北軍、學二界入會加盟的，有數千人。但不幸的，是王漢在今春三月二十一日——陰曆二月十六日謀刺鐵良不成自殺了。清廷派鐵良南下搜刮民財，靜庵和王漢、我商議，說：『鐵良這個國賊，不去掉他，老百姓的財力都要被他刮光了。』我和王漢就拿了藏在鸚鵡洲上的手槍，一路追蹤下去，到了京漢鐵路的彰德站，我們下手了，不幸一擊不中，沒殺死這個國賊；王漢大概為了掩護我逃亡回湖北，而故意自殺了。王漢臨行前和他的太太訣別，作了一首『別內詩』：『未知此去何時會？生死口口一寸心。若使斷頭成永訣，願卿含笑賀孤魂！』唉，這些好友竟一個一個為革命犧牲了！又怎能不教人痛哭流涕呢！」胡瑛說到這裏，又號啕痛哭了起來。

宋教仁也不勸胡瑛止淚，不禁也陪着落下了許多眼淚。

以後幾天，宋教仁時常陪着胡瑛到東京的日比谷公園、淺草公園、水族館、動物院各處走走，到會芳樓喝酒，上中國料理店吃中國菜，登三緣山遊覽，逛書店買書，拜訪朋友同鄉聊聊天、散散心。

宋教仁也告訴了胡瑛，別後他自己在東京的生活與求學的情形：「我和一些同志創辦了『二十世紀之支那』雜誌，鼓吹革命思想。」

「什麽時候出版呢？」

「第二期快要印好了，大約這個月二十五日就可以發行了。」

「日文學的怎麽樣？」

「我跟精通日文的陸輔先生學，很有進步！」

「跟這裏的同鄉常來往嗎？」

「現在我是東京湖南西路會執行部書記；這裏的同鄉，大抵都認得。」

「現在你在哪所學校讀書呢？」

「前幾天劉道一借了十塊日元給我做學費，由公使館參贊馬廷亮的函介，就在你到東京的那天，我去法政大學報名，讀經濟、法律。」

「經濟情況好嗎？」

「最近由郭堯階、王鼎三的介紹，晚上到神田工藝學堂教日本學生講『中國話』，每週三四趟，月薪十元，可以勉强湊合。」

「郭堯階？」

「郭堯階，湖北沔陽人，跟張難先同鄉。張難先不大喜歡他，討厭他『儇薄，好冶遊』，說這種人『不可與計大事』；不過，郭堯階對革命，對朋友，却都是頂熱心的。他正打算回漢口去，與同志開一個工藝廠，請我草擬過章程。過兩天，我給你們介紹。他去湖北，我們也可以寫信介紹劉靜庵認識他，以利湖北黨務的推廣。」

後來，郭堯階回國，胡瑛與宋教仁果眞替他介紹與劉靜庵認識，但却因此引起了一段不幸的變故，使劉靜庵等九位同志下獄。這是後話，容下再說。

六月二十六日，張繼自上海回到了東京，向大家報告他調查鄒容之事，說：

「鄒容確是自己病死。據章炳麟兄說，『蔚丹老弟剛進租界西方監獄的時節，還能怡然自得，不以為意，閱讀譯篇，研究佛經，來排遣時間與悶氣，只是獄中的待遇太差，每餐只給一碗粥，三粒黃豆，夜裏蓋一牀薄薄的毛氈。蔚丹的身體素來衰弱，現在又凍又餓，白天又要做苦工，他不能忍受，心裏就煩躁、懊惱、憤激，終於在今年二月底生了病。炳麟要求監獄長請醫生來看。獄長不肯。折磨了四十天。啊！終於在四月三日（陰曆二月二十九日）半夜病死獄中！』蔚丹的身後事已由上海同志安排，頗為周匝。劉三先生在上海西南十幾里的『華涇』，捐了一塊地，大家又籌了錢，買棺安葬了他。不過，他死時才二十一歲呀！」

張繼說到這裏，早已哽咽，不能成聲。

「國家不强，還有什麼話說？難怪鄒蔚丹過去所作詩說：『落落何人報大仇？沈沈往事淚長流！淒涼讀盡支那史，幾個男兒非馬牛！』國家滅亡了，我們就只好任人侮辱，任人奴役，任人宰割！國家滅亡了，又哪有『人的尊嚴』之可言！」

七月十七日，曹亞伯也從武昌來到東京了，住在玉名館。宋教仁見到他，覺得他已成了一個純粹的天主教徒，不吃烟，不喝酒了，專奉耶穌永生之說。曹亞伯對宋教仁說：「我打算進東京聖經學院，學宗教。雖然如此，我仍然要參加革命的工作。」

東京華興會的主要份子越來越多，中國的形勢越來越危險，俄國自波羅的海東來的艦隊在對馬海峽，被日本海軍擊沈了十七艘，俘虜了八艘。但俄國軍隊已由新疆的伊犂，佔據廸化府綏來縣的金銀鑛。德國派艦東來，要求山東膠州灣附近的州縣。英國也進兵西藏，要西藏歸英、清兩國保護。法國陰謀分割中國。在東京的愛國志士，覺得必須儘速推翻這個腐敗的滿清政府，才能挽救中國的命運。因此，黃興、宋教仁等人，早想在東京結合留日的學生組織會黨，作革命的中堅，曾將這件事和程家檉商量。程家檉說：

「孫逸仙先生，不久就要來日本了。孫先生自倫敦蒙難之後，就成了世界聞名的中國革命家了，德高望重，由他登高一呼，必得萬衆響應；由他領導，必能組成全國一心的革命黨了。宮崎滔天，是孫先生的信徒，可以請滔天寫信催促孫先生到東京來主持其事。」

黄興、宋教仁認為這個意見很好，就請程家檉和宮崎滔天相約。

第十五章　宮崎夫婦口中的孫逸仙先生

光緒三十一年（一九〇五）七月十九日（陰曆六月十七日）上午九點，宋教仁和程家檉同赴宮崎滔天的約會。

滔天住在内藤新宿，離程家檉的住所北辰社寓廬約十幾里，需要搭車去。他們兩人上了電車，宋教仁說：

「韻孫先生，您在東京久，人事熟，像宮崎滔天這些人怎麼樣？」

「宮崎滔天，我跟他認識很久了。滔天，原名寅藏。有兄弟四人，他是老四。他是個豪邁的人。他和平山周兩人，原奉了日本外務省的命令，去我國調查革命黨的秘密結社，沒想到却變成我國的大革命家孫逸仙先生的信徒。孫先生，由他介紹，認識了日本國民黨首領犬養毅。又由犬養毅介紹，認識了日本外相大隈重信，還有在野的領袖頭山滿，民權主義的右翼份子平岡浩太郎這些人。他自己更是熱心參加了我國的革命工作。庚子歲（一九〇〇）惠州三洲田之役失敗後，他就用『白浪滔天』的筆名，寫了一部『三十三年之夢』，寫的就是『孫逸仙先生革命』的事蹟。他屬於日本國民黨民權主義的左翼份子，倡說『大亞細亞友好主義』，他們希望我們能够早日建立民主共和獨立的國家，在中日友好合作之下，扶助亞洲其他弱小的民族，脫離列强的壓迫。」程家檉滔滔不絕地介紹了「宮崎滔天」這個人。

「內田良平呢？」

「內田良平，屬於日本黑龍會的首領，和玄洋社的頭山滿，幕後都是日本軍人所支持，以侵略滿、韓為目的。他們援助我們革命，是另有目的的。」

他們談了很久，電車才到了新宿站。下了車，遠望山上，綠葉滿林。又走了一大段路，才到了宮崎的家。程家檉上去敲敲門。出來應門的，是一位穿着鮮麗寬袖的和服的少婦，平髻上插着一顆紅珊瑚珠簪，一把白玳瑁梳，人很漂亮。程家檉對宋教仁介紹說：

「這位就是滔天夫人前田美子。」

「啊，程先生、宋先生，請趕緊進來。滔天，一會兒就回來。」

宋教仁和程家檉脫了鞋子，進入室內。滔天夫人請他們坐在「榻榻米」上。宋教仁環視四壁紙屏，甚是雅潔。這時，滔天夫人自內捧出一副茶具，倒了兩盞香茶奉客。宋教仁喝了一口，覺得氣味很芬芳。滔天夫人說：

「外子滔天非常崇拜孫逸仙先生。他和孫先生是在八、九年前，在橫濱陳少白家裏認識的。那天，滔天約了平山周先生一起去拜訪陳先生，本想請他介紹孫先生的。但出來開門的却是一位穿着睡衣、微留小鬚的陌生人。他告訴滔天說：『陳先生到臺灣去了。』滔天很失望，不覺自言自語地說：『我們是想請他介紹孫先生！』『誰？』『孫逸仙先生。』眞沒想到，這陌生人，就對外子說：『我，就是孫逸仙！』您們說，湊巧不湊巧！後來，平山先生每談起跟孫先生認識的這一件事，還常常引用貴國的成語說：眞是『踏破鐵鞋無覓處，得來全不費功夫』啊！」

正說着，宮崎滔天已經回來了。宮崎滔天的身材很魁偉，美髯椎髻，穿着一襲藍青的和服，自外進來。他們又重新行禮，坐下。滔天夫人再爲他們添茶。滔天却說：「太太，請拿酒菜來，我們邊喝邊談吧！」

滔天夫人就在客人的面前，擺好了脚高三四寸的食案，接連高高捧上四、五道日本菜，天婦羅（油炸魚蝦）、燒鳥、生魚片、壽喜燒（牛肉火鍋），放在案上，然後俯身搓手，退了下去。滔天連連勸飲說：「宋先生，請多飲兩杯『三客』嗜者極多！」又向程家檉說：「

韻蓀兄，過幾天，孫中山先生就要從歐洲來日本了。我們就替他們介紹吧！」

「滔天先生，」宋教仁一邊喝着酒，一邊問道：「尊夫人稱孫逸仙先生為『逸仙』，為什麼您又稱做『中山』呢？」

「來，來，吃菜吃菜！」滔天殷勤地勸着客人用菜。他自己也夾了一片生魚片，蘸些山葵末、醬油，送進了嘴裏，又舉起酒杯，又喝了一大口，說：「這很鮮嫩！」然後才說道：「說起孫先生的別號『中山』，這是有出典的。孫先生由橫濱到東京，和犬養毅先生見了面，相談甚歡，就決定暫留東京，所以離開犬養毅的家，就住進數寄橋外對鶴旅社，但在填寫旅客姓名的時候，平山周忽然想起孫先生用眞實姓名，恐怕不方便，就想替孫先生塡一個日本式的姓氏。剛好我們的車子，經過日比谷時，看到中山侯爵巍峩的官邸，大家的印象還都很新，因此平山周就代寫上『中山』兩字；至於名字呢？他還正在躊躇。孫先生已自塡上一個『樵』字，並且解釋說：『這是取「中國的山樵」的意思，不是純日本化的姓名。』後來，『中山』兩字，就成了孫逸仙先生的別號了。」

「好故事，我們乾杯吧！孫先生的事，由韻蓀兄處，也聽到一些。」宋教仁說：「克强和我談起：自從馬福益在湖南起義失敗被殺害之後，湖南的革命黨就缺乏人領導。田桐、白逾桓、但燾……都來東京留學，這裏的同志日漸多了。我們打算在東京正式設立會黨，做革命的中堅總部。這事也跟韻蓀兄研究過；但韻蓀兄以為革命是講策略、秘密、實幹的工作；孫逸仙先生也快來日本了，等孫先生來，再組織不遲。」

「我最近接到孫先生自美洲來信，說他不久就要游歐洲來日本了。」程家檉帶着說明解釋的口吻說，「孫逸仙先生從一八九四年十一月在檀香山創立興中會倡導革命，至一八九六年十月在倫敦發生被清吏誘捕獲釋事件後，遂名震天下。也因此，他的脚不能踏上中國的土地一步，自無法在國內領導革命。所以我們組織革命會黨，何不暫緩些日？等孫先生來，再說。由孫先生組織會黨，我們秘密參加。我們可以僞裝回國，暗中鼓吹革命，相機起義。這樣，我們在海外有領導與聯絡的中心，在國內又有實際參加工作的同志，比較容易成事！」

「你們想推舉孫先生做『領導者』，我非常贊成。」滔天接着說，「孫中山先生，不但抱負遠大，魄力宏偉，而且心地光明，志趣高潔。他曾對我說：『要想實現民主政治，豈能垂手而得？必須由革命着手。滿清政府腐化極了；如今中國的好山沃野，任憑外人宰割，使我漢族淪為三等的奴隸！所以我不得不挺身出來，做革命的先驅者！』他又說：『要是有豪傑之士出來，相助革命，推翻清虜。我會自願尊他第一，追隨他，信從他，甘效犬馬之勞；

不然，我只有自己擔當大事，奮鬥到底。我固深信為了拯救中國的危亡，為了湔雪我們亞洲黃種人的屈辱，為了恢復世界的人道精神，只有實現中國的革命，才能做到！』孫中山先生，他這種『天下為公』的理想，『奮鬥救中國』的壯志，實在令人欽佩！現在東西洋中，也還找不出幾位有他這樣偉大胸襟的人物！因此，當我第一次見到了孫先生，聽了他一番說話，我就決心，要追隨他，幫助他完成革命的事業。」

「日本政界，對中國的革命，又抱着怎樣的一種態度？」

「其實，世界各國，沒有不垂涎中國；就是日本對於貴國，也是野心勃勃的！日本政黨中人，始終為貴國着想的，也只有犬養毅一個人罷了。大隈重信的外交政策，深受犬養毅的影響。過去，孫先生也得到了犬養毅氏的許多助力。我能够前往中國，參加革命工作，也都是犬養毅所資助的。你們既然有心革命，不可不見一見犬養毅。改天，我當給二位介紹。」

「我國留日的學生，在這個時代裏應該如何自處？」

「你們生在中國，現在有這等好機會，有這等好舞臺，必須好好把握住，去創造一番不朽的事業。將來的中國，日本實在不敢望其項背！」

「自一八九五年在廣州、一九〇〇年在惠州，孫先生兩次領導革命失敗，至今又五年了。這其間，孫先生遊歷日本歐美，鼓吹革命，再未見行動。這樣的革命，哪天才可以成功？」宋教仁又問滔天說。

「孫先生所以遲遲不敢再度起事，因為他名聲太大了，一擧一動，都受到全世界注意，所以不敢輕易一試。你們將來做事，定要秘密去做，不要虛聲外揚，才好！」

「聽說孫先生說，你早已寫信去了；但不知孫先生那一天可以到達東京呢？」

「快了，這一兩天內吧。」宮崎滔天從衣袖內抽出一封信來，說：「這就是孫先生從英國寄來的回信；你看。」

宋教仁接過一看，只見上面寫道：

「日前寄英國之書，久已收讀，欣聞各節；所以遲遲不答，蓋因早欲東歸，諸事擬作面談也。不期旅費告乏，阻滯窮途，欲行不得，遂致久留至於今也。茲定於六月十一日從佛（法）國馬些港乘 Tonkin 號郵船回東京。過南洋之日，或少作勾留未定；否則必於七月十九日可以到橫濱矣！相見在邇，不日可復與先生抵掌而談天下大事也。……」

「由這封信看來，孫先生幾天內也就要到東京了。」宋教仁看完了信說。

一直談到了下午四點鐘，酒才喝完。又談了一個多小時，他們兩人才告辭回去。

第十六章 孫逸仙先生

過了幾天，程家檉告訴宋教仁說：「孫逸仙先生已到達橫濱了，可以和他約期見面了。」到七月二十八日（陰曆六月二十六日）上午，宋教仁接到程家檉的信，說：「孫逸仙先生，約我等今日下午至『二十世紀之支那雜誌社』晤面，敢請吾兄，務必踐約。」

宋教仁在下午一時左右到了社裏，孫逸仙、宮崎滔天已先來到。此外，程家檉還約了陳天華（星台）、黃興（克强）、白逾桓（楚香）、田桐（梓琴）、張繼（溥泉）、但燾、吳春陽（暘谷）等人。孫逸仙先生，臉色黝黑，留着小鬚，頭髮整齊，年約四十歲，身材不大高，穿着西裝革履，十分溫文爾雅，和藹可親。由程家檉向大家一一介紹，並致詞歡迎孫先生。接着座談會就開始了。

這時，黃興起立報告說：「我們願意將苦心經營的華興會，併入孫先生的興中會。還希望光復會，以及其他的革命團體，也都能够和興中會合併，結合成一個新的組織，這樣才能集中我們革命的力量，增强我們革命的勢力！」

「克强兄的意見，很好，我很贊同！」孫逸仙先生說：「華興會在這裏有多少同志？」

陳天華就將去年黃興、劉揆一與馬福益籌畫在湖南長沙起義失敗，以及今年馬福益犧牲的事情，簡單地報告了一下。接着，大家熱烈鼓掌，請孫逸仙先生談「現今革命的大勢與方法」。孫逸仙先生就滔滔不絕地將革命的大勢與方法，作極扼要的分析：

「縱觀中國的歷史，每一次動亂，各地的豪傑，爭權奪利，常常長達幾十年，遭殃受害的，是無辜的人民。為什麼這樣？這都是由於國人缺乏民主的思想，沒有憲法的規定。大家都只憑一己的武力，吞併對方，非至獨霸不可。現在，我們的革命尤其困難的，還有列强的勢力虎視眈眈，時時想乘機瓜分我國，所以只有實行『迅雷不及掩耳』的革命方法不可，以求革命迅速成功。所以我們不必躭憂各國的干涉，最怕的還是自己的內訌。這一省要起事，那一省也想起事，不相聯絡，各自號召；最後，終必釀成像秦朝末年二十多國紛爭不已的局面。像元末的驅逐韃靼，却形成了朱元璋、陳友諒、張士誠、明玉珍，互相砍殺了二、三十年的內戰。這時要是四周各國乘機干涉，中國必亡無疑！現在，我們革命一定要互相聯絡，一定不要像過去那樣的割據紛擾，殃及百姓。」

孫逸仙先生講到這裏，停頓了一下，喝了一口茶，又繼續講下去：

「革命最需要的，就是『人才』。譬如兩粵的民氣强悍，會黨充斥。他們跟滿清政府為難，已經有十幾年的歷史了。清兵沒有辦法平定他們；這可以說，他們的破壞力已經有餘，只可惜『人才』太少。現在要是有百十來人出來，擔當聯絡工作，主持大計；革命的破壞，成功的建設，種種都需要適當的人才去擔任，去策畫，一旦發難，才能够非常快速地建立一個文明的政府，那麼天下的大事，就可以從此決定了。現在，要是能够從東京的留學生中，聯絡到二十個人：陸軍十個人率領兩粵的三合會，長江的哥老會，作起義的主力；再有法政十個人，在佔領城池後，整頓地方，辦理外交，大致也就够了！」

孫逸仙先生演講完了。大家就孫先生的觀點熱烈討論，並提出補充的意見。陳天華說：「單靠民間會黨的力量，是不够的。像漢光武不能用銅馬、赤眉平定天下；會黨的力量不可恃為革命的主力。我們還必須藉宣傳力量，由中層社會，到下層社會，使人人都瞭解革命的必要；這時，只要一夫發難，萬衆自然響應。革命自然就成功了。要是多數人，還不瞭解革命的意義，就實行革命，恐怕不足以救中國，反而為禍中國了。」

程家檉接着提出：「網羅人才，越多越好。」他說：「這就像『開山引泉，已達大川』，要魚多的很！中國留日學生，有兩萬多人，我們何必只要二十人呢？因此，我提議另外召開一次歡迎孫先生的大會?」

這次會談，直到下午四點多鐘，才告結束。分別時，孫先生又約大家過兩天在黑龍會內再談。宋教仁由這次聚會，對孫逸仙先生革命的理想留下了極深刻的印象。

第十七章　中國同盟會籌備會

七月三十日（陰曆六月二十八日）下午一時，宋教仁前往東京赤坂區檜町三番地黑龍會內田良平家裏，參加孫逸仙先生召開的中國同盟會籌備大會。那天到會的，計有各省留日學生七十多人。大家公推孫逸仙先生擔任主席。

孫逸仙先生報告開會的主旨說：「諸位先生：我國人革命之心，自明亡國，秘密結社，到處都是，只是各自分立，不相連繫，以致勢單力弱，不能大舉。譬如太平天國與湘淮團練衝突，實在是由於三合會與哥老會、安清道會未曾溝通的緣故，苗沛霖、張宗禹與洪秀全、楊秀清，同樣是清廷的仇敵，却不能聯成一氣。由這一些事實，可以知道各革命團體聯合的重要。我們必須聯合各地的留學生。回國之後，在全國各地，秘密結社，組織軍民會黨。現在留日學生，既然如是之多，不若在東京設立革命本部，在國內通商口岸設立分部，他日留學畢業回去，又在二十二省內普遍設立支部。那樣，有朝一日，義旗一舉，各地皆應，旬日之間，可以唾手，而摧虜廷。所以我建議全國革命黨各派聯合起來，組織成一個新團體，從事革命工作。」

大家認為這個建議非常恰當，就一致鼓掌通過了。接着，孫先生又提議說：

「這個新團體，可以叫做『中國革命同盟會』。諸位有什麼意見？」

「我認為我們既抱傾覆滿廷的想法，不如用『對滿同盟會』的名稱，更加確切。」張明夷提出了異議。

這時又有一個人起立說：「主席，儘管我們實質是做革命的工作，但我總以為本會是屬於秘密的組織，為了避免引人注意，減少工作障礙，最好不要用『革命』兩字，簡稱『中國同盟會』就好了。」

大家覺得他說的有理，也就通過了「中國同盟會」這個會名。這時，孫先生又說：

「我們應以『驅除韃虜，恢復中華，創立民國，平均地權』四大綱領作為本會革命的宗旨。也就是說，凡我黨員定要抱定：驅逐韃虜，推翻滿清的專制；恢復我中華民族的國家，使中國成為中國人的中國；同時建立共和政體的民國政府，凡我國民，都一律平等，都有參政權，由國民選舉議員，構成議會，制定憲法，並由國民選舉大總統，永遠剷除帝制；改良社會經濟制度，平均地權，核定地價，俾使家給人足，土地增值，卽歸國家所有，為全民所共享。」

有幾個人對於「平均地權」還略有懷疑。孫逸仙先生又詳加解釋，說：

「平均地權，就是解決社會問題的第一步方法。吾黨既然是世界最新的革命黨，應該高瞻遠矚，不應當專重種族、政治兩大問題，最困難的社會問題，也要一起解決，希望能夠建設一個最完善富强的國家。」

討論結束之後，黃興提議說：「贊成的人，應該簽名，書立誓約。」曹亞伯首先舉手贊同說：「我憑良心簽名加入。」這時，全場沒有人異議。也就是一致通過了該案。到了討論「選舉總理」一案，黃興又起立提議：「我們就公推孫逸仙先生為本黨的總理吧，不必再經過選舉手續了。」大家都熱烈鼓掌贊成。接着由孫先生擬好了一份盟書。其原文如下：

聯盟人　省　府　縣人　當天發誓，驅除韃虜，恢復中華，創立民國，平均地權，矢信矢忠，有始有卒，如或渝此，任衆處罰。

天運乙巳年七月　　日　　中國同盟會會員

當時簽名加盟的有：安徽程家檉、吳春陽，陝西康寶忠，江西張華飛、陳榮恪，廣西盧汝翼、譚鸞翰、朱金鐘、藍德中、曾龍章、馬君武、鄧家彥，廣東孫文、汪兆銘、黎勇錫、朱少穆、謝延譽、黃超如、區金鈞、馮自由、姚東若、金章、古應芬、杜之杖、李文範、胡毅生、朱執信、張樹枬、何天炯，湖北時功玖、耿覲文、周斌、陶鳳集、王家駒、蔣作賓、陶德瑤、田桐、涂宗武、曹亞伯、葉佩薰、李仲逵、劉通、劉一清、李叶乾、范熙績、許緯、匡一，湖南黃興、宋教仁、陳天華、曾繼梧、余範傳、郭先本、姚越、張明夷、劉道一、陶鎔、李峻、周名曾、鄒毓奇、高兆奎、柳揚谷、柳剛、宋式善，直隸張繼，山東徐鏡心，福建王孝縝等數十人。事後補送盟書的，有董修武、朱炳麟、權道涵、于德坤、魯魚、張樹崇……等人。

大家簽好了誓約，即由孫逸仙先生領導黨人，同舉右手，向天宣誓。儀式簡單而隆重。宣誓完畢，孫先生又說：

「在幹事會，沒有成立前，盟書暫時由我保管。我的盟書，請諸位推舉一人保管。」大家推舉黃興保管。

宣誓之外，孫先生又傳授黨人相見聯絡時節秘密的握手暗號及口語，說：「如問：『何處人？』就答：『漢人。』『何物？』就答：『中國物。』『何事？』就答：『天下事。』這樣，比較安全。」

最後，宋教仁與黃興、馬君武、汪兆銘、陳天華、程家檉……等八人，被推舉為同盟會規章的起草人，並決定在下次成立大會時提出。

第十八章　主持歡迎孫逸仙先生演說會

宋教仁為了擴大孫逸仙先生在東京中國留學生間的影響力，與田桐、張步青租好了富士見樓的大禮堂，並向各方發出郵片通知：訂定八月十三日（陰曆七月十三日）下午一時至六時，在富士見樓開東京留學生歡迎孫逸仙先生演說大會。

富士見樓，坐落麴町區駿河臺麓，風景極佳，後臨小河，遊艇如織。隔岸為砲兵工廠，煙突林立，黑雲蔽天，非常壯觀，是東京的一個名區。樓的結構，雖不大宏敞，却頗精巧。樓外有小假山，屹立池中，四周噴水，錦鯉紅魚，游泳其間。附近又有葡萄，披離下垂，綠陰覆蓋，十分陰涼，素來是東京人宴客集會的地方。

這天由宋教仁擔任大會主席，陳天華為記錄。上午十一點鐘，宋教仁趕到富士見樓，安排了開會的各種事情；又趕到櫻亭，約好孫逸仙先生早些到場，又回到富士見樓用餐。

下午十二點半過後，前來聽講演的絡繹不絕，場内已告人滿，有一千三百多人。後來的人，不能進去，仍然不願離開，站立街邊仰望樓上的又有好幾百人。有女學生十幾人結隊前來，到時大門已閉，又有警察把守，不教入内。女學生只好恨恨而返。這時樓内已無隙地，階上下，廳内外，都是人，暑氣如蒸，汗臭薰天。

一點鐘正，孫逸仙先生來了。孫先生穿着一身鮮白的西裝，由數人前導，拾級而上，滿場鼓掌歡迎。司儀遂宣告大會開始。

宋教仁走上主席的位置，致歡迎之詞：

「孫逸仙先生，提倡『三民主義』、『五權分立』，欲求中國的自由平等，想促進世界大同，不止是我中華民族的英雄，也是世界上偉大的人物。孫先生由亞洲而美洲而歐洲，所到地方，旅外的華僑與學生都開會歡迎，公請孫先生演說，各國政黨也都倒屣歡迎孫先生。孫先生既得聽到各國大政治家的讜論，益以歷年遊歷參觀，學識非常豐富。今天，在這裏我們能聽到孫先生的演說，實在是我們的榮幸。現在請大家熱烈鼓掌，表示歡迎！」

孫逸仙先生在如雷的掌聲中，以藹然可親的笑容，颯爽不羣的丰姿，出現於講演臺上。孫先生首先表示感謝大家歡迎的盛意，繼而講述環遊全球的經歷。大家拍掌不絕。終了轉入談「中國應建立共和國」的問題，作了一篇極為精采的演說。現在節錄其精要如下：

「我往年提倡民族主義，應而和之，只有會黨；至於中流社會的人，寥寥無幾。而今，國人思想進步，『民族主義』大有一日千里之勢，大家都體認到革命是絕對必要的。

「諸位前來日本求學，當然是在吸收西方的文明。阿利安民族的文明，只是在幾百年前發達起來，中國的文明早在五千年前就非常著名。這是西方比不上的。但因中間傾於保守緣故，以致讓西人獨步。可是近十年來，國人思想的變遷，異常快速。十年二十年後，不難盡有西人的文明；超過他們，也並非不可能。

「中國的土地人口，也是各國比不上的。可是我們在這個大舞臺上，却不能立下寸功；絕好的山河，仍然被異族所盤據。這不是可羞之極嗎？

「我只希望諸位將振興中國的責任，放在自己的肩上。日本維新之初，也不過是一些有志之士做原動力罷了，僅僅三十多年，就使日本躋身於世界六大强國之一。我們努力做去，難道就不能成功嗎？各國發明機器，都是經過幾十年，才能成就一物；但是仿而造之，却非常容易。中國的情況，也是如此！

「又有人說：各國都是由野蠻而專制，由專制而君主立憲，由君主立憲而始共和。次序井然，斷難躐等，進入共和。這等說法，十分荒謬。就拿火車來說，始極粗惡，漸漸改良。現在中國修鐵路，將用最粗惡的火車，還是用最新改良的火車呢？

「菲律賓人是文化落後的土番，尚能抗拒西班牙、美利堅兩大國，謀求獨立，建立共和；北美洲的黑人，蠢如豬鹿，現在都已成為自由人民。說中國不可共和，這是厚誣中國人，不如菲律賓人，不如北美的黑奴呀！各國的君主立憲，也都是經過流血才得到的。同一流血，何不直截了當，直求『共和』！我誠願諸位，將這等謬想，淘汰淨盡，從最好的改革著手，則中國幸甚！」

在孫逸仙先生整個演講的過程中，每遇講到精采地方，臺下的聽衆就報以熱烈的掌聲。孫先生足足講了兩個小時，至此才告結束。這時鼓掌的聲音，上震屋瓦，不絕於耳。宋教仁趨前稱賀。孫逸仙先生面露笑容，退下臺去。

接着程家檉、蒯壽樞、宮崎滔天、末永節又相繼上臺演說。到了四點多鐘，才由宋教仁宣告散會。

散會後，陳天華對宋教仁、程家檉說：「看今天留學生歡迎孫逸仙先生的情形，可知我國人愛國的熱忱，崇拜英雄的天性，比之日本，有加無已。孫先生抨擊倡論的，清廷看來，是大逆不道；可是此間幾乎全數的留學生，這樣熱烈，表示歡迎，可以看出人心的歸趨了。」

「的確，我們的革命是充滿了光明的遠景！」

第十九章　中國同盟會成立

光緒三十一年八月二十日（陰曆七月二十日），陰雨濛濛。下午二時，中國同盟會本部借東京赤坂區靈南坂本金彌的別莊，開成立大會。

一點鐘左右，宋教仁就到達會場。看到「猛回頭」「警世鐘」的名作者陳天華，香港中國日報駐東京記者馮自由，國民報月刊編輯人沈翔雲，天才數學家朱執信，有「大律師」之稱的于德坤，還有擅長組織的程家檉，勇悍敢為的陳英士，廖仲愷與何香凝夫婦，吳暘谷、汪兆銘……等人，正圍着孫逸仙先生、黃興、鑑湖女俠秋瑾女士三人，在談論民族革命，民權政體、民生問題與女權運動。逸仙先生說話，藹然可親。黃興的個子很魁偉，言談極為豪放。秋瑾女士鵝蛋臉，眉目如畫，人長得很漂亮嫵媚，但議論却極精警，時聞她豪爽的笑聲。

她所作的豪雄的詩詞，如「寶刀歌」、「寶劍歌」、「日本服部夫人屬作日本海軍凱歌」，早已風傳東京的留學界。自稱「虬髯客」的于德坤，還是滿腮于思。他喜作綺靡之詞、孤憤之吟，說話時候，口沫橫飛；與秋女士是一個强烈的對比。現在看他們在一起談話，眞是有趣。這時，只聽到秋女俠說：「今天，我們要一洗數百年來國史之奇羞。」這時，來的人很多，擠滿了一堂，這些有的學警察、法律，有的學政治、經濟，有的學武備、軍事，有的學外交，有的學科學，有的學文學，總有三百多人。看他們所填的籍貫，除了甘肅外，分屬十七個省分，眞是包羅了留日學生的精英了。

因為有許多新會員，要辦理加盟的手續，所以到了兩點鐘，才由主席宣告開會。首先由黃興代表起草人，宣讀會章的草案，共計三十條。大家對這草案的討論，極為熱烈，紛紛提出修訂的意見。最後，黃興作總報告說：

「本會定名『中國同盟會』，在東京設本部，各地設支部；以『驅除韃虜，恢復中華，創立民國，平均地權』為宗旨；設總理一人，由全體會員投票選舉，四年選舉一次，可以連選連任。總理對外代表本會，對內執行事務。本會東京本部的組織，是採取三權分立，在總理之外，設『執行』、『評議』、『司法』三部，另設支部與分會：

第一、執行部：處理黨中的各種大事，由總理統率，下分『庶務』、『書記』、『內務』、『外務』、『會計』、『經理』六部。各部職員由總理指派。

第二、評議部：設議員二十人，策畫評議革命各種問題。並由議員互選議長，由議長指定一人為書記。

第三、司法部：專司糾察黨員，設總長一人，判事二人、檢事一人。

第四、各省設立分會，公擧分會長，受本部統轄。」

通過會章之後，黃興又提議說：「看大家的意思，總理一席，似一致屬意孫公。為省手續，不必再投票了。」大家都擧手贊成，就通過了「孫逸仙先生為總理」這個議案。孫總理卽指定黃興等人充任執行部的各部職員，黨人又票選評議、司法二部的職員。其名單如下：

一、執行部

庶務部：黃興。（總理他出時，由庶務長代理；故其職權僅次於總理。）

書記部：馬君武、陳天華。（馬君武因為在京都讀書，不能常來東京，因此改派田桐擔任，後來總理又加派胡漢民、但燾、李肇甫擔任。）

內務部：朱炳麟。

外務部：程家檉、廖仲愷。

會計部：劉維燾。（因事未能就職，總理改派謝延譽。）

經理部：谷思愼。

二、評議部

評議長：汪兆銘（精衛。）

議　員：汪兆銘、田桐、曹亞伯、馮自由、梁慕光、胡衍鴻（漢民）、董修武、范治煥、張樹枏、熊克武、周來蘇、但懋辛、朱大符（執信）、吳崑、胡瑛、康寶忠、吳鼎昌、于德坤、王琦、吳永珊二十人。（由議員公推汪兆銘為議長。又由汪兆銘指定朱大符兼任書記。）

三、司法部

總長：鄧家彥。

判事：張繼、何天瀚。

檢事：宋教仁。

各省分會的會長，在大會成立之後，由各省會員自己分別集會推定，如下：

直隸：張繼　　河南：曾昭文
山東：徐鏡心　　山西：王蔭藩
江蘇：高劍公　　安徽：吳春陽
湖北：時功玖　　湖南：仇式匡
廣西：劉　崛　　江西：張世膺
雲南：呂志伊　　貴州：平　剛
四川：黄樹中　　陝西：康寶忠
福建：林時爽　　浙江：秋　瑾
廣東：何天瀚　　上海：蔡元培

同盟會成立的時候，加盟的有三百多人；但不到一年，加盟的黨人，則多達一萬多人，積極在各地發展革命運動與工作，中國的革命就進入一個新的紀元了。

孫先生以後曾說：「我原未敢希望革命排滿的事業，能及吾身而成功；及至在東京集合全國的英俊，成立革命同盟會，我纔相信革命的大業，可以及身而成功了。」

第二十章　「民報」的誕生

由於黃興提議將「二十世紀之支那」雜誌，作為中國同盟會的機關報。光緒三十一年（一九〇五）八月二十七日（陰曆七月二十七日）下午一時，宋教仁到江戶川亭，辦理雜誌移交儀式，宋教仁代表「二十世紀之支那社」移交，黃興代表「中國同盟會」接收。但「二十世紀之支那」第三期印好了，也就在這一天，被日本警察扣押沒收了。

下午六點鐘左右，秀光舍的工人將印好的雜誌，送到了臥龍館，交宋教仁點收。這時，忽然有神田警署幾個日警洶洶而至，對宋教仁說：

「你是宋先生嗎？」

「是的。」

「這一期雜誌，我們奉令扣押，不准發賣。」日警說着，就指揮工人把雜誌搬上警車；又向宋教仁說：「請你和我們到警署一趟。」

宋教仁只好坐上了警車，不一刻，就到了警署，心裏很焦急。日警帶他到一個警官的辦公桌前，介紹說：「這位是我們的巡佐。」

「巡佐先生，貴署幹麽扣押我們的雜誌呢？」宋教仁笑着問說。

「這本雜誌有害公安，必須沒收。」

「出版自由，不是貴國的憲法所准許的嗎？」

「是的，那只是指不妨害公安的。」

「這雜誌妨害貴國的公安呢，還是敝國的公安呢？」

「自然是日本的公安。」

「如何會妨害到日本的公安呢？那一篇文章呢？」

「這是依據我國內務大臣的命令。我們實在也不知道。」這個日本警佐停了半晌才說。

「本雜誌五月已經出版，為什麽內務大臣不知道，至今才來禁止呢？恐怕是受清公使的運動嗎？」

「這件事和我國的警察無關。辦這雜誌的幹事，是誰？」

「程家檉與黃華盛。」

「由什麽人發起？」

「我一個人發起。還有幾位都已經回中國去了。」

到了晚上九點多鐘，才讓宋教仁回去。

第二天上午，程家檉還以為雜誌已經印好了送來，來找宋教仁，要看雜誌。宋教仁告訴他，雜誌已經被警察扣押沒收。程家檉大吃一驚，和宋教仁一起到神田警署交涉，見到兩位日本的警官。他們拿出了公報，內載有日本內務大臣的告示，說：

「查『二十世紀之支那』第二號，妨害我國安寧之秩序，故禁止其發行售賣。神田警署應卽派差扣押其印本。」

這個警官又問：「這雜誌的發行人是誰？」

「由社員公任。」

「會計是誰？」

「已經回中國去了。」

「負責籌募經費的又是誰？」

「我，一人罷了！」

「有一篇『日本政客之經營中國談』是誰寫的？」

宋教仁這才知道因為這篇文章涉及「遼東半島問題」，揭露日本侵略隱衷，所謂「妨害日本公安者」指此。所以就隨便答覆說：「這是香港投稿來的，不知道作者的眞實姓名。」

程家檉聽了，也笑笑說：「貴國政府，何其愚也！我們旣不是日本治下的人民，在那個地方不可以出版印行這種文字。要是這裏不准出版，我們可以送到中國、歐美各國出版。貴國又其奈我何！適足見日本的法律野蠻罷了。這雜誌本來沒有什麽價值，現在因為貴國認為是跟大日本政府作對。這樣，不是反而會增加本雜誌的聲譽嗎！」

「二十世紀之支那社社員的名册呢？」

「黃華盛帶走了。我不知道。」

「貴社抱什麽主義？」

「鼓吹革命罷了。」宋教仁說。

「中國革命的派別多嗎？」

「很多。」

「除孫逸仙外，還有哪些人？」

「這不關你的事！問了我，也不能告訴你們。」宋教仁非常嚴肅地拒絕答覆這個問題。

宋教仁、程家檉和日警交涉了半天，毫無結果，只好出了神田警署回去。

以後幾天，日警又來囉囉嗦嗦地問過幾次話，給宋教仁、程家檉精神上的一些威脅。

中國同盟會因為「二十世紀之支那」，被日本政府禁止發行，執行部同志擧行了幾次會議，為了避免日本政府的干涉，決定不用「二十世紀之支那」的原名。採納胡漢民意見，改稱「民報」，表面上與「二十世紀之支那」斷絕一切關係，蓋不欲持「排外主義」，避免引起外人的嫌忌。又因張繼長於日語，便於對日人交涉，所以用張繼的名義為發行人。宋教仁仍為庶務幹事，經理民報一切事務，並兼撰述員；胡漢民為編輯，湯朗卿為校對。仍交由秀光社印刷。

十月二十日（陰曆九月二十二日），民報創刊號出版（按民報創刊日另有十一月十七日，十一月二十六日等說）。孫逸仙先生撰寫了一篇發刊辭，公開揭擧「民族」、「民權」、「民生」三民主義。這時為民報撰稿的，以宋教仁、胡漢民、汪兆銘、朱執信四個人最為著名，都以闡揚三民主義的奧義微旨為中心。陳天華、馮自由、田桐、蘇曼殊、易本義、周作人、葉夏聲、陳去病……也都曾為民報撰稿。民報發行之後，在宋教仁推廣之下，交由東京三省堂、同文堂、美國大同日報館、香港開智社、中國日報館、越南西貢和昌樓、湖北震亞社、湖南集益社……等經銷，逐漸流行各地。宋教仁因為尻骨病痛，以及入早稻田大學，功課忙碌，在光緒三十二年（一九〇六）二月辭職，才由宋海南接任。

這時，保皇黨梁啓超，在東京大肆活動，結合留學日本帝國大學與早稻田大學中的章宗祥、曹汝霖、陸宗輿這些人，組成立憲團，在新民叢報上，鼓吹君主立憲，反對革命，說：「革命必生內亂，必致瓜分，中國不求革命，但求立憲。」並且批評民生主義。胡漢民、汪兆銘在民報上，給他强烈的反駁與抨擊。筆戰經年，終使梁啓超感到難以應付。

民報除胡漢民外，還有章炳麟、張繼、陶成章、汪兆銘擔任過編輯；編得最久的是章炳麟。「民報」發行到光緒三十四年（一九〇六）十月十九日（陰曆九月二十五日），被東京警視廳查封。因為民報抨擊到東京來的奉天巡撫唐紹儀，滿清使館要求日本政府查封民報。日本政府就藉口民報第二十四期中，有湯增壁的「革命之心理」一篇文章，倡說「狙擊特權，懲創富惡」，有鼓勵暗殺，擾亂治安之嫌，下令封禁。後來，汪兆銘又在日本秘密印刷，出了「二十五」、「二十六」兩期。「民報」前後發行二十六期，終於使「革命的思潮瀰漫全國」。

第二一章　留學生的風潮與陳天華的自殺

日、俄戰爭在美國羅斯福總統調停下，終於在光緒三十一年（一九〇五）九月五日在美國朴資茅斯(Portsmouth)訂立了和約，俄國除割讓庫頁島南部給日本(戰前俄人强以千島換得)，承認日本對朝鮮的權益外，俄軍撤出東三省，並將俄國在中國南滿各項權利：如旅順、大連的租借權、長春以南鐵路沿線的權益與煤礦，均讓給日本。日本戰勝，俄國戰敗，結果受害的却是中國與朝鮮，俄人一無損失，——五年後，朝鮮被日本所滅。日本在十月二十七日派小村壽太郎，前去北京談判，除了壓迫滿清政府承認俄國讓與日本的各項權利外，另欲要求經營滿洲的安奉鐵路，在瀋陽、安東、營口等地設立日本租界……。因此，引起中國留日學生的激憤不平，電告清廷「勿受日人要挾」，因而觸怒了日本。再加「中國同盟會」在東京成立後，革命的空氣瀰漫留東學界，引起清廷的注意；十月二十日民報創刊號發行，胡漢民、汪兆銘的言論，陳天華寫的「中國革命史」、「獅子吼」小說，內容都非常激烈，清廷更加焦灼，命令駐日公使楊樞向日本政府交涉。中國有極少數留日學生在寄宿舍裏生活靡爛，以及日本私立學校販賣文憑給外國留學生牟利等等原因。日本政府就借此機會，由文部省在十一月二日(陰曆十月六日)頒佈了「取締支那留學生規則」，比照對付朝鮮留學生的辦法，加以「管束」，並宣布在明年一月一日開始實施。而「朝日新聞」等報紙，更公開指責中國留學生的「放縱卑劣」。

這時，在日本的中國留學生，認為個人自由受到侵犯，國家利權受到侵略，非常憤慨，紛起罷課，表示抗議。不到三天，日本各地學校的中國留學生八千多人一致響應，造成一次極大的風潮。

宋教仁先在九月十日被選為中國總會的評議員。東京的各省同鄉會都統屬於中國總會。這時遇到了這個突發的事件，各校的情況非常紊亂。中國同盟會當然可以利用這個情勢，擴大影響力。可是總理　孫逸仙先生在十月十七日，離開東京，前往越南西貢，設立同盟會越南分會，轉往歐洲，大概請法國政府贊助中國革命。庶務幹事黃興也由西貢，潛入國內，視察各地形勢，也不在東京。這時庶務幹事可能由張繼代理。宋教仁挺身出來，和胡瑛、寧調元、鐵道學校的楊卓霖等靈活運用手腕，發起組織中國學生聯合會，並公舉胡瑛為聯合會會長，領導留日學生的行動。

中國同盟會東京總部也召集黨員開會，討論對付日本政府取締中國留學生規則的問題，這時羣情激動。當主席報告開會的主題後，有人悲憤地喊說：

「我們堂堂的中國，竟成了日本的保護國，實在可羞！以致日本戰勝了俄國，就敢如此要求清廷，侵我主權！頒布規則，剝我自由！」

「還有日本報紙算什麼東西?罵我們『放縱卑劣』，罵我們『烏合之衆』，豈有此理!」

大家紛紛發言，情緒非常激動。這時，陳天華起來說：「日本剝我自由，侵我主權，固不待言。但我仍不敢輕於發難。各位倡導罷課，我聽了，恐怕事體愈發重大，很不贊成。但既然如此，就應該全體一致，貫徹始終，萬不可行動不一，貽日人以口實。幸而各校同心，八千多人，不謀而合，眞出我預料之外，又驚又怕。驚的是我們果有這樣團體嗎?怕的是不能持久!近來每遇問題發生，大家就說：『這是中國存亡的問題』。其實『日本隱謀，路人皆知』。『我不自亡，人孰能亡我』?因此，我們應該討論的有兩點：第一應該如何與日本政府交涉?第二要如何做才能使我們國家强大，使列强不敢侵犯我們?」

宋教仁說：「陳先生提的第一個問題，與日本政府交涉；我認為辦法有四：一、我們可以致電北京政務處，要求駐日公使與日本政府交涉。二、我們選派代表直接與日本政府交涉。三、繼續罷課，直到這個規則廢止。四、訂立自治規則，大家儘量不要到公共場所去，避免發生意外的事端。」

「與日本政府交涉停止實行，請程家檉、江庸等人負責。」有人建議，旋卽獲得熱烈的掌聲通過。

「第二個問題，我認為我們留日學生，乾脆全體退學歸國，從事革命的工作。」胡瑛提出了這樣的一個建議。

這個建議，像一顆强烈的炸彈一下子爆炸了，震撼了整個會場，大家交頭接耳地商量。宋教仁和程家檉先後站起來，表示堅決地贊同這個建議：「這樣，可以擴張革命的勢力，暗中調派，就可以將同志遍佈全國各地了。我們非常贊同胡瑛同志的意見：大家一起退學回國參加革命！」

「不行！不行！」大家一看，原來是胡漢民。他說：「日本政府頒佈這個取締規則，縱是出於最惡的動機；吾人自可以罷課運動來打消它；退學回國可以說是最下策。而且本黨機關報『民報』，才發刊第二期；大家若一鬨回國，無異根本動搖。至於說一起回國，就可以革命，尤屬幼稚之見。」

「我們不回國革命，又如何推翻滿清？不推翻腐敗的滿清，又如何使中國富强？」易本義說。

汪兆銘則表示贊同胡漢民意見，說：「我和朱執信認為有一些同學在專門學校深造，快要畢業了。怎可教他們放棄？我們應該忍辱負重，繼續學業，以期將來回國，能成為一個有用的人才。」

汪兆銘剛説完這句話，秋瑾就非常激動地站起來抨擊説：「誰不退學，誰就不愛國！這種人，我們應該宣佈他『死罪』。從庚子那一年，我看到八國聯軍攻進北京的情形，我就置個人的生命於不顧；就是為革命犧牲，我也絕不後悔！更遑論什麼學業？驅除韃虜，挽救國家，不可以再事拖延。再拖延就來不及了。過去你們男人為了革命而死，有唐才常、沈藎、史堅如、吳樾。為了救國家，我這個女性就要首先響應這個回國革命的運動！」

秋瑾一説完，熱烈贊成的掌聲就淹沒了整個會場了。這個案子，後來又在中國留學生聯合會上提出。回國與不回國兩派辯論得非常激烈。范源濂因為反對退學，甚至受到贊成者的毆擊；楊度主張若干條款交涉修改，全體回國，於事無補，也遭到痛罵。

跟日本政府的交涉，開始並不順利。到了十二月八日（陰曆十一月十二日），陳天華突然在東京大森海灣投海自殺了。第二日，他的屍體漂到海岸邊，被人發見。大森町長派人撈了上來，檢查身畔遺物，才知道是住在神田東新譯社的陳天華，就打電話通知中國公使館。公使館又通知留學生會館。宋教仁得知陳天華的死訊，馬上和幾個朋友趕往大森探視。大森町長率引他們前去海濱，只見悽悽然一具薄薄的日本式小棺，停在沙灘上。宋教仁揭開了棺蓋一看，不禁神色悽然：「唉，老友，昨天還跟您說着話呢，但今天却發現您蹈海死了！」這時，濤聲如雷，海浪怒湧；這位「愛國根於天性」的人，正像如雷的濤聲，怒湧的海浪，竟如此遽逝，在人們的心中留下極強的影響！

陳天華為什麼自殺？由陳天華自殺前投郵，寄給中國留學生總會館幹事長楊度一封長達四千多字的「絕命書」中，可以看出，他說：

「今日之中國，主權失矣，利權去矣，無在而不是悲觀。……其有一線之希望者，則在於近來留學生日多，風氣漸開，使由是而日進不已，人皆以愛國為念，刻苦向學，以救祖國，即十年二十年之後，未始不可轉危為安。」「朝日新聞，直詆為『放縱卑劣』，其輕我不遺餘地矣。」「惟留學而皆『放縱卑劣』，則中國眞亡矣！……鄙人心痛此言，欲我同胞力除此四字，而『堅忍奉公，力學愛國』，惟恐同胞之不見聽，而或忘之，故以身投東海，為諸君之紀念！」

宋教仁以「𢑥齋」的筆名，作了一篇「跋」附在陳天華「絕命書」後，非常沈痛說：陳天華的心意是「吾寧取死夫覺吾同胞，使共登於救國之一途」；由此也可以看出陳天華是想以一死作屍諫，策勵同志，力學救國，以洗雪外人輕我之恥。陳天華在「絕命書」中又說：「欲使中國不亡，惟有代滿清，執政柄。」又對「革命方法」，强調要從中層社會，到下層社會，應著重政治的改革；「對日政策」，主張莫如自強。他提出了許多寶貴的意見。所以當陳天華這一封遺書，在東京中國學生總會館追悼會上宣讀的時候，聽的數千百人，都不禁潸然落淚，低頭痛哭，讓哀悼之情籠罩了整個會場。宋教仁在大家悲痛聲中，說：「我們讀陳星台的遺書，想見星台的為人，我們不只是悼惜他的死，還要勉勵我們自己做到他死時所說所期望我們的話。」

後來有一次，宋教仁在熊岳卿的寓所，和幾個朋友，談起了這位已死的好友，心裏又難過，大家就喝酒尋醉。宋教仁醉了，就倒臥草蓆上，大聲地唱陳天華的「猛回頭曲」，唱到悲傷處，不覺泫然淚落，幾至失聲，唱不成調。

陳天華死後，人心愈憤。中國許多留學東京的學生，像秋瑾、易本義、姚宏業等幾百人不等交涉獲得結果，卽紛紛整裝回國。日本的輿論界見到中國留學生反對的激烈，自治的嚴整，回國人數的衆多，態度也就開始轉變，一改過去左袒他們政府輕詆中國學生的態度，而讚譽中國留學生「團結堅固」，並且抨擊他們政府不對，勸說他們政府撤銷該項規則；日本政友會的首領如犬養毅、長岡氏等人也出面調停，先請延期實行，再圖取銷。程家檉、江庸等人，因此和日本政府交涉，得到相當效果，「取締中國留學生規則」也就無形打消了。

到了光緒三十二年（一九〇六）一月十三日，胡瑛因為反對日本文部省取締規則有了着落，就請宋教仁為中國留學生聯合會，代擬一通給北京政務處的電稿，報告決定十五日恢復上課。下午一時，宋教仁與胡瑛同去清風亭參加中國留學生聯合會議，因為風潮已經平息，由胡瑛宣告解散聯合會。宋教仁並起來作一簡短的演說，大意說：「在這一次風潮沒有結果前，我們固可主張向日本政府力爭；現在雖然該取締規則還沒有撤銷，但實際已經不施行，於情、於理、於形勢，我們都不可再堅持長期罷課了。」

這時，有人提議將這次風潮的始末加以記述，推選宋教仁及鄧孟碩兩人負責編纂。風潮平息了，但宋教仁、韓汝庚、呂復、胡瑛、田桐等十九名，却被滿清駐日公使楊樞列入這次鬧取締規則風潮為首滋事的名單內，奏請清廷從留學界革退。宋教仁只好改名「宋鍊」，才得在這年（一九〇六）二月一日進入早稻田大學預科。

這次風潮的結局，是許多中國留日學生紛紛回國，肩負起實際革命工作。像秋瑾、易本義、姚宏業等人回上海，吳崑回武昌，田梅溪回沅江，李仲青回漢口，龔鐵錚回湘鄉……。這些同志回國之後，也常和宋教仁通信聯絡。風潮結束之後，同盟會派同志陸續回國或往海外的，重要的如派胡瑛去煙臺設立秘密機關；余誠為湖北分會會長，還派朱子龍、梁鍾漢回武昌，與日知會首領劉靜庵聯絡，加强革命工作；吳暘谷至江淮流域招集同志，在南京聯合南洋第九鎮軍人倪映典、趙聲、柏文蔚等人；程家檉去北京擔任農科教授，結納滿清肅親王善耆，暗中支援黨人；劉道一、蔡紹南、彭邦棟、成邦傑被派去湖南運動軍隊，重振會黨；張繼去爪哇鼓吹革命，而同盟會庶務幹事，由朱炳麟代理；曹亞伯去英國，向外人宣傳中國革命。……在同盟會領導下，革命的火花漸漸蔓延開去，遍佈海內外各地了。

第二二章　東京生活剪影

光緒三十二年（一九〇六）二月一日，宋教仁進了東京早稻田大學預科，學習法政，決定辭去「民報」的庶務幹事。湖南同鄉會為了協助他深造，將湘西名額的一份公費給他。因此，他能夠專心學業。他這時搬到了早稻田大學的後面——豐多郡下戶塚村二百六十八番去住。學校的課程，以日語、英文為主科，其他還有史地數理。讀了將近半年，七月二十日畢業，由校長鳩山和夫授與證書。

宋教仁自從進入早稻田大學後，讀書非常努力，除了自己時常買書看，還常常到圖書館借書，閱讀的範圍非常廣泛，有哲學、心理、倫理、法律政治、經濟、神話、天象、地志、修辭，……而且讀後還作筆記。對中國的國學與文學，如文法、聲韻、唐詩、官制、歷史，王陽明、呂叔簡、黃梨洲、顏習齋、李恕谷等人集子，無不涉獵。對於中國聲韻學的研究，尤其用心博覽。有一次，他讀呂叔簡呻吟語內篇，摘下了幾句：

「大其心容天下之物，虛其心受天下之善，平其心看天下之事，潛其心觀天下之理，定其心應天下之變。」

作為自己修身的準則。

宋教仁因為思想新穎文筆流暢，在當時文名極盛，留學界有重要的文字，常請他執筆。湖南方面託雷道亨找人翻譯日本報刊書籍。雷道亨就約宋教仁來做，每千字譯費日幣一元三十錢。後來，楊守仁、熊希齡隨清廷出洋考察憲政的大臣載澤、戴鴻慈、端方等人，於一月二十二日到達東京。楊守仁為清廷派駐日本考察大臣編譯的隨員。楊守仁以譯述歐美各國政治制度要覽委託宋教仁，熊希齡以譯述各國憲法政制委託楊度。宋教仁翻譯各種文稿，有日本憲法，俄國之革命，英國制度要覽，萬國社會黨大會略史，各國警察制度，世界史表解，俄國制度要覽，澳大利、匈牙利制度要覽，比利時、澳匈國、俄國財政制度，美國制度概要，日本地方漁政法規要覽……等。後來，載澤等於十月、十一月進呈清廷，考察各國政治制度的報告「歐美政治要義」，與其他政制小書，大概就是根據宋教仁等翻譯各國制度要覽寫成吧。宋教仁由這些翻譯的工作，得到報酬，解決自己的生活，又能補助革命活動的一部分費用。獲益最大的，還是他因此增進了不少知識，使他對當日世界重要國家的政治、經濟、法律各種制度有相當認識；這對他後來從事黨政工作，像草訂約法憲章，籌謀共和，改組國民黨，發表大政見，都有極大的幫助。

宋教仁又由於譯筆佳妙，日本人宮崎滔天撰寫的「孫逸仙傳」——就是「三十三年之落花夢」，發行漢譯本，也請他潤飾。胡漢民說：

「法國新出了一部小說，虛構德國與英國發生戰爭，德軍攻進了倫敦。」

「這部小說內容很新奇，可以把它譯成中文，可惜我沒有時間譯。」孫逸仙先生說。

「可以由您口述，由遯初兄筆譯。」胡漢民說。

孫逸仙先生也非常贊成這個計畫；由此，可見他被同仁所推許的一班。

四月二十八日孫逸仙先生自歐洲經新加坡、香港回到東京。同盟會總部決定派龔鍊百、時功玖前去上海，迎接章炳麟來東京。六月二十九日（陰曆五月八日），章炳麟服刑期滿出獄，就隨着二人來東京。七月初到達，加入同盟會。

六日，宋教仁在新宿孫少甫的寓所，見到章炳麟，穿着一襲蛋青色日本和服，有點圓胖的臉，戴着一副橢圓細框的深度眼鏡，厚厚的鏡片的後面，眼角有點下斜，留着一點泥鰍胡鬚，上唇成一向下彎的半弧形，下唇薄到幾乎看不見了，相貌很特別。因為他穿着和服，眞有點像日本的文士。章和宋兩人一見面，剛通了姓名，就談到研究哲學的方法。章炳麟，字枚叔，號太炎，浙江餘杭人，精通國學，對聲韻、佛學尤有研究。這是宋、章訂交的開始。

八月四日，宋教仁前往新宿參加會議，討論民報的事情，到有董修武、胡漢民、章炳麟幾人。大家決定自第六期起，請章炳麟為民報的總編輯。由於章炳麟喜歡整理國故，偏重民族主義，民報的風格因此稍變。從此，宋、章兩人時相過從，討論學問，終成深交。不久，章炳麟成立國學講習會，要請宋教仁主講「宋元理學」。宋教仁謙稱尚未入門，表示婉辭。章炳麟又談到「作文一科，無人擔任」。宋教仁建議可由論理學與修辭學兩方面來講解誘導學生。像龔未生、錢玄同、朱希祖、周作人、魯迅在東京，都曾聽過章太炎的課。

宋教仁因為精神過勞，又喜歡喝酒，發生神經衰弱症，曾經到神保醫院、狩野醫院、青山帝國醫院看過。他在早稻田大學預科結業後，本來想進入帝國大學繼續深造。但到了八月間，病況加重，時常頭痛肩痛，脥痛腰痛，飲食減少，精神疲倦，有時候身體會突然痙攣發抖。有人說東京腦病醫院很好。十九日，宋教仁就坐汽車去看。

東京腦病醫院坐落在田端停車場附近的山脚下，建築寬廣，病室清潔，四周綠樹圍繞，秋蟬清咽，環境很幽靜。宋教仁進院後，將自己的情況告訴了院長後藤省吾，經過了細細檢查診視後，後藤院長就勸他「住院休養，才能有效」。宋教仁接受了醫生的建議，就在第二日搬進了醫院，儘量與外界隔絕，過起半隱居休養的治療生活。

宋教仁住在二等病房，作一稍長期治療，除了每日喫藥外，日常作體操，投籃球等運動，用冷水磨擦身體，或作電氣浴。因為醫生叮嚀，頭腦不可過勞，煩悶時只能下象棋，讀唐詩，看小說消遣。

小說看得多了，宋教仁就研究比較中西小說的作法。這時他看過的小說，中國的有「石頭記」、「維新黨升官發財」……，西方有「小公子」、「新蝶夢」……等。這時，他又想自己來寫一部描寫中國社會的現在狀態及將來的希望的小說，來喚醒國人。

宋教仁讀杜工部、眞山民、王陽明等人詩集，玩吟欣賞。有時，他自己詩思湧現，也就作起詩來。有一次，他晚餐後，和同院的人一起出去散步，只見附近的田野，一片黃金的禾穗，鄉村景緻，非常悅目。慢慢到了與樂寺。宋教仁進了寺門，看見牆壁上掛了一個匾額，字寫得很古樸。他細細一看，原來是中國金州的故物。問寺裏和尚，據說是甲午戰爭時節由中國金州虜獲的戰利品。宋教仁聽了，心裏不覺難過起來。回來後，他寫了一首「游與樂寺詩」：

「他邦無復樂，老刹有何遊？霜葉半林晚，鐘聲一寺秋。殘碑留漢隸，古屋置遼俘。去國誰堪此？能無涕淚流！」

又有一次，他看到明月當窗，心裏煩，睡不着，就翻閱家信，提筆想寫給母親的信，沒寫幾行，又想起離鄉已經很久了，母親的慈顏，妻子的微笑，兄妹歡樂的言談，現在都遠離自己去了。他一個人獨坐冥想，淚水早自模糊了信箋上的文字。强忍着寫完這封信，可是却因這種思家之情，隨口得詩二句：

「孤枕蟲聲急，一窗秋月明。」

再想湊成一首「秋夜旅懷詩」，却怎麼想都寫不成。過了一兩天，才醞釀另寫成一首「思家詩」：

「去國已三載，思家又一秋。親憂知白髮，閨怨定蓬頭。禹域腥羶滿，天涯道路悠。有家歸未得，期待滅匈奴。」

宋教仁想到「有家歸未得」，自己又患此腦病，時常頭痛，不覺萬感交集。憂國憂時，一時淚下如雨，棉被枕頭都被淚痕濕透了。他輾轉不寐，直到雞聲啼曉的時分，才矇矓入睡。眞是：

「此身愁裏過，故國夢中看。」

第二三章 萍瀏事件

九月二十五日，宋教仁上伊勢屋黃興的寓所去，見到這位一別數月的老友，寬臉豐頰，神采如舊，仍充滿一股勇往直前的豪氣。黃興剛從南洋回來幾天。他們兩人一邊喝着茶，一邊愉快地談着。談去年冬天黃興前往西貢後的事。黃興說：

「我化名張守正，由西貢潛往桂林，到巡防營郭人漳的軍中去。」

「做什麽？」

「想勸老郭伺機起義。在他的部隊裏，我還運動一些官佐，加入我們的同盟會。」

「哦。」

「開始，他還推三阻四，不肯；現在有了些頭緒了。今年二月，我才離開了，經香港，去新加坡，跟孫總理在南洋各島籌募革命的經費。」

「朱炳麟說，由廣東來的消息，岑春煊已給你們戴上一個『歛財煽亂』的大罪名，要『嚴加緝拿』呢！」

「我，沒有；孫總理倒是給戴了一個，而且把他姓名寫成『孫汶』。」黃興又說：「不過，最近國內鬧饑荒，清廷苛徵如昔，好幾省都發生暴動。這正是革命的好時機。這次，我回東京，就是打算派出更多的同志，到各省活動。要使革命勢力，瀰漫全國。將來兩廣，義旗一舉，各省同志，就能響應。」

宋教仁覺得黃興的想法不錯，只是太過激進，怕會形成孤注的形勢，想勸他，又不知怎麼說才好。他仍就黃興的構想，提出補充的意見：

「東北，也可以著手哇？」

「有什麼人，值得我們爭取？」

「像吉林的間島夾皮溝一帶，四面皆山，地方數百里，盛產金、銀、鐵、石灰、人參、大黃、獸皮、木材，有一個山東老鄉，叫做韓登舉。在那裏開金鑛，擁有部衆五六萬人，勢力很鞏固。像這種勢力，派人去運動，假使有效，對革命經費，自有幫助。東北的馬賊，也可以運動；從北方夾擊北京，也是有力的一着棋。」

黄興聽了很是心動，說：「等你病好了，我們再談吧！」

從九月初，清廷就下詔宣諭預備立憲；十月間，辦法也決定了。宋教仁細加研究，覺得清廷只是在玩弄立憲的把戲。譬如第一條規定：「總理大臣以皇族充任。」宋教仁認為滿清皇族都是京裏的輕薄兒，只知吃喝玩樂，那一家菜好吃，那一個女人好看，哪知什麼外交、內政、實業、教育、兵備、理財？這等人，如何能讓他做總理大臣呢？這種立憲只是清帝一家尋求永世執掌政權，壓迫全國人民的政策罷了。又如第三條規定：設立上議院，議員以皇族、貴族及三品以上官充任；下議院，等到人民知識開通的時候，十年、十五年後，再行設立。宋教仁也認為這不合理極了。這些貴族舊官僚，過去做事已經不能勝任，現在做了議員，難道就能盡職嗎？滿清眞正講的仍是專制主義，哪裏是要實行什麼「立憲政體」呢？所以「中國民族革命與政治革命是不可不實行的。」但是一些保守的知識份子，如康有為、梁啓超、楊度、熊希齡，上海紳商如鄭孝胥、張謇、湯壽潛都仍然贊同君主立憲，後來，像梁啓超將「保皇會」改組為「國民憲政會」，又和張嘉森（君勱）等組織「政聞社」；楊度組織「政俗調查會」，又在北京組織「憲政公會」；鄭孝胥、張謇組織「預備立憲會」，都是在推進「君主立憲」的政體，對革命的發展，自是一股逆流。

時光流水一般的過去，到了十二月十二日，在平靜的東京街頭，賣報的孩子忽然大聲喊着：「號外，號外，中國爆發了革命！」宋教仁買了一份來看，原來報紙上登着：江西洪江會首領龔春臺在本月四日（陰曆十月十九日）於萍鄉起義；湖南洪福會姜守旦在七日於瀏陽起義，醴陵巡防營也反戈響應，準備進攻省城長沙。日本南清艦隊為了護僑，已派兩艘兵船開往漢口。「眞是太好了！」宋教仁的心裏覺得十分激奮，趕緊帶了報紙前往劉揆一處打聽消息：

「姜守旦是馬福益的同黨嗎？」

「不錯。龔、姜這兩人都是馬福益手下的舊同志。只是詳細的情形，我也不大清楚。」

「總部裏有什麽反應？」

「有很多同志聽到這個消息，到同盟會總部請求飛渡回國，跟敵人一拼呢！黃興已決定派譚人鳳、寧調元、胡瑛、孫毓筠、楊卓霖、居正、權道涵、段澐……數十人趕回國內，分赴各省聯絡軍隊會黨，力圖響應。我也打算回國，跟黃興說了；黃興却不要我去。過幾天，我再和你一起去見克强兄說去。」

但到了十二月底，張繼自爪哇到滿洲安東，和馬賊楊二虎聯絡，這時由滿洲趕回東京。又過了兩三天，傳來的消息，是萍、瀏的革命軍，終於在鄂、贛、江三省四五萬滿清援軍圍攻之下，被打敗潰散了，首領龔春臺、蔡紹南都已經殉難了。革命黨人死傷很多，被捕也很多，單湖北一省被捕的就有一百多人。現在清兵正大舉清鄉，在萍、瀏、醴陵一帶濫殺無辜的人民，多到一萬幾千人！唉，幾個村莊的田野上都染滿了斑斑血跡！

劉揆一的弟弟道一，是這次萍、瀏革命的主要策動者；革命一發動，他就在長沙運動新軍響應，不幸引起了偵探注意，而被逮捕。劉道一自知必死，為了掩護他兄長將來革命的方便，就冒名「揆一」，在十二月三十一日(陰曆十一月十六日)在長沙瀏陽門外壯烈就義了，死年二十二歲。消息傳到了東京，宋教仁卽趕到山本館去安慰劉揆一。

劉揆一見到了宋教仁，就淚流滿面，拿出了家裏寄來的一封快信，給宋教仁看。信中敍述劉道一被酷刑逼供的悽慘情況，實在慘不忍言。宋教仁勸慰了好久，劉揆一的心情才逐漸平靜了下來。宋教仁這才告別，而帶着滿心的感傷走出了山本館。

第二四章　代理庶務幹事

光緒三十三年（一九〇七）一月四日（陰曆光緒三十二年十一月二十日），昨夜雪已停，大地蓋着一層二三尺厚白皚皚的粉雪，簷溜邊倒掛着許多水晶，荷池上的水已經結成一層薄冰，天氣當然很冷。宋教仁戴了帽子，穿了厚棉袍，披了圍巾，匆匆地走出來，九點鐘趕到民報社，赴黃興的約會。坐了片刻，黃興穿着厚呢大衣，也趕來了。

「抱歉，我來晚了一步！」黃興說。「明天，我就要去香港了。此間庶務幹事，交給你代理。」

「克強兄，幹嗎這麼匆忙決定走呢？現在，我還在養病呢！」

「香港分會馮自由打來一通電報，說：郭人漳已經調到廣東，為防軍統領；趙聲也因為兩江總督端方的懷疑，離職到了廣東，為新軍標統。這兩位老朋友，都到了廣東，當然是一個機會呢。」

「唔。」

「程家檉曾提出三個革命方略：第一、游說中央軍隊，一舉推翻北京政府；這短時間不可能實現。第二、在各地遍植黨人；這已經在安排中。第三、在邊疆，像雲南、兩廣揭起義旗；清廷鞭長莫及，比較容易成功，而且可進可退。現在，我正打算採用韻蓀的第三個策略呢！由香港就近潛往廣東，策動他們起事。」

「哦！」

「只是此去關係很重大！這裏需要一個得力的朋友負責支援！我已徵得孫總理的同意，請你代理。你要不答應，這就不對囉！」黃興說的很懇切；宋教仁只好答應了。

第二日的下午四時，宋教仁就搬進伊勢屋黃興的寓所去住，負起大任，處理同盟會一切機密的事情了。

這一年春天，受萍、瀏革命事件餘波的影響，清廷特別在長江及邊疆各省，加强查緝的工作，因此許多革命黨人被捕，揚州有楊卓霖（一名恢）、李發根、廖子良三人，岳州有寧調元（仙霞），南京有孫毓筠（少侯）、段澐、權道涵三人。至於武漢方面，由於郭堯階貪圖賞金，變節向清廷告密，以致「日知會」被湖廣總督張之洞封禁，黨人劉靜庵、胡瑛、朱子龍、季雨霖、李亞東、梁鍾漢、張難先、吳貢三、殷子衡等九個人被捕。宋教仁要想營救，又苦無辦法，只好利用「同鄉會」或「留學生總會」的名義，致電官方，辯稱他們不是革命黨人，請求釋放，也有的電告國內同志利用各種關係設法營救，效果極微。楊卓霖還是被殺害了；寧調元被判監禁三年；孫毓筠五年。次年三月，朱子龍病死獄中。劉靜庵等八人，由潛伏北京的同志程家檉、吳祿貞請求肅親王善耆，電請張之洞減刑；又有美國教會聖公會替劉靜庵電駐北京美國公使樂克希營救；因此，劉靜庵和胡瑛才改判終身監禁，張難先、季雨霖因病保釋，其他李亞東等四人改判十五年、十年不等有期徒刑。同盟會經費奇絀，即援救同志的電話費，及派黨人回國的旅費，都需要宋教仁挪借支應。

這樣過了一個多月，黃興從香港回來；原來廣東因為萍、瀏事件，實施非常戒嚴還沒解除，沒有辦法偷渡入境，只好回來。宋教仁在三月一日辭去這個代理的職務。但也因為萍、瀏事件，清廷發覺了東京是革命的策源地，孫文（逸仙）先生是革命黨的領袖；中國的留日學生多達一萬七千八百六十多人；孫先生待在東京，就近影響吸收，然後再派回國內領導革命，那眞是後患無窮。因此命令駐日公使楊樞向日本政府交涉，要求早稻田、中央等大學，開除三十九名與革命黨有關的中國留學生，並且要求驅逐孫文出境。

日本政府在三月四日（陰曆正月二十日）設筵款待孫逸仙先生，勸說先生離開日本，並且贈送旅費五千元，東京股票商鈴木久五郎另送了一萬元。孫逸仙先生不得已接受了，打算將這筆錢充作在廣東潮、惠一帶實行革命的費用。

孫逸仙先生、湖漢民、汪兆銘和黃興，日本人萱野長知、池亨吉等先後離開日本，搭輪南下。三月十四日（陰曆二月初二）抵達香港，孫、汪、胡三人前往新加坡，轉赴越南的河內，設立革命機關。黃興、萱野長知後來留在香港。劉揆一坐鎮東京，為本部庶務幹事，代行總理事。

這時，章炳麟和陶成章主持民報，劉光漢（師培）為民報撰稿，對孫逸仙總理臨行僅留下二千元作民報維持費，又不知其餘派作潮、惠革命軍費預算的事，故深表不滿。——後來，章炳麟公然誹謗孫總理；陶成章在南洋另組光復會，遙奉章炳麟為會長；劉光漢回國後，入兩江總督端方的幕府，為清吏的走狗，——這是後話。

第二五章　設立遼東支部

這時，在國內，在東京，中國革命可說遭遇到一記沉重的打擊，可是這些熱愛民族、熱愛國家的青年，並不因此有一點氣餒，有一絲退縮！他們的意志，好像鋼鐵一樣，越鍾鍊越堅强！他們踏着先烈的血跡，前仆後繼，好像海浪一樣的，一次又一次掀起了革命的怒潮！

要衝潰那專制的殿廷，要廓清那腐化的暴政！啊，要使我們偉大的中國，成為富强獨立的國家！自由平等的國家！人人生活安樂的國家！不再擔憂各國的瓜分！我們不再受列强的欺凌！在東亞洲發出無比燦爛的光明，照亮了這個黑暗的世界！

這是中國革命者的希望，也是每一個中國人的希望，也是宋教仁的希望！

宋教仁為了要實現這個理想的希望，在黃興從香港回來後不久，就約了黃興、張繼、日本人末永節幾個同志商量。宋教仁對黃興說：

「我們在國外鼓吹革命，進展很慢；所以應該在國內做一些實際的工作。南方，孫總理和您都已經注意到了，要在那邊策動革命；但北方呢，我們也應該派些人去發展。」

「韓登擧，這個人可以爭取嗎？」

「這人不行。後來，我和萱野長知談起。他說：『韓登擧雖然開到許多金鑛，口袋裏裝滿了許多金子，但是膽力很小，不敢幹大事。倒不如滿洲的馬賊楊國棟，敢做敢為，人怕他稱之『楊二虎』。」

「說起楊二虎，去年我在安東，就跟他接觸過。起先我跟他談革命，他不懂；後來我跟他說：『革命就是打天下』。他就懂了。要運動馬賊參加革命，跟他聯絡是個辦法。」張繼說。

「線還可以多找幾條。我也有一個朋友，叫古川清，在日俄戰爭時候，當敝國的軍曹。那時，我們軍隊在遼西招收海城蘇海亭、遼陽馮麟閣、錦州金壽山、杜立山這些馬賊，組織『正義軍』，對抗俄軍；古川清就被派做馬賊的一個頭目。他對馬賊的情形，最熟悉了。可以請他穿針引線，做我們的嚮導。」末永節說。

「就請你給我介紹囉！」宋教仁說。

過了幾天，末永節帶來了一個飽經戰火風霜的日本壯漢，粗獷中帶着幾分狡詐。介紹之下，宋教仁才知道他就是古川清。古川清告訴宋教仁有關馬賊的許多事情：「這些紅鬍子始自明末，毛文龍被袁崇煥計殺，他部下就四散為盜，成了鬍匪。他們大都嘯聚在遼河兩岸，黑龍江一帶，結股成幫，多的上千，少的數十，個個頭戴氈帽，身穿皮袍，騎馬如飛，彈無虛發，本事高强得很呢！所以在日俄戰爭期中，我們極力招收一些紅鬍子，和俄國人作戰。但俄國人也在英額嶺山中，招收一些紅鬍子，叫做『花膀子隊』，和我們打仗。」

他們談了很久。使宋教仁覺得這些以刼殺焚掠為事的綠林好漢，若能爭取過來，引導他們走上革命復國的正道，就可以使他們轉化變成了「馬俠」。他把和古川清談話的經過，向黃興提出報告。黃興同意了這個做法。

這天晚上，就由黃興具名，邀請宋教仁、張繼、末永節、古川清幾人，在鳳樂園晚餐，詳細討論由朝鮮進入安東運動馬賊李逢春、金壽山……的事。談了很久，事情就這樣決定，派宋教仁和古川清一起前去滿洲，運動馬賊，參加革命。

到了三月初，宋教仁開始籌措旅費與活動費。先向廣部銀行申請貸款，因為沒有擔保，借不成；他又打算用留學公費簿作抵押，向日營社借款，但又因利息太高，沒有談妥。宋教仁怏怏不樂，帶着一臉愁霧，打算回去，但沒想到在東京熱鬧的街頭，遇到白逾桓，一下子解決了這個困難。他和白逾桓談起了這件事。白逾桓說：

「不必焦急，我的家鄉竟陵縣剛好寄來了一筆津貼留日私費生的款子，有二千多元，在我的手裏，可以暫時動用一部分。」

宋教仁臉上的愁霧一下子消失了，現出爽朗的微笑了。他勸白逾桓跟他一起去。白逾桓馬上很高興地表示願意跟他一起去遼東做這件有意義的工作。

過了幾天，白逾桓果然送來了三百七十元給宋教仁，並且說：「我一兩天內就走。你到了門司，就來石田旅館找我。」

宋教仁又向王魁元借了一百三十元，李宗藩借了五十元。因為滿洲的氣候很冷，宋教仁就去買了皮袍、氈毯這些東西。行前，一些朋友忙着替他餞行。吳崑剛自湖北逃避清人的緝捕，回到東京；宋教仁和他相約，此行若有結果，盼他隨後前來協助。

三月二十三日（陰曆二月九日）下午七時，宋教仁和古川清從新橋車站坐火車出發了。宮崎滔天、田桐、魯文卿等人都去送行。這時，宋教仁眞有「飛蓋入秦庭，凌厲越萬里」的感受。火車在黑夜中南行，經過大森、靜岡、名古屋、大阪、神戶、廣島。到了二十五日上午十時，才到達馬關。宋教仁和古川清下了車，搭輪渡過門司海峽，到門司市。上岸到石田旅館，找到了白逾桓。

三人見了面，商量明日北行的事，不去朝鮮釜山，轉車往安東，而直接由門司搭輪往安東。這天夜裏，他們買酒共飲。古川清卻叫來了四個藝妓，表演歌舞，侑酒助興；宋、白兩人也只好由他。

二十六日下午，宋教仁和白逾桓、古川清三人，搭乘二千多噸的咸興丸，沿着對馬海峽南下，繞過濟州島，再往北去。船走了兩天，到達朝鮮仁川。

宋教仁等人上入岸，夜裏住在清榮樓。宋教仁和店東談起了這邊華僑。店東說：

「華僑有六七千人。」

「日本人呢？」

「自從韓國成了『保護國』，日本人就一天一天多了；現在，有兩三萬人住在仁川。你可以看到，到處都是日本式房屋。」

宋教仁心裏想道：「這裏看來，的確跟日本內地沒有多大差異，也可見日本的勢力已經籠蓋了仁川的中上層社會。」再一看，街上來往的韓國人，大多是神態憔悴疲憊的勞動者。

第二日下午，咸興丸又啓碇北航。

四月一日上午，抵達中國的鴨綠江口，因為水淺，換乘小汽船，溯江北上。下午兩點，終於到了安東。

安東，當時是一個商港，隔着鴨綠江與朝鮮新義州相對，由瀋陽來的安、瀋鐵路與由朝鮮釜山來的釜、義鐵路在此銜接。長白山上的木材浮江而下的，經由這裏輸出，市面很繁盛。

檢查過行李，上了岸，為了工作的安全與方便，宋教仁三人就住進日本租界新市街的大和旅館。安頓了行李，宋教仁馬上打了一通電報給末永節，又寫了一封信給黃興。一宿無話。

第二日，宋教仁託日本店東，找一個專人，送信給大孤山的李逢春等。大孤山，在遼寧遼陽縣南；遼陽縣，就是古代的「遼東郡」，在瀋陽、海城間。由安東去遼陽，可搭安瀋車到瀋陽，再乘火車南下遼陽，全程約二百多公里。

三日，店東找來了一個專差，講好了報酬。宋教仁寫了一封「致李逢春、金壽山、朱二角、王飛卿、楊國棟、孟福亭、藍黑牙等書」，交他送去。這封專函大意說：

「某某英雄麾下：

聞公等集義遼（陽）、海（城）之間，以扶弱抑强，抗官濟民為志。……竊幸同志不孤，欣慰無極！馬軍之起，旨在保全人民，排斥暴政！及清兵入關，肆為暴虐，屠戮人民，搜括財產，酷法虐政，横征苛歛，於是馬軍團體反抗政府日益力。然歷時既久，宗旨漸忘，乃與綠林無異。今政府視公等不過寇盜者流，蓋其心實有所輕視耳！

今以有用之人材，而無合一之團體，不圖大舉之方，不知進取之策，此可為公等痛惜者矣！……若統集遼河東西，黑水南北之義軍，合為一團，共舉大事，豈官軍所能敵者？西渡山海關，則永平不守；南出喜峯口，則北京告危。大舉以為革命之事，莫便於此。

僕等向在南方經營大業，號召徒黨已不下數十萬衆，欲扶義師久矣。而山川隔絶，去京絕遠，欲為割據之事則易，欲制清廷之死命則難。視公等所處之地，形勢不及遠矣。欲與公等通好，南北交攻，共圖大舉，特遣派某某等躬詣戎幕，商議機宜。其訓練士卒，編制軍隊，皆所諳曉，有足備公等之顧問者。若不嫌微末，而以提倡大義之事，互相聯合，則不獨僕等之幸，亦中國四萬萬同胞之幸也。手肅敬請

義安

某頓首」

五日，宋教仁派白逾桓和日本人小長谷去鳳凰城調查事情。這天下午，古川清帶來了一個叫做三好信太郎的商人；這個人是在大孤山做生意的。宋教仁跟他約定，過幾天請他做嚮導，一起去大孤山。宋教仁留在旅館裏無事時候，就細看滿洲地圖，研讀守田利遠的「滿洲地誌」，有關滿洲的地理、政體、產業、交通、宗教風俗、化外區域，與山東人之關係等等問題。

到了八日，去大孤山的信差回來了，帶回李逢春的覆信。宋教仁拆開一看，只見上面寫道：

「某某閣下尊鑒：

奉讀尊函，聆悉種切。辱承垂愛，感甚媿甚！玆趁貴价回程之便，帶上片言：『心有

同好，其堅如金』！惟現以事忙，未克親來問安。伏乞見諒！敢請大駕移趾山上，面商一切；不勝企盼之至！並請

大安

某某頓首」

讀了來信，宋教仁當卽決定在一兩天內動身，和古川清等去大孤山了。

這裏，我要插進一段題外的話，就是宋教仁的日記「我之歷史」，也就寫到了「四月九日」停筆不寫了。宋教仁死後七年，他的老同學文駿先生在「我之歷史」的編後，附記一筆說：「惜證據披露，而『我之歷史』停矣。」這句話說的很對。現在宋教仁準備上大孤山，做實際革命的工作，隨時有失敗、被捕的危險，自不能再繼續寫這種「革命日誌式」的日記了。也因此，宋教仁上大孤山，與「馬俠」李逢春、金壽山等人相見後，策畫革命的事，就缺乏詳細的資料了。雖然如此，但據宋教仁撰「程家檉事略」附白逾桓「跋」，與李翊東撰「吳崑傳」，以及有關東北地理記之類文字的記載，仍然可以勾畫出宋教仁上了大孤山後的大略情形。

宋教仁上了大孤山，見到了李逢春、金壽山諸馬俠，跟他們一起過着綠林豪俠的生活，夜裏大家圍着熊熊的柴火，喝着黑茶，飲着奶子酒，大聲談笑着，烤得噴香香的全隻羊，引

得食慾大開，這些豪漢持着刀子割下大塊的羊肉，用手拿着大嚼，又灌下許多奶子酒，大家都有了幾分醉意。這時有人拍手放聲高歌：

「砍伐大木呀？
燒億萬春啊！
巨室蓋成了，
荷天地恩哪！」

有時聽到遠處兵營裏，隨着寒風送來布楞海螺「嗚嗚」的聲音，還有春冰嘶融入溪流的聲音。夜深了，他穿着厚棉衣睡着熱炕上。

那些慓悍的馬賊，大多留着一顋幫鬍子，做案時塗以紅色，短衣匹馬，背槍囊彈，都有驚人的武技槍法，出沒青紗幛內，馳騁白山黑水之間。不久吳崑也從日本來了。宋教仁等人忙着穿山越嶺，暗中和關東各地的豪俠馬賊，遍通聲氣。他們到各地演說，灌輸革命大義，附從的人一天比一天多，於是設立同盟會遼東支部，作為東北革命的中心機構。

宋教仁到滿洲時，本想聯絡各路馬賊，刼取通化縣款子，然後大舉。但這年夏天，中國南方的革命黨在孫逸仙先生策劃下，本擬潮、惠、欽、廉諸州同時起義，五月二十二日（陰曆四月十一日），余丑（既成）在廣東潮州黃岡擧事（按五月二十七日失敗，死難一百五十多人，史稱孫中山先生第三次革命）；消息傳到了滿洲，宋教仁和白逾桓等打算起兵響應，謀襲遼寧軍械廠，被東三省總督趙爾巽打敗。六月二日（陰曆四月二十二日），鄧子瑜接着在廣東惠州七女湖擧事（按六月十二日失敗，史稱孫中山先生第四次革命）；宋教仁又謀佔遼寧響應，再逼榆關，進窺北京，派白逾桓冒險進入瀋陽城裏，並在鹹廠買馬招兵，由於古川清向清吏告密，風聲走漏，白逾桓被新任東三省總督徐世昌逮捕了。——徐世昌在六月十二日到任——宋教仁與吳崑見大勢已去，改裝易服的逃走，這才脫險回到了東京。

白逾桓被捕下獄後，關了一段時日，由程家檉盡力設法援救。徐世昌就派人押解他，回湖北竟陵原籍，交給地方官嚴加管束。但白逾桓就在由瀋陽往鄰縣新民的途中，設計脫逃，輾轉也來到了日本——這是後話。

第二六章　國內的革命浪潮

宋教仁自從遼東回到日本東京後，仍然參預同盟會機密的工作，研究自己的學問。

從光緒三十三年（一九〇七）起，國內外的革命情勢，偏重「實行」。

在東京同盟會總部，聯絡部長焦達峯為了要幹，就想在聯絡部下面，附設一個團體，叫做「共進會」，由熟悉秘密會黨內情的同志組成，預備派回國內組織實行機關，聯絡各省會黨。四月（陰曆三月）間，庶務幹事劉揆一同意了這個辦法，並約了各省的同志談話，決定由雲南呂志伊為會長，四川張伯祥為副會長。張伯祥，是四川孝義會首領。但是到了開會的那一天，呂志伊缺席不來，引起大家的不滿。散會後，張伯祥等人決定完全仿照會黨開山立堂辦法，另途組織一個有實力的團體。不久在清風亭開成立大會，湖北居正、劉公、楊時傑、羅杰、彭漢遺，四川張伯祥、熊克武、喻培倫、李肇甫，湖南焦達峯、陳作新、覃振、楊晉康，江西鄧文輝、黃格鷗、彭素民、湯增璧，浙江傅亦僧、陶成章、張恭，廣東聶荊、熊越珊，廣西譚嗣黄、劉玉山，雲南趙聲、王武，安徽孫作舟、方漢成……等人出席，共推張伯祥為會長，鄧文輝為副會長。用「鐵血十八星旗」作會旗，意取中國十八行省要用鐵血來結合，策動長江流域起義。次年七月，孫武來東京，也參加了這個組織。焦達峯，名大鵬，湖南瀏陽人，個子高大，眼睛炯炯有光，英氣逼人，是一個豪邁不羈極有膽識的黨人。

孫總理在越南河內，黃興在香港，革命的中心逐漸南移。這時國內的革命，如雲起，如潮湧！革命的志士，視死如歸，屢仆屢起！像佘俊英、熊克武、謝奉琦回到四川推動革命，造成了四川省非常激烈的抗清浪潮。——不幸得很，佘俊英、謝奉琦、稅聯三……等二百多人，後來到了宣統年間也都壯烈犧牲了。——又像徐錫麟在光緒三十三年七月六日（陰曆五月二十六日），和秋瑾派來的陳伯平、馬宗漢，率領了三十多人在安慶起事，在槍殺了安徽巡撫恩銘後，不是戰死，就是被害。徐錫麟是被捕後，給恩銘的親兵挖了心，炒食淨盡；殘忍野蠻，莫過於此。秋瑾女俠受徐錫麟案的牽連，七月十三日在浙江紹興大通學堂內被捕，留下一句「秋風秋雨愁煞人」，十五日黎明在古軒亭口，慷慨就義；後來葬在杭州西湖西冷橋畔，並立有「秋瑾烈士紀念碑」。

孫總理也集結黃興、胡漢民、以及會黨游勇首領王和順、黃明堂、關仁甫等人在兩廣、雲南一帶發動了四次革命。

光緒三十三年（一九〇七）九月一日（陰曆七月二十四日），王和順率領四五百人，在廣東欽州的王光山起事；黃興潛入欽州的城裏，勸說郭人漳響應；終因郭人漳反覆無常，趙聲不敢先舉響應，到了十七日（陰曆八月十日）失敗，革命軍退入十萬大山，王和順避走越南。史稱孫中山先生第五次革命。

十一月三十日（陰曆十月二十五日），黃明堂、關仁甫率領鄉勇八十多人，攻佔了廣西鎮南關三座砲臺，守軍投降。於是孫總理、黃興、胡漢民、法國砲兵大尉男爵狄氏、日本人池亨吉等人，親自趕來鎮南關上督戰。他們以為鎮南關是邊區要塞，一定有許多武器彈藥，哪兒知道竟然找不到彈藥，大砲又大多損壞而不能使用。清兵前來反攻，革命軍守了幾天，無法再守。十二月八日（陰曆十一月四日）退入越南的燕子大山。——史稱孫中山先生第六次革命。

光緒三十四年（一九〇八）三月二十七日（陰曆二月二十五日），黃興從越南邊境，率領華僑黎仲實等二百多人，進攻廣東欽州，在小峯、馬篤山等地，大敗巡防營統領郭人漳部隊，聚衆到六百多人，轉戰欽、廉、上思一帶，大小數十戰，歷時三十八天。到五月三日（陰曆四月四日），終因彈盡援絕，退入十萬大山。黃興等人返回越南仙安。——史稱孫中山先生第七次革命。

四月二十九日（陰曆三月二十九日），黃明堂、王和順、關仁甫等起兵，攻破雲南河口鎮，鹵獲槍枝一千多桿，子彈二十萬發。關仁甫又攻佔新街。王和順沿着鐵路北上七十八公里。孫總理在新加坡聞訊大喜，電命黃興為雲南國民軍總司令，指揮各軍。但黃明堂、王和順、關仁甫，各自為戰，不肯聽黃興指揮，又屯兵不前，以致坐失戎機，待到清援軍四集，自然再無法支持了。黃興在越南老街，又被法國警察扣留。五月二十八日（陰曆四月二十七日），河口被攻陷，革命軍退入越南境內，被法軍繳械，資送新加坡。——史稱孫中山先生第八次革命。

在東京的同人，由於革命屢次失敗，常常感到憤慨，認為革命的前途十分艱難。宋教仁認為滿清政府很脆弱，很容易推翻，革命黨人終要擔負起推翻專制治理國家的責任。他又認為革命的破壞需要敢死敢做的人；而革命破壞後的建設，却需要積學才智之士。治國建設，都需要專門學識，傑出才幹，不是人人都能够擔當得起的。宋教仁早在去遼東之前，就和楊守仁、董修武、董鴻詩、匡一、孫毓筠、康寶忠等人結一政社，討論將來如何建設國家。遼東回來後，他更加專心研究政治、經濟、外交各種學問，準備將來革命成功建設國家的時候，能够發揮自己的才能與抱負。不但如此，他對有一技之長的人才，就是敵黨也謙虛結納。據康寶忠在宋教仁死後說，宋教仁對歷年留日學生的賢否，知道的最清楚了。

第二七章　間島問題

光緒三十三年（一九〇七）八月十九日（陰曆七月十日），中韓邊境的情勢突然緊張了起來。這時，吳祿貞正在吉林省延吉廳（今松江省延吉市）一帶勘查邊務，帶了一些測繪人員，深入韓登舉控制下的間島繪製地圖。忽然當地人民趕來報告：有日本憲警七十多人，在齋藤季治郎中佐率領下，越過了圖們江，侵入了延吉廳治所在地局子街，並在龍井村——就是六道溝，設立間島派出所，又張貼布告說：

「圖們江北岸的間島，是中、韓兩國未定界。今因居住該處韓國人民，時常受到馬賊與無賴的凌虐，本官奉日本駐韓伊藤統監的命令，特率憲警前來保護。如再有不法之徒，凌虐韓民情事發生，定予嚴懲。特此公告週知。」

吳祿貞聽了，勃然大怒，說：「豈有此理，日本人侵犯我國的主權，還張貼如此荒謬蠻橫的布告！」馬上召集韓登舉的部衆支援，又派人通知齋藤中佐前來古廟會談。齋藤來了，吳祿貞請他到廟裏，首先用日本話問他：

「你們為什麼侵佔我國的局子街？」

「這個地方本來屬於朝鮮的，我們應保護國朝鮮人的請求，前來保護他們。」

「這是中國的領土！我是中國的軍官，有保土衞國的責任。現在，貴軍强佔局子街，希望你趕快撤出。不然，我們只有武力解決了！」

「你要我們撤出去，可以！請送文書到我們的駐韓統監處。統監要我們退出，我們就退出。」

「我只知道保衛國土，不知道什麽談判外交！外交談判，自有我國外務部與貴國外務省去辦！」吳祿貞說得非常堅定而嚴正，毫無忍讓之意。

齋藤知道自己不是吳祿貞的對手，就退出局子街。局子街有人口二萬三千多人，附近是一片平原。但是當齋藤中佐率兵越境的同時，日本駐北京代理公使阿部守太郎已經照會中國外務部，照樣為侵略找藉口，胡説一番：

「查朝鮮居住間島一帶的人民，時受馬賊無賴凌虐，而貴國不加處治；敝國不得已令飭駐韓統監伊藤博文派員前往間島保護該處韓民。特此照會貴國。」

到了八月底，日本憲兵又侵入間島。中國外務部照會日本阿部公使，要求立即撤回延吉日軍。九月二日，日本阿部公使照覆滿清外務部，聲明説：

「間島究屬何國領土？為清、韓兩國多年爭議的問題。今以該地匪盜橫行，韓民不能安居，來請保護，日本政府不能默置，故派齋藤中佐前往。」

過了八九天，東三省總督徐世昌派前郵傳部右丞陳昭常為吉林邊務處督辦，練兵處監督吳祿貞為幫辦，率兵前往，加强防禦。十三日，中國外務部派員與日本阿部代理公使開會談判，再度催促撤退日軍，並提議會勘邊界。其實，日本是想趁這次中、韓邊界問題，侵佔間島，談判當然沒有誠意；因此，釀成了外交界所宣稱的「間島問題」。這時只有美國稍行詰責，英、法、俄等國却都噤若寒蟬，毫無公論；可見國際之間，只講强權實力，哪有正義公理？

「間島問題」傳到了東京，引起中國愛國的留日學生普遍的關切。留學生總會連忙召集會議，專門討論這個問題。宋教仁是留學生總會評議員，也參加了這一次會議。

中、韓之間為什麽會爆發間島問題？日本人為什麽要在間島問題上插上一手？

現在根據宋教仁的「間島問題」，與陳昭常、吳祿貞的「延吉邊務報告」，「清史」卷一百五十九「邦交志日本」的記載，可以勾畫出其大略情形：

間島（Kantao）是中國領土，本來只是圖們江中的一個小島，中國人叫做『江通灘』，面積不及二千畝，在朝鮮鍾城和中國光霄峪之間。朝鮮人開墾土地，叫做墾土（Kentu）。「墾土」與「間島」的音很接近，後來就混為一「稱」了。康熙五十一年，中國與朝鮮曾派使者會勘邊界，並且在白頭山（長白山）上，樹立界碑，規定西以鴨綠江，東以「土門江」做兩國的國界線。圖們江，滿洲語圖們色禽。圖們，譯言萬；色禽，河源也。古時又叫做「土門」、「豆滿」，都是由於同音而異譯。圖們、鴨綠二江，都發源於長白山上。圖們江北岸，原是滿清皇室的發祥地，所以不許人民移居，人烟很稀少。同治間，鍾城大飢荒，朝鮮人渡過圖們江，乘虛移居間島與圖們江北岸，漸漸侵入琿春山谷間、海蘭河兩岸，到處墾土構居，形成村落，開墾的土地多達八千垧；每垧十五畝；稱其地曰「墾土」，又稱「間島」。於是「間島」一詞的含義，就不只局限於「江通灘」一島了。

到了光緒七年，吉林官吏踏查邊境荒地，才發現了朝鮮人越境開墾，擬將這些韓人編進中國民籍。這時，朝鮮國王表示願意遷回這些僑民。可是這些韓僑安土重遷，不願遷回去，反而向朝鮮鍾城府使聲訴，說土門江是海蘭河，不是豆滿江。因此就產生了中韓邊界問題。兩國又派員會勘分水嶺白頭山上的界碑，發現正是豆滿江的發源處，朝鮮使者也就承認土門就是豆滿（圖們）。中國政府就在圖們江沿岸設立界碑十座，規定韓民不願遷回朝鮮，就得加入中國國籍，朝鮮人不得再繼續移居墾土，一時間島問題也就算解決了。由於滿清政府不認眞執行禁令，所以韓民仍繼續渡江移居，而且越來越多；所謂「間島地方」包括的範圍，也就越來越大了。光緒二十八年，清廷就在局子街設立延吉廳治理其地。

後來韓國人民又為什麼繼續大量遷徙間島？

由韓國作家趙明熙「農村人」、「洛東江」這些短篇裏，我們可以知道韓民是為了逃避日帝的壓迫，所以離鄉背井、逃亡遷移到中國的間島來。像「農村人」中，寫韓民離鄉的情景：「提着包袱，背着稚兒，掛着水瓢的年青人、漢子、娘兒們，不少的人羣離開了。他們是向『西間島』出發的遷徙民，一直到完全離開這山嶺。他們輪流地走兩步停一步，回頭眺望這去遠的家園，哭的太悲傷，眼瞼已腫起來的女人也不少。」這個向中國地方大逃亡大遷徙的難民潮，是由於光緒三十一年，朝鮮變成了日本保護國的緣故。

日本駐韓軍司令官長谷川好道，發現「間島」，當中、俄、韓三國的交界處，地位衝要，物產豐富，日本如能佔有間島，對於經營東韓、北滿大有好處。蓋日本人經日本海，橫貫東韓，就可以與間島聯成一條直線，而不必費時繞道南韓，交通縮短甚多，由間島汲取北滿的原料物資，供應日本，非常方便。同時經營間島為重鎮，東可捍衛北韓，呼應南滿；西出吉林可以直搗哈爾濱；南道琿春可以抄海參威的後路；北上寧古塔可以截東清鐵路為二；既可以對抗蘇俄，又可以進而呑併中國東三省。再加鑛產木材野獸農作物的豐富，土地比日本四國還大，可以大量殖民。因此，他就陰謀將魔爪伸過來，拿什麽朝鮮人民受到凌虐，作侵略的藉口，硬說間島是中、韓未定的地界，實想窺伺侵佔這一片廣濶肥沃的土地罷了。

宋教仁又說：日本如果佔有了間島，就會破壞列強在中國的均勢，這樣將會引發列強的野心，而羣起效尤，競佔中國的土地，我國將不免要遭到列强的瓜分之禍。因此，東京中國留學生總會就決定致電外務部，請求滿清，拒絕日本的要求，絕不讓步。

這時，滿清外務部對於吉林的邊境，向來沒有詳細的地圖，又沒有可以徵信的史籍。日本方面則一味歪曲事實，謬論橫生。外務部和日本公使談判了幾個月，開了十幾次會。到了光緒三十四年，間島問題仍然沒有解決。

宋教仁雖然反對滿清政府，可是他熱愛自己的國家。由於這種熱愛國家的心情，他開始著手搜求有關間島問題的中、日、韓三國遺史與古蹟。他在遼、瀋的時候曾經遊歷過間島，詳細考察過地理情況。這時，中國和日本談判間島問題，交涉了數月，一無結果。宋教仁就開始撰寫「間島問題」這一本書，繁徵博引，寫成六萬多字的長稿。他從國際法的觀點，由間島「領土主權的歷史」，「自然的地勢」，「境界的條約」三大方面，證明間島是中國的領土。

㈠間島領土主權的歷史：宋教仁博引中、韓各種史籍的記載，證明間島自唐中葉至明末，卽屬於通古斯人傳來取得者；自明末至間島問題發生時，卽屬於通古斯人的清國傳來取得者；與朝鮮國家絕無關係，就是與朝鮮民族也沒有絲毫關係。

(二) 間島自然的地勢：宋教仁說滿洲與北韓之間，足以貫東西，限南北，莫如白頭山及豆滿（圖們）、鴨綠二江。白頭山蜿蜒數百里，高八千呎，為長白山主峯，分道四出。由地文上說，此一山二水，似故為識別滿洲平原與朝鮮半島的境域；由人文上說，此一山二水，似故為阻限滿洲人種與朝鮮人種的關係。白頭山與豆滿、鴨綠二江，為當日滿、韓間天然的境界，而證明豆滿江北岸的間島，應屬中國領土。

(三) 間島境界的條約：宋教仁對於康熙五十一年，中、韓兩國劃定國界的事，先擧出「朝鮮通文館志」作為證明。宋教仁說，「朝鮮通文館志」，是韓國紀錄歷代以來事大交鄰的官書。其紀年編說：「（朝鮮）肅宗天王三十八年，（滿洲烏喇總管）穆克登等至長白山查邊，（朝鮮）以參判朴權為接伴使，同咸鏡監司李善溥迎於厚州。……四日至惠山，捨舟登山，窮江源，至白頭山頂潭水邊，刻石立碑曰：『穆克登奉旨查邊，至此審視，西為鴨綠，東為土門，故於分水嶺上，勒石為記。康熙五十一年五月十五日，筆帖式蘇昌，通判二哥，朝鮮軍官李義復、趙台相，差使許標、朴道常，通官（翻譯官）金應瀗、金慶門。』……又移文

(朝鮮)接伴使(朴權)、監司李善溥曰:『我親到白頭山,鴨綠、土門,俱自山發源,東西分流,原定江北為中國境,江南為朝鮮境,歷年已久,無異議外,於分水嶺立有界碑。從土門源審視,流至數十里,不見水痕,經石縫暗流,至百里,方現巨水。此無水處,如何使人知有邊界,不敢相犯。』伴使、監司以『依移文,或築土,或聚石,或樹柵』等由申覆。」又引用朝鮮洪鳳漢等著「東國文獻備考」說,此書記當日查勘情形,更為詳實,又引說:「我國(指朝鮮)以『土門源斷處,或築土,或聚石,或樹柵,以接下流之境』申復。」宋教仁引用韓人著作的史籍的記載,來證明中、韓邊境早已劃定「境界線」的事實,已具有境界條約的實質。

宋教仁用這三點,證明豆滿(土門、圖們)江以北的間島,是在中國境界內,自然是中國的領土。他又對當日日本、韓國主張「間島為韓國領土」,或「間島為獨立國」等等說法,加以反駁。

宋教仁「間島問題」這一部專著寫成之後,日本東京的名學者,都要求宋教仁將這部書的版權,高價賣給日本。宋教仁一一拒絕。滿清駐日公使李家駒托人購買了宋教仁的稿件,寄回國內,呈給軍機處外務部尚書袁世凱。外務部當局,憑着宋教仁的「間島問題」一書,和陳昭常、吳祿貞合撰「延吉邊務報告」，與日本交涉，才把間島這個難題解決了。

袁世凱幾次電請宋教仁回國擔任外交的工作。宋教仁都拒絕了。袁世凱只好命令滿清駐日公使送了二千元給宋教仁當做酬謝。宋教仁不肯接受。駐日公使一定要他收下。宋教仁收下了，一部分隨卽分贈給留東生活困乏的同志，一部分他自己用來買書。宋教仁說：

「我寫『間島問題』不是為了要賺幾文錢，是為了我們國家的一大片土地要爭回來！」

由於證據正確有力，到了宣統元年（一九〇九）二月十七日，日本大使只好承認間島是中國的領土；但是事情鬧了一年多，日本人費了許多心機，總想撈一些好處，所以又提出韓民裁判要歸日本領事辦理，要滿清答應聯接吉林與朝鮮的鐵路，中日合辦天寶山銀鑛等等要求。清廷不肯答應。七月間，日本人增加武力的壓力，派遣憲兵進佔三道溝，又在百草溝、和龍峪等處，槍殺清兵，挑釁鬧事，又在朝鮮邊境會寧、清津一帶增兵，擺出要用武力進攻威脅滿清的姿態。終因清廷外務部據理要求日方撤兵，並命令駐日公使胡惟德向日本政府提出嚴重抗議，守禦邊境的吳祿貞等將領的態度也相當强硬，加强邊防守備，使日本侵略者瞭解到發動戰爭未必有利。所以到了九月四日（陰曆七月二十日），日本駐北京公使伊集院彥吉終於與滿清外務部尚書梁敦彥，締結了「間島條約」，就是「圖們江中韓界務條款」，主要有八條：

一、中、日兩國協約，以「圖們江」為中、韓兩國國境；其江源地方，以界碑為起點，依石乙水為界。

二、中國准外國人居住龍井村、局子街、頭道溝、百草溝等處貿易。日本於此等地方設置領事館。

三、中國准許韓國人民，在圖們江北墾地上居住。

四、圖們江墾地的韓人，服從中國法權，歸中國地方官管轄及裁判。此等韓人與中國人一律待遇。

五、韓人訴訟事件，由中國官吏按中國法律辦理。惟人命重案，如有不按法律判斷處，日本領事可以請求覆審。

六、圖們江旅居區域內，韓人財產，視同中國人財產，中國一律保護。

七、中國將吉、長鐵道，延長到延吉邊界，與朝鮮會寧鐵道聯接。

八、本協約調印後，日本統監府派出所及文武人員，於兩個月內完全撤退。

「間島問題」雖然解決了，但是滿清政府對日本也付出許多代價。像「延長吉長鐵道至延吉邊界，與朝鮮會寧鐵道相聯接」，這使後來日本汲取東三省的物資，運兵侵略東三省，非常便利。同時滿清政府又在其他談判方面，給日本許多利益，如允許日本開採撫順、煙臺煤鑛，中日合辦安、奉鐵路及南滿鐵路沿線鑛務等等。

吳祿貞因為間島的問題，這一年升遷為吉林邊務大臣。這時，祿貞有詩詠這次中日協約的事，說：

「圖們不盡水滔滔，籌邊且學邯鄲步。敵樓夜夜驚烽火，旌旗朝朝卷風露。俯仰華夷幾戰爭，勝敗操持豈無故。筆陣可能敵萬人，舌鋒時亦當武庫。尺地寸土肯讓人？匣底龍泉光微吐！安得一戰定三韓，貔貅百萬爭先赴！自古和戎非良策，一誤不可況再誤。邊塵未掃征人恨，大地河山待鼓鑄。君不見茫茫瀛海接青天，細流何用殷勤注。」

由「君不見茫茫瀛海接青天，細流何用殷勤注」兩句，可以看出吳祿貞對於滿清政府與日本談判條約的讓步，表示了他遺憾的意見。

宋教仁由於「間島問題」一書，幫助滿清政府在對日的外交談判上，處於有利的地位，因此他的大名就傳遍了中外。用「宋鍊」名義撰著的「間島問題」，在光緒三十四年由上海一個書店印行。民國三年至四年，「地學雜誌」又加以轉載，民國二十五年「建國月刊」第十五卷第一期至第四期，又再加轉載。今收於「革命先烈先進詩文選集」第一集「宋教仁選集」中。

第二八章　立憲把戲

光緒三十四年（一九〇八）冬，國內發生了大變，許多新聞不斷傳到了東京，成為留日學生關切的問題。

十一月十四日（陰曆十月二十一日）清廷忽然宣言光緒皇帝崩於瀛臺涵元殿，年三十有八。遺詔由醇親王載灃的兒子溥儀入承大統，嗣為皇帝，明年改元做「宣統」。溥儀年方三歲，以載灃為攝政王監國，總理軍國大政。第二天傍晚，慈禧太后接着也病死了，年七十三歲。兩天之內，光緒、慈禧先後而逝；清宮中傳出了許多傳聞。

有人說光緒的死，是由於慈禧太后病危臨死前下令謀殺的。先是慈禧瀉肚子瀉了幾天，有人對慈禧說：「皇帝聽說老佛爺病了，就面有喜色。」慈禧罵說：「混蛋，我不能夠先你死！」十一日，故意派慶親王奕劻去普陀峪替自己看壽宮陵地。十二日太監出東華門淨髮，就傳出「光緒帝死了」的消息。十三日，慈禧下旨，宣召溥儀。醇親王太福晉——載灃的母親，也就是光緒帝載湉的母親，大哭說：「旣殺我兒子，又要殺我孫子！雖擁皇帝的虛名，實等於終身圈禁罷了！」抱着溥儀不肯放手。經大家婉勸，才由諸王公大臣擁了去。十四日皇后去看望皇帝，發現光緒帝已經氣絕多時，遂草草入殮，奉梓宮於乾清宮。也有人說：袁世凱怕慈禧病死後，光緒將對自己不利，所以也參加這個謀殺的陰謀，只是事缺佐證。

由光緒帝、慈禧太后相繼死亡，民心已經不安極了，再加近年來各省水旱成災，奸商不斷將食米輸出，物價騰貴，老百姓無食無衣，再加苛捐雜稅，名目繁多，辦理學堂、警務、新政，一再追加稅款，有的地方，本來每畝收錢一百三十文，今增加到三百二十文，衙役官吏與仕紳土豪，又互相勾結，騷擾、勒索、欺壓鄉民，因此許多地方發生饑民聚衆暴動，搶米搶糧，抗捐抗稅，搗毀學堂、警署、紳董住宅，甚至包圍縣衙。於是官廳派兵彈壓，開槍殺人，又造成了更激烈的民變，循環不已。像山東萊陽縣民衆暴動，彈壓的軍隊開槍放炮，人民死了四五百人，傷了一千多人。國內不安的情勢更加嚴重了。革命的黨人也趁此機會起事了。

像安徽新軍砲兵營隊官熊成基、范傳甲、薛哲等人認為滿清帝、后剛逝，局勢不安，在十一月十九日（陰曆十月二十六日）太湖舉行秋操的時候，聚集馬隊砲營同志一千多人起義，沒想到却因砲彈缺乏火線，不能够爆發，薛哲又被安徽巡撫朱家寶扣押了，無法響應，江面上滿清兵艦巨砲的猛轟，提督姜桂題的截擊，第二日就失敗了，黨人薛哲、范傳甲等十幾個人都被殺害，只有熊成基逃脫。還有像譚馥、葛謙在廣東組織保亞會，先後被捕；葛在十二月十六日成仁，譚在第二年遇害。

十二月二日（陰曆十一月初九），載灃抱着小皇帝溥儀，在太和殿擧行登極大典。宮殿規模宏偉，基高二丈，殿高十一丈，殿前丹陛五出，各三層，繞以石欄，陛間共列銅鼎十八個，又有高達十丈的銅獅，斑文好像翡翠，濃潤欲滴，臺階上又有銅龜和銅鶴。丹墀內，設有文武百官行禮的位置，殿正中懸有「太和殿」匾額。這個三歲大的溥儀，頭戴着一頂綴以東珠、繞着金龍三層寶塔式的皇冠，身穿着繡四團五爪金龍的黃袍，外罩棗紅外褂，胸前掛着一串有一百零八顆的朝珠，脚下是一雙尖頭皮朝靴。由載灃抱着坐上皇帝的寶座；好像抱着一個木做的傀儡。這時，木鼓聲大作，隆隆如連珠砲，震耳欲聾。奏樂的又敲着玉鈴，聲頗優美。這時贊禮官高聲宣呼「跪起叩首」。溥儀的小小眼睛，驚怕地看着許多大人匍伏地上，猛叩着響頭，口裏自稱「奴才」，高呼：「吾皇萬歲，萬萬歲！」不禁哇哇的大哭了起來。載灃趕緊輕輕拍着他的背，說：

「不要哭，快完了！快完了！」

攝政王這幾句不吉祥話，當時成了國內外轟傳的笑柄，留作史家筆下最好的花邊軼聞。宣統元年（一九〇九）一月二日（陰曆光緒三十四年十二月十一日），清廷下了一道諭旨云：

「軍機大臣外務部尚書袁世凱，夙承先朝屢加擢用。朕御極復予懋賞，正以其才可用，俾效馳驅。不意袁世凱現患足疾，步履維艱，難勝職任。袁世凱着卽開缺，回籍養疴，以示體恤之至意。」

清廷突然罷袁，據當日傳出的內幕新聞，說是保皇黨要報老袁在「戊戌政變」時出賣光緒皇帝之仇。因為譚嗣同曾和袁世凱相約，要他率兵入京護駕，對抗守舊派；沒想到老袁在緊要關頭寒盟背約，反在天津投靠榮祿，使向慈禧太后告密，引致六君子被殺，光緒皇帝被囚瀛臺十年的大變。現在慈禧太后死了，攝政王載灃又是光緒帝的四弟。康有為上書載灃極力倒袁。據說載灃曾召集親貴會議，討論袁世凱問題。善耆、載澤、鐵良、良弼都排擠老袁，只有奕劻、廕昌維護老袁。載灃說：

「皇太后要殺袁世凱，替先兄光緒皇帝報仇。你們看看，這應該如何處置？」

「前幾年，江西巡撫柯逢時曾彈劾過袁世凱用全國的財力，供北洋一系練兵，志在掌握全國兵權，擴充一己勢力，所謂『司馬昭之心，路人皆知』。現在能殺了他，最好。」鐵良說。

「記得剛毅在前朝曾說過：『漢人强，滿洲亡；漢人疲，滿洲肥。』大權旁落，我們就要亡了。我看還是趁早除了他吧！」

「只是袁世凱的影響力太大了。殺他，很簡單，一紙詔令就可以；但是北洋軍六鎮的將校多半是袁的舊屬；萬一北洋軍隊不服，反叛了，又怎麼辦？所以要殺袁世凱，還是先下一道密詔，看看北洋軍六鎮的意見吧。」

據說袁世凱夤夜密造張之洞求救：「香濤公，不知清室那些權貴，是如何排擠我們！我們兩人必須合力圖存；分則勢孤，將遭他們各個擊破了。」張之洞信以為眞，說：「我們的確必須彼此合作，替漢人爭口氣吧！」剛好不久載灃向張之洞微露要除去袁世凱，要他擬一道聖旨。張之洞說：「冲主方立，人心未安，乃殺重臣，吾不知其可也！」

由於張之洞的廻護，北洋一些將領的反對，這個老奸巨詐跋扈飛揚的袁世凱才保全這一條老命，回到河南彰德府安陽縣洹上村休養去了。但他最親信的幹部東三省總督徐世昌自請開缺，幾個月後內調為郵傳部尚書，副都統（正二品）段祺瑞調充陸軍第六鎮統制官，勢力仍在。只有民政部左侍郎趙秉鈞因袁關係，詔令退休。

載灃攝政後，好像非常熱心要實行立憲政治似的。他屢下詔令：重申立憲籌備期限為九年，到宣統八年為止。教各部院各省督撫要認眞地籌畫立憲的事；並命令各省趕快設立諮議局（猶今省議會），研究立憲，籌辦地方自治；並選派大臣去各國考察憲政，回來提出報告，於是汪大燮奏呈英國憲政十四種，錢恂奏陳義大利憲政及法律；而于式枚奏陳普魯士議院制度，却倡言立憲需十年、二十年預備；各部院也紛紛奏呈預備立憲逐年籌辦的事宜；憲政編查館派唐景崇、嚴修、陳寶琛、孫寶琦等六十四人，充當諮議官；資政院（猶英國上議院）也正式開院；民政部奏上府廳州縣自治選舉章程。由這些事情看來，滿清政府好像眞有誠意與決心要實行「君主立憲」的政體了。

這時，立憲派人士政聞社的康有為、梁啓超、徐佛蘇、雷奮、熊希齡、張嘉森（君勱），預備立憲公會的福建鄭孝胥、江蘇張謇、浙江湯壽潛認為載灃既是光緒帝胞弟，想實現乃兄革新政治的素願，是頂自然的事，對於憲政的施行，抱了許多熱烈的希望，所以當載灃監國後，就大肆活動。如康、梁早就交結肅親王善耆，鼓吹立憲，改革政治，希望能在三年內召開國會；這時提出許多建議，如廣拔人才，申明政綱，開放黨禁，起復維新黨人。甚至為代擬立憲詔令的內容，如梁啓超「致肅親王善耆書」，就說：

「當於明年元旦，須發大詔……示『人民宜隨同政府協力，以求立憲政治次第之進行，不可輕舉妄動，為憲政前途更生障礙』云云；但此詔布後，須確為綜覈名實之政，不可更託空言，辜天下之望耳！」

江蘇設立了諮議局，推選張謇為議長。張謇，字季直，江蘇通州人，甲午年殿試狀元，是當時的名流，也是立憲派的領袖之一。其他各省也紛紛設立諮議局，推選了代表。

「預備立憲」的九年期限太長了！國家已經百孔千瘡，衰弱不堪，正需要集中全國人的才智來督促政府負起責任，來挽救國家！又怎能等待的那麼久呢？所以這時全國人民都在希望「立憲」能够儘快實行，政治能够儘快革新，使國家能够一下子强盛起來。這種迫切盼望立憲維新的心理，對革命情勢的發展，自然形成了一種極大的阻力與障礙。只是長長的一年的時間過去了，「立憲」還只是「雷聲大，不見雨點落」，只聽「樓梯響，不見人下來」，空口說了半天兒白話，空唱一年京腔的立憲把戲，這又怎能教人民相信政府的誠意呢？

前政聞社社員徐佛蘇暗中聯絡諮議局議員，鼓吹儘速立憲。因此，到了十一月二十七日

（陰曆十月十五日），十六省諮議局代表五十一人在上海開會，推派孫洪伊、王法勤等三十二位代表到北京。十二月初向都察院請願，後來又向各王公大臣請願，要求滿清政府立卽召開國會，設立責任內閣，由國民選舉代表論議國事，督促政府負責任，以救國家，以緩和革命的潮流。

但到了宣統二年（一九一〇）一月三十日（陰曆元年十二月二十日），清廷下諭拒絕了，仍然堅持說：

「俟九年籌備期滿，國民教育普及，再降旨召集議院」。

在京各省代表對這個「上諭」非常不滿。四月間（陰曆三月下旬）組織了一個「國會請願代表團」，創辦「國民公報」，徐佛蘇為主撰人，為立憲派的機關。推舉資政院議員，也就是各省諮議局代表：直隸孫洪伊、湖北湯化龍、湖南譚延闓、福建林長民、江蘇雷奮、四川蒲殿俊等人為委員，長期留駐北京，跟政府交涉，苦苦請願，至再至三。後來各省團體又紛紛請求提早成立國會。四川的民衆有一次向督署請願則多達三萬多人。各省督撫也聯電軍機處，主張內閣、國會同時設立。清廷不得已，到十一月四日（陰曆十月三日）下詔，將立憲期限縮短三年，宣布在宣統五年（一九一三）召開民選的國會。並命令各省代表卽日離京回籍。

不久，又下令壓制各地要求立憲的活動，如天津全國學界同志會會長溫世霖，因為通電要求罷課來支持速開國會，就被充軍到新疆去了。載灃還打算設立「國事偵探團」監視人民的行動。

滿清政府這一副立憲的假面具，終於完全給拆穿了，使本來相信政府終會覺醒改革政治的立憲派，也大失所望了。「國會請願代表團」的各省代表，在回去的前夜，在「國民公報館」舉行秘密會議。大家對清廷玩弄立憲、愚弄人民的把戲，都感到非常憤怒，表示了絕望的看法，而決定返回本省後，秘謀革命，就以諮議局的同志，為革命的幹部，日後如遇到發難問題，各省同志應該盡力響應起義，謀求獨立。譚延闓、蒲殿俊等人回籍之後，就和革命黨暗通聲氣了。

滿清政府起先在宣統元年七月十五日，宣佈皇帝親任海陸軍大元帥，統率全國軍隊，掌握軍權。到了三年（辛亥、一九一一）因為廣州二次革命震驚清廷，清人為了安撫民心，在五月八日（陰曆四月十日），公告責任內閣成立，以軍機大臣慶親王奕劻為總理大臣，大學士那桐、徐世昌（漢人）為協理大臣，梁敦彥（漢人，由鄒嘉來代理）為外務大臣，肅親王善耆為民政大臣，載澤（光緒帝的聯襟）為度支大臣，唐景崇（漢人）為學務大臣，廕昌為陸軍大臣，貝勒載洵（載灃弟）為海軍大臣，紹昌為司法大臣，溥倫（皇族）為農工商大臣，盛宣懷（漢人）為郵傳大臣，壽耆（蒙古人）為理藩大臣。在這十三名閣員中，滿人佔了八人，而且八人中皇族又佔了五人；蒙古旗籍一人；漢人只佔四人。又以貝勒載濤（載灃弟）、貝勒毓朗為軍諮府大臣（猶今參謀總長）。比起舊制各部的官員，滿漢各半的形式，更加集權了。奕劻父子老朽昏庸，又以貪污聞名內外；還有這些少年親貴，平日但知跑馬架鷹，聚飲作樂，哪知政治經濟外交的學問？難怪這個內閣的名單一公佈出來，一時中外輿論都為之譁然，目為「皇族內閣」，完全違背世界各國「君主立憲」的體制。載灃、奕劻目的在於盡力加強滿清皇族執掌軍、政二權的權力罷了；所謂「立憲」，只是想「假」立憲的名堂，來遮天下人耳目，實際是用以鞏固清室一家的政權罷了。

正如當日宋教仁在「民立報」「論近日政府之倒行逆施」一文的開頭所說：

「自政府宣言預備立憲以來，無日不以『籌備憲政』為藉口，而行其『集權專制』之策略！」

但滿清政府這種「倒行逆施」，終也自己挖下了「土崩瓦解」的「墓坑」了。

第二九章　長江流域革命的構想

宣統元年二年間，的確是在東京的革命黨人精神最苦悶的一段時期。

從孫逸仙總理在光緒三十三年（一九〇七）三月間，被日本政府逼迫離開了東京以來，同盟會總部同志像章炳麟、陶成章、劉光漢就開始鬧着意見。三十四年十月，「民報」又被日本警視廳查封，失去了宣揚革命有力的喉舌，對東京革命同志的心理，也是一記很沉重的打擊。孫總理和黃興離開了東京，就將他們的心力全部放在南方，革命的中心實際已逐漸南移。宣統元年（一九〇九）十月三日，同盟會在香港黃泥涌道設立「南方支部」，胡漢民為支部長，策動南方的革命，東京本部的組織更加渙散了。南方革命又不順利，一次又一次失敗，消息傳到了東京，一些黨人自不免氣短。這時國內又如火如荼，上演立憲把戲，深深搖撼了人心，對革命情勢的發展，更增加了許多阻礙。東京革命黨人的精神，當然日見悲憤苦悶，消極氣餒了。宋教仁、譚人鳳看到這一種情形，十分擔心。

宣統二年（一九一〇）四月，居正從仰光來東京；六月，趙聲從新加坡來東京，都有同樣的感覺。他們與譚人鳳、宋教仁、林文、張簡亭會商整頓的事情。林文，一名時爽，福建侯官人，留學日本大學，精國際公法，曾任民報經理，最為孫總理所器重。

宋教仁主張由長江流域發動革命，組織「中部同盟會」作領導機關。譚人鳳非常贊同。由譚人鳳邀集十一省區同盟會分會會長及重要的同志，在東京小石區任仲遠（原名陳猶龍，字桃癡，牽涉唐才常案）的寓所開了一次會。呂志伊（天民）、何天炯（曉柳）、林文、趙聲（伯先）、蕭翼鯤、張鎮衡、鄒永成、周來蘇、李肇甫、張懋隆（簡亭）、首紹甫、陳其美（英士）、居正（覺生）、鄒代藩、楊時傑、彭漢遺……幾十人出席了這一次重要會議。

在這些同人中，譚人鳳年齡最大，大家就推舉他做主席。譚人鳳長着一表堂堂的相貌，眉骨高高，眼睛稍微有點兒凹下，又留着飄飄然的長鬍子，說話聲又急又大，很有些威稜，再加他精悍剛直，善決大事，人有錯誤，當面數說，所以大家都敬畏他三分。譚老在掌聲之中站了起來，首先報告說：

「在正式會議之前，我們先為倪映典同志默哀三分鐘，表示我們對他為革命而犧牲的哀悼！但在我們默哀之前，先請趙聲同志向各位報告倪先生壯烈的事蹟。」

趙聲已經站了起來，在他高挑的雙眉間似乎隱藏着悲憤與憂傷。他沈痛地說：

「倪映典，原名炳章，安徽合肥人，南京砲兵學堂畢業。我在南洋軍當三十二標標統，他在我部下，當砲隊隊官。後來，他回安徽去，當馬營管帶，和熊成基一起搞革命，洩了消息，就離開安徽，來廣州，改名映典。剛好我也在廣州，就推薦他到廣東新軍當砲兵排長。我們兩人在新軍暗中宣揚革命。後來，我辭職回鄉；他繼續吸收同志，被人懷疑，因此丢了官。去年十二月間，映典和我，還有黃興、胡漢民幾個人，計畫在今年新春元宵節前後率領新軍起義，另由胡毅生、朱執信運動民軍，姚雨平運動巡防營響應。我也到了廣州城內。後來，因為有一個士兵的同盟會證，被隊官發現，報到總督袁樹勛那裏去。情勢非常緊迫，我們又決定提前到『初六』，一切也都計畫好了，只待一舉推毀清虜！」趙聲說到這裏，右手在空中用力地揮動了一下，好像要給清人一記重擊，接着又用惋惜的口氣說了下去：

「唉，眞沒想到，就在除夕，發生了一件小事，却攪壞了全局。這個大年夜，第二標有一個士兵去繡文齋拿名片，準備拜年用，因為少印了五十張，要扣六毛錢，繡文齋老闆不肯照扣，說話又很不客氣，這個士兵一時氣極，飛起了一脚，又想不到竟把櫃臺給踢翻了。警察過來干涉，也許雙方都吃了年夜飯，喝了些酒，有一點兒醉，一言不合，就吵了起來，又大打出手，這個士兵和另一個士兵給警察帶走。第二天元旦，新軍派人去保釋，警方不肯。新軍就搗毀了警察局，救走了士兵，事態就這樣擴大，釀成了兵變。眞是『小不忍，則亂大局』。倪映典初三早晨，從香港趕了回去，看到局勢已經無法收拾；他只好斷然宣佈起義，率領第一標砲兵營一千多人，在初四日，就是陽曆二月十三日進攻廣州城。不幸，到了橫枝崗，中了清兵預先埋伏的機槍火網。唉，映典就這樣的犧牲了！死年才二十七歲。這一役，新軍同志陣亡了一百多人，被捕了一百多人；還有一些同志逃到了香港，我們都妥加安頓。人說這是孫總理領導的第九次革命。倪映典是我最要好的朋友，才幹非常傑出，他半年的心血，却因這個小兵幾毛錢的小事，全盤攪翻了，使革命失敗了，倪映典死了，一百多人死了！這教我怎麼說呢？……怎麼說呢？」趙聲說到這裏，已忍不住掉下淚來，右手伸出的五個手指已緊緊握成了一個拳頭在微微顫動，激動得再也不能說了下去。這時，室內幾十個人都不約而同地低下頭來，靜靜地哀念這些為革命而勇敢犧牲的同志。

默哀完畢，譚人鳳才正式宣告會議開始；他說：

「我們同盟會成立以來，人才這樣多，黨人這樣勇敢，為了成就革命的理想，個個都不惜犧牲自己的生命！但為什麼我們還不能够推翻腐敗之極的滿清政府？癥結何在？我認為主要的毛病，是我們沒有堅强的組織，共同的計畫，像章炳麟、陶成章、劉光漢只知鬧意見，誹謗總理，這已經不對；陶成章又在南洋，倡組『光復會』，搞分裂運動，造成海外華僑對本會的誤會，使我們籌募革命經費，更加困難。像汪兆銘在南洋籌募資金，就無功而返。去年劉光漢投入端方幕下，但在上海仍常常來往陳英士組織的革命機關；劉光漢不但未曾利用自己的地位做一些有益本黨的工作，反而甘心做起清虜的走狗，將本黨要在上海發難的秘密的消息洩漏給端方，以致我們在上海的機關給洋巡捕查封。這種人可說喪心病狂無恥極了。再者像熊成基打聽到海軍大臣載洵從歐洲回來，將要經過哈爾濱；到今年一月三十日，他打算在哈爾濱車站等機會行刺，因為戒備森嚴，沒機會下手；當他回到俄國旅館，就被警探逮捕；原來被他朋友臧冠三告密，在二月二十七日（陰曆一月十八日）判了死刑。這跟從前徐錫麟的失敗一樣，都是由於沒有切實的組織與縝密的計畫，輕舉妄動所致。這樣輕易犧牲，行動不能說不勇敢，精神不能說不壯烈，令人欽佩；但卻會造成革命人才的寥落。再像今年滿清政府搞預備立憲。汪兆銘兄說：『僞立憲把戲，日日在國內的舞臺上演，炫人觀聽。』對我們革命來說，當然是增加了很大的阻礙。兆銘想用激烈的行動，振作人心。他和喻培倫、黄復生，在今年四月二日（陰曆二月二十三日）深夜，偷偷在北京十刹海甘水橋下安裝炸藥，想一舉炸斃攝政王載灃。結果炸藥被清兵發現，經過幾天偵查，到十六日，兆銘、復生都被逮捕入獄。假使不是有人（指程家檉）在肅親王善耆那邊替他說話，恐怕早就犧牲了。

這種暗殺的行動，正如胡漢民所說：『不足制虜死命，反而使敵人魔力高張』。所以我認為要革命，應該由『總理一人，統一事權；各地幹部同志，分擔責任』。使本會成為一個有堅強組織，有共同計畫的團體。這樣才能發揮我們的力量。今天我們要討論的，就是『今後革命進行的方向』。各位有什麼高見？請儘量發表。我們可以作為決議，向黃興同志提出報告，再轉達孫總理批准。」

宋教仁已經站了起來，在他充滿神采的眼睛裏表現着堅定的神情。他說：

「主席，各位同志，失敗，不可怕！怕的是失敗了不去檢討原因。鑒於以往失敗；我認為發動革命一定要注意到三原則：㈠革命的地點，要居中不宜偏僻。㈡革命的時期，要縮短不可延長。㈢革命戰爭的地域，要狹小不可擴大。」

宋教仁的話引起了許多人注意。忽聽座間有人對隣位說：「他這個看法非常正確，可以說『深究域內之形勢，洞悉方略之精微。』」

宋教仁又說了下去，冷靜而詳密地分析、講解：

「我考慮過的革命的策略，也有三策。現在，我提出來，供各位商討時參考：上策，是中央革命，就是聯絡北方的軍隊，再以東三省做後援，一舉佔領了北京，然後號令全國；像葡萄牙和土耳其，就是在首都里斯本和安卡拉發動革命而成功的：這是革命策略中最好的一個。中策，是在長江流域各省，同時大舉，設立政府，然後北伐：這是次等策略。下策，在邊隅的地區發動革命，就是先在外國的領地上設立秘密機關，然後進據邊區做根據地，再徐圖進取；像東三省，像雲南，像兩廣都是：這是又次一等的策略。因爲佔領邊區，並不足以動搖清廷的根本。所以我個人是主張採取首都革命的。『首都革命』最切合我剛才說的三原則，可以一舉成功，澈底『根』除。要是不能用上策，『中策』也値得我們考慮。」

宋教仁說完，就坐了下來。大家不禁交頭接耳交換意見。這時，趙聲又站了起來，於是會場頓時間又安靜了下來，靜聽趙聲的意見。趙聲說：

「在北京發難，雖然很合革命的三原則，只是很難。遯初兄，我記得過去在長沙時候，黃興先生曾對我們說過：我們無法憑藉那些醉生夢死的北京市民來推翻清廷，也絕不可能運動滿族的禁衛軍合作同謀，來打倒與他們同族的皇帝。所以『中央革命』是很難做到的。」

趙聲說話的語氣非常誠懇，接着他發表他自己的意見說：「過去，我們在珠江流域一帶發動革命，地方雖然稍嫌偏隅；由於多年運動，我們和廣東的新軍已經建立起密切的關係，號召發動，都比較容易，而且廣州緊靠着香港，同志進出也比較容易，危險性也比較少。」

林時爽也贊成趙聲的說法。林時爽，在黨內人稱「林大將軍」，是大家所欽佩的同志之一。他微笑着附議說：

「假設南方再次發難，只要黃興先生來信，我一定號召福建籍的幾十個同志一起前去參加。」

這時，湖北的代表楊時傑也起來說話了。楊時傑和劉公、居正不但是同盟會會員，也是共進會的會員。他首先將共進會的情形作了一個簡報：

「我們共進會的會員，前年分途回國，聯絡各地會黨。據說去年——宣統元年——四五月間（陰曆三月），孫武、焦達峯已經在漢口設立『湖北共進會總機關』，在武昌設立分機關，分做五鎮，焦達峯往來湘、鄂間，互相策應，號召長江下游一帶會黨軍隊，很有規模。今年三、四月間，因為長沙饑民搶米風潮發生，焦達峯認為有機可乘，相約起事，但因運彈事洩，黃申薌、彭漢遺逃亡省外，詹大悲辦的『漢口商報』被查封，遇到小小挫折，但潛伏會黨與軍隊中的同志，並沒有受害。再說武、漢地據中心，財富械足，新軍的知識，冠於各省，起義比較容易成功。本會應該集中全力在長江流域的武昌、漢口發動革命。我贊成宋教仁先生所提的『中策』。」

譚人鳳是湖南新化人，他也贊同在長江流域組織機關，發動革命。他說：「楊時傑同志的意見，值得考慮。武昌楚望臺的軍械庫、漢陽的兵工廠，和湖北新軍，若能為我們所用，革命就可能成功。」只是與會的多數同志，對武漢的情況不大了解；難怪，這時有人帶着懷疑的口吻魯莽地笑着說：

「楊先生的報告，是不是一種臆說？」

這句話很教楊時傑下不了臺，氣得他臉色都變了。這三個策略互有短長，商討了很久，仍然相持不下。宋教仁看到大家對上策都不大贊成，就決定採用「中策」。他說：

「我們可以在珠江流域繼續發動革命。另一方面，也可以將『中策』作為『上策』，以武漢、南京作為中心，組織『中部同盟會』，統籌長江流域的革命。我們可以運動軍隊、會黨，慢慢推進到河北。這個中部機關，也可以用以支援珠江流域的革命。」

「遯初兄，這個計畫，需要多少時間？」趙聲問。

「預期要三年。養豐羽毛，然後實行；希望一舉，卽能成功。」宋教仁答說。

「太慢了！」趙聲說：「我最性急了！計畫做大事，不可過於迂緩！許多同志都無法再等待下去！」

這時，大家也都紛紛發言：「我們參加革命，都早已決心犧牲了！我們並不期望一旦起義，就能收到成果！考慮過愼重，計畫太周詳，得失心一重，反而不敢冒險發難。所以我們都認為要『急進』！」

「那我們就不必限定時間了。』譚人鳳說。

「經費從何籌措？」又有人問。

宋教仁笑着說：「譚老的故鄉新化縣錫鑛山，銻鑛最多。我們可以做銻鑛的貿易。我可以和日本商人接洽，新化產的銻鑛全數賣給他們，我們從中賺些手續費，每一百兩銀子的生意，可以收取五兩的手續費。這樣，每年可得手續費一百幾十萬兩，就用這個收入，作為辦理長江機關的經費。鄒永成同志，也是新化人；鄒家親友大多是經營鑛業的。我們可以推永成和張鎮衡（斗樞）兩位回國洽辦這件事。」

當時，鄒永成、張鎮衡兩人就答應了。宋教仁又向鄒、張兩人說：

「兩位回國後，最好在漢口俄國租界內，設立一個鑛務公司，對外經營銻鑛，實際是經營兩湖革命運動的機關，可以叫做『廣惠鑛務公司』。」

於是宋教仁所提的「組織中部同盟會」這個案子，就這樣的順利通過了。宋教仁的心裏感到十分喜悅。當時雖未組織任何機關，也未選擧任何幹事，只是大家的心裏已經決定要設立這個「會」了，向長江進軍。人事也略做一番安排，大抵就黨員的籍貫與人事的關係作了安排，湖北由居正負責，上海由陳其美辦理。最後，宋教仁又提議說：

「譚老說：『事權統一於總理，責任由各省幹部同志分擔進行。』現在，孫總理遠在北美，我們可以一面寫信給孫總理，徵求同意。另一方面，請譚老做我們代表前往香港一趟，和黃興先生面商。他們同意了，我們就正式宣告成立。」

會議至此結束。這時，夕陽落在藕白色的紙屏上，映得紙屏變成粉紅了。宋教仁和譚人鳳、居正三人走出了任仲遠的寓所。譚人鳳對宋教仁說：

「你要我親自去香港一趟。你知道現在我們都窮得一光二白，吃飯都成問題，又拿什麼做『盤纏』呢？」

「譚老，不要焦急！要在『長江革命』，當然，不久我們都要回國去。你的旅費，由我想法。我正在翻譯日本小林丑三郎的『比較財政學』，賣了版權，就可以進行咯！」宋教仁笑着回答，「現在我請你們去『名酒』，來一杯淡淡的『三客』，預賀『中部同盟會』的成功吧！」

說着，三個人都大聲地笑了起來。

第三十章　上海民立報主筆

這一次會議後，同盟會同志居正、楊時傑、劉公、陳英士、呂志伊、趙聲紛紛回國，或去香港。這一年（一九一〇）冬天，宋教仁和譚人鳳也離開了東京。譚去香港，宋教仁自橫濱搭輪回上海。

這是寒氣森嚴的時節，海上雪浪如山，冷風如刃，宋教仁只好天天躲在艙房裏看書。這樣過了十天，終在一個午前到達上海黃浦江了，輪船停泊在金利源碼頭，只見江面上輪船夾板，如林如蝟。他屈指一算，離開上海，整整六年了，心裏的感觸眞難說出來。下船上岸，早有祥發旅棧的夥計等着接他。原來他早已函託上海的朋友替他預訂了旅社。

宋教仁到了旅棧，馬上搖了電話給劉成禺，又獨自吃了午餐，回房休息。不久，劉成禺和譚价人一起來訪；彼此說了些客氣話後，便問宋教仁今後的打算。宋教仁說：

「想找一個工作做。但是要既便於進行革命，又可以掩護身份的；可有這種工作嗎？」

「有。」劉成禺說：「于右任和陳英士、沈縵雲幾個同志在今年十月（陰曆九月九日）

辦了一個報紙——叫做『民立報』，于右任當社長。我們可以介紹您和他見面。」

「于右任，字伯循，陝西人，是一個詩人、書法家，上海名報人，也是同盟會會員。他出身上海震旦學院，過去辦過『神州』、『民呼』、『民吁』三報，因爲批評政治，言論激烈，曾經兩度入獄，報紙也被封禁。」譚价人向宋教仁介紹于右任這個人。

「談起于先生，我好像在東京曾和他見過一面。他穿着長袍馬褂，戴着瓜皮帽，狀貌奇偉，個人高高的，好像還留着一小撮鬍子似的。」宋教仁說，「當然，到同志辦的報館工作是最好不過的。」

「現在就去吧。」劉成禺說。

宋教仁等三人出了旅棧，坐了三輛黃包車，約半小時，就到了望平街一百六十號民立報館，進了社長室，拜訪于右任。于右任一聽說，來的是宋教仁，就熱烈地表示歡迎。就像老友重逢一樣的，毫無拘束，款款深談。于右任對劉、譚二人說：

「去年三月，我辦『民呼報』，就想找一位編輯。那時康寶忠先生從東京回來；我求他就東京本部內推薦一位文章寫得好的朋友。康君就向我推薦宋教仁先生，他向我說：『讀一讀「間島問題」這本小書，你就可以知道宋先生的學問與識度了。』因此，我早就認識宋先生學問的淵博！」

這半年來，日、俄邦交日見親密。像七月四日（陰曆五月二十八日），日、俄訂立第二次密約，彼此暗中勾結，爭取在我國滿洲的利益。八月二十九日（陰曆七月二十五日）日本併吞了韓國。這些變故，對我國東三省構成嚴重的威脅。他們談起了這些問題。宋教仁曾作詳密分析，侃侃而言，已教于右任從心裏佩服。

宋教仁對民立報的發展，也表示他的卓見。于右任聽了更是心折不已，於是非常誠摯地對宋教仁說：

「我們實在盼望您留下來，擔任本報主筆。但不知先生肯否俯就？」

「我極願意接受。」宋教仁笑着答道：「雖然上海是繁華熱鬧的商港，對我說來，却是一個危險地帶，只怕不能够長期地安居呢！」

「行動的艱難，在上海我跟您一樣。您肯留下，安全問題，我會作妥善的安排。譬如我們可以在法國租界內，替您找一間編輯室；這樣，就可以避開清人的耳目。貴鄉湖南桃源，我們對人介紹先生，就稱『桃先生』。寫稿也可以用筆名。」

「用筆名，就不致有人知道先生的眞姓名了。」譚价人在一旁勸着說：「您就答應于社長吧！」

「好吧。」宋教仁很爽快地答應說。

「您肯留下，眞是感謝！」于右任歡喜地說：「宋先生，現在一起上編輯部，我替您介紹本社的幾位主筆、編輯與記者先生。」

說着，來到了一間大辦公室，幾個人正伏案寫作。他們看見社長于右任和劉成禺、譚价人引着一個陌生人進來，說要替他們介紹一個新同仁。大家聽了，就都站了起來。宋教仁展眼一看，只有呂志伊一人是東京的舊同志，其他都不大認識。于右任一一替他介紹，才知道范光啓，字鴻仙，是安徽人；景耀月，字帝召，山西人；談善吾，字老談；徐血兒，字天復；還有王先生，英文翻譯周錫三，都是一時的名作者。大家非常親切地和宋教仁握手，表示「久仰」之意。于右任又叫來報館中管庶務的邵力子，說：

「邵先生，你陪桃先生去客棧，結了賬，把行李運來報館。桃先生要在社裏住下，擔任本報主筆。」

過了兩個多月，于右任對宋教仁說：「在法租界三茅閣橋南，找到了一棟兩層樓。我們打算把民立報整個搬到那邊去，庇身洋租界內，可以避免無謂的干擾。」宣統三年（一九一

㈠三月間，民立報就從望平街遷往法租界三茅閣橋南五十四號去。

宋教仁自從在民立報當主筆後，用筆名「漁父」或「桃源漁父」撰寫稿件，批評內政外交，分析國際形勢，文筆雄肆，煌煌大論，每日數千言，極受讀者歡迎。今分介如下：

（甲）關於內政問題。

㈠論憲政的，有「論近日政府之倒行逆施」、「希望立憲者其失望矣」、「憲政夢可醒矣」、「日本內閣更迭感言」、「英國之國會革命」這些文章，都在揭露清廷藉立憲之名，行專制之實：清廷頒佈的憲法大綱大半抄襲日本。日本政治始終在藩閥控制之下，內閣改組只是官僚私相授受罷了；君主立憲的母國——英國的國會，現在更趨向民主了；立憲政治應該是代表國民的公意，所以莫如實行「政黨政治」，建設眞正的「民權」。

㈡論政黨的，有「近日各政黨之政綱評」，批評諮議局代表組成的「憲友會」，資政院議員組成的「帝國憲政實進會」政綱的不當。

㈢論鐵道國有的，有「論近日政府之倒行逆施」「交通政策之荒謬」、「論川人爭路事」、「四川之歷史」，蓋宣統三年五月清廷宣佈鐵道國有，宋教仁認為粵漢、川漢鐵道，民營已久，應加獎勵保護，不可藉口國有政策，搶奪人民權利，而鼓動人民起來反對。其後，四川暴發爭路的風潮，宋氏希望由這個爭路運動，演變成爭取民權的革命運動。

㈣談社會主義的問題，宋教仁在日本時，曾和社會主義的學者宮崎民藏和俄國革命志士交往，又曾翻譯過「一千九百〇五年之露國（俄國）革命」與「萬國社會黨大會略史」，說明俄國人民推翻帝俄專制政府的經過。但他在「民立報」發表「社會主義之商榷」一文中，則堅持「國家社會主義」。

㈤談國內革命的問題，有「果為干涉內亂耶」、「交戰時之中立論」、「湖北形勢地理說」、「敬告日本人」、「最後之勝負如何」等等都是。

㈥其他問題還有「東南各省水患論」、「論都察院宜改為懲戒裁判所」等等。

（乙）關於外交國際的問題

㈠像「東亞最近二十年時局論」、「日人之窰窺蒙古」、「日俄同盟之將成」、「論日英同盟條約之修改」、「論南滿鐵路屬地行政權混雜之害」、「新疆又大借款矣」、「東三省之借款問題」、「後四國借款之紛議」、「極東政策之轉變」、「論美英公斷條約」、「今日中國之命運」、「四國借款之用途」、「政府借日本債款十兆圓論」、「再論政府借日本債十兆圓」，明明白白地指出了日本對中國的僞善與陰謀，日本是中國過去將來的大敵國，時懷呑噬中國的野心。日本與俄國同屬武力侵略派，英美則屬經濟侵略派，所以日本與俄國必將勾結，英、美也已經採取積極政策，由英美四國借款給中國，都是在對抗日本獨佔東亞的企圖，因此日、英同盟協約必將解散，清廷向日本借巨款的危險，並指出英美公斷條約，就是對抗日本消極性的同盟條約，又推論日本與美國之間，不出十年必定發生戰爭。我國應該急起直追，修內政、整軍備，利用美人經濟力量，輸入資金，開發生產事業。

㈡像宣統三年（一九一一）二月十六日（陰曆一月十八日）俄國公使廓索維慈，為中俄界約問題，向滿清政府提出六項要求：俄人可以在蒙古自由貿易，保有治外法權，在松花江設稅關，在蒙古、新疆各處設置領事，俄國領事與中國地方官會審，俄人可以自由在蒙古購地造屋，甚至外電宣傳俄國要求以唐努烏拉山為國界等。俄人表示如清廷不肯接受，不惜宣戰。宋教仁有「二百年之俄患篇」、「蒙古之禍源篇」、「承化寺說」、「討俄橫議」，對俄國人六項要求，逐項加以分析，揭露了俄人圖在北滿、蒙古、新疆擴張政治與經濟勢力的野心，說俄國自彼得大帝以來，就想東下滿洲，南出波斯（今伊朗）；現在這些政策受阻，俄人就想由蒙古進入中原，由新疆席捲西藏，佔領印度、阿富汗，實現其大帝國的夢想。宋教仁認為俄國所謂「宣戰」，不過是虛聲恫嚇罷了，而政府應提出堅定的應付辦法。又對當時外電喧傳俄人要求增戍「撒拉時美」，以及在「庫爾札」設置領事；國內報紙對這兩個譯名，都不能指出其地。宋教仁又引史證圖，指明「撒拉時美」就是在阿爾泰山額爾齊斯河畔的邊境要塞「承化寺」；「庫爾札」就是伊犂附近的寧遠城，俗稱「金頂寺」。他的博識，使當日的讀者大為驚服。

㈢對宣統三年一月二十二日（陰曆十二月二十日）英國侵佔雲南片馬的問題，宋教仁有「滇西之禍源篇」。這時國內報紙多作憤激評論，但對「片馬」的地位如何？都未作精審的考求；宋教仁却不然，由歷史證明片馬是中國固有的領土，並親自繪製詳圖。這地圖一出，全國震動，上海的外國報紙也據之迻譯轉載。

㈣其他國際問題，有「葡國改革之大成功」、「摩洛哥問題之紛議」、「土、意之的利波里紛爭」、「中、葡澳門劃界問題」，宋教仁也都發表了他的看法。這些都是風動一時的文章。

由這些評論，可以看出宋教仁對當時內政、外交、國際形勢各種問題的看法。他研究的透澈，見解的卓越，寫作態度的謹嚴，為上海新聞界帶來了新的作風。他的許多評論也因此常被他報轉載。

第三一章 「三二九」前的武漢

宋教仁在民立報工作。民立報當時每日出版三張或四張的報紙，内容大抵包括社論、要聞、通訊、小説、短評、專電、一般新聞、雜錄、廣告等等，成為當日上海獨一無二的革命黨的黨報了。宋教仁除了編編新聞，撰寫政論外，就和陳其美、章梓（木良）、鄭芳蓀（贊丞）等籌組「中部同盟會」，策動長江各省革命的工作。

到了宣統三年（一九一一）二月（陰曆一月）初旬，譚人鳳從香港到了上海，住在北四川路。宋教仁約了陳其美、呂志伊、章梓、鄭贊丞幾個人，一道往訪譚人鳳。譚人鳳風塵滿面，長長的鬍子又白了許多，但他的精神却非常好。宋教仁一見面就說：

「譚老，和克强兄談起我們的計劃沒有？他贊同不贊同？」

「談過了，只是——」

「不贊同吧？」陳其美急着問。

「不是不贊同。」譚人鳳說：「他們是另有一個大計劃。」

「什麼大計劃？」鄭贊丞說。

「據克強兄說，去年十一月十三日（陰曆十月十二日），孫總理在馬來亞的庇能，就是檳榔嶼，召集克強、胡漢民、趙聲、孫德彰等幹部同志，還有南洋各埠同志的代表，例如庇能代表黃金慶、怡保代表李孝章、芙蓉代表鄧澤如等人開會，最後決定盡本黨所有的力量，準備在今年陰曆三、四月間，再在廣州發動一次革命，選擇同志五百人參加，領導新軍，進佔廣州，然後由克強領一支兵，出湖南，攻湖北，趙聲領一支兵，出江西，攻南京。這事孫總理交由克強、趙聲負責。又預定籌款最少十萬元，充當經費。孫總理將南洋籌款的事情，交由鄧澤如和胡漢民主持，自己前往歐美籌款。」

「譚老，」宋教仁說，「依您這麼說，組織『中部同盟會』的事，必定遭到擱置了。」

「不。」譚人鳳笑着說，「我到香港的時節，趙聲早自庇能回來，維持新軍秘密機關。接着一月十九日（陰曆十二月十九日），黃興也從南洋籌款回到香港，在跑馬地三十五號設立統籌部，大家推選黃興為部長，趙聲為副部長，胡漢民為秘書長，下分調度、交通、儲備、編制、調查……等課，開始積極統籌廣州第二次革命的事。孫總理早從庇能去歐、美籌款了。二月四日（陰曆一月六日），我到統籌部和克強兄談起我們打算在上海設立『中部同盟會』，在長江流域發動革命的計劃。他認為現在正全力進行廣州的革命，自無法兼顧長江。不過，我和趙聲，仍向他說明，設立『中部同盟會』，可以結合長江各省同志的力量。這樣『廣東一動，彼卽響應，中原可以計日而定』啊！所以這個案子，已得到黃興採納了，並且撥了五千元給我。要我馬上來上海，和各位商量，然後再去南京、九江、漢口、長沙各地，糾集同志，設立中部同盟會，響應廣東革命的行動。各位有什麽高見？」

「時機既然這樣的緊迫，我們還是分途進行吧。」鄭贊丞說：「蘇、浙、皖、贛的事，由我去辦。」

「也好，我可以分三千元給你。你去南京、九江，聯絡同志。遯初、英士坐鎭上海，偏勞籌擬中部同盟會組織的事情吧。湖南，我自己回長沙去聯絡；湖北方面，統籌部已派居正回武昌主持。」

當日商議定了，會議也就結束了，大家就分途去辦自己負責的事。

過了一個多月，到三月（陰曆二月）中旬，譚人鳳從湖南回到了上海。他們幾個人又會聚一起，各自報告工作的情形。宋教仁說：

「對於『中部同盟會』籌備的工作，在上海方面已漸漸就緖，隨時可以開成立大會。譚老，倒是兩湖的情況如何？」

「二月二十三日（陰曆一月二十五日），我到了漢口，在旅館中，和居正、孫武、楊時傑、劉英、查光佛等人，策畫響應廣州的事，預定劉公為鄂軍都督，劉英為副都督，孫武為總參謀。並分了八百元給居正，作共進會運動的資金。居正說胡漢民也已經到了香港。在武昌，由詹大悲和胡瑛的介紹，我見到了文學社的份子蔣翊武、李長齡、羅良駿這些人。」

「文學社，」陳其美問：「是怎麼個秘密的組織？怎麼過去都沒有聽說過？」

「文學社的成立，據說和胡瑛有密切的關係！」

「你說和胡經武有關係？」宋教仁驚訝地問，「他不是還關在武昌的監獄裏嗎？他又怎能出來搞什麼文學社？」

「這事說來話長，要慢慢地說。各位也就明白了。」譚人鳳接着又說了下去，「那李長齡像老學究，蔣翊武像田舍翁，羅良駿像貴公子。哪裏像什麼革命黨？我到武昌監獄去探望胡瑛，把我的觀感告訴了胡老弟。胡瑛偷偷告訴我：『譚老，您別搞錯了！湖北的黨人，都有百折不回的犧牲的精神，本社更是埋頭苦幹，不以外觀誇人哪！』文學社現在約有成員三千人，分佈在武、漢軍界的基層中，勢力相當雄厚。」

「譚老，這眞教人驚奇！」宋教仁說：「如果能夠將共進會和文學社這兩股力量聯合起來，再加發展，擴充，那眞可以由武昌發動革命了。」

「當然，可以！說起『文學社』的淵源極遠了。李長齡，是劉靜庵領導的『日知會』會員，在日知會被查禁後一年多，李長齡的學生任重遠，於光緒三十四年（一九〇八）七月二十六日（陰曆六月二十八日），在武昌組織『湖北軍隊同盟會』，專在軍中吸收同志。後來任重遠去四川，又由楊王鵬等人，改組為『羣治學社』，規定每一個社員，每月要吸收新同志兩人，以士兵為限，抽取社員薪餉十分之一，充當經費。因此，革命的勢力，就在湖北軍隊的下層，奠定了鞏固的基礎了。」

「哦，後來呢？」

「到了宣統元年（一九〇九）夏天，四十一標左隊隊官潘康時加入，才打破只准士兵入社的規定。二年九月十八日（陰曆中秋節）又改組為『振武學社』，入社人多了，結社的事情漸漸傳了出去，協統黎元洪將潘康時、楊王鵬革職，社務就由蔣翊武接替。蔣翊武去監獄探望胡瑛。兩人一商量，又在今年一月三十日（陰曆元旦），他們在武昌黃鶴樓藉元旦新軍團拜大會時，將『振武學社』，改組為『文學社』。蔣翊武為社長，詹大悲為文書部長，劉堯澂為評議部長。」

「哦，劉堯澂，湖南常德人。和胡祖舜，都是我過去在常德時的同志。光緒三十年（一九〇四），華興會在黃興領導下，決定在長沙起義，我負責常德一路，劉、胡兩人是我的助手。事情洩漏了，我逃亡日本；聽說常德知府朱其懿通緝兩人很緊，他們就改名藏匿鄉下；在東京，還常和他通信聯絡。沒想到劉堯澂現在是文學社的重要份子。」宋教仁因為譚人鳳提到劉堯澂，不禁想到而談起了這一段往事。

「文學社成立之後，湖北各部隊的軍人加盟的極多。武漢清軍的兵力，有一鎮一協。張彪的第八鎮（猶今師）所屬二十九、三十、三十一、三十二等四標（猶今團）以及馬隊標、砲隊標、工程營、輜重營、憲兵營，黎元洪的第二十一混成協（猶今旅）所屬的四十一、四十二等二標，馬隊營、砲隊營、工程隊（猶今連）、輜重隊，幾乎都有革命的同志了。」

「這一股力量眞是可觀，應該好好利用。」宋教仁又問譚人鳳說，「但共進會的情況如何？」

「共進會本來偏重吸收長江會黨的同志。去冬，劉公，楊時傑回鄂後，和孫武、劉英、楊玉如等會商，更加積極進行革命的工作，並由鄧玉麟在黃土坡設立同興酒樓，聯絡軍隊，也向軍中謀求發展了。又有人誤傳孫武是我們的總理孫文的介弟，加盟的人一天比一天多。

軍界像彭楚藩、熊秉坤、李翊東（作棟）、方維、金兆龍、蔡濟民、吳醒漢；學界像牟鴻勛、張振武、彭漢遺、胡祖舜等數百人，都是會員。」

「湖南那一方面的情況，又如何？」

「我接着由武、漢到了長沙，在路邊井一個日本旅館中，約會了曾伯興、焦達峯、謝介僧、劉承烈、鄒永成等等同志。我留下七百元，給曾伯興，由他負責聯絡湘中的同志，積極籌備，配合廣州的行動。」

宋教仁聽了譚人鳳詳細的報告後，對湘、鄂兩省的革命形勢，有了更深一層的認識了，說：「眞沒想到，過去大家在湘、鄂兩省做的工作，播的種子，現在却已經生根萌芽了。現在，我們是不是馬上將『中部同盟會』成立起來。」

譚人鳳遲疑了一會兒，說：「廣東方面，克強兄預定在陰曆三月間就要發動了。我一兩天內，就要先趕去香港，向他報告此行各地聯絡的情形，中部同盟會的成立，等以後再說吧。」說着，他又對宋教仁、陳其美、呂志伊說：「你們也該準備，準備！我到了香港，就會寫信來。希望你們能够隨後趕來，參加這次義舉！」

第三二章　往香港

譚人鳳走後二十多天，轉眼到了四月初（陰曆三月），宋教仁在民立報陸續發表「論政府借日本債十兆圓」、「再論政府借日本債十兆圓」、「滇界偵探記」等文章，抨擊清廷打算向日本借債，以及英國佔領雲南片馬等問題。另一方面，宋教仁在上海加緊籌畫「中部同盟會」，欲「遙為粵援」；正在這時，收到譚人鳳、黃興從香港的來信，催促他馬上離滬，前往香港。上海的同志于右任、范光啓等却盼望宋教仁能够留在上海，主持組織中部同盟會的事。

大概在四月十日（陰曆三月十二日）左右，宋教仁向報社中少數的幾位同志辭別，準備趕往香港參加革命。于右任覺得宋教仁此行危險性太大，就對他說：

「廣東來電訊說：前天（陰曆三月十日），革命黨溫生才，在廣州東門外諮議局附近，刺殺了廣州將軍孚琦。說是馮如從美國學製造飛機成功回來。這天在廣州城外的燕塘，試飛他造的飛艇，載重四百多噸，升空九百多英尺，前去參觀的人有幾萬人，兩廣總督張鳴岐、水師提督李準都前往觀看。孚琦也出城前往參觀；到了傍晚，他先回來經過諮議局門前，就被溫生才刺殺。據說溫生才連發了四槍，把綠呢大轎的玻璃都轟得粉碎，當然孚琦也就斃命了，頭向左垂，血流滿地。溫生才得手後，警探尾隨追捕他時，他大聲罵說：『丟拉嗎，怕我跑嗎？他死了，我決不跑了！』他這種精神眞是壯烈可敬，只是刺殺了一個毫無價值的孚琦，恐怕已經引起張鳴岐的注意。外電說：『廣州人心大震，連日各門戒嚴，軍警加强巡查，並且調兵數千入援』；這對廣州起義，將有很不利的影響。這時你去香港，豈不危險！在國家的建設方面更需要你！何況現在此間的事，也需要你主持呢！」

「右任兄，這時刺殺孚琦，自是極糊塗的舉動。但是，我們的國家已經到了非常危險的時候，不要說日、俄兩國分別屯兵南、北滿；俄國人現在又進窺伊犂、庫倫，想侵佔蒙古、新疆；英國人又佔領片馬，圖謀雲南。這些都是我們的祖先披荊斬棘，冒暑戰寒，流汗流血，開闢出來的土地。那些官僚只圖頃刻的安樂，反認為不如聽從英、俄所欲。像這樣的政府，若再不起而推翻，又怎麼行？」

「你說的也是。近日外電喧傳我國駐英、法兩國的公使，拍回了密電，說列强代表在法京巴黎，大開秘密會議，商定了瓜分中國的方案：俄國分蒙古、新疆、甘肅、山西、直隸；日本分奉天、吉林、黑龍江、福建；德國分安徽、江北、山東；法國分廣西、廣東、雲南、貴州；英國分長江流域的江西、浙江、江蘇、湖南、湖北、四川和西藏；只留下陝西、河南兩省，安置滿清小朝廷。因為美國政府反對，事情因此揭露。清廷中大臣，接到兩位公使的電文，相向痛哭，連夜密議未決，還想不出什麼對策呢。」

「痛哭！」宋教仁悲憤地說：「他們痛哭！哭過了，又照樣過他們宴安逸樂、醉生夢死的生活！最近，我們的慶親王奕劻又在大做他的生日。在北京的府邸裏，召集了各部名角演戲。除了請同慶班的小叫天譚鑫培演唱鬚生戲烏龍院、空城計；猴老板楊小樓演唱武生戲孫悟空、霸王別姬；此外，還有韓紫雲、小永春、姚佩蘭等旦角，連日串演歌舞。親貴大老，都到慶邸去拜壽聽戲。烟酒餚饌，皆極精美。小叫天演了三天，便得到賞銀六千兩。小叫天還嫌賞賜菲薄，不太滿意。現在，政府已經到了舉債度日的地步，要用東三省實業做抵押！他賞個小叫天就是六千兩白銀。有人告訴他：『現在時局不佳，府中連日演戲，恐怕外間報館，要說老王爺閒話。』他却說：『我看我的戲，他說他的話。難道說我們辛苦終日，連戲都不能看了吧。』他又哪兒知道俄國人在海參崴拘捕中國人，是五、六個人一團，將他們的長辮子打成一結，像豬像狗一樣的，幾千人塞進一艘叫做『哀爾麥克』號的船上，運往煙臺。我們的這些同胞，稍稍抗議，就被俄國佬用槍托敲打。現在到了列強商議要瓜分中國了，這些親貴大老還在紫禁城裏聽戲享樂。我明知這一去，可能非常危險，我也不能不去！廣東的同志，急於發難，大概也是由於這種心情吧！」

「從大義上說，我不敢阻止你去；但從私人的交情上說，我實在不願意你去。」于右任說。

「這一點，你們不要怕！事情成功了，為四萬萬同胞造福；失敗了，奉送上我一顆頭顱罷了！」

宋教仁說完，就獨自一個人提着小皮箱走了，對報社中人，說：「去漢口。」當然，沒有人敢去碼頭送行。于右任、范光啓等同志，在窗口望着宋教仁遠遠消逝的背影，偷偷掉下了眼淚。

宋教仁走後，于右任害怕署名「漁父」的文章，突然由民立報消失，容易引起人懷疑，因此追查宋教仁的行踪。所以他和方潛兩人，也就用「漁父」的筆名，繼續在報上發表文章，以掩人耳目。

第三三章　參加廣州革命

話分兩頭，四月（陰曆三月）中旬，宋教仁到了香港。這時，南洋華僑、留日學生、長江流域以及福建、兩廣各省的同志，大部分已到達香港，革命的經費也籌有十五六萬元了，而且在四月八日（陰曆三月十日），革命同志在香港跑馬地三十五號統籌部內，在黃興主持下，幾十個人開了一次發難大會，決定在四月十三日（陰曆三月十五日）舉事。除了由姚雨平負責運動新軍及巡防營，胡毅生運動番禺與順德民軍，夏壽華聯絡巡警教練所學生，到時響應外，另選派敢死的同志參加選鋒，直接採取行動。選鋒的人數，由原定五百人增加到八百人，每路一百人、五十人不等，分成十路，進攻督署；水師行臺；督練公所；大北、歸德兩城樓；警察署，兼守大南門；飛來廟的軍械局，並據小北門，接應新軍入城；石馬槽軍械局；龍王廟高地；砲營；破壞電信局，另派人在旗界放火。並選趙聲為戰時總司令，黃興為副總司令。

但誰會想到，也就在這一天發生了溫生才刺殺廣州將軍孚琦的事件，震驚了張鳴岐，加强廣州的防務，再加部分美屬款子未到，向日本購買的槍械也未全部運到，只好延期發難。溫生才本想刺殺水師提督李準，結果却誤殺了孚琦，終於在四月十五日（陰曆三月十七日）壯烈犧牲了。他是南洋霹靂埠同盟會會員，以革命屢經失敗，憤不欲生，抱定必死的決心，回國實行暗殺，只是事先未曾和港、粵黨部聯絡，以致發生這次的失算。

宋教仁到了香港，沒趕上參加這次發難的會議；他卻繼陳烱明後，擔任了統籌部編制課課長，掌管草擬各種規章。這一役的佈告文令，都是出於他的手筆。他又和同志草擬「民國憲法草案」，準備革命成功後應用。

這時，革命的行動正積極進行，許多同志分批潛入廣州城，租賃房屋設立秘密機關，計有三四十處，將槍械、子彈、炸藥暗藏在米包、貨物、罐頭中，偷運進城，又由女同志徐宗漢、胡寧媛等假扮眷屬，借嫁娶、送禮的名義，轉運各處機關。又因軍械未曾全到，決定延期到四月二十七日（陰曆三月二十九日）發難。

黃興在四月二十三日（陰曆三月二十五日）晚上，率領部分同志，先搭夜輪進入廣州主持。留港的革命黨人原定由趙聲、胡漢民率領，隨時進入廣州。二十四日（陰曆三月二十六日）夜，趙聲、胡漢民忽然接到黃興的電報：

「省城疫發，兒女勿回家。」

大家看了電文，相顧失色。二十五日（陰曆二十七日），宋玉琳（趙聲代表）、洪承點（趙聲的舊部）命令所部的同志，由廣州先回香港，說：「可能有人向兩廣總督張鳴岐告密。胡毅生懷疑陳鏡波是張鳴岐派來的密探。水師提督李準已從順德調來巡防營加强廣州防務，又調數營巡防營入駐城內聳拔二十多丈的觀音山——粵秀山高地，又加派三哨防守龍王廟的高地，又命令旗兵運砲上城，又加發警察的槍彈，又打算收繳新軍第二標的槍械，風聲非常吃緊。胡毅生主張改期。黃興先生和宋玉琳、洪承點兩人商量。黃先生說：『改期無異解散，前功盡棄，殊為可惜；但你們代表趙聲先生所率領的兩部同志，多半是外鄉人，容易被清吏偵知，不如暫時退回香港吧！』我們就只好退出。」於是留港的同志也就暫時按兵不動了。

到二十六日（陰曆三月二十八日）夜，趙聲、胡漢民又收到黃興在下午二時半打來的急電，說：

「母病稍痊，須購通草來。」

可是由香港去廣州的夜輪已經開行。這時，在香港還有槍兩百多枝，同志三百多人，又多數沒有辮子，明日（陰曆三月二十九日）早輪只有永安輪一艘，夜船有數艘來往，沒有辮子自不便搭乘早輪前往，決定小半同志趕搭早輪，其他二百多個同志，只好在瓜皮帽子裏裝上假辮子，分批搭夜輪前往。一面又趕緊連夜打電報給黃興，請他展延一天，到四月二十八日（陰曆三月三十日）發難。趙聲又派譚人鳳、林直勉兩人一早就搭輪趕往廣州，面告黃興。趙聲、胡漢民因廣州城認識他們的人多，則搭夜輪出發。

據民國二年徐血兒撰的「宋教仁傳略」的記載：宋教仁是和趙聲（伯先）、胡漢民一起走的；當是在四月二十七日（陰曆三月二十九）晚，分搭兩艘輪船上廣州。宋教仁想道：「成功失敗，在此一舉！」船上都是同志。大家都假裝不相識，只用眼色示意。宋教仁閉目養神，心裏是既興奮又緊張。

二十八日（陰曆三月三十日）凌晨，船由虎頭門入，到了珠江的時候，在黑暗中，遠遠可以望見江面上有二三十艘滿清兵艦，用探海燈，到處照射，有如白晝。漸漸有兩艘兵艦靠近，通知輪船不准停泊碼頭，到白鵝潭下碇。接着派了幾個水警上船，來勢洶洶地檢查旅客。宋教仁偷偷看去，他們手裏拿着的正是留着鬍子的黃興、英氣逼人的趙聲、戴眼鏡的胡漢民等人的相片，正一個一個核對過來，驚險得很，幸好沒被查出。查對過了，上等搭客准許登岸，三等及短衣的搭客，他們都教原船載回香港。待到趙聲、胡漢民、宋教仁等都上了岸，天已大亮了，隱隱約約地可以看到粵秀山北城上的鎮海樓在濛濛的雲氣中。這時又有數名警察過來盤問，胡漢民用普通話答復，幸而未被懷疑。他們分批住進了城外的海珠酒店。這是一家很大的酒店，往日旅客來來往往，非常熱鬧。但今天看來，氣氛也有一點異樣的緊張。這時，大家都懷疑情況不佳。胡漢民就教黎仲實趕緊先回家打聽消息。不久，仲實教他的姑母來酒店找胡漢民，儘量壓低了聲音，焦急地說：

「聽說革命黨人在昨日下午五六點鐘圍攻總督署，失敗了，死了很多人！現在，城裏的旅館，官廳都派了密探在搜查呢！你們還是趕緊設法回港吧！」

趙聲、胡漢民仍派人去打聽，回來報告說：「城門緊閉，已經不能進城。遠遠望去，城樓上到處是頭戴紅纓帽的旗兵。」胡漢民就率領黨人搭乘夜輪折回香港。入夜，上了船，船上已有警官在稽查。這時，大家在船上只好强忍住悲痛的心情，勉自鎮靜。到了半夜，才回到香港的住處；大家才痛定思痛，相對痛哭。趙聲因為想去順德縣請民軍譚義等人踐約，進攻廣州，救援被困城內的同志，一早就獨自渡河南去，未曾同輪回港。

第三四章　「三二九」之役

四月二十九日（陰曆四月初一），香港太平山上籠罩着一片濃濃的愁霧，天色陰沈沈的，十點多鐘了，還沒有飛散的意思。宋教仁和陳其美兩人沿着摩里臣山邊的大道，走向跑馬地，可以看到快活谷廣大的圓形跑馬場的四周，環栽着一圈綠樹。有幾個修髻寬袖、曲眉脂唇的婦女，帶着孩子在跑馬場上玩着。偶而有服裝不同的中、英警察，荷槍在路上巡邏經過。跑馬場那一邊的遠處，就是黃泥涌村。胡漢民主持的「同盟會南方支部」就在黃泥涌道。宋教仁和陳其美走進了跑馬地三十五號的統籌部，已有些同志來打聽消息。才知道趙聲昨夜在黨人莊六護送下，也從澳門回到了香港的寓所。他們也就轉往趙聲的寓所去。見到了趙聲，只一天不見，他好像就病得很沉重似的，顏色憔悴，神情極端痛苦。見了面，談起昨日的事，趙聲顯得非常激動悲憤：

「我本來想渡河去順德，沒想到却遇到莊六出來替黃興買止血藥。我才知道克強受傷逃了出來，在河南溪峽徐宗漢的家裏。我急往看他。克強右手有兩個手指受傷。其中一個手指快要斷了。我們見了面，起先只有相抱掉淚！後來克強痛得昏了過去，徐宗漢就讓他喝葡萄酒止痛。」

「伯先兄，克强為什麼不等我們到時纔一起舉事呢？難道沒有收到你給他的覆電？難道沒見到譚雪髯嗎？」

「克强說，因為林文、喻培倫到他那裏說：『巡警已接到搜查户口的命令，隨時都會搜查到這裏，延期只有增加危險。』又說：『革命軍只知道有前進，不知道有後退！事情已經到此地步，非我殺敵，卽敵殺我！只有同心合力準備殺敵流血罷！」陳烱明，姚雨平又來，向克強報告，再三說順德調來的吳宗禹巡防三營中，十分之八是我們的同志，停泊天字碼頭都已經聯絡好了。克強想再有新軍做後盾，巡警教練所學生兩百多人相助，事情仍有可為。

因此，大家仍然決定在二十九日夜十二時起義，改分做四路：由克強率衆進攻總督署；姚雨平攻小北門，佔領飛來廟彈藥庫，接應防營及新軍進城；陳烱明攻巡警教練所，接應教練所學生的槍械子彈；胡毅生率二十多人，守大南門，防堵清軍入援。當天忽然聽說鄰街的機關給破獲了，抓去了八個同志，因此決定提前到二十九日下午五點半鐘同時舉事。譚人鳳趕到廣州時候，克強正在散發子彈，已經無法更改了。」

「進攻的情形怎樣？同志的傷亡多嗎？」

「到了五點三十分，克強率領一百三十多人，由小東營向兩廣總督署進攻。黨人的胳臂上都纒着白巾，脚穿着黑面膠鞋，作為辨識。林時爽、何克夫、劉梅卿及□□四人吹動着螺角，嗚嗚地響，大家拿着手槍炸彈，直撲督署，猛轟衞隊，射殺了管帶，終攻破了督署；留喻培倫等在門外防禦；克強直入內進花廳。」

「啊，好哇！」

「可是張鳴岐早已逃走，同志已有多人戰死了！克强說，他懷疑一定有奸細事先去報告了張鳴岐。又說姚雨平碰到人就運動，又相信巡防營可靠。怎知不會被人出賣呢？」

「後來呢？」

「克强又說，他在督署放了一把火，出了督署後，就不見了喻培倫這批人，以為他們已經轉去攻打觀音山附近的督練公所。克强就率領大家出東轅門外。這時，就遇到李準的親兵衛隊，相距約五十公尺，衛隊以跪姿放槍射擊我們。唉，林時爽頭上中了一槍，就在街上倒了下來！林尹民也彈中胸部死了！克强的右手，也就在這時受到彈傷了。克强等待姚雨平帶領新軍、巡防營前來接應，都沒有消息。只好分兵三路：由徐維揚帶着花縣同志四十多人出小北門，與新軍接應；其他四川、福建、安南、南洋的同志，由馬侶、劉梅卿帶領，往攻督練公所，接應喻培倫；他自己率領方聲洞、朱執信、何克夫、羅仲霍、鄭坤等……十多人，想出大南門，和巡防營接應。」

「後來又怎樣？」

「克强說，他到了雙門底，就遇到巡防營一大隊，有幾百人。」

「啊。」

「這些防勇的臂上，都沒有纏約定的白巾，而且舉槍相向；其中帶頭的一個哨官用廣東話叫我們。方聲洞聽不懂他叫什麽，開槍猛擊，殺了帶頭的這人。敵人也放槍回擊。這時硝烟漫空，彈如雨注，方聲洞也就中彈仆地死了。克强和何克夫等人，且戰且走，終打出了大南門，又遇到防營約一百人，再度激戰，李子奎又戰死了。打到了最後，只剩下他自己一個人了，就撞開了一家小洋貨店的門，避了進去，隔着門板還擊，殺傷了七八人，相持幾十分鐘，敵人才漸漸退了去。他脫下了血衣，就店裏拿了一件黑長衫穿了，由五仙門僱了一隻小艇，渡海到河南，到徐宗漢的家裏。克强說，大概還有許多同志困在廣州的城裏，未曾脫險呢！」趙聲說到這裏，顯然難以再支持了。他頹然跌坐椅中，眼眶紅紅的，然後就桌上拿了酒瓶，倒了一杯酒，猛灌了下去，似想藉這一杯酒來澆滅心胸中的怒火和愁憤！眞是：「杯酒發揮豪氣盡，笑聲如帶哭聲多。一腔熱血千行淚，慷慨淋漓為我言。」這時，莊六說：

「趙先生昨天一定要去順德，黃先生就極力勸阻說：『去也沒用了！徒多犧牲罷了！』到昨天夜裏，趙先生就因悲傷過度病了起來；黃先生就教我連夜護送趙先生回港！今天我要請醫生來替他看病，趙先生一定不肯，說他還是急着要離開香港，前往順德。你們就勸勸趙先生吧！等身體養好了再去吧！」

「伯先兄，你不要急，等一兩天再說吧！」陳其美說：「困在廣州的同志，我設法進城去，看看有什麼辦法援救？」

「英士兄，現在清軍必定正在搜索黨人；你眞要冒險進入廣州城嗎？」宋教仁說。

「是的！」

「用什麼方法進去？」

「我以上海新聞記者的名義進城去，向張鳴岐和李準採訪這次動亂的新聞，總可以吧！你看，今天早報不是已經登出革命黨縱火焚毀督署，水師官兵死了不少人，傷數百人，革命黨生擒八人的廣州專電嗎？可見已准記者採訪。」

「打算進城後怎辦？」

「首先去見張鳴岐和李準這兩個賊子！然後再伺機設法救護同志脫險。」

他們回到了住處，心裏都沉重得很。

過了兩三天，宋教仁一個人到了統籌部，知道有幾十個同志，像朱執信、何克夫、熊克武、劉梅卿、鄭坤……等負傷脫險歸來，看到了譚人鳳。黃興也在陰曆四月初二晚上，由女同志徐宗漢陪同掩護之下，搭乘哈德安輪平安回到了香港，即送入雅麗氏醫院，割治斷指。

因為施行手術，需要親族簽字負責；徐宗漢從權變通，就冒充黃興的妻子簽了字。——後來黃興、徐宗漢終因此結合。徐宗漢，原名佩萱，廣東香山人，在南洋檳榔嶼加入同盟會，回粵後參加革命工作。——又知道清兵在廣州城内挨户搜查，除了有許多同志當場戰死外，又有許多同志負傷被捕而遇害的。還有孫總理在美國芝加哥（一說三藩市），由報上的消息，知道廣州起義失敗，給統籌部打來了一通電報：「聞事敗，各同志如何？何以善後？」

又有順德的民軍，有幾百人，前兩天在樂從墟高擧了義旗，響應革命，進攻佛山鎮，擊斃清兵二十多人，死了同志數人，接着聽到廣州起義失敗，現在也已經解散。

這時，有幾個同志向脫險回來的莫紀彭，打聽消息。莫紀彭說：「二十九這日的中午，我們搭午車進廣州城，相約在城隍廟内等候消息。我和徐維揚兩人去司後街陳公館，找陳炯明，却已空無一人。轉往小東營五號，黃興先生的辦事處。我們直入後室，正見喻培倫分配彈藥很忙。林時爽正據席頭，把玩刀把，說：『一把把大刀都閃亮如銀，定可光寒敵膽。』他看見我來，就笑着問我說：

『帶了多少同志來？』

我說：『六七十人。』

他又問：『在哪裏？』

我又答說：『在城隍廟內。』

他就叫我分批帶了人來。我又將藏在城外高第街瓷業公司內的短槍炸彈，用轎子運進了小東營。這時，我看到黃興先生，穿着一身雪青色的紡綢短衫，扎着褲脚，神采奕奕，把一把短刀給林時爽。喻培倫對我說：『這三天三夜，未曾合過眼，和徐宗漢的姪子李應生製造了許多炸彈。這裏就有五百顆手擲的炸彈，足够和清兵奮戰一時了！』朱執信也來了，剪去了長衫的下截，說：『要跟黃鬍子一起去拼命咯！』這時，我才記起，大石街及蓮塘街我們的住處，還有掩護我們身份的四個女同志，兩個小孩子。現在既然起事，生還的希望，可以決說『沒有！』應該打發他們離城回港。我離開小東營，去蓮塘、大石兩街，剛催促她們離開走了，就見兩個花縣來的同志搶了進來，對我說：

『革命已經爆發了！』

接着，我就聽到驚天動地的一聲巨響，好像要撕裂了空氣而來；因這一聲之後，接着就聽到轟轟砰砰的槍彈聲，好像新年燃放的鞭炮，不絕於耳。這時我的心神也有點眩亂，趕出了門外，就聽到喻培倫在街上大喊：

「凡是同志，都趕緊出來作戰啊！」

喻培倫帶着一隊人過來，他的身上細着一大束手擲的炸彈，左手拿着發令的號筒，右手拿着手槍，額頭上盡是灰土，容色威猛，好像能夠生吃人一樣的。宋玉琳也拿着手槍，沉默無言地站在街邊。喻培倫將號筒交給我，說：

『老莫，你路熟。我們做先鋒，領隊前進。』

『督署攻破了嗎？』我問。

『攻破了！我和熊克武、但懋辛幾個人，從督署後用炸彈破壁進去！但是署裏已沒有人抵抗了！』

『黃克强、林時爽幾個人呢？』

『都不見了。』

『難道說，從前門攻進去的那些人都不見了嗎？』

『都走了，只有廣東花縣的十幾個人，我就帶他們到了這裏。』

我們邊走邊說，快出大石街，進入蓮塘街的時候，觀音山上的巡防營忽然放了一排槍過來，有人中彈叫痛，有人倒地死了；我們登上了一家屋頂，向觀音山的方向投擲炸彈，於是山上射下來的槍彈更加緊密，彈落在瓦上，碎片橫飛，時時有子彈掠着耳際飛過。這時，我們發現伏在屋堞下，有五個同志。我問他們的姓名。其中一人回答說：『我叫劉梅卿』又說：『這裏用不着手槍，它射不到敵人。你們再去搬些炸彈來；否則敵人就要沿着山下來了！』

我和喻培倫就從屋頂下來。這時，山上的排槍好像急風掃驟雨的飛來，一彈擊中喻培倫的手指，又一彈掠過我的耳際。蓮塘街上眞是彈如斜雨橫掃，來勢兇猛，極難走動。幸好，不久天色就暗了下來。入夜之後，四處沉黑，看不見人了，山上的槍聲也漸漸稀疏了。

喻培倫牽着我的手，緊挨着門牆而行，轉回大石街，只見街上三三兩兩同志，圍着微弱的燭光困守此間。宋玉琳仍然沉默無一言。人數約有二十五六人。這時蓮塘街附近，已見火光反射，映得牆壁變成了一片赤紅色，好像白晝一樣的亮。『啊，在這個城內有人舉火了！別處一定還有我們的同志在作戰吧！』我們二十幾個人的神色，為之大振，心裏也有了一絲希望。

我問喻培倫說：『現在我們又怎麽辦呢？』

宋玉琳說：『只是，除了我們這一小隊外，別處為什麽聽不到槍聲呢？』

喻培倫說：『姚雨平專任運動新軍，至今怎麽還沒見響應的消息？』

我說：『新軍，我也熟識。我們越過城出去，直向燕塘的新軍求援。你看，好嗎？』

於是，我們就決定趁着黑夜，向東門進發。出了大石街口，正轉入□□里的時候，忽然有一排槍，從一個門內向我們猛射。我掩身牆角，擧槍還擊。鏖戰了半小時多，槍聲漸漸停止了。我探頭四望，已經不見喻培倫、宋玉琳等人的影踪。我只好一人轉身急走，到了小北門，才想起了巡警教練所的所長夏壽華，曾答應響應我們，要是能夠得到這一支援兵，也許能夠救應喻培倫，就趕緊往旅館去，只見到黃一歐睡在床上，鼾聲大作，袁沛之一人枯坐館內，負責和夏壽華聯絡的陳某人，住隔壁一間。我喊他半天，陳某却不敢過來。於是援救喻培倫的一線希望，也就斷絕了！不過，這次，我們有許多同志，幸好有夏壽華與黃一歐的幫忙，改穿教練所的學生服，僞裝巡警，而告脫險！」

這時一個花縣的同志接着說：「我聽逃出來的花縣同志說：『喻培倫這一小隊，左衝右突，始終無法越城出險。天亮後，吳宗禹領了大隊的巡防營來進攻，有一千多人。他們退到高陽里一家叫做元盛的米店內，將米袋一袋一袋疊起，造成了堡壘，惡戰三四個小時，幾乎全隊犧牲！』據他說，這是喻培倫奮戰的地方。」

又有一人說：「退入源盛米店的是徐維揚一部，支持了一晝夜，後因彈盡，清兵放火焚燒，他們越過店後高牆逃走。這一戰，花縣人死得最多，有十八人。」又有人說：「是龍岸民團管帶李德山。」

「姚雨平呢？」這時，有人問。

「我們這一部在小北門附近織布房，頭目在長堤嘉屬會館。這一天上午，姚雨平派人進城去仙湖街始平書院領子彈、炸彈，領不到。姚雨平說，他要自己進城去見黃興，到下午仍然沒有回來，我們一直在嘉屬會館及織布房內等着。新軍第二標的子彈刺刀又在這一天上午被清兵收繳，無法主動，非常盼望我們能夠攻下飛來廟軍械庫，奪取子彈應用。但因姚雨平沒有回來，我們有槍無彈，也就無法發動。新軍也只好束手作壁上觀了。」說這話的人大概是姚雨平的部屬。

「姚雨平幹嗎沒有出來？」

「姚雨平到始平書院拿到了子彈，由同志用四乘轎子擡走；後來又擡回來，說：『到了歸德門，因為我們革命已經發動，清人把城門關了，只好擡了回來。』我在城裏又聽說姚雨平因為沒有辮子，已被清人逮捕了！」這時，又有一個同志說：

「那胡毅生呢？」

「陳炯明來，告訴胡先生說：『又改期三十了。』胡先生相信了陳炯明的話，以為眞改期了，就親自出城到大水圳阻止所部進城；也有人說：他由佛山往順德去；並請陳炯明另外派人留守大南門。後來看見城內火起，再召集了一百幾十人，想進城，但東門已經關閉，來不及了！」

這時，不知誰罵說：「陳炯明，大概是『畏事棘手』吧！這次不但不攻巡警教練所，連大南門也不派人去守，以致巡警教練所學生也無從發動響應了，我方自不免犧牲慘重了！」

第三五章　七十二烈士與黃花岡

這一次廣州革命的失敗，史稱為孫中山先生的第十次革命。黨人當時戰死的有幾十人，受傷後被捕的，有林覺民、龐雄、宋玉琳、陳可鈞、喻培倫、陳更新、陳與燊、李文甫、羅仲霍、饒國樑等三十七人。被捕的同志，無不正氣凛然，慷慨陳詞，從容就義。

到了五月一日（陰曆四月三日），這些烈士的遺骸，才由廣州城內幾家善堂收拾，移到諮議局前的空地上，分做十幾堆，大多折臂破腦，血肉模糊。陳屍數日，繼以夜雨，屍體霉漲，無人敢來過問。番禺畫家潘達微，也是同盟會會員。這時，不懼危難，挺身而出，為之營葬；得到廣仁善堂徐樹棠捐獻廣州城東北十五里白雲山前沙河馬路邊的一塊土地，原名「紅花岡」，才解決了墓地的問題。第二日，潘達微親往督工，移屍安葬，共有七十二具，僱了仵工一百多人，整天工作，安殮入棺，壙分四排，直列合葬。他認為「紅花」，不若「黃花」的優美，並將此地改名做「黃花岡」，由是有「黃花岡七十二烈士」之稱。其實，廣州這一次革命，犧牲的不止七十二人。有的說一共死了一百多人，只有七十二人安葬於黃花岡罷了。

民國元年（一九一二），胡漢民、陳炯明相繼擔任廣東都督，議就此地，修葺整飾；廣東省議會通過了修建的經費十萬元。到了二年，因為宋教仁被刺，爆發了二次革命，修墓的事，又就擱置。

民國七年（一九一八），滇軍師長方聲濤，募修故墓，才粗具規模。聲濤為方聲洞的兄長。八年，參議院議長林森又向華僑募款，建立墓亭、紀功坊及碑石；並且由鄒魯撰寫碑文，紀述其事。墓亭上鐫刻有 國父孫逸仙先生題「浩氣長存」四個大字。

現在將鐫刻在「黃花岡七十二烈士之碑」上的烈士姓名，按其籍貫筆畫，分列於下：

福建有方聲洞、王燦登、林文（時爽）、林尹民、林覺民、林西惠、卓秋元、胡應昇、陳更新、陳發炎、陳與燊、陳清疇、陳可鈞、黃忠炳、馮超驤、劉元棟、劉六符、魏金龍、羅乃琳等十九人。

廣東有江繼復、余東雄、李炳輝（子奎）、李晚、李文楷、李文甫、李雁南、杜鳳書、周華、周增、林修明、徐佩旒、徐禮明、徐日培、徐廣滔、徐臨端、徐茂燎、徐松根、徐滿凌、徐昭良、徐培添、徐應安、徐熠成、徐保生、徐廉輝、徐容九、徐進炲、馬侶、郭繼枚、陳春、陳文褒、陳潮、黃鶴鳴、張學齡、游壽、勞培、曾日全、羅仲霍、羅坤、龐雄、饒輔廷四十一人。

廣西有李德山、林盛初、韋榮初、韋統鈐、韋統淮、韋樹模六人。

安徽有石德寬、宋玉琳（健侯）、程良三人。

四川有秦炳、喻培倫（雲紀）、饒國樑三人。

以上共七十二人。日後調查，還有廣東陳甫仁、陳才、陳福、張朝、嚴確廷、羅幹、羅聯、羅遇坤、羅進九人，廣西韋雲卿一人，江蘇阮德三、徐國泰、華金元三人，共十三人，列名第二碑上。另有廣東李祖恩一人，未列名碑上。以上合計八十六人。還有黃興，胡漢民對海外同志的報告書中，提到殉難的福建同志郭增興、郭炎利、郭鈿官、郭天財、翁長祥、陳孝文、陳大發、林民增、王文達、曾顯、劉文藩、虞金泉、周團生、吳順利、吳炎妹、林七妹，共十六人，未曾列入。這一役死亡在一百人以上。

民國十一年，鄒魯編纂「黃花岡烈士事略」；十二月，孫總理特寫了一篇「黃花岡烈士事略序」，表揚他們說：

「滿清末造，革命黨人，歷艱難險巇，以堅毅不撓之精神，與民賊相搏，躓踣者屢。死事之慘，以辛亥三月廿九日圍攻兩廣督署之役為最，吾黨菁華，付之一炬，其損失可謂大矣。然是役也，碧血橫飛，浩氣四塞，草木為之含悲，風雲因而變色，全國久蟄之人心，乃大興奮。怨憤所積，如怒濤排壑，不可遏抑，不半載而武昌之大革命以成。則斯役之價值，直可驚天地，泣鬼神，與武昌革命之役並壽！」

第三六章　趙聲的死

廣州革命可說是集中了國內外革命黨的精英。參加的人，有華僑，有留學生，有農人，工人，商人，有軍官士兵，有教師學生，有報人和作家，有宗教家與技擊家，與清虜一搏，雖然失敗，損失慘重，像留日學生就犧牲了八人。除了喻培倫、石德寬外，其他方聲洞、林文、林尹民、林覺民、陳可鈞、陳與燊六人都是福建閩侯(今福州)籍。這些人,有學醫、學文學、學政治、學經濟,都是二十五六歲才學傑出的青年,不幸都在這一役壯烈地犧牲了。他們犧牲雖然慘重,但對全國人心的影響却非常深遠。他們愛國的精神,更是可歌可泣。像林覺民為了求國家生存,同胞幸福,而寧願犧牲自己的生命,夫婦的私情,成全了大義!林烈士在「與妻訣別書」中,對他所深愛的妻子陳意映女士,說:

「吾至愛汝,卽此愛汝一念,使吾勇於就死也!……吾充吾愛汝之心,助天下人愛其所愛,所以敢先汝而死,不顧汝也!汝體吾此心,於啼泣之餘,亦以天下人為念,當亦樂犧牲吾身與汝身之福利,為天下人謀永福也!汝其勿悲!」

信中交織着愛國家與愛妻子的摯情。他們這種崇高偉大的革命精神,實在可以做我們中國青年永恒的典範。他們轟轟烈烈的行動,在當時已經震動了全球,使滿清的官吏驚心喪膽,上下震恐,國內的革命志士也因此更加悲憤奮發,從而個個視死如歸,願意踏着他們的血跡前進,繼續為救國而努力,所以不到半年,武昌大革命一爆發,全國的人民,就都覺醒,紛紛起來響應,因而推翻了專制腐敗的滿清政府。

但這次慘敗,對當時親歷其事的同志,不能說不是一記難以承受的沈重的打擊。許多黨人奮戰而死，許多黨人被捕後慘遭殺害，一共死了一百多人。這對生者來說，當然是非常慘烈悲痛的。對主持其事的趙聲、黃興、胡漢民刺激之深，更是無法想像。

趙聲，字伯先，江蘇丹徒人，出身南京江南陸師學堂，兼具文武才，書法奇崛，所作詩情極悲激感人，是一個「英傑型」的人物。他曾任南京第九鎮第三十三標統（猶今團長），為江南新軍創辦人，尤能以精神提攜青年革命，像柏文蔚、林述慶、冷遹、洪承點等都受他的影響。後來趙聲到廣州，又為新軍第二標統，第一標統帶；所以趙聲對大江南北以及廣東的軍人極具影響。這次，趙聲被推為戰時總司令，自己「未經一戰，殲一國雠，卽遭大敗，精英全喪」，心情自然非常悲痛，未回到香港，就感傷到患起了腸病，接着又聽到順德民軍也被打敗了，更加氣憤傷懷，精神抑鬱，不能振作，生病也不加調理了，終釀成大病。他却不肯就醫，只終日喝酒狂歌，哭笑無常。到了五月六日（陰曆四月八日），趙聲又氣到腹部大痛不止。黃興和胡漢民扶着他，進入日本醫生開的馬島醫院。醫生診斷趙聲患的是盲腸炎，必須趕快動手術切除。這時，陳其美已經由廣州回來。宋教仁、譚人鳳、陳其美……等同志都去看他，催促他入院割治。他總堅持不去。陳其美決定留了下來，朝夕看護趙聲。

這樣，又拖了幾天。到五月十五日（陰曆四月十七日），才進入雅利醫院開刀，因為拖延太久，腸已穿孔潰膿，割處竟已不知痛楚了。第二日，口咯黑血，人就昏迷了過去。第三日午後，趙聲精神才稍稍清醒，對侍疾探病的朋友，都極加勉勵。又低聲吟誦杜甫所作蜀相詩：

「出師未捷身先死，長使英雄淚滿襟！」

聲音含滿了悲涼。他的眼淚沿着兩頰不停地落滿了枕頭。接着他又睜開眼睛，看着圍立床邊的朋友，說：

「我辜負了死去的朋友，你們應當給死者雪恨！」

說完了，雙眼就漸漸闔上了。但悲憤的淚珠仍不斷地滾落。宋教仁等人看了，心裏感到難受極了。

延至五月十八日（陰曆四月二十日）下午一時，終於棄世長逝了，卒年三十一歲。由陳其美等人料理趙聲身後事。將趙聲安葬於香港茄菲公園附近的山頂，立了一塊墓碑，署曰：「天香閣主人之墓」。

黃興、胡漢民回到香港後，痛心這次革命失敗，青年同志的犧牲，海外華僑捐款的虛擲，在廣州城內的許多秘密機關，事後在清兵挨户搜查之下，陸續被發現，又有許多同志被捕，許多槍彈被鹵獲，心境的沈痛悲憤，可想而知。回到香港後，又有許多善後事，等待處理。幸好，孫總理及美洲各地同志電滙巨款接濟。香港警察也因廣州事件發生，有逐户搜索革命黨人與機關的謠傳。黃興、胡漢民就忙着遷移機關，保全軍械，燒燬各種秘密文件，延醫治療受傷的同志，撫卹死者的家族。五月十三日（陰曆四月十五日）前後，遣散外鄉的黨人回去，據說有七百多人。黃興、胡漢民兩人為了避免省、港警探的耳目，搬到九龍去了。趙聲下葬的那一天，他們兩人都沒有前來送喪了。

黃興因為右手的手指斷了兩根，不能寫信，就口授胡漢民，向海外同志，報告這次革命進行與失敗的經過情形。兩人都非常悲憤，在報告書中，說：

「一息尚存，此仇必報，斷不容張、李二賊之安枕也！」

黃興回香港不久，卽對譚人鳳說：「打算傷好後，親入廣州城內，暗殺張鳴岐、李準，替死去同志報仇。」譚人鳳極力勸他不聽。孫總理聞訊大驚，怕再演汪精衛的悲劇，發動各埠同志紛紛函電黃興，安慰勸阻他不可輕生僨事，致礙大局，說他一身為全黨同志之所望，也是革命成敗的關鍵，可以做更大的事業，暗殺是個人主義，不是他所宜做的。黃興才答應不親自動手，但仍開始設立暗殺機關，策動計畫，所以他與胡漢民二人就杜門謝客，與朋友斷絕來往了。

宋教仁、譚人鳳、陳其美這些從上海來的同志，想和黃興、胡漢民等人，商討善後補救的辦法，也因此，終無法見到他們，只好相偕返回上海了。

在英國倫敦的同志楊篤生，聽到這次革命失敗的消息，因抑壓不住心中的悲憤，在七月八日（陰曆六月十三日）從利物浦投海自殺，年四十歲。

第三七章　中國同盟會中部總會

宋教仁回到了上海民立報，又帶回了一隻大箱子。報社中一些同志，看見他安然歸來，都非常驚喜。于右任緊緊握着他的手，說：

「廣州之役失敗，我得到廣州來的電訊，說革命黨死傷幾十人，心裏很替您擔憂！有一個晚上，我翻譯來電的電碼，才譯出一個『宋』字，心想一定是您，一雙手頓時就麻木了，不能再譯下去，悲痛好像突然間哽住了喉頭！更不敢驚叫出聲。這時，在旁邊的雖然都是本社的同仁，我也不敢告訴他們。再譯了下去，才知道是『宋玉琳』！」

「謝謝您關切！」宋教仁說。

「但是過了十幾天，仍然沒有您的消息，鴻仙和我，都以為您眞死了！現在，見到您回來，眞有隔世之感！」

宋教仁便將他脫險的情形，以及廣州革命失敗的經過，向大家說了一遍。大家聽了，都對革命的前途感到悲觀。但宋教仁却勸慰大家說：「這次雖然失敗，却也得到許多寶貴的經驗，可以做他日的借鏡。」

從此，宋教仁繼續主持民立報的筆政，時常寫文章抨擊政府的腐敗。

有一天，宋教仁整理箱子，拿出了三大巨册。于右任進來看見了，隨手翻看了一下，原來寫的都是文告、約法、政治的制度與設施……。于右任問他說：

「遯初，這是危險品！」

「是的。」宋教仁說，「這都是我在香港時所擬的。我將塗掉標題，保存計畫。幾年以來，我潛心研究將來革命成功，設立了政府，要如何建設國家的主張與計畫，都在這三大巨册中。將來，也許有一天可以用得到的。」

于右任再仔細看了一下，綱舉目張，內容非常詳備，覺得宋教仁的確是一位傑出的政治家。

自從宋教仁回到了上海以後，却像變了一個人，常常一個人墜入憂思的境地中，同事都説極少再見到他的歡笑。他在憂愁中，又好像需要解決什麼難以解決的問題似的，自早到晚都在翻閱各種書籍，深思苦慮，極為忙碌。

有一天，宋教仁忽然展露了一臉的喜色，一個人獨自笑了起來，説：「啊哈，我終於在葡萄牙的歷史劇中，悟出革命成功的機竅了！」説着，趕緊放下了書本，去約了于右任、范光啓，一起去北四川路，又約了譚人鳳，再一起到湖州旅滬公學，找到陳其美，再一起上馬霍路德福里陳的住所聊天。

「你們這許多人，找我有事嗎？」陳其美説。

「當然，有哇！第一件就是今晚由您請吃飯。」于右任笑着説：「第二件事，請你問遯初兄。」

「什麼事呀？」

「他對如何使革命成功，有了新發現！」

「那可好，請吃飯，也是應該的。」

宋教仁很高興地説：「最近，我讀葡萄牙的歷史，發現要革命成功，並不太難。過去，我在東京也曾經想過這個問題。葡萄牙革命能够一舉成功，是因為他們把握了三個原則：第一是革命的時間神速而短（不可久事戰爭）。第二是革命的地點集中而狹（宜於中央）。第三是革命的力量，借重舊政府所恃有者（用政府軍隊），使為我們所用。也就是說，革命的戰爭不可太長，要集中在一個重要的地方進行，要利用政府的軍隊來發動革命。只要能够把握這三原則，不怕革命不成功！」

「好，」譚人鳳說：「邂初的看法，極對。只是『計將安出？』」

「由這三原則來看，成功關鍵是在革命的『地點』與『力量』問題。」宋教仁說：「我們革命最好的策略，是聯絡北方的軍隊，一舉佔領北京，然後號令全國，像葡萄牙革命所採取的辦法。其次是在長江流域，運動各省軍隊，同時大舉，設立政府，然後北伐。最下策是在外國的領地，設立秘密機關，進據邊隅，作根據地，然後徐圖進取。」

大家聽了，都說：「上策固然很好，只是要運動北洋軍隊，革命倒滿，這却很難；下策已經實行而失敗；還是中策比較好。我們過去想組織中部同盟會，也就是這個意思。」

「廣州革命雖然失敗，但我們在長江各埠所有的響應機關，都未遭破壞。如能利用這些已有的機關，組織『中部同盟會』，為革命的基礎，也比較容易！」

大家決定採取中策，在上海設立同盟會中部同盟會的總機關。宋教仁又說：

「不過，由過去的失敗，這次非切實準備不可。這事倒要麻煩譚老，到湘、鄂一行，和各地同志，加强聯絡，然後再行設立吧！」組織中部同盟會的計畫，就這樣商定了。

到了五、六月（陰曆四、五月），炎熱的太陽，照得大地發燙，人民都怨天恨地。這時（陰曆四月十一日），滿清政府宣佈鐵路幹線國有政策。接着端方花了幾十萬兩銀子運動了這個「督辦粵漢、川漢鐵路大臣」的肥缺。接着郵傳部大臣盛宣懷向英、德、法、美四國銀行團借款一千萬鎊，並簽訂喪失國權的鐵路借款合同，在公來說，可以暫時解決清廷經濟困難，私下又可大撈一筆回扣裝入自己的荷包，只是條件非常苛刻，就是外國人佔有了建築川漢、粵漢鐵路的監督、用人、購料各種權利，連管理、建築權也受外人限制，並以四省稅捐作抵押，是以洋債取代民股，等於將湘、鄂、川、粵四省的鐵路，全移外人之手。並將從前政府所批准幹路商辦各案一律取消；可是粵漢、川漢這些鐵路在光緒二十八、九年間就准許由各地商民自己經營興築；現在向外人舉債，就强制收歸。在人民看來，是政府在打擊民間企業，等於從人民的手裏搶奪過來，再送給外國人，使許多人民遭受極大的損失。百姓當然不甘心，因此引發了川、粵、兩湖四省人民反抗「鐵路國有政策」的風潮了。

宋教仁在「論近日政府之倒行逆施」中，論「交通政策之荒謬」一節，對「鐵路國有政策」，也大加抨擊說：「彼輩所謂收回國有，實不如直截了當，謂『收回外有』。」「當其事者，又可藉此收冥漠中之大利，故不惜犧牲國家大計，國民權利，而拱手以贈之於人。」這種激烈的言論，傳播各地，鼓蕩人心，於是鐵路的風潮更加擴大。四川人成立「保路同志會」，但盛宣懷、端方這批人處理風潮，只知一意孤行，並用「格殺勿論」的高壓手段，對人民强加壓制。

譚人鳳就在這樣的情勢下，在六月十七日（陰曆五月二十一日）到達了漢口，與湘、鄂兩省的黨人會商組織中部同盟會的事情，並且勸使共進會與文學社聯合，從新組織。譚人鳳在漢口待了幾天，就和湖南來的同志曾伯興，沿長江東下，經過九江、安慶，到南京，又和各地同志相商。如在南京邀集第九鎮中下級軍官及陸軍第八中學學生等三十多人秘密商議。事後，譚人鳳先回上海。過了三天，曾伯興也從南京到了上海。他們兩人一道往訪宋教仁、陳其美，報告此行的經過，各地同志熱心革命的情況，因此決定成立「中部同盟會」，商定了開會的日期與地點，譚人鳳囑咐宋教仁說：「開會各種章程，就麻煩您擬定了。」

「中部同盟會」就在宣統三年（辛亥，一九一一）七月三十一日（陰曆閏六月六日），在上海北四川路湖北小學校開成立大會（譚人鳳說），一說在湖州公學開會（曾伯興說）。

出席的各省籍的同志，有三十多人：

宋教仁（湖南）、陳其美（字英士，浙江人）、涂潛、鄧道藩、陶詠南（均四川籍）、陳勒生、史家麟、王藹廬（均福建）、張仁鑑（四川）、潘祖彝（字訓初）、林琛（卽林森，均福建籍）、李洽、梁鍪（均湖南籍）、李光德（江蘇）、倪緯漢、范光啓（鴻仙，均安徽籍）、姚志强、楊兆鑾（譜笙，均浙江籍）、呂志伊（天民，雲南）、江鏡清、胡朝陽（均浙江籍）、章梓（木良，江蘇）、張卓身、周日宣（淡游，均浙江籍）、曾傑（伯興，湖南），沈琨（江蘇），譚人鳳、譚毅君（价人）、陳道（均湖南籍）（據曾伯興說還有于右任、熊錦帆、柳聘農）……等。

大家當卽修正通過了宋教仁所擬的「總會章程」二十三條，「總務會暫行章程」七條，「分會章程」八條。以及由譚人鳳撰擬的大會「宣言」，檢討過去的種種失敗，決定了總機關設在「上海」，暫時不選會長，只選舉總務幹事五人，分掌五部的事務，並且採取合議制度，以防止個人專制；決定在長江流域江、浙、皖、贛、鄂、湘、川、陝八省設立分會，使各地革命組織，統屬於中部同盟會指揮。舉義的事，可由各分會提議，由總部策畫，原來暫定大舉之期在宣統五年。

最後，由會員選舉譚人鳳、宋教仁、陳其美、潘祖彝、楊譜笙五人擔任總務會幹事；五人又互相推選，陳管庶務，潘管財務，宋管文事，譚管交通，楊管會計。會後並將大會這篇沉痛的「宣言」，分發各地同志。今錄其全文如下：

「現政府之不足以救中國，除喪心病狂之憲政黨外，販夫牧豎，皆能洞知；何況憂時之志士。故自同盟會提倡種族主義以來，革命之思潮，統政界、學界、軍界，以及工商各界，皆大有人在。

顧思想如是之發達，人才如是之衆多，而勢力猶然孱弱，不能戰勝政府者，其故何哉？有共同之宗旨，無共同之計畫；有切實之人才，無切實之組織也。何以言之？如章太炎、陶成章、劉光漢輩，已入黨者也，或主分離，或事攻擊，或如客犬。非無共同計畫，有以致之乎？而外此之出主入奴（應作入主出奴），與夫分援樹黨，各抱野心者，更不知凡幾耳。如徐錫麟、溫生才、熊承基輩（應作熊成基），未入黨者也，一死安慶，一死廣州，一死東三省。非無切實之組織，有以致之乎？而外此之朝秦暮楚，與夫輕舉暴動，枉拋生命者，更不知凡幾耳。前之缺點，病不合；推其弊，必將釀舊史之紛爭。後之缺點，病不通；推其弊，必致嘆黨員之寥落。前一缺點，伏而未發；後一缺點，則不自今日摧傷過半人才始。前精衛陷北京，南洋『中興報』曾載有曰：『跳來跳去，祇此數人。』嗚呼，有此二病，不從根本上解決，惟挾金錢主義，臨時召募烏合之衆，攙雜黨中，冀僥倖以成事，豈可必之數哉？此吾黨義師，所以屢起屢蹶，而至演最後之慘劇也！

同人等激發于死者之義烈，各有奮心，留港月餘，冀與主事諸公，婉商善後補救策；乃一以氣鬱身死，一以事敗心灰，一則宴處深居，不能謀一面，于是羣鳥獸散，滿腔熱血，悉付諸汪洋泡影中矣。雖然，黨事者，黨人之公責任也；有倚賴性，無責任心，何以對死友于地下！

返滬諸同志，迫于情之不能自已，于是乎有『同盟會中部總會』之組織。定名『同盟會中部總會』者，奉『東京本會』為主體，認『南部分會』為友邦，而以中部別之，名義上自可無衝突也。總機關設於上海，取交通便利，可以聯絡各省，統籌辦法也。各省設分部，收攬人才，分擔責任，庶無顧此失彼之慮也。機關制取合議，救偏毗，防專制也。總理暫虛不設，留以待賢豪，收物望，有大人物出，當喜適如其分，不至鄙夷不屑就也。舉義必由總部召集各分會決議，不得懷抱野心，輕于發難，培元氣，養實力也。總部對於各團體相繫相維，一秉信義，而牢籠誘騙之手段，不得施也。各團體對於總部，同心同德，共造時機，而省界情感之故見，不可有也。組織之內容，大概如是。海內外同志，其以為不謬肯表同情贊助歟?!黨人幸甚，中國幸甚。」

宋教仁掌文事部，管理參謀、立案、編輯及其他一切事務，職位十分重要。中部同盟會成立後，他就積極策畫在長江流域遍立分會。不久，成立了南京支部，由鄭贊丞、章木良負責。這時東京本部同志吳永刪、張懋隆回四川去，經過上海；宋教仁請他們設立四川分會。井勿幕在陝西聯絡軍隊，著有成效；宋教仁又請他設立陝西分會。派曾傑回湘會同焦達峯設立湖南分會；范鴻仙、鄭贊丞往皖設立安徽分會；譚人鳳往鄂，會同居正促使共進會與文學社聯合，設立湖北分會。這些分會的機關組織，都直接受上海總機關部的指揮，聯絡軍隊會黨，都遵守總部所定規章辦理，於是長江流域八個省份的革命組織，聯成一氣，積極發展，加强了革命不少的力量。北方的黨人如程家檉，白逾桓、柏文蔚、吳祿貞等人，也與他們暗通聲氣。

宋教仁接着又擬定中部同盟會的全盤革命策略，並決定以武昌為首義之地，說：

「湖北地居中國之中，宜於首先發動革命，但武昌是一個無險可守的『四戰之地』，因此湖北一舉事，湖南、四川的黨人就要同時響應，以解除長江上游的威脅，而且作湖北的後援。京漢鐵路是南北交通的孔道，敵軍容易運兵南下，為了防止戰爭牽動到租界，引起外人干涉；我們計畫不要使武、漢成為戰爭的區域，所以在武昌發動革命之後，就要派兵駐守湖北與河南交界處的武勝關，使敵軍不能沿鐵路線南下，保護武、漢的安寧。這時，陝西、山西要繼續起事，出兵切斷京漢鐵路，以分散敵人的勢力。又怕湖北一動，長江下游的交通受阻，不利運輸；我們計畫在長江下游，同時在南京發動革命，並卽封鎖長江海口，逼使敵人的海軍艦隊孤立起來，然後再乘利應便爭取過來。」

宋教仁擬好了這全盤的革命戰略之後，卽通告各地機關，命令依照計畫實行。由此，也可見他謀慮的深遠。於是打算在長江流域以「湖北武昌」作為「革命首義之區」的大勢就逐漸形成了。

第三八章　川路風潮

在中部同盟會成立後一個多月，宋教仁等人收到黃興從廣州失敗後寄來的第一封信，解釋他自己是為了計畫暗殺賊虜（指張鳴岐、李準），以報死友，至七月終未曾和朋友交通，請大家原諒。他在信的開頭，讚美宋教仁等革命的策略，說：

「中部總會列公大鑒：奉讀手札，欣悉列公熱心毅力，竟能於橫流之日，組織幹部，力圖進取，欽佩何極！邇者蜀中風雲激發，人心益憤，得公等規劃一切，長江上下，自可貫通一氣，更能力爭武、漢；老謀深算，雖諸葛復生，不能易也！光復之基，即肇於此，何慶如之！……」（黃克強先生書翰墨蹟）

宋教仁等人因為四川發生爭路的風潮，正忙着想利用這個機會，發動革命，剛好四川同盟會同志派了盧師諦前來聯絡。經過商議，決定派代表同盧君一起回川工作，指示他們要藉保路風潮，鼓勵川人革命，推翻腐敗政府，謀求四川獨立；又通知長江上下游及陝西、山西各省的革命機關準備在陰曆八、九月間起義。

自從滿清政府公布鐵路國有的政策後，四川愛國的人民最感到憤慨。四川人民為了開發川漢鐵路，繁榮地方，人人踴躍購股，幾年來籌集了股款一千二百四十萬兩，股東多達幾千萬人。現在收歸國有，兩湖人民的股金十足發還；四川人民的股金，一部份換發鐵路保利股票，一部份「或仍入股，或興實業，悉聽尊便」，幾乎是本息無着，四川人更加悲憤愁鬱，逐漸產生了風潮。趙爾豐在八月三日（陰曆閏六月九日）繼王人文為四川總督。這是個暴狠成性的人物，綽號「趙屠户」。派這樣的人來安撫川民，平息鐵路風潮，又怎能不釀成巨變？同盟會的黨人把握這個機會，激起川人强烈的愛國心，在全川各縣普遍組織保路同志會，講演喚醒民衆，說鐵路是人民集資興築，不應該收歸國有！名雖抵押，實際是政府奪路刼款，送給外人！有許多青年學生哭着，喊着，演說着，羣衆的愛國心自然萌生激動，終而燃起了久埋心中反抗暴政的烈燄，於是有人喊我們要用罷市來表示我們的合理要求，也有人喊我們要用停課來表示我們的反對意見。二十四日（陰曆七月一日），人民就開始罷市停課，抗糧罷稅，擁護仕紳蒲殿俊、羅綸跟政府力爭到底。

成都城內的商店紛紛關了門，都在店門上張貼「德宗景皇帝」的牌位，兩旁分別寫着「庶政公諸輿論」、「鐵路准歸商辦」兩句標語。許多街道沒有行人，成了死一樣的沈寂，要罷市三天。總督趙爾豐聞訊大怒，當卽派人勒令各街的商店開市。但第二日，各條街道仍然死寂一片，全然不動。趙爾豐大怒，說：「我不是趙爾豐，我却是張獻忠！若再不開市，給我勦他兩條街，他就開了！」隨卽張貼告示，威脅川民解散「保路同志會」。

到了九月七日（陰曆七月十五日），趙爾豐終於想好了一條毒計，宣召諮議局議長法部主事蒲殿俊、舉人羅綸、保路會會長度支部主事鄧孝可、股東會會長翰林院編修顏楷、副會長貢生張瀾、鐵路公司主席董事彭芬、舉人江三乘、葉秉誠、王銘新等九人進府議事；但他們一到了督署，卽被逮捕。趙爾豐的手下狠狠地拖着他們的辮子綁在椅背上，並用手槍指着他們說：「你們這些人都該槍斃！」成都的人民聽到了這個消息，就聚集了幾萬人，冒着大雨，到督署請願，在衙門前面一排一排地跪了下來，大家哀哭着懇求釋放蒲殿俊幾個人。哪會想到趙爾豐果眞使起「屠户」的本性，調兵彈壓手無寸鐵的人民，當場開槍射殺了三十多人，斑斑的鮮血隨着雨水染紅了大地。又命令清兵放火燒了附近的民房，四十匹騎兵隊又橫衝直撞踐踏着人民，死者更不計其數，造成空前的慘劇，自然引動了怒濤般的公憤。

第二日，四川同盟會黨人龍鳴劍、王天杰、陳孔伯，哥老會首領秦載賡、侯寶齋率領保路同志軍，有的幾百，有的數千，割據州縣，包圍成都，與清軍展開了血戰。四川人為了抵抗暴政，死傷極多，但並不稍稍退縮屈服，仍然勇敢地奮鬥了下去。正如于右任所說：

「革命黨是萬惡的政府下的產兒！有了倒行逆施的政府，要求天下不亂是不可能的。為什麼呢？因為政府自己在不斷製造革命黨啊！」

宋教仁在九月十四日、十九日（陰曆七月二十二日、二十七日），在「民立報」上，發表「論川人爭路事」、「川亂感論」，說：「專制之威，非平和所能克；羣衆之力，非壓迫所能制。」「假令川人……不復規規於爭路，由消極而進於積極，為四萬萬漢、滿、蒙、回、藏人民首先請命，以建設眞正民權的立憲政治為期，湘、鄂、粵及各省人亦同時並發，風起水湧，以與川人同其目的，吾恐數千年充塞東亞天地之專制惡毒，或將因此一掃而盡，亦未可知。」「川省兵士保護同胞，實行不出劓主義。」「革命黨趁此風潮，潛往川省，隱為援助，堅持商辦，否則主張獨立，死抗政府之厭制，誓脫汚吏之束縛。」

宋教仁這種激烈的言論，實等於公開鼓吹各省人民起來革命了！到十月三日（陰曆八月十二日），在同盟會領導下，四川革命軍三萬多人，佔領了榮縣、井研、仁壽、威遠四縣，樹立起獨立的旗幟了。

第三九章　受邀入鄂主持大計

中部同盟會決定以武、漢為革命中樞，更促進寧、滬、皖、贛、湘、粵、陝、蜀聯合共舉為急務，剛好鐵路風潮擴大，時機日緊，革命大有「一觸卽發」的趨勢。先是同志彭壽松函告湖北情形極好，電促譚人鳳等人前往。不久，居正、楊玉如在九月二十五日（陰曆八月四日）到了上海。居正，湖北廣濟人，字覺生，中過秀才，曾留學日本法政大學，在東京加入同盟會時候，是由宋教仁為主盟人。楊玉如，湖北沔陽人，湖北共進會重要份子之一。兩人一到了上海，卽往訪宋教仁於民立報，次訪陳其美於馬霍路，再訪譚人鳳於北四川路。於是中部同盟會總機關，在馬霍路陳其美的寓所，在議長譚人鳳主持之下，連日召開了幾次會議。除參加成立會諸人外，于右任、熊克武、陳方度、柳聘農、梁維嶽、譚心休等人，也都參加了。

居正報告湖北的近況說：

「自從清廷提出鐵路國有政策之後，四川就騷亂不已，武漢也人心洶洶；這眞是天亡清廷的好時機。湖北軍隊中的同志，都認為『機不可失』，無法再等下去，都希望我們能趕快決定一個起義的日期。這九月十六日（陰曆七月二十四日），湖北共進會與文學社，在武昌開了一次聯合會議，商討革命時行動統一的問題。文學社的份子廣佈湖北的軍中，公推文學社領導人蔣翊武為戰時總司令，共進會孫武為參謀長，並在武昌小朝街八十五號設立總指揮部，並由劉堯澂負責擬訂作戰計畫等等。政治方面，劉公為共進會總理，在漢口俄租界寶善里十四號，設立政治籌備處，着手草擬文告，製造炸彈與旗幟。所以湖北的革命運動，已臻成熟。現在，我和楊先生奉命前來，向總部請示兩件事：一、請總部設法替我們購買手槍。二、請黃興、宋教仁、譚人鳳三位先生去湖北主持革命大計。」

「您在上海久，人頭熟。」楊玉如向陳其美說：「購手槍的事，我們想請陳英士先生代辦。」

「好吧，」陳其美慨然答應解決這難題：「只是時間太促了一點。你們帶多少錢來？」

「一千塊錢。」楊玉如說：「那就謝謝您了！」

「第二件事——」譚人鳳說：「遯初兄，你看，怎麼辦？」

「克强在香港。這事很要緊，我們只好派專人帶了信去，當面跟他磋商，請他『尅日北來，共圖大擧』。」宋教仁說：「但是派誰去呢？」

「我們要上湖北，英士兄要坐鎭上海，只有天民和克强相熟；這件事就交託天民兄去辦吧。」譚人鳳向呂志伊說，呂志伊也就答應日內動身。

「武漢一動，當然長江的下游就要設法響應，以避免武、漢孤立，所以南京和上海也要同時發動。上海請英士兄與李燮和負責，南京請鴻仙兄主持。」宋教仁說。

「廣州經過了兩次革命之後，清廷在南邊必然加强警備，很難再次發動。現在，既然以武漢為革命的中心，上海就是長江下游的咽喉，如能乘機發難，當可震撼南北，影響大局。我非常贊成遯初兄的意見。這幾個月來，我和上海同志已經積極經營。聯絡會黨，運動軍隊也做得差不多了。」陳其美補充地說。

「你們兩位打算什麼時候動身呢？」居正問譚、宋兩人說。

「我們決定舊曆八月二十日走。」宋教仁說。

宋教仁因為要上湖北去，回到民立報後，就忙着趕辦各種事情。過了幾日，突然報社中的工友帶進一個年輕的訪客。他自己介紹說：

「我是岑偉生，是胡經武先生的學生。」說着，就將胡瑛在武昌監獄裏寫給宋教仁與譚人鳳的一封密函，小心翼翼地遞給宋教仁。宋教仁折開一看，認得正是他的同鄉老友胡瑛的字。信中大意說：

「閏六月間，清廷命端方帶兵入川彈壓鐵路風潮。端方即調鄂軍三十一、三十二兩標偕往。及七月中，鄂方復下令四十一標第一營開往宜川，第二營開往岳州，馬隊第八標第三營開往襄陽，統限七月二十日前出發，而中多同志。如今新軍分調如此之多；衡此情勢，發難必難成功；且發難後，清軍南下，亦必難抗拒。頃聞居覺生、楊玉如二人往滬，迎請兄等來鄂主持大計。弟不勝懸憂！吾黨若再失敗，必無再起之日！故敢痛哭涕泣，為我兄言之，伏望三思而後行！」

岑偉生說：「胡老師流着眼淚對我說：『務要勸阻您前來，現在單靠武昌軍隊同志的力量，絕對不可以發難。』」

宋教仁收到了胡瑛這封信後，對居正的話，疑信參半。宋教仁又問湖北各方面情況，岑又茫無所知，心裏就很猶豫，想等黃興來再作決定。

居正等留滬兩三天了，陳其美代購手槍，倉猝間尚未齊備。湖北又迭次來電催促。楊玉如在九月二十八日（陰曆八月七日）先行回鄂。

十月七日（陰曆八月十六日），大家在陳其美家，開一次總務會議。宋教仁提出岑偉生送來的信，加以討論，說：

「據胡瑛來信所說的湖北情況，現在是不宜於發難；而且成都未被吾黨攻下，清人已調大軍圍攻四縣革命軍，只怕四川動亂也將漸趨平靜了。湖南焦達峯來電說，準備不及，必須延後；南京也很不可靠；克強兄已有回電來，建議起義的日期不宜過早，希望訂於十一月三日（陰曆九月十三日），到時各省一起動手。又說收到了信，已去電美洲同志請孫總理設法籌款接濟。各方面的時機都未成熟，是否可以請湖北同志稍稍延一延呢？」

「我確信湖北方面一定很緊急！必須我們馬上前往支援。」譚人鳳氣憤地說：「遯初，你不走！我還是決定明天出院帶藥就走。這一去，是專為了維持我們這個團體對外的信用。論資望才能，我都比不上遯初，還是盼望宋先生能隨後趕來！」譚人鳳這時生病住在虹口篠崎醫院，所以有上面這種說辭。

「我會立刻趕去。」宋教仁說。

「但我到了湖北，該如何處理革命的事呢？」譚人鳳說：「現在這種情勢，自然應該以調和意見，暫時按住，延後發動為主。但要按住到什麼時候？要到何種情況？才可以發動？則請各位決定。」

「譚老，」陳其美說：「這事請您自己斟酌吧！總之，要看情況，以決定時機！不過，手槍還要兩天，才能購齊。我看覺生先生和遯初兄，到十九晚一起走吧！」

「那我今晚就先搭火車赴寧，約南京同志準備舉事。你們搭大後天十九夜輪船來南京。二十日早，我到下關上船，跟你們會齊，一起上漢口去。」譚人鳳又說。

十月十日（陰曆八月十九日）下午，民立報收到漢口的專電，說：九日正午，漢口俄國租界寶善里十四號，因炸彈爆炸，俄國巡捕破獲一個革命機關，搜出革命黨的名冊、文告，和旗幟等物，逮捕了幾個人。因此，湖北軍警又在武昌小朝街、胭脂巷等地，連續查獲多處革命機關，捕獲革命黨疑犯數十人。其中彭楚藩、劉堯澂、楊宏勝三名，身著軍服，坦然供稱為黨人，已於十日凌晨四點半，在督署前斬決。消息傳來，眞如晴天霹靂。宋教仁知道預定的革命計畫，已不能實行，只有在長江下游急謀響應，以救武、漢，決定留下籌畫滬、寧的舉事。當晚，居正就一人搭輪去南京，會同譚人鳳去漢口了。手槍藏在沙發椅裏面運走。

十月十一日（陰曆八月二十日）夜，民立報又收到漢口專電，稱武昌於昨夜——十月十日八點鐘，發生兵變，激戰了一夜，武昌全城已落入革命軍之手，湖廣總督瑞澂已登上楚豫兵艦逃走了，第八鎮統制張彪帶着輜重殘部，退到漢口劉家廟。這眞是令人驚喜之極的好消息！

宋教仁高興地跳了起來，民立報中的許多同志也都高興地跳了起來，趕緊將這個驚人的新聞發排，並且撰寫短評，希望明天一大早就能夠見報，送到各地讀者的手裏。希望各地的革命志士看到了這消息，趕快響應吧！

宋教仁的心裏也着實後悔未能先期趕往湖北主持起義的事情呢！

第四十章　武昌革命

武昌與漢陽、漢口在長江、漢水交會的地帶，形成三角形，合稱武、漢三鎮。武昌在長江東南岸，漢陽與漢口在長江西北岸；漢陽與漢口，又隔着一條漢水（一名襄河），為武昌的左右兩翼。武昌是湖北省會，為粵漢鐵路的終點；漢陽，在武昌西七里，與武昌隔江相對，有鐵廠、兵工廠、鋼藥廠、龜山砲臺。漢口，古稱夏口，在漢陽北三里，為京漢（平漢）鐵路的終點，市區的面積很大，非常繁榮，為長江中游的商埠，當時在劉家廟與大智門車站附近，有英、俄、法、德、日本五國租界。這一段江面稱「租界江面」。三鎮間，有輪渡來往，日夜不停。

武昌城周圍長三千四百三十丈，東西五里，南北六里；蛇山，一名黃鶴山，巍峩壯麗的黃鶴樓矗立山上。蛇山橫亙城中，長約四里，將武昌城分做南、北兩半，北半叫山後，南半叫山前。山前的西南角，是湖廣總督署，東轅門出長街，南倚望山門，北通水陸街。再北是大都司巷，第八鎮統制張彪的司令部設在巷內；巷東口對王府街西口。山前的東南方，是城內兵營所在地。第二十一混成協統領黎元洪的司令部，就設在山前賓陽門（大東門）內左旗。楚望臺的軍械庫在南城中和門內；鳳凰山砲臺在北城武勝門內。

當時，武昌城內外的軍隊，有兩類：

一類是被革命黨滲透的新軍：武昌城內，有山前東南兵營區內，第八鎮（師）工程第八營，駐分水嶺黃土坡西紫陽橋南；步兵十五協第二十九標（團）一、二兩營，第三十標一（全部旗籍）、三兩營，駐中和門內黃河灣右旗。右旗往北為左旗，第二十一混成協步兵第四十一標第三營，駐防這裏；往南，就是楚望臺。此外，還有通湘門內測繪學堂的學生八十多人，全為同志。城外，有駐防在中和門外南湖的第八鎮第八標炮隊三營、馬隊一、三兩營，混成協馬隊一營；武勝門（平湖門）外塘角的第二十一混成協輜重隊一連、工程隊一連、砲隊第二十一營一營。總兵力約四五千人。各營中革命同志，有的佔三分之一，如工八營，二十九、三十、四十一等三標，輜重、工程兩隊；最多的是第八標炮隊，多達三分之二；其他少的只有幾個人罷了。雙十夜加入革命陣營作戰的，大概只有二千人左右，約五營兵力。

一類是盡忠於滿清政府的軍隊：有防守督署的教練兩營（一作一營），機關槍隊一連，巡防隊內衛一營，馬隊一連，憲兵營一連，水機關四挺；還有新調來水師統領陳得龍所部的巡防三營及武裝消防隊一連，佈防大小都司巷、長街、王府街、水陸街、保安門正街各要道中，還有保安門、望山門等城牆上；另外有輜重第八營，駐紮平湖門外，緊靠城牆；又有憲兵一隊駐中和門內。還有三十二標第二營（也有革命同志）駐守中和門外長虹橋一帶。總兵力約三千人左右（據李廉方說。熊秉坤說，約共一千五百人，但不包括巡防三營等在內）。還有武裝的警察約二千人分駐各處，加雙站崗，檢查旅社。又有楚豫等數艘兵艦，巡邏江上。

武昌在革命爆發之前暗中的情勢，大概如是，已經非常緊張。到了中秋節前，城內謠傳陸軍已經和革命黨聯合，定在中秋月圓時起事。湖廣總督瑞澂下令軍民提前一日過節，中秋夜全城戒嚴，以李襄麟為肇衛督署指揮官。張彪加派軍警，徹夜巡邏，並調重兵巨炮，防守督署，搞得人心惶惶不安極了。也可以看出當日武昌革命的形勢是很難再加拖延了。

一、三烈士

十月九日（陰曆八月十八日）上午十點多鐘，在漢口俄國租界寶善里十四號的二樓上，孫武正在配製炸彈，一不小心，引起了爆炸；一說是劉同抽紙煙，烟灰落到炸藥上，惹來了這一場大災禍。一時火星迸裂，烟氣瀰漫，炸藥爆炸，聲震四鄰，孫武的臉部受到重傷，丁笏堂、汪性堂、李作棟幾個人扶着孫武，急從後門，送他到德國碼頭日本同仁醫院裏救治。其他的同志，如劉公、邢伯謙……等人也都逃走了。

俄國巡捕聞警，趕來搜查，發現寶善里十四號是革命機關，而且搜出了革命黨的名册、文告、旗幟等等。據調查結果，這十四號跟隔鄰的劉公寓所相通；因此，劉公的家人親友、弟弟劉同等五個人給抓了去。俄國捕房立刻將這案子連同疑犯一起移送滿清江漢關道署。略加審訊，因案情嚴重，又被解送到武昌城湖廣總督署去訊辦。

武昌城内的同志，還不知道這件事。中午過後，蔣翊武、劉堯澂等十幾個湖北革命黨的重要份子，還在小朝街八十五號總部内開會，商討起義的事情。這時，邢伯謙、鄧玉麟兩人神色慌張，先後趕來報告：

「漢口的機關破露了！」

又將經過的情形說了一遍。大家稍一商量，覺得事態嚴重極了，就馬上決定當晚十二點鐘正起義。蔣翊武卽據劉堯澂預擬的起義計畫，用總指揮的名義，寫好了命令，派人分送城内外各標營同志。——這時已是下午五點鐘左右。

哪兒知道向晚時候，瑞澂已經下令緊閉城門，全面搜捕武昌城内的革命黨人。各標營又奉令戒嚴，除了旗籍官兵外，所有的子彈一律收繳存庫，並且禁止士兵外出。蔣翊武起義的命令，很難一下送達。等到鄧玉麟幾人將命令送達各營的時候，時間已經很晚，都已就寢，各營代表已經來不及通知同志，商量設法，採取行動了。

快到半夜十二點鐘左右，在小朝街總部內的同志，都在等待外面的槍聲，但外面却靜得可怕，沒有一點聲息，看看城北邊塘角方向的天空，也沒有一絲火光閃現，南湖那邊也沒有炮聲傳來！蔣翊武等人正自覺得惶惑，心裏漸漸不安了起來。起義的命令已經送出去，各處怎麼會一點動靜都沒有？這時，忽然聽到樓下的敲門聲極急。大家情知有變。原來總部已被軍警重重包圍了。劉堯澂纔拿了炸彈，走到樓梯邊；軍警早已經撞破門衝了進來。劉堯澂隨手扔下去，炸彈扔中樓梯身，轟然一響，碎片反射了上來，他就受傷摔了下去，被清兵逮捕了。其他人越過後牆，爬上隔鄰的屋頂，也一一被捕。當時只有蔣翊武、陳宏誥……兩三人乘間走脫。蔣翊武趕緊出城，逃向京山。一夜之間，武昌城內的許多革命機關，像雄楚樓、巡道嶺、胭脂巷，全被清軍破獲，黨人被逮捕多達幾十個人。許多同志都不得不走避。

到十月十日（陰曆八月十九日）凌晨四時，彭楚藩、劉堯澂、楊宏勝三人殉難，被殺於督署轅門內東偏。彭楚藩，字青雲，湖北鄂城人，共進會會員，憲兵正目，負責調查清軍的防務。劉復基（原名汝夔），號堯澂，湖南常德人，在日本加入同盟會，文學社評議部長，富謀略，人稱革命黨的智囊，整個武漢三鎮起義的計畫，就是他依據「各標營的同志代表會的決議」而擬定的。楊宏勝，字益三，湖北穀城人，三十標兵目，擔任聯絡、運送彈藥等工作，在被捕的這晚上，他還送了兩盒子彈給工程營的總代表熊秉坤。這三人是中華民國開國史上的「三烈士」。

熊秉坤得了子彈，分做四份，交給營中各隊代表分發同志，每人兩粒，代表三粒，熊自己留下了六粒。

二、首義之戰

天終於亮了。彭、劉、楊三人被殺，許多人被捕，名冊被搜去，革命機關被破獲的消息傳遍了武昌城內外。這時，軍中又收繳子彈，又風傳「清軍將按冊抓人，用兵艦載送，扔進長江裏去」！軍中的同志莫不人人自危，陷入非常恐怖的狀態。「防制愈嚴，謀反愈急」，大家都感覺到要「死裏求生，非幹不可」。駐在左右旗的同志和附近工程營的同志暗中商議。蔡濟民說：

「名冊已經被搜去，各處捕人甚急。總是一死，不如趁今夜點名時節幹起來，也可以替慘死的朋友報仇！」

各標營派人互通消息，一致決定依起義計畫，入夜行動。

這一天，細雨昏迷，景象悽慘，時間過得眞慢。吳醒漢在「武昌起義三日記」中，回憶這一段時間的難度說：

「到點名的時間還有幾小時之久，我盤旋斗室內，備歷悲怒憂喜各種狀態。現在回想當時危疑震撼的情形，實在無法形容出來。」

好不容易忍耐到了晚上。其時微雨漸漸停了，明月升空，萬籟俱寂，終於挨到了七點半鐘點名的時候，官兵齊集操場，突然聽到紫陽橋南傳來了幾聲槍響，再遠望北邊的天空，果見武勝門外塘角那一方向，火光閃現：知道這兩處的同志都已經開始行動了。

塘角，地臨長江邊，在這裏放火，南北兩岸及武昌城內都看得見。劉堯澂的起義計畫，特選此地，縱火為號。晚上七點多鐘，輜重隊同志李鵬昇就帶了幾個同志拿了一盞洋油燈，到馬房裏去點燃馬草，又把洋油澆了上去，火一下子就蔓延開來，燒得這一帶的夜空閃閃發紅，作為通知武昌各營同志全面發動革命的一種訊號。

李鵬昇又拿了馬槍，到操場上，召集本隊同志列隊出發：工程隊張斌等幾個同志也過來參加。李鵬昇又帶隊向同營的炮隊大聲吶喊，鼓動他們起來響應。炮營管帶張正基急忙喝令部下抵抗，但那些炮兵反而三三兩兩離開了營房加入。張正基沒辦法，只好帶着殘部逃走。炮工輜重的同志，就在總代表余鳳齋率領之下，拖出六門大炮，取出了彈藥，從北進入武勝門，佔領城北鳳凰山炮臺。李鵬昇、胡祖舜等人另領了一百多人，經通湘門，前往楚望臺。張正基掛了一通電話給賓陽門司令部，向協統黎元洪報告：塘角輜工炮三部發生了兵變。

黎元洪，號宋卿，湖北黃陂人，畢業北洋水師學堂，是水師提督薩鎮冰的學生，張之洞當湖廣總督時，調來湖北為馬隊管帶，時任第二十一混成協統領，為人忠厚，做事謹慎，頗得部衆信仰。他接到張正基報告兵變的電話，接着又聽到工程營那邊也發生兵變的事。他馬上召集四十一標官佐到會議廳來。大家以為他要發佈什麼攻守的命令，正想趁着機會出去響應革命軍。黎協統既不說話，也不發佈命令，但和部屬們一起呆坐在會議廳內，也許這時他在心裏想道：「這幫軍人，都不可靠了！」只是沉默地監視着他部下，防範他們，不讓他們出去響應革命軍罷了！

現在，我們轉過筆頭來看看，紫陽橋南工程第八營兵變事件吧。

夜裏七點多鐘左右，第二排排長陶啓勝帶人巡營，發現金兆龍持槍假寐。陶啓勝早已疑心金為革命份子，大聲罵道：「拿槍幹什麽？他媽的，想造反嗎？」

金兆龍給駡得火了，因反唇相譏道：「造反就造反！你要怎麽樣？」

陶啓勝向左右喝說：「這賊小子，給我綁了起來！」但那些人都不敢向前。陶却自恃孔武有力，親自過來扭住了金兆龍的手腕。於是兩個人糾做一團。金兆龍叫說：「這時還不動手，更待何時？」程定國聽說，就用槍托猛擊陶的頭部。陶啓勝哼了一聲，抱着頭逃走。這時，熊秉坤聽見第二排那邊傳來了叫綁喝打的聲音，知有劇變，拿了槍，就趕過來，遠遠看見陶啓勝飛奔過來。熊秉坤就朝着他開了一槍——據說這是武昌起義的第一槍。陶啓勝向樓下逃去；代理管帶阮榮發聞聲出來，却誤認他作亂，連發三彈，中了兩槍。這時，方興從營外扔進了一顆炸彈，聲震玻璃欲裂。於是偉大的革命聖戰的序幕就這樣揭開了。

槍彈好像聯珠般的飛來，熊秉坤的身邊已有兩三個同志倒臥血泊中，呻吟不已。他也無暇救護，只聽得營房裏頓時間都是鼓噪聲，吶喊聲，打碎窗玻璃聲。大家都想衝下樓去，但樓梯口却被阮榮發和隊官黄坤榮、司務長張文瀾幾人的子彈封鎖住了。熊秉坤指揮着大家用痰盂、花盆、板櫈、瓦缶，充當武器，向下猛擲。幸好，呂中秋一槍射中了阮榮發，徐少斌又補了一槍，阮榮發倒向溜水溝裏。大家一擁而下，又射殺了黄坤榮，彈貫張文瀾。其餘的官佐紛紛奪門逃走。熊秉坤吹笛集合。營內雖然人聲嘈雜，吶喊助威，聲勢極壯，但當時跟着熊秉坤走的却不過四十多人。再搜軍械房也沒有子彈，只有十二把軍刀，分給各隊代表配用。熊秉坤只好帶着大家直奔楚望臺，經過十五協西營的門口，他連放了三響槍聲做訊號。不久，他們衝到了千家街口，就停住，隱身暗影裏，不敢再向前走了。

這晚，楚望臺軍械庫是由工程營吳兆麟率領的「左隊」這一連防守。在軍械庫裏工作的馬榮、羅炳順這些同志，聽到本營的槍聲，知道熊秉坤他們已經發動，趕緊設法取了兩箱子彈，就向空中放了一排槍，槍聲清晰，彈火劃破了黑夜，嚇得守庫的李克果幾位官佐翻牆逃走了；又派人過來送信。大家知道軍械庫已經得手，一個呼哨，就到了楚望臺。——大約是十月十日夜九點多鐘。

當時，楚望臺軍械庫裏儲存的槍炮子彈，堆疊如山，有德國雙管毛瑟槍一萬多枝，日本六米里五槍一萬五千枝，又有漢陽兵工廠自製的單管步槍幾萬枝，彈藥更是無數，給革命軍帶來了無比的信心。

熊秉坤到後，馬上宣佈以楚望臺為革命軍的大本營，開始發放子彈，並派人送信給工程營，要其他同志趕來會合。又派汪長林帶一班巡邏楚望臺一帶；湯啓發帶一班巡邏中和門的前後街；林振邦率一支隊向十五協方面放槍一排，要二十九標、三十標響應。九點三十分，又派金兆龍帶了一排人出中和門，去南湖接應第八標炮隊進城。

熊秉坤，號戴乾，湖北江夏人，共進會會員，時為工程營班長。他後來回憶這時的心境說：「當時，我指揮同志作戰，大家都聽我的話行動；我好像有無上的權力。但我也體認到我自己的責任重大，稍有差池，不免功虧一簣。這時精神的負擔反感沉重極了。要是這時清吏窺破我們的實際情況，派兵來襲，豈不危險？」

熊秉坤說，他正感受到緊張不自在的時候，汪長林帶了一個人過來。他認得是本營左隊隊官（猶今連長）吳兆麟，號畏三，湖北鄂城人，出身參謀講習班，沉着有謀略，在營中甚有聲譽，曾參加日知會，對革命深具同情。這一夜，吳兆麟被張彪派來監守軍械庫；馬榮等佔領了軍械庫，吳想越牆逃走，沒想到却被汪長林發現，就被帶了來。大家一見是他，都喜形於色。熊秉坤和大家一商量，就要吳兆麟做臨時總指揮。吳兆麟推辭不得，也就答應了。

工程營各隊的官兵漸漸來了，有四百多人。可是其他各標營還沒有什麽動靜。總指揮吳兆麟派工程營左隊排長曹飛龍、司書黃楚楠防守軍械庫，並且下令向三十標第一營的旗兵開槍猛擊，只聽槍聲漸漸密集，非常激烈，在黑夜裏閃現着許多火花，聽到有人中彈和喊叫的聲音。

吳兆麟又派人分途去各營送信。又命令程定國（正瀛）、羅炳順等人各帶了六名工兵去割斷軍用電話線。

到十點三十分，吳兆麟終於第一次發佈向督署進攻的命令。他主要是依據劉堯澂預擬的作戰計畫，但以工程營官兵為主力，分做三路向湖廣總督署進攻：

第一路，就是右路：由右隊排長曠名功（字漢卿，一作左隊排長鄺杰）率領右隊兩排，經紫陽橋，向王府街口，搜索前進，攻總督署後。

第二路，就是中路：由馬榮率一部士兵，向水陸街前進，出街西口，北攻大都司巷第八鎮司令部，南攻望山門正街總督署，策應左右兩路。

第三路，就是左路：由前隊排長伍正林，率領前隊兩排，經津水閘，向保安門正街，搜索前進，攻總督署前。

進攻的部隊剛剛出發不久，第三十標排長馬明熙、徐達明、吳醒漢及方維等就各率一部來了。吳醒漢說：「我們早聽到槍聲，只是第一營管帶郜鳳翔不許大家出來。後來槍聲漸緊，我藉故『要發子彈，以防不虞』，進營部軍械庫，取了子彈給士兵，才打開營門衝了出來，會着二、三營，就一起過來。部鳳翔領了一百多名旗兵跑了。」

測繪學堂的李翊東、方興也帶着學生來了。

二十九標排長蔡濟民、高尚志、督隊官姚金鏞、後隊隊官胡效騫、同志杜武庫、楊選青、張鵬程、馬雲卿等，也各帶了一部人趕來，說：「第一營管帶何錫藩看到我們來參加起義，也不加阻難。」

二十九標標統張景良，三十標標統楊開甲都躲了起來了。

這時，來的同志都亟盼擔負任務。總指揮吳兆麟就命令蔡濟民率領所部加入右路，支援曠名功；張鵬程、吳醒漢率領所部加入左路，支援伍正林。又派馬明熙、方維帶步兵出城協助金兆龍，接應南湖炮隊入城。

快到十一點鐘了，金兆龍、馬明熙和炮隊陳（一作程）國楨、孟發臣（一作華臣）、徐萬年、蔡漢卿等人率領了四百多人，拖了十三門實彈大砲，從南入城，到了楚望臺，炮車震得地面軋軋地響。金兆龍說：

「我九點半離開楚望臺，約三十分鐘，就打垮了憲兵營旗兵，扭斷了大鎖，出了中和門，經十字街，到長虹橋邊，就跟三十二標楚英的一連遇上，激戰了幾分鐘；幸而他們缺乏鬥志退了去。我們才順利到了南湖，又跟馬隊幾個騎兵哨接觸了幾分鐘；他們不想跟我們幹，就自行後退。快接近炮標後營時候，就遇到陳國楨他們人聲嘈雜，好幾百人拖了大炮過來。我說三十二標剛才還派人阻攔呢。他們就順便向三十二標那邊發射了三發，炮彈嗞嗞的響，在空中飛嘯過去，然後在轟隆聲中爆裂了，火光、濃煙和灰塵，在月夜裏掀得一丈來高！」

金兆龍正與高采烈地向吳總指揮報告。塘角的輜工炮各隊的同志，在李鵬昇、胡祖舜等人率領下，也都到了楚望臺。吳兆麟以工兵課員陳炳榮為指揮官，率領李鵬昇這一部，掩護炮標的孟發臣，經黃土坡一帶北上，佔領蛇山，安置四門大炮，做炮兵陣地；徐萬年、蔡漢卿分別在楚望臺、中和門城頭上，各安置了幾門大炮，瞄準總督署和統制衙門開始轟擊了，於是就爆發了進攻督署的全面戰爭了。

開始時，清軍的防線很堅固。

擔任右路進攻的曠名功，帶兵進到紫陽湖。這湖長一兩里，白天是一個水色美麗柔藍的湖；在這月影下，只有黑魆魆的樹影倒映湖上，看不見半個人影。但當他們越過了紫陽橋，進入西岸，就遭遇到敵人猛烈的狙擊，好幾個人倒了下來。這時，蔡濟民一部也趕了來，奮戰而前，推進了將近兩里路，到了王府街口小菜場，距離都司巷已經很近。他們正要左轉；清軍的機關槍卻篤篤猛射過來，迸射出火花閃光和濃重的煙味、火藥味。這一段的街道漆黑得很，幾乎當面都看不到人，很難前進。蔡濟民率領着部下北去，進攻官錢局、造幣局、善後局。由於敵人炮火的猛烈，部下傷亡不少，曠名功則率領着工程營退回楚望臺，架槍休息。有人報告總指揮吳兆麟。吳聽了非常生氣，就要按照軍法，判曠違令。大家替曠緩頰求免。吳兆麟這才息怒，改派黃楚楠接替曠指揮右路。

左邊一路，因為是由楚望臺進攻總督署最便捷的一條路，所以也是清軍最主要的防線。因此，兩軍接觸也比較早。伍正林的一部，在猛烈迅速地進攻中，入津水閘，推進到保安門正街；清兵突然從恤孤巷衝了出來，將伍正林的部隊截成兩段。幸好後援的部隊及時趕到，展開一場激戰。三十標馬開雲等人也都受了傷，士兵紛紛後退，又退回了津水閘。二十九標的張鵬程一部進到保安門附近，也遇到了清軍猛烈的炮火，不支而退。

雖然左右兩路都受挫而退；但這時新軍各標營仍不斷有人前來參加作戰，兵力大大增加，所以士氣仍然非常旺盛。

在二十一協司令部外面的槍聲越來越緊了，黎元洪坐鎮在會議廳上，不言不語，大家都看着他，在沈肅的氣氛中，顯得非常緊張。這種沈肅緊張的氣氛，使黎元洪感受到「吏殘於上，民怨於下的可怕；武昌恐怕終要落入新軍之手了」；但他身為陸軍的高級將領，却也無計可想；但他仍然懷疑，以武昌一隅革命軍的力量，怎能對抗滿清舉國的軍隊？

正想間，外面傳來一陣喧嘩，衛兵用槍押着一個年輕的士兵進來，向黎元洪報告說：「這個人翻牆進來。」

「你叫什麼名字？來幹什麼？」黎元洪問說。

「我叫周榮棠。我是奉了吳總指揮的命令，來通知你們起來響應革命！」他說到這裏，又加大了聲音，勇敢地喊道：「革命已經爆發了，大家一起起來推翻暴政吧！」

黎元洪怕引起動亂，就揮起軍刀，周榮棠終於勇敢地死在會議廳上。四十一標的同志鄒玉溪見狀，要奪門出去，也被黎元洪所殺。對這殘忍的彈壓，大家都感到驚訝！

這時大概十一點鐘左右，由蛇山打來了一列排炮，四十一標一些營房轟然倒塌了，會議廳的玻璃窗震得碎裂，四圍濃煙瀰漫，薫人欲窒。外面的士兵漸漸鬨動了起來。炮彈繼續呼嘯而來，尖尖的聲音穿刺人神經。廳內已有些人受傷流血了；黎元洪知道再坐鎮下去，也沒辦法挽回大勢了，這才對官佐下令，說：

「你們各自回營帶兵出去吧。如能維持，卽須維持下去，將來定有重賞。否則，也只有聽他們自己選擇。我也不能替你們負責了！」說完，帶着執事官王安瀾，匆匆地離開了司令部，逃到黃土坡參謀劉文吉的家裏去躲難了。

黎元洪一走，四十一標第三營在同志闕龍、胡培才、右隊隊官胡廷佐領導下，第二營留守的士兵在隊官李銘鼎領導下，也就開始參加革命的陣營，協助進攻督署了。

黎元洪又忽然想起平時的積蓄，都放在公館的皮箱內，就趕緊派伙夫回去拿。這個伙夫在黎公館裏挑了三口皮箱，往外就走，剛好被革命軍的巡邏隊湯啓發、程定國幾個人瞥見，以為是匪徒乘機打刼，喝令止步，才知道是「黎協統的伙夫」，於是就帶了人去劉參謀的寓所，强請黎協統出來相見，並且送他去楚望臺。黎元洪這時已經改穿青呢馬褂，灰色呢長夾袍，瓜皮小帽，一身便裝，帶着王安瀾一起來了。吳總指揮派兵一排站隊鳴號，表示歡迎。黎元洪笑說：「各位辛苦了。」吳兆麟陪着黎元洪到中和門的城上觀戰。黎元洪低聲對吳兆麟說：「畏三，你不該搞這事！」

「被大家所挾持！」吳兆麟笑笑答說。

黎元洪出來的風聲傳了出去，軍官像三十標第三營管帶杜錫鈞，二十九標第一營管帶何錫藩，紛紛前來楚望臺了。

這時輜工隊已經掃清蛇山山後各處的敵人，炮隊的陣地也因此鞏固。蛇山和中和門的炮兵不斷猛烈地轟擊總督署，只是夜空漆黑，把握不準目標。吳兆麟又決定派兵三路，多帶火油，前去王府街、水陸街、保安門正街一帶放火。不到半小時，三處火發，烈燄騰空。炮隊乘勢猛力轟擊。炮戰雖然激烈，但革命軍步兵的進展仍極其緩慢，對方抵抗仍十分頑強。

十月十一日凌晨兩點鐘，總指揮吳兆麟說：「今夜要是不能將敵人擊潰，等到天亮，我們就必定被他們所俘虜了！」因此下令各標營作第二次總攻擊。

命令右路由工兵課員黃楚楠帶工程營左隊全連，經王府街，至小都司巷，攻督署後；並以二十九標督隊官姚金鏞帶二十九標第三營右隊支援，張鵬程也加入右路助攻。四十一標出三佛閣，由胡廷佐、左國標率部接替蔡濟民，佔領官錢、善後、電報各局，取藩署；由闕龍等率領一部進向督署。這一路的攻勢非常猛烈；清軍抵擋不住，巡防營零亂地後退，撤出紫陽橋西的防線。張鵬程部一直衝到了王府街西口，但馬雲卿在激戰中受傷倒地。張鵬程在西口找民房放火，火勢一下蔓延，熊熊的火光，照得人目眩，壓迫得清軍向水陸街稍稍退却。王府街口至中路的水陸街，約一里半，水陸街至望山門正街又約一里多。闕龍趁着火勢，冒着濃煙，衝過了王府街口，推進到清軍機關槍隊陣地的前面。

中路由工程營馬榮、三十標吳醒漢率部主攻，經小朝街，出水陸街；這時，二十九標蔡濟民、高尚志由右路折回，也命令他們率部加入作戰；終於推進到西口大街上，在督署後面放火，和右路會師。

左路改由熊秉坤擔任正面攻擊，帶領工程營後隊全連，由津水閘，進入保安門正街，直攻總督署前東轅門；並派三十標馬明熙、徐達明兩人各帶一部協攻。街北巷路錯出，清軍設了許多小股伏兵。熊秉坤和馬明熙、徐達明決定將這三部的隊伍，更番疊進，每到一條橫巷，將敵人逐去，就派兵把守，進展也很順利；吳兆麟又派伍正林帶着工程營前隊全連，沿着保安門城牆上，作側面攻擊，協助熊等正面進攻；二十九標杜武庫、楊選青、夏一鳴等也各領所部加入助攻；終於佔領了保安門，再一里多，就到望山門了。又派陳國楨撥兩門過山炮，架設在保安門的城牆上面，由工程營排長曹飛龍率一排兵掩護，向督署方向轟擊。

吳兆麟只留下方興率領測繪學堂的學生等一百多名，防守楚望臺及軍械庫。

這時，張彪帶着機關槍隊和輜重營兩連，還有幾十名武裝消防隊，據守在望山門的城牆上，用密集的機關槍向城下、城上射擊。革命軍也由城下、城上向他們反擊。一些清兵躺了下去，流出了一大灘鮮血，在黑夜裏看不見，只有痛苦的呻吟，詛咒惡毒的清廷造成了絕望動亂的局面。

革命軍進展得很順利。熊秉坤等三部，節節推進，已到了望山門街陳宏發醬園的門口，熊秉坤對大家說：「現在距離督署東轅門不過一百公尺遠近，我們再一個衝鋒就到了。」正要往前衝，後頭的部隊却紛紛倒退。有人說：「望山門城上的敵人衝了下來，截斷了我們的後路。」一個謠風，就像潮水的後湧。熊秉坤、馬明熙、徐達明幾個同志督堵不住，竟又退回津水閘，才紮住隊伍。伍正林一部也因城上清軍的抵抗强烈，巡防營向他們衝鋒了兩次，許多同志勇敢地作戰陣亡了，也逐漸抵擋不住而後退，失去了兩門大炮，保安門城上的陣地，也幾乎被敵人佔領。伍正林氣得要自殺，才算紮住了陣脚。

熊秉坤、馬明熙、徐少斌、彭紀麟、胡效騫……等等同志，又挑選敢死的士兵參加，大約四十人，組織敢死隊，專由保安門正街一線前進猛攻，清兵又往後退却。城上的清軍與伍正林部相持，雙方槍戰非常激烈，無暇注意城下。熊秉坤他們又逐漸往前推進。

這時，三十二標步兵在同志單道康、孫長福、夏斗寅率領下，從中和門進城助戰，說：「我們的標統孫國安帶了一部人撤向五里牌去了。聽說第八標馬隊，在標統喻化龍率領下，退向李家橋去了。我們就領了一部同志趕了來。」

參加革命之戰的人更多了，革命的力量更加雄厚了，估計這一夜大約有二千多人參加革命的聖戰。

總督署附近，火光逐漸熾烈，燒成一片，一些房屋倒塌了，高高的牆也整堵地倒下了。火光將這一帶的地方，映照得如同白晝，「督署」的這個目標顯得特別突出了。革命軍發炮漸漸準確，一顆一顆的炮彈擊中了督署，轟得署內的守軍心裏發慌，有許多人越牆逃走了。但教練隊仍憑藉着高高的牆垣，向牆外密射。槍彈咻咻地橫飛，右翼、中央兩路還不能一下湧進過來。闕龍和蔡濟民兩部則趁着清軍的機關槍時作時息，作時潛伏，息時前進。這時有兩個士兵匐伏蛇行，慢慢向前，終於潛到一挺機關槍的前面；他們突然瘋狂地大喊一聲，奮不顧身，躍起攻擊，但不幸的，第一個已被清兵發覺，受刄倒下死了；第二個就趁着守兵舉刀砍殺的一剎那，迅速地轉過機槍頭猛射，清兵好像牆一樣的倒下去，死了十幾個。闕龍等人趁此機會衝了過去，終於突破了大都司巷口一帶的防線了；清兵紛紛向東轅門撤退。

湖廣總督瑞澂嚇得膽都怯了，帶鐵忠等幾個人，穿出督署的後牆，出了文昌門，逃到城外，登上在長江岸邊升火待發的楚豫號兵艦，急速地開向漢口，緊靠在英租界江面英國軍艦的後面。臨走時，命令第八鎮統制張彪死守武昌城。

張彪看見殘餘的部隊似乎已經不能支持，接着也就率領輜重營，由文昌門出城，渡過長江，退往漢口劉家廟車站。輜重營另有一部分退往漢陽。

革命軍分別派人，騎馬飛馳中和門和蛇山，通知炮隊轟擊的目標：蛇山發炮向火光的南邊，中和門發炮向火光的北邊，加緊轟擊總督署，於是第一炮一千八百公尺，第二炮一千六百公尺，第三炮就擊中督署的簽押房了。

闕龍等人已經衝到了東轅門，和清兵開槍互擊，受了傷，在火光下，可以看見血漬紅了地面，但他仍奮戰不已。王世龍拿着火油箱，大喊着奔躍到鐘鼓樓亭的前面，用火油灌注，放起一把火，雖然彈如雨注，也不稍避，終連中數彈犧牲了；但火已經延及亭樓。

這時左翼一路，熊秉坤、胡效騫等組成的敢死隊也節節擊破清軍。各部革命軍隨後跟進，進展極速。城上的清兵也已從望山門下城，向西潰散。伍正林等部也迅速逼進過來了。

鐘鼓樓猛烈的火焰，照見督署前兩根旗杆的頂端，成為炮兵瞄準的好目標，鳳凰山、蛇山、中和門幾個陣地射來的炮彈，不斷集中轟擊這一點。炮彈在空中爆裂，震耳欲聾。彈着處房屋轟然倒塌下去，署內連連着彈。守兵心驚膽落，也死傷不少，退到了西轅門內，排槍齊發，仍擋不住革命軍的前進。大堂上的守兵，用機關槍篤篤地向外掃射；進攻的革命軍因此死傷了幾個人。胡春陽的大腿上中了一彈，隨着劇烈的痛苦跌倒下來。馬明熙、胡效騫、紀鴻鈞……等十幾人仍然一擁衝進了頭門，正要放火。撤退到西轅門的清兵見到了，又回轉來包圍他們；馬明熙這些同志，陷入了敵人半環形的包圍圈內，境況非常危急；熊秉坤就趕緊帶着一部後援，又將敵人反包圍了。

正激戰之間，紀鴻鈞帶着火油箱，一躍進了門房，放起火來，旋卽中彈陣亡。但不一會兒，火就延燒到大堂。守兵見大勢已去，爭先逃走，自相踐踏，跌倒受傷的不可勝計；這時來不及逃走的都放下武器，垂手投降了。

經過這一夜激烈的戰鬥，武昌新軍各標各營的同志犧牲了許多寶貴的生命，武昌才告光復了。這時，天已濛濛的亮了。

十一日（陰曆八月二十日）黎明五點鐘左右，武昌大部分的地區，都已落入革命軍的手裏，當天空露出第一線曙光，共進會的十八星旗已經高高掛在黃鶴樓警鐘樓頂上，隨着風翻飛飄揚，好像向全國的人民宣示黑暗的暴政已將過去了。

後來，民國成立，國會就通過這個武昌首義的日子「十月十日」為國慶日，一稱「雙十節」。

第四一章　軍政府的成立

革命軍經過一夜的苦戰，光復了武昌，派人接管官庫藩署，清點庫存大元寶、銀元、鈔票，計有四千萬元；步槍十四萬枝，大砲二百多門，機關槍成千挺，子彈不計其數；槍械財政都可以支持一時。上午九時（一說下午三時）左右，陸軍中學學生一千人，由南湖整隊荷槍入城，隨卽派守各機關，維持治安。

這時武昌城內清軍殘部還沒完全肅清，人心未安，軍隊未穩，漢陽、漢口也尚未收復，種種事情都需要人主持領導，然而這時却是羣龍無首，無人作主。原來預定革命成功後出來領導的首要人物，像劉公尚藏匿漢口，孫武因傷入院，蔣翊武遠走京山，都不在武昌。湖北同志在起義前派居正、楊玉如，往迎黃興、宋教仁、譚人鳳三人入鄂主持。黃興知兵能戰，在廣州一役後，名震內外，是對抗南下清兵極理想的人物。宋教仁組織中部同盟會，聯合長江流域各省革命組織，由他參與大計，當然也可以促使各地黨人羣起響應。譚人鳳，為同盟會與湘、鄂兩省革命組織的直接聯絡人，指導協調合作，也有幫助。黃、宋、譚三人，如能先期到來，對湖北革命自有絕對的助力。可惜這時黃在香港，宋在上海，譚在途中。這時，在武昌領導首義的黨人，都屬於下級軍官及士兵同志，像立功最多的吳兆麟原職隊官，猶今連長，蔡濟民排長，熊秉坤班長；現在武昌光復了，要以這一個孤城，面對着强大的敵人作戰，在心理上已經不是他們所能負擔得起。更何況要如何安定動亂不安的民心，要如何統一指揮各標營的軍隊，要如何號召全國人民起來響應。面對着這許多難題，他們感覺到極需找一個比較適當的人出來主持大局了，黨內既然沒有，只好向黨外去找了。

他們起先屬意湖北諮議局議長湯化龍。湯化龍，號濟武，湖北蘄水人，日本法政大學畢業，甲辰進士，為刑部主事，以主張君主立憲，反對親貴內閣有名。湯化龍説：

「清廷一定派重兵南下，目前最要緊的是軍事問題。兄弟不是軍人，不知用兵作戰。你們還是在軍隊中找一位適當的人吧！」

十月十一日（陰曆八月二十日）正午，革命同志張振武、蔡濟民等在諮議局會議，決定推舉黎元洪為中華民國軍政府鄂軍都督，以諮議局為都督府。黎元洪面有難色，不願意就任。大家强迫他就任。決定由議長湯化龍與黎都督分別通電各省，請求響應。並決定由諮議局籌畫組織政事部，由湯化龍為部長，下設內務、外交、財政、交通、教育、司法、編制七局。午後，以黎元洪的名義，在武昌城內外，遍貼安民佈告。因湯、黎關係，舊日軍官及政治、教育各界的人士，出來附從的日多。

漢陽與漢口，在文學社陽夏支部的同志胡玉珍、邱文彬、曾漢臣、趙承武等人策動下，漢陽在武昌首義後第二天晚上八點三十分，由駐防漢陽兵工廠第二十一混成協四十二標第一營隊官宋錫全率部響應；第三天早晨，漢口由第二營隊官林翼支、排長吳勝元率部響應，先後宣告光復。

漢陽兵工、鋼藥兩廠內，所存的槍炮彈藥，有步槍八千多枝，未上槍托的九萬多枝，已製而未完工的兩萬多枝，大炮將完成的二十多門，還有步槍子彈三十多萬發，炮彈約有十萬發。這對革命軍槍彈的供應，作戰能力的增强，當然有極大貢獻。後來湖南、九江的獨立，槍彈多由這裏撥給。

黎元洪被擁為都督後，蔡濟民、鄧玉麟、吳醒漢、高尚志、張廷輔、徐達明……等十五人組織謀略處，籌劃並處理一切軍政事宜。十二日（陰曆八月二十一日），劉公由漢口入府主持機要。十四日（陰曆八月二十三日）居正、譚人鳳從上海到達，將翊武從京山回來，見到武昌城內仍亂糟糟一團。黎元洪仍然意存觀望，不設一謀。譚人鳳命令居正草擬「軍政府組織條例」，計六章二十四條。

十七日（陰曆八月二十六日），軍政府組織條例正式公布，就已有組織設置軍令（一作司令部）、軍務、參謀、政事四部。黎元洪才正式接受都督職。後來到了三十六日（陰曆九月五日），改組政事部，陸續擴充，成為軍令、參謀、軍務、內政（一稱內務）、外交、理財、交通、司法、編制九部；至南北議和時，又成立實業、教育兩部。軍令部先由大都督黎元洪兼任，後由杜錫鈞繼任；參謀部由謀略處改組，蔡濟民等都改為參謀，先由張景良為參謀長，後來由楊開甲繼任，楊璽章、吳兆麟副之；孫武與張振武、蔡紹忠為正副軍務部長；馮開濬、周之瀚為正副內政部長；胡瑛、楊霆垣（後為王正廷、胡瑛）為正副外交部長；胡瑞霖、陶德崑（後為李作棟、潘祖裕）為正副理財部長；熊繼貞、傅立相為正副交通部長；張知本、彭漢遺為正副司法部長；湯化龍、張海若為正副編制部長；李四光、牟鴻勳為正副實業部長；蘇成章、查光佛為正副教育部長。另以劉公為總監察。

軍政府成立之後，除設立各種機構外，另一方面因所存老兵不過二三千人，就大量召訓新兵，擴充軍隊，以應戰時的需要。初編為步隊五協，由林翼支、何錫藩、陳炳榮（一作夏振奎、竇秉鈞、楊載雄三人）、張廷輔、熊秉坤五人為統領；炮隊三標、馬隊一標、工程隊一營、輜重隊一營、敢死隊三隊，因為兵額大大擴充，新軍原有的下級軍官都升到管帶（營長），士兵都升到隊官（連長）。由於軍隊任意的增募，原有的革命精神也就逐漸散失；又由於訓練時間的不够，作戰的能力也就相對地大大減低了。

領導革命與管理國家的領袖人物，除了需要具有卓越的才能外，更需要有造福人民與建設國家的崇高理想，這樣才能把事情辦好，使國家富強，人民生活幸福。要是勉強或起用沒有才能與理想的人出來領導，對國家與人民來說，都是沒有好處的；假使領導大權不幸交給了野心家，那更是禍延國家與人民了。當日武昌革命成功，大家推擧「不知『革命』二字為何物」的黎元洪為都督；民國成立不久，大家為了促成南北統一，推擧滿腦子皇帝迷夢的袁世凱為第二任臨時大總統。由後來歷史的發展看來，這兩個人物都是旣無能力，又沒有理想。像這樣的人，把大權交託給他們，當然不免要走上了袁世凱做皇帝的迷夢；黎元洪為了保全權位，與袁合作，殘殺革命功臣的路子了。

第四二章　小樓夜談

武漢三鎮光復的消息傳到了上海，宋教仁等人都歡喜得不得了，急電黃興，催他卽來上海，共商大局。大家的心裏，都明白各地必須急謀響應，才能够推翻滿清政府。在上海中部同盟會的總部內，宋教仁、陳其美、潘祖彝、楊譜笙、范光啓等人，幾乎每晚都相聚一次，交換意見，討論各種事情。宋教仁說：

「武漢三鎮，倉猝起事，力量究竟薄弱。現在慶親王奕劻派陸軍大臣廕昌，率領北洋第二、第四兩鎮南下，海軍提督薩鎮冰率領長江艦隊往攻武、漢。單以武漢一隅，對抗清廷大軍，恐怕很吃力，不能持久。我們應該通電本部各省分會急起響應。南京與上海，我們尤其要儘快設法響應。從今日的形勢來看，『以天下言之，則重在武昌；以東南言之，則重在金陵』，若能得到南京，就可以聲援武昌，天下的事就大體定了。」

「我和鴻仙去了南京一趟，和第九鎮統制徐紹楨談過。南京同志都說：兩江總督張人駿對新軍防範很嚴密，江寧將軍鐵良、江防軍統領張勳又擁有重兵，猝然發難，不太容易，都主張稍緩。」陳其美說。

「遯初兄，」范光啓也說：「你要我擔任策動南京的事，答應全力相助。在這種情況之下，你說該怎麼辦？」

「武漢的朋友來電催得很急。居正、譚老已到武昌，又來電緊催；我可能要去一去。」

宋教仁問：「鴻仙兄，第九鎮的官兵最崇拜的是誰？」

「趙伯先。」范光啓答道：「其次是烈武。」

「你說『柏文蔚』？他不是安徽壽縣人，跟你是大同鄉吧。」

「正是。他做過南京防營第二十三標管帶。後來因為攪進了謀刺端方的案子裏去，而亡命關外，吳祿貞讓他做哈爾濱屯墾營管帶。他就遍交紅鬍子的頭子。」

「趕緊約他來上海吧。」

「他在東三省組織紅鬍子，不知道能不能分身來呢？果得此公來，大事可成了。」

「那就馬上發一通電報給他，試試看吧！上海方面，英士兄等有什麼要報告的嗎？」

「上海的駐軍，有四個單位：巡防營，統領梁敦綽所部三營約二千人；岑春煊準備帶進四川的衛隊，由黎天才率領，有幾百人，駐吳淞口；警察約一千人；還有駐防高昌廟江南製造局衛隊三四百人，總辦張楚寶是李鴻章的外甥，無法說動。其他都派人運動過。張承槱正在試探梁敦綽，只要他不加阻難，就行了。黎天才的態度已經軟化。」陳其美說。

「我和警官陳漢欽談過。他答應，只要一發動，就加入我們的一邊。」李柱中說。柱中字燮和，湖南安化人，黃興學生，在南洋時加入陶成章的光復會，這時奉黃興的命令，在上海聯絡湘籍的防軍。

「我們可能要對付的，只有製造軍械槍彈的江南製造局。」楊譜笙說。

「我又聯絡一些幫會中人物，有的很熟悉上海情形，像應夔丞，我就叫他搜集情報。」

陳其美說：「蓬生老弟，最近和紅門幫來往。情形又如何？」

「可能有三千人呢！」張承樌很興奮地說：「散佈在上海各低階層中。聯絡成了，我就帶他們去漢口，幫着抵抗清兵。」

「有三千多人，又何必上漢口？」于右任笑着說：「在上海動手，打前鋒，就行了！」

「商學各界呢？」

「有本地巨紳李平書，商團會長葉惠鈞，務本女校校長吳懷九，還有沈翔雲。葉惠鈞已着手組織武裝商團。時機成熟，上海就可以發動。倒是南京方面，比較棘手。」陳其美說。

「十四日，清廷發表袁世凱為湖廣總督對付武昌。袁卻托辭『宿疾未愈』，不肯出來。袁字慰亭，河南項城人。中日戰後，清廷命胡光棻練新軍，後來由袁世凱統率，駐在天津小站，軍官多半由天津北洋武備學堂出身，成為袁系的中堅，有馮國璋、段祺瑞、曹錕、段芝貴……。戊戌變法，袁世凱本來附和維新派，却臨時告密，賣友求榮，升官山東巡撫、直隸總督，設立北洋六鎮，做過外務尚書、軍機大臣。到攝政王載灃上臺，要算『因袁告密，光緒幽禁至死』的老賬，才將他免職；可是他的爪牙，早已遍佈北洋陸軍。這一次派去湖北的二、四兩鎮都是袁一手訓練出來的舊部，自不是廕昌所能指揮得動。報載清廷派了阮忠樞去勸駕。廕昌經過河南彰德府，又親往會晤。」宋教仁很詳細地分析袁世凱歷史與對革命形勢的影響，又說：「有人說，他在彰德洹上村的幽美庭園裏『養痾』，自號『洹上釣叟』，還披簑戴笠，叫人照了一張相片，認定他不會出來的。其實，此賊野心極大；要是出來，却眞麻煩，對戰局恐怕會有比較艱難的影響；所以滬、寧、皖都要加緊進行呢。」

會議結束後，范光啓、鄭贊丞出了民立報，卽去電報局，給柏文蔚打電報。第二日，就得到「可，南下」三個字的回電。

再過了幾天，柏文蔚從關外來到上海。在法租界三茅閣橋民立報內，和宋教仁、范光啓見了面。柏文蔚，三十五六歲，臥蠶眉，眼睛細小，嘴上一彎濃髭，長方形臉，看來很有威稜。

他們相見後，縱論大局。宋教仁說：

「十七日，廕昌到達河南信陽。十九日，革命軍攻佔漢口劉家廟，逼迫清軍退到灄口。到二十那天，慶親王只好又派袁世凱的親信徐世昌到洹上去。外傳袁世凱提出『開國會，組織責任內閣，寬容起事黨人，解除黨禁，總攬兵權，寬給軍費』六個條件。現在，清廷都接受了。這事已見報端。湖北革命軍和袁系北洋陸軍的對抗，已成定局。雖然劉英光復了湖北京山，吳貢三光復了黃州，還有廣西柳州、慶遠，這都是小地方；重要是在大都市還沒有一個。」

「是啊，我們應該取下幾個大城。」柏文蔚說。

「烈武兄，你對南京有什麼計畫?」宋教仁說。

「我打算親自到南京去游說徐紹楨，率部起事。你們設法補充槍彈。」

「那就請你擔任進攻南京的革命軍總司令囉。購買彈藥，由鴻仙兄擔任籌款。」

剛好，黃興在十月二十四日（陰曆九月三日）帶着新婚不久的夫人徐宗漢女士，由香港秘密到了上海，住在朱家木橋小樓中。徐宗漢到民立報來約宋教仁、范光啓。剛好宋教仁不在。范光啓先去，談了一會兒；宋教仁也趕了來，已經是入夜的時分；范光啓就先告辭回去了。

這兩個朋友，離別不過半年左右。這次，還是為着要實現革命的理想而相聚。他們見了面，是既悲且喜。徐宗漢替他們送來一壺熱茶，一碟茶點，準備他們作長夜之談。兩人對坐小樓中，在一盞孤燈下，商談全盤大計，以及策畫寧、滬響應的事情。夜色漸深漸濃，向窗外望去，天上沒有一顆星兒，只見路燈熒熒，街聲寂寂，整個上海漸漸墜入了睡鄉。他們澈夜未眠，喝着茶談着。宋教仁說：

「剛剛我接到三通來電。前天二十二日，焦達峯率領會黨光復湖南長沙，被擧為都督；在井勿幕策動下，陝西西安也光復了，張鳳翽為秦隴復漢大統領；昨二十三日，林森、吳鐵城、蔣羣策動海陸軍光復了江西九江，標統馬毓寶為都督。湖南岳州也在昨天光復。長沙、九江的光復，對武昌尤其重要，一在上游，一在下游。」

「這都是兄等中部同盟會策畫之功啊。」黃興衷心贊美說：「現在，湖南、江西都可以就近出兵援助武昌了。陝西方面，也可以出兵潼關，進可呼應三晉，威脅京漢鐵路了。」

「對的，現在武昌已不如過去的孤立。」宋教仁繼續說：「南京第九鎮，原是趙聲的舊部，官兵多半是革命份子。統制徐紹楨已經跟我們暗中交通。現在，您來了，正好！我們不必西去武漢；還是和柏文蔚一起赴寧，掌握第九鎮新軍佔領南京，然後率領新軍，攻佔江南各省，以控制天下革命的大局，實現我們同盟會理想的政治。」

「鴻仙說，南京的事，你已交給柏文蔚負責，不必再插手進去。再說，我已答應湖北的同志，又怎能不去？」

「那邊有老譚一人，也就夠了！沒有重複再去兩人的必要，我想焦達峯也會馬上出兵援鄂的。」

「此間日本朋友告訴我，最近漢口戰爭很緊，革命軍傷亡不少。他們很需要我們幫忙，主持軍務。」

「這樣，我們更應該儘快策動寧、滬響應，才是。」

「遯初兄，最後來電催我去湖北是你，現在不要我去湖北，也是你。」黄興笑着責怪宋教仁說：「老友，不必再爭議了，還是陪我走一趟湖北吧！」

宋教仁沒有辦法，也就答應了。

「只是，現在長江各個口岸，搜查得非常嚴密。你目標太大，不易偷渡。要去，還得設法。」

「我早也考慮過這個問題，想出解決辦法。宗漢有一個女朋友，叫做張竹君，廣東番禺人，畢業廣州夏葛女學堂，在上海開設醫院。現在，漢口發生戰爭，一定有很多傷兵，需要醫生護士照料。可以由宗漢請張竹君幫忙，由中外男女醫師護士，組織一個紅十字會戰地服務隊，以救傷為名，前往漢口。你我都可以喬裝隊員，宗漢權充看護。這樣，就可以堂堂皇皇地去了。」

「克強兄，這個辦法倒眞是不錯。」宋教仁微笑着説。「還有程家檉在北京陸軍部。這次，我也去了一封信給他，請他『策應』。他已經回信説：已經和第六鎮統制吳祿貞同志聯絡，設法西聯晉軍，進圖北京，並派白逾桓渡遼聯合奉天第二協統藍天蔚，以及灤州第二十鎮統制張紹曾，共取北京；程自己留在京裏，策畫内應；只是武漢這邊發動得太早了點。」

「此計若能得售，南北呼應，不難一舉亡清也。」

「南方情形如何？」宋教仁問。

「我來時候，漢民還在西貢；走前，我也作了些安排。漢民趕回，當有動作。還有呂志伊已經回雲南去策動響應的事，要我轉告你們。」

「也好。」

「哦，我這一次來，在船上無事，還作了一首和譚石屏的詩。」

「寫些什麽？」

「我唸給你聽吧。」黄興説：「也可以消此長夜。」接着就輕拍着桌角，朗聲低吟道：

「懷雖不遇粤途窮，露布飛傳蜀道通。吳楚英豪戈指日，江湖俠氣劍如虹！能爭漢上為先着，此復神州第一功。愧我年年頻敗北，馬前趨拜敢稱雄。」

「好詩！」宋教仁拍掌讚歎說：「不過，老哥太謙虛點！」

這時天空已經露出魚肚白了，沒想到竟談了一夜。又談了片刻，宋教仁看看手錶已是上午七點鐘了。徐宗漢已進室來，請他們去洗臉，吃早餐。

他們剛吃了碗小菜暖粥，范光啓已約了柏文蔚來會黃興。柏文蔚是同盟會長江分會的會員，對這位庶務幹事，早已耳聞其大名，就連聲稱道仰慕之意。

黃興見到了柏文蔚，談得相當投契，將自己隨身佩帶的一把手槍，解了下來，贈給柏文蔚，說：

「自古『寶劍贈英雄』。以槍贈君，亦此意也。現在，預祝我兄『馬到成功』！」

柏文蔚也就不推讓地收了下來。

接着中部同盟會幾個重要人物，像陳其美、楊譜笙、潘祖彝、于右任幾個人也都來了，再一商議，推黃興督師武、漢，柏文蔚經營南京，陳其美負責淞、滬。

大家分頭辦事。宋教仁又邀了日本朋友北一輝一起前往武漢。這一天，范光啓同柏文蔚去南京。黃興、宋教仁、劉揆一、田桐、徐宗漢混在張竹君組織的紅十字會戰地服務隊中，一起搭乘怡和號江輪，溯長江而上，前往漢口了。

第四三章　鄂州約法

十月二十八日（陰曆九月初七日）午後怡和輪到達漢口，正值兩軍激戰之際，宋教仁、黃興等上了碼頭，但聞砲聲隆隆，彈如雨下，路上行人稀少，只有些逃難的百姓，觸目是一片戰爭的景象。他們原打算在中西旅館小住，和漢口軍政分府電話聯絡後，由於戰事失利，宋教仁住進德租界華景街十四號竹廼家。宋教仁的日本朋友北一輝也從上海趕來相會。

漢口的戰爭非常激烈，租界的後面已經成了戰場。租界內外國的武裝士兵在不斷巡邏。據軍政分府派來接待的人說：「自清廷陸軍大臣廕昌南來後，清軍動用五十個列車，由京漢鐵路，日夜趕運十萬兩餉銀、七十二門榴散炮、機關槍與援兵，到湖北孝感縣花園站。孝感在漢口北。北洋第六鎮李純的十一協已全部抵達。十月二十四日（陰曆九月三日）晚，開始向我們的漢口進攻，打了三四天了，戰事已發展到市區。有些地方被清軍放火焚燒。你看，那邊大火冲天，濃烟瀰漫，也沒有人敢去救火的。百姓說，有人去救火，就被清兵射殺。對的，我們已經派人去武昌向黎都督報告：『各位已經到達了』。」

傷兵很多，張竹君率領的紅十字會戰地服務隊，登岸不久，就開始在軍政分府、郵局聖公會、大智門各地，展開救護及療治傷兵的工作。

第二日，武昌軍政府首席秘書李廉方來接黃興、宋教仁等人過江。他們冒着炮火彈雨，由漢口坐擺江的駁船，前往武昌。漢水上停泊着各國護僑的兵艦。船行大江中，波濤滾滾，隨潮上下，耳聞炮聲隆隆不絕。宋教仁回頭一看漢口，中國市區正陷在戰火硝烟之中。忽然有一顆開花彈，正迎着他飛了過來，嘯音驚人，不及一丈來高，一眨眼間，從頭頂上飛掠了過去，落入江中，濺起了一個水柱，眞危險極了。

到了武昌，下船上岸，已有軍政府許多同志，像劉公、居正、胡瑛、蔡濟民、吳兆麟等等在岸邊歡迎。他們由漢陽門進城，街道邊到處貼着標語，受到軍民熱烈的歡迎。武昌一城聽到黃興、宋教仁到達的消息，人心士氣都一下子振奮了起來。

軍政府設在蛇山閱馬廠諮議局內。這是兩層洋房，大門前掛着紅地中綴十八黑星旗，取義「以鐵血光復十八行省」的意思。大門口有持槍的衛兵站崗。黃興、宋教仁等人到了軍政府，又有湯化龍、蔣翊武等人出來相接。黎都督已經在辦公室內相候。大家見了面，互相道過「寒暄欽慕」的話，主人和客人客氣相讓坐下。喝茶之後，馬上由副參謀長吳兆麟作「漢口戰局」的簡報，說：

「十月二十五日，袁世凱派馮國璋為第一軍總統率部南下；又派段祺瑞為第二軍總統，繼續率部來鄂。估計現在清軍進攻漢口的兵力，大約有一萬五千人，擁有德國克虜伯開花快炮，馬克生機關槍，士兵訓練嚴格，無論人數、火力、訓練，都較我軍强得多。薩鎮冰的長江艦隊，包括巡洋艦、炮艦、魚雷艇，總有十幾艘，已經進抵武昌青山炮臺對岸的諶家磯，有十到十五生的口徑的大炮，威力極强，已經向漢口我軍散兵濠轟擊。我軍青山炮臺也開始還擊。自從二十四日，清軍由灄口，進攻漢口以來，每天戰事都非常激烈，有時還發生白刃戰。我方損失慘重，舊部新兵，都死傷很多，約有兩千多人。估計清軍死傷亦相當。漢口劉家廟車站、跑馬場、大智門都已經被敵軍佔領。我軍已退守歆生路、玉帶門；現在，仍然在浴血抵抗進行巷戰之中，情勢非常危急。」

吳兆麟報告完了。黎元洪轉向黃興和宋教仁說：

「今天，袁世凱已自彰德南下，派敝同鄉道員劉承恩，致書本人講和，以清廷『下罪己詔，實行立憲，赦開黨禁，皇族不問國政』等為條件；我已決定提議『建立民主政府』加以拒絕。不過，現在漢口情況如此危急，很想請黃先生協助，到漢口指揮作戰，實行反攻。由黃先生主持軍事，我專管內政。不知黃先生肯否見允？若肯答應，明早就請參謀部吳兆麟、楊璽章、蔡濟民、徐達民幾位，陪同幾位先生前往漢口視察。」

黃興一口答應了。這時，宋教仁仔細一看，才看清黎元洪是一個大個子的軍人，粗寬臉形，大耳朵，臥蠶濃眉，厚眼蓋，三角細眼，兩大撇八字鬍，豐滿下巴，總給人一種「貌似忠厚」的感覺。黎都督說：

「宋先生，聽說你博學多才。在外交與政治方面要如何處理？還請先生賜教。」

「衡量現在的大局，應該儘快組織一個全國性的『中央臨時軍政府』，以和清廷對抗。這樣，對內可以結合革命的力量，振奮民心和士氣；對外也可以使外國繼續承認我們是『交戰團』的合法地位，嚴守中立。但也可以藉此進一步取得外國的承認。革命須得到外國的承認才算完成。但承認的條件，大約有三：第一、已經取得相當的土地。第二、已經設立一個統一的政府。第三、戰爭方法合於文明國的習慣。不然，各省續起響應，宣告獨立，沒有統一政府，會造成分裂的局面；有些强國就可能會藉口我們派別紛歧，無力維持佔領區域，而加以干涉。所以亟須先行組織臨時政府，以求早日得到國際的承認。」

「有關外交，請外交部胡瑛部長向先生討教；組織政府，請編制部湯化龍部長和先生研商。還盼望先生多多提供高見。」

當時大家談得相當融洽。黎元洪對黃、宋的招待，相當熱烈。

宋教仁向胡瑛問起了譚人鳳，才知道他押送二千枝步槍，二十萬發子彈回湖南去了；孫武受傷，這時尚未復原，所以未曾見到。居正因為參加作戰受了輕傷，這時也過來相見。

三十一日（陰曆九月十日）上午九點鐘，黃興、宋教仁和吳兆麟等人去漢口視察。午後三點鐘，黎元洪授任黃興為總司令。這晚，黃興在漢口市中心滿春戲園設立總司令部。宋教仁實地視察後，覺得情況危急，趕緊寫了一封信，給中部同盟會留滬的陳其美、楊譜笙、潘訓初三位總務幹事，說：

「英譜訓三兄及諸同志鑒：弟於前日安抵鄂中。此間戰事吃緊。亟望各處響應……滬上及南京、皖北情形，均乞示知。長沙、九江、宜昌、岳州已確得。刻下惟北洋敵兵可慮耳。柏君已行否？皖北如動，亟宜出河南以為牽制北兵之計。否則僅恃鄂兵，與彼硬戰，恐難支也。如有回示，請交漢口德租界華景街十四號竹廼家陳純中君轉交，為幸。餘不多言，敬候

公安

弟漁　頓　九月十」

十一月一日（陰曆九月十一日），清廷發表袁世凱為内閣總理大臣。這時袁已到達了孝感，接代麿昌。袁系爪牙馮國璋派大軍猛攻漢口。黄興親督部隊抵抗，但因新兵缺乏嚴格訓練與作戰經驗，又不聽命，節節後退。馮國璋縱令部下，到處放火，燒一段進一段。於是漢口最繁盛市區中的數萬家店舖住家，就這樣的一焚無餘，火勢猛烈，烟燄冲天。整整燒了六天，餘燼還未全息。北洋陸軍在漢口地區作戰，不但沒有一分保衛國民的意思，反而如虎如狼，姦淫搶擄，殺人為樂，處處積屍滿地，血流成渠。縱十里寬三里的漢口市區燒成了一片焦土，可以看出袁世凱這些北洋軍閥的殘暴根性，想用此壓迫革命軍與袁世凱妥協，好掠奪政權。所以袁軍一邊猛燒漢口，一邊又再命劉承恩致書黎元洪，提出和談之議。

十一月二日（「　國父孫中山先生傳」作「十一月一日」），黄興在漢口奮戰了三天；終因衆寡不敵，黎元洪都督電請黄興等人撤退，趕回武昌，商議防守漢陽的方略。

到下午六點鐘，一輪殘陽，赤紅如血，和漢口整個市區的紅紅火燄，黑黑濃烟，構成了一幅令人永遠難忘的景象，革命軍的許多新兵，神傷氣沮，懊喪萬分；他們扛着槍緩緩地向漢陽和武昌撤退。——漢口的失陷和當日革命軍光復武、漢後，沒有馬上派兵進佔武勝關、黃河橋、三道橋等天然險要，或折毀橋梁鐵軌有關，以致清軍能夠迅速由鐵路赴援。

黃興和宋教仁也在這時回到了武昌，知道湖南都督焦達峯派了王隆中、甘興典率兵兩協援鄂，已經到達；但也帶來了焦達峯和副都督陳作新，一起被降將梅馨殺害的不幸消息。焦達峯死時，年才二十五歲，他是一個極有幹勁才略的黨人，但當時却被誣害為洪江會首領姜守旦；後葬長沙嶽麓山。於是湘人便擁戴諮議局議長譚延闓繼任都督。不過，也得知山西太原在十月二十九日光復，黨人閻錫山為都督。接着三十日，雲南昆明光復，黨人呂志伊運動之力，推新軍統領蔡鍔為都督。三十一日，江西南昌在黨人蔡公時運動下光復，推舉協統吳介璋為都督。太原、昆明、南昌這三個省會，相繼光復，當然大大增强革命軍的聲勢了。

宋教仁又給上海總部，寫了一封信，除了催促楊譜笙購買子彈數萬發外，又說：

「雲南、山西又光復，寧、皖不動，實不能對人。」

這天晚上，月色明亮，由居正、田桐發出邀約，召開一次會議。武昌革命軍幹部同志，除了黃興、黎元洪外，都到了，幾十個人在諮議局前院圍成一個大圓圈，在柔美的銀輝下，人影綽約。宋教仁也出席了這次會議，只聽居正說：

「黃興先生代表革命黨，是遍佈全國的同盟會領導人之一。現在，我們既然請黃興先生來負責防守漢陽，湘軍也加入我方作戰；所以我提議公推黃興先生為湖北、湖南大都督，擬稱『南方民軍總司令』，以便統轄湘、鄂兩省革命軍，和清軍作戰。」

同盟會同志大多發言附和這個建議。湖北軍政府的一些人員，却希望黃興隸屬鄂軍都督黎元洪的下面，主張用「民軍戰時總司令」。如吳兆麟力言：

「此議千萬不可以發表，以免和黎都督接近的人，發生疑慮，頓生內爭，引致清軍挑撥煽惑。」話說的也很中肯。當時，因為戰事很吃緊，宋教仁就說：「既有利害衝突，卽作罷論。」也就未再堅持了。

會後，宋教仁勸黃興說：「我們先行組織中央臨時軍政府，由湘、鄂等省各派代表選擧大都督。選擧結果，黎元洪只有服從。」黃興說：「未立一功，何以服衆。這還是等我收復了漢口之後，再說吧！」於是組織臨時政府的事，也就暫時擱置。不過，宋教仁內心對這件事却很不以為然，認為全國革命的領導權，竟被一個局外人黎元洪所取代；這由他後來離開武昌時節對北一輝所說的一段話裏，可以看出端倪。

十一月三日（陰曆九月十三日），黎元洪採用登壇拜將的古禮，在軍政府前面的閱馬場上，築了一座將臺。正午，各機關及各部隊的首長都來參加。在悠揚的軍樂聲中，都督黎元洪和黃興同時登壇，舉行拜將典禮。黎都督作簡短演說後，當衆宣告黃興為「民軍戰時總司令」，親將大印、總司令旗授給黃興，禮儀隆重而莊嚴。黃興受職後，發表一篇激昂慷慨的演說。典禮在全軍熱烈的歡呼中結束。

典禮完畢，黃總司令就渡江前往漢陽，在西門外歸元寺附近的昭忠祠設立總司令部，以李書城為參謀長，田桐為主任秘書。湘、鄂兩軍約五萬人，悉歸黃興指揮，積極擬訂防守漢陽的計畫。

宋教仁留在武昌，協助胡瑛辦理外交。由於他手腕靈活，各國終嚴守中立。

各省同盟會黨人不斷起義光復，有些地方人士宣告獨立的消息與電函，不斷傳到武昌，幾乎每天有數起至十數起。十一月三日(陰曆九月十三日)，上海黨人陳其美、張承櫆、李燮和、陳漢欽、李平書、沈翔雲率領會黨、警察、商團、學生，進攻江南製造局，次日佔領，推陳其美為滬軍都督，滿清駐防上海海軍也反正。四日，貴州貴陽在黨人張百麟策動之下光復，由楊蓋臣為都督。五日，將中正與朱瑞光復了浙江杭州，由仕紳湯壽潛為都督。將公中正，本在日本高田野炮兵第十三聯隊為士官候補生，及武昌起義，動身回國，在十月三十日

（陰曆九月九日）到上海，陳其美派他到杭州運動新軍，率領敢死隊攻打督署，卽建此大功。陳其美又派代表到蘇州，蘇州也宣告獨立了，由江蘇巡撫程德全為都督。山東各界通電要清廷接受革命軍條件，並要求巡撫孫寶琦響應革命。六日，有廣東惠州、香山，江西贛州，安徽壽州，江蘇江陰、松江、無錫，浙江寧波、餘姚，福建延平等等地方光復。七日，江蘇鎮江宣告獨立，由黨人林述慶為都督，海軍統領宋文翽率領所部楚觀等十二艘兵艦，張字魚雷艇一艘反正。又有廣西巡撫沈秉堃在桂林宣布獨立，被推為都督。八日，安徽安慶獨立，巡撫朱家寶為都督。九日，廣東宣布獨立，李準在廣州反正，總督張鳴岐逃走，黨人胡漢民被推為都督。又有福建黨人劉通、彭壽松、許崇智起義，福州光復，由孫道仁為都督。這時已有十二個省份及省會光復，重要的城市像上海，也已落入革命軍之手。四川也只有省會成都等少數城未下罷了。清廷的權力對江南來說，實際上已經等於零。只是在這各省紛紛光復獨立聲中，革命軍沒有一個統一政府，領導各省；宋教仁覺得必須馬上組織一個屬於全國性的「臨時中央政府」。因此，他又向黎元洪提出在湖北武昌組織一個臨時政府的建議。得到黎元洪的同意。黎元洪在十一月七日通電各省，徵詢組織政府的意見。九日再電各省，請速舉全權代表來鄂會議，組織臨時政府與規畫國體。因此，宋教仁和湯化龍、居正、胡瑞霖、張知本等人商討計畫，並由宋教仁起草「中華民國鄂州約法」，作為「組織臨時政府」與「建設新國家」的方針。

宋教仁所草定的「中華民國鄂州約法」，分「總綱」、「人民」、「都督」、「政務委員」、「議會」、「法司」、「補則」七章，共六十條。現將其重要內容，略述如下：

第一章總綱，三條（第一至第三）：鄂州人民，以組織鄂州政府統治之；將來取得的土地，在他州域內，亦暫受鄂州政府統治；俟中華民國成立，另定區劃。鄂州政府以都督、政務委員、議會與法司構成。中華民國成立後，此約法卽取消，應從中華民國憲法之決定。

第二章人民，共十八條（第四至第二十一）：主要規定人民的權利與義務：人民一律平等，享有言論著作刊行集會結社、通訊、信教、居住遷徙、保有財產、營業等等自由。保有身體自由，非依法律所定，不得逮捕審問處罰；家室自由，非依法律，不得侵入搜索。對於行政官所作違法損害權利的行為，可訴訟於行政審判院。可向議會陳請，行政官署陳訴。有任官考試、選舉與被選舉的權利。有納稅、當兵的義務。本章所載人民的權利，於有認為增進公益、維持公安或非常緊急的必要時候，可以法律限制之。

第三章都督，共十三條（第二十二至第三十四）：主要規定都督的推舉與職權。都督由人民公舉，任期三年，連舉連任，以一次為限。都督代表鄂州政府，總攬政務，公布法律。都督對議會議決法律，不以為然，可以全體政務委員署名，說明理由，請議會再議，以一次為限；在緊急必要時，可以全體政務委員署名，發布制令，事後仍須提出議會，歸其承諾。都督在議會法定開會時期之外，可以召集臨時議會。議會開會時，都督得出席發言。都督可以對外宣戰、媾和、締結條約；締結條約須提出議會議定。都督統率水陸軍隊。除考試、懲戒、審計、審判事項外，都督可以制定文武官職官規，任命文武職員，給與勛章及其他榮典。都督依法可以宣告戒嚴，宣告大赦、特赦、減刑、復權。

第四章政務委員，共五條（第三十五至第三十九）：依都督任命，執行政務，發布命令，負其責任。向議會提出法律案，並出席發言。編制會計預算，募集公債，締結契約，須經議會審定等等。

第五章議會，共十五條（第四十至第五十四）：議會是由人民選舉議員組織成。工作在議決國家法律案，議定政府送議的條約、會計預算、募集公債與國庫有關之契約。並審理決算，可向政務委員提出條陳，質詢政務委員，受理人民陳請，送於政務委員。議會應以總數四分三以上出席，以出席三分二以上議決；可以彈劾政務委員之失職及犯罪。議長由議員自選，在每年法定時間內，自行集合開會閉會，有總數三分之二以上出席，才可開議，出席過半數，才可作議決。議事須公開；由政務委員要求，出席議員過半數議決，也可以開秘密會議。議員十人以上連署，可提出議案。議員在會內發言、表決、提議，在會外不負責任。議員除內亂外患之犯罪及現行犯外，在會議期中，不得議長許諾，不得逮捕。

第六章法司（猶今法院），共四條（第五十五至五十八）：法司以都督任命之法官組織成，法官之編制與法官資格以法律定之。法官非依法律宣告受刑罰或應免職，不得免職。法司應依鄂州法律，審判民事訴訟及刑事訴訟，但行政訴訟及其他特別訴訟，不在此限。法司審判，必須公開，但對於認為有妨害安寧秩序者，可秘密審判。

第七章補則，共兩條（第五十九至第六十）：本約法由議會議員三分二以上，或都督提議，議員過半數出席，出席過半數表決，可以改正之。本約法自某日施行。

由「鄂州約法」的內容，我們可以看出當日宋教仁的革命理想，是在建立一個民主的政體，是為了爭取中國人民的自由平等，是要永遠推翻獨裁的帝制。這個「鄂州約法」，經鄂州政府宣布；並在民立報上連續刊載（一九一一年十二月二日起）另附官制草案，後為江、浙兩省所採用。這也是後來中華民國制定憲法的先聲。

第四四章　舌戰與離鄂

宋教仁在武昌，與湯化龍正忙着擬訂「鄂州約法」與籌組臨時政府的時候，忽然傳來十一月七日（陰曆九月十七日）夜，山西巡撫第六鎮統制吳祿貞，在河北獲鹿縣東南石家莊被刺的消息，實在令人震驚悲悼。

吳祿貞本來和駐在灤州（河北灤縣）的第二十鎮統制張紹曾，奉天的第二協統領藍天蔚密謀，直接進攻北京，實行「近畿革命」。張紹曾扣留從奉天運往湖北的軍火，又和藍天蔚通電威脅清廷宣布憲法。吳祿貞電請清廷明諭停戰，飭令馮國璋退出漢口，又到娘子關，和山西革命軍閻錫山所部將軍仇亮會商。但吳祿貞所部的第六鎮，却是段祺瑞的舊部，因此袁世凱派人賄使已經撤職的步兵標統周符麟，勾結衛隊長馬蕙田，在黑夜中領兵衝進車站，對着吳祿貞行轅，亂槍四射，吳祿貞遂被刺殺。先前傳說主謀暗殺是良弼。六日，袁世凱解除張紹曾兵柄，調為宣撫大臣。十四日將藍天蔚開缺。要是吳祿貞等計畫實現，援鄂清軍的後路必將斷絕，全師覆沒，亦有可能，清廷早自傾覆了。消息傳到了湖北，大家都非常悲憤。宋教仁更覺得痛心，北方革命同志慘淡經營了十年的力量，毀之一旦。程家檉與白逾桓聽到了吳祿貞被刺，張紹曾調職，藍天蔚開缺的消息，兩人曾經抱頭痛哭。當時，影響最大的，當然是北洋陸軍從此完全落入了袁世凱的掌握，可以恣無忌憚，陳兵漢上，脅迫鄂方，與之講和，而聲言「大總統非袁莫屬」了。

十一月十一日（陰曆九月二十一日）下午一時，袁世凱派代表道員劉承恩、海軍正參領蔡廷幹由漢口渡江，到達武昌，和軍政府議和。黎元洪在議事廳接見他們，各界重要的人物都出席這次談判，劉、蔡兩位來使提出了六點意見，滔滔不絕，一展辯才，說：

「現在，我們要求改革政治，如今朝廷已經宣布立憲，開放黨禁，目的已經達到；所以雙方再打下去，徒然兵連禍結，生靈塗炭；而且會惹起外人干涉，甚或釀成瓜分之禍。由現在情勢看來，我們宜主張政治革命，不宜實行種族革命；而且『民主國體』，未必優於『君主國體』；再說各省獨立，自舉都督，不相統屬，不肖者流，藉此機會，自私自利，外人雖不瓜分我們，而我們自招瓜分，終必形成割據。」最後他們又說：「除了『民主國體』外，無論何種意見，我們都可以代為轉達項城，請朝廷採擇實行。」

他們的話還沒說完。理財部長胡瑞霖冷冷地說：「我們所主張的，就在『民主國體』。今除民主國體不談；那麼，這次會談，實無可議的餘地了。今試轉而言之，若袁某承認我們主張的民主國體，另有要求，我們無不酌量情況允准。」

「國體問題，雖然重要；但再打下去，恐怕——」

「恐怕什麼？再製造一個漢口，是嗎？」宋教仁接着就痛痛快快地反駁劉、蔡兩來使的六點意見，說：「我們革命的目的原在『共和』，今滿政府仍要『君主立憲』，我們的目的並沒有達成。而且滿清政府並沒有實行君主立憲的誠心。由近年來的事實，卽可證明。這次所下的立憲僞諭，都是由於我國國民已能够將共和國家建設成功，不得不作此『搖尾乞憐』之計。我們若墮其計，焉知將來不『復其故態』。至於說『已開黨禁』，尤屬可笑呢。黨禁開不開，全看我們的實力。我們也不希望他開什麼黨禁。若說『兵連禍結，生靈塗炭』，這句話講的確實不錯。要是袁先生不來這裏打仗，大局久定，漢口斷不至像今天這樣！當然也不至惹起外人干涉，何來『瓜分之禍』？我們也並非主張『種族革命』，各處獨立，滿人投誠，都受到保護。但『政治革命』與『種族革命』，實有關係。這是不可不知道的。我們要建立一個民主共和的國體，自應推倒帝制獨裁的政府。現政府旣為滿人所掌握，所以就不得不推倒這少數的滿人。假如這少數的滿人，能深明大義，還我『國權』，自不見有什麼『種族革命』了。『民主國體』與『君主國體』的優劣。就拿滿族入主中國來說，以少數人束縛多數漢人，慘殺多數漢人；這些握有政權的滿人，又多半毫無知識，怎能統治多數優秀的民族？所以民主國體當然比君主國體好多了，更適合我國的情況。至於現在『各省獨立，自舉都督』，這只是權宜之計，並不是不能够統一。蓋各省倡導起義獨立的人士，都是我們的同志，都是以『救國』為前提，斷不至存自私自利之見。我們一定能够聯絡一氣，組成『新共和國家』。現在，各省都計畫推舉代表來武昌，籌商組織新政府的辦法。而各省的代表已到武昌的，已不乏人。還有幾省電請我們的黃大將軍、黎都督權宜組織臨時政府，以圖統一全國。總之，盼望兩位將我們這些意見，轉達項城。並請他『儘速轉戈北征，驅逐清虜，立此奇勳，方不愧為漢族的男兒』。果能如此，我們當會敬之愛之，將來也可能被舉為大統領。不然，我們當長驅北伐，那時將後悔不及了。」

宋教仁的這番話，駁得蔡廷幹無話可說。但劉承恩還想强辯說：「現在各省多已獨立，漢人大權在握，清廷已無能為；只是項城三世事滿，不能坐視危亡。現在，朝廷旣已答應捐除苛政，實行立憲；項城的意思，保留君主，只不過像『和尚推戴佛祖』罷。再者，日、俄兩國已派海軍提督，進入我國境內，不知是何意思。還希望都督愼重考慮，不要釀成外人瓜分我國之禍。」

「眞笨啊，項城！」黎元洪笑駡說：「瓜分這話頭，又哪能嚇倒我們湖北革命黨？不要說各國向守公法，不會有不當的行動；就是有，我們湖北幾千萬的同胞，無不是熱血捐命的人，也可以和他們辦正當交涉。項城命二位來，表示意見。我已『敬聆』。我想項城的意思，實在是現時牢籠各省，以後設法反間，使自相衝突。過些時日，總握了大權，他自己再驅逐滿人，自立為君罷了。這又怎麽可能。我意思是要二位轉勸項城：『率其所部，轉取冀、汴，還不失做個都督。將來大功告成，公選總統，以項城的威望，或可當選吧。』否則，約期決戰，多言無益。至於說『三世事滿，受恩深重』。試問他還記不記得『溥儀將立，頭顱幾落』的時節？中國的土地，本是我們中華民族所有，被强人侵奪！現在項城替他管家，就是極冷血的動物，也斷不至於認為『有恩於我』吧！二位都是中國人，不知以為何如？」

一席話說的蔡廷幹臉上通紅，不知如何回答是好。但劉承恩還厚顏地說：

「據黎都督與宋先生的話，你們不吝推戴項城為大統領。那麽，是要袁投身南軍，反抗朝廷嗎？」

宋教仁帶着嘲笑的語氣，說：「大統領，是『衆望所歸，公選而定』。我們很難為誰預定！袁先生要是能略定河南、直隸，替中國革命盡一死力，再進而建立新共和國，大統領的榮職，不用爭，自歸他掌握！」

這時，在座的一些人聽了這話，覺得袁世凱只知爭權奪利，就紛紛痛罵說：「袁世凱沒有人格，漢口焚燒都是他一手造成的。還說什麼不願『生靈塗炭』！」也有人罵他是「自私的敗類，無恥的小人，嗜亂的蟊賊，亡國的奸徒，凡有血氣的人都要跟他一拼！」又有人罵劉、蔡兩人說：「替袁這種人來做說客，一無價值。」說的兩人無地自容，滿臉通紅，只有默坐一旁，靜聽痛罵罷了。最後，還是黎都督見罵的差不多了，替他們解圍說：「今日聊備小酌，請二公痛飲。明晨再派人恭送過江。」結束這十分尷尬的場面。

這時，倪鐵生（生一作僧，疑卽倪緯漢）奉范光啓命，帶了一封密函，到了武昌，大意說：

「第九鎮統制徐紹楨率精兵萬人，軍次金陵。九月初，烈武至寧，與獅子山炮臺臺長，召集各處同志，籌商一切。弟亦往遊說徐紹楨，曰：『消滅胡虜，匡濟中華，誠千載一時之機也。』兩江總督張人駿，江防軍統領張勳，已疑新軍不穩，於九月十日（陽曆十月三十一日）收徐所部子彈，命其移駐城外秣陵關。烈武乃與相約，供應所需。今柏兄業已回滬，載運彈藥。九鎮同志已與督署衛隊約定近期發難。弟衡今情勢，深知攻寧，勢須聯合諸軍，始能為力。惟城下後，調和頗不易也。事極急迫，故敢請吾兄速來主持下游之事也。」

宋教仁看了范光啓的來信，心裏深感後悔，誠然「良機一失，不可再來」，南京已經不是過去溯江西上的情況了。如今第九鎭新軍已受張勳壓迫，收繳了子彈，逐去城外，要想佔領南京，必然不易了。現在，吳祿貞已死，北方直搗黃龍計畫也已經絕望了；武昌又在清軍遠程的大炮威脅之下，炮彈時時震動都督府的玻璃窗，情勢也很危急，也亟需攻下南京，方能安定大局；而且組織臨時政府的事情，也需要他南下策畫運動。現在，宋教仁接到范光啓的信，就決意卽日起程，因對北一輝說：

「我到武昌來，一如往例，都是黃興不肯聽我的話。這裏已有譚老，那需要我們再來？我本來要率領南京的新軍，奪取江南各省，控制天下的大局。他不聽，强要拉我到這裏來，終至把我們的黨擺在黎元洪的支配之下。昨天，南京派倪鐵生來接我。我要設法佔領南京。我不能再管克强在這裏的成敗。能攻下南京，漢口也就很容易收復了。」

十一月十二日(陰曆九月二十二日，註)晚上，宋教仁留下了一封「致漢陽前線黃總司令」的信後，就和北一輝、倪鐵生，在驟雨密佈、炮彈交落的水烟中，冒險渡過長江，到了漢口連夜搭乘日輪大利丸，東下南京。在船上，宋教仁想：「但願還來得及，攻取南京吧！」

註：吳相湘在「宋教仁」傳第一〇七頁中，作「十一月十日（陰曆九月二十日）晚至漢口東下。」按宋在陰曆九月二十一日，袁派劉承恩到武昌，和黎元洪議和時，宋教仁尚在場，發表意見；見民立報十一月二十日（陰曆九月三十日）武昌專電及其特派員函，追述其事。故宋離開武昌，最快也要在十一月十一日晚上或十二日晚上。吳作傳說宋到達鎮江是「十六日」；推算宋離鄂日期，最可能是十一月十二日。

第四五章　南京的光復

十一月十五日（陰曆九月二十五日），當日本輪船大利丸駛近南京，宋教仁一行小立船頭，看到下關港埠一帶，黃龍旗迎風招展，江防軍荷槍佩刀，戒備森嚴。倪鐵生見了非常震驚，對宋教仁說：

「入城舉事，恐怕相當困難了！」

宋教仁還是相當鎮靜，微笑地握着北一輝的手，說：「不如進城看看，也許可以想出辦法吧。」

他們上了岸，冒險進城，到南京日本領事館，打聽消息，才知道出事了。原來第九鎮和督署衛隊營暗約八日起義，事為兩江總督張人駿所知，殺了衛隊營管帶。衛隊營在七日晚上進攻督署，張勳調集了大隊圍攻，衛隊營寡不敵衆，大多戰死。次日，第九鎮分路來攻漢西門、製造局、雨花臺，因為彈藥不繼，戰死三百多人退走。城裏的革命機關全被破獲，九鎮留守的官兵、知識青年、憲兵和軍校學生慘遭殺害的，總數超過一千人。現在，還不斷在抓人呢。宋教仁要想在南京城裏發動革命，實在已經無從措手了，只好離開了這危機重重的南京，搭輪東下。

十六日，船到鎮江，到都督府，見到范光啓。這時，各地革命軍雲集鎮江，有鎮江都督林述慶、軍長柏文蔚，蘇軍司令劉之潔，浙軍司令朱瑞，滬軍司令洪承點，光復軍司令李燮和，濟軍（淞軍）統領黎天才，還有第九鎮統制徐紹楨等等各率一部。范光啓說：

「軍隊雖多，實力不足；各軍將領，互不相下，無法聯合作戰。最好，你能留在這裏，協調各軍。」

「我暫時要到上海、蘇州、杭州去，商量組織臨時政府的事。疏通軍隊，由你辦理。待南京攻下了，我再來組織政府。很快，就會攻下的！」宋教仁說。

十七日，宋教仁到了上海，回民立報去。宋教仁和陳其美、于右任商談各事，才知道陳其美和江蘇都督程德全、浙江都督湯壽潛三人，打算在上海設立臨時議會，由各省諮議局、都督府各派代表一人來滬集議。陳其美說：

「在十三日，我以滬軍都督的名義，分電各省請派代表來滬，籌商設立臨時政府，並推舉伍廷芳與溫宗堯做各省外交總代表。伍廷芳做過駐美公使，溫宗堯做過兩廣洋務司總辦、兩江總督外交顧問，都是富有經驗的外交家，也都是熱心支持共和的人物。」

「對組織臨時政府的人選，程雪樓有什麼意見？」

「他有意推戴我們的孫總理做臨時總統。他在本月十四日通電中說：『選舉臨時總統，應留待孫逸仙先生回國之後，方可舉行。』孫總理十六日從巴黎來覆電，却說『總統自當推定黎君。聞黎有請「推袁」之說，合宜亦善。總之，隨宜推定，但求早鞏國基。』孫總理不肯以總統自居，謙遜感人。但民國第一任的總統，一定要完全依據國民的公意，作最合宜的選舉。」陳其美說。

「議會組成了嗎？」

「十五日，開過一次會，由江、浙、上海等七處代表，組成『各省代表團』。但黎元洪來電，要此間代表到武昌去。」

「我就是為這件事回來的。湯化龍擬請各省代表到武昌去，商議組織政府的事。」宋教仁說。

「你可以和各省代表團磋商磋商。」

「章炳麟，已經從東京回到了上海，住在哈同花園。現在，他那裏却成了同志集議的中心。」于右任說。

「太炎，我還沒見過。」這時，宋教仁話頭一轉，却贊美起于右任來，「民立報，在這次革命的聖戰中，在瓦解清軍、鼓舞革命的宣傳戰上，可說已盡了極大的貢獻。許多地方，紛起響應，不能說不是受民立報的影響，像馮國璋受傷啦，我軍大捷啦，『眞假莫辨』，直教『敵喪我壯』。看民立報的新聞評論，我才知道宣傳文字在革命與戰爭中作用之大。徐血兒兄的文字，尤激昂慷慨，動人之極。眞是『筆桿不輸於槍桿，筆鋒更利於劍鋒。』」

「民立報，已經成了我們的機關報，也是各地革命軍聯絡的中心。」陳其美說。

「武、漢情況如何?」于右任問。

「武漢的情況不佳，南京必須儘快攻下。徐紹楨攻南京失敗，無處可歸。我們必須幫助他聯合江、浙兵力，攻取南京。現在，各軍都在鎮江，誰也不聽誰。鴻仙要我疏通。我也認為必須請他們來上海會商一下，推舉一位總指揮，協調進攻路線，再由江南製造局供應徐部的彈藥。這次，他攻南京失敗，就是因為彈藥缺乏。這一件事還請您這位滬軍大都督出面召集；我再從旁協助。」宋教仁笑着說。

「我準備好了，就請他們來上海開一次協商會吧。」陳其美說。

「汪兆銘已經出獄，相傳和袁克定、朱芾煌，交換蘭譜，結為異姓兄弟，未知確否。袁克定是袁世凱的兒子。朱芾煌是留日學生、同盟會會員。外電說他希承袁世凱的意旨，在北京和楊度搞什麽『國事共濟會』，主張南北停戰，由國民會議，協商國體。眞是豈有此理！馬君武已經開始寫文章駡他呢！」于右任說。

二十日，宋教仁和各省代表團，在上海江蘇教育總會內會商，決定以各省代表的名義，致電黎元洪、黃興，提出統一中國；建立責任內閣；武昌為臨時政府所在地；委任伍廷芳、溫宗堯為全國外交總代表等等建議。

二十二日，宋教仁參加江、浙各軍將領在上海張園的協商會議。大家公推徐紹楨做江、浙聯軍總司令，以統一指揮。聯軍有一萬五千人，但南京城堅兵多，很難攻進城去。鎮江都督林述慶提議說：

「天保城，在紫金山上，有砲臺，地勢很高，可以俯瞰南京全城。我們要是能夠先奪下了天保城，就好掐住他咽喉；那麼敵人，就全在我們的監視之下，就可以猛轟他們。」

各軍將領都很贊同，最後商定由鎮江分路進攻南京。黎天才攻烏龍山、幕府山，朱瑞攻紫金山，劉之潔攻雨花臺，柏文蔚、徐寶山攻浦口，林述慶攻麒麟門與天保城。又約定二十九日下午二時會師堯化門外；三十日對南京發動總攻擊，以天保城為主要目標。宋教仁疏通了各軍的意見，心裏感到十分愉快。

二十三日，居正、陶鳳集從湖北來到上海，催促各省代表前往武昌。武、漢是首義的地方，又是各國交涉的對象，各省代表也就都贊成赴鄂開會，只各留下一人，在上海做通訊代表。宋教仁為留滬代表之一。

二十五日，各省代表團從上海出發；也有直接由各省去武昌。自是代表浙江的湯爾和、陳時夏、黃羣、陳毅，江蘇的雷奮，上海的馬君武、陳陶怡，安徽的王竹懷、許冠堯、趙斌，福建的潘祖彝，廣西的張其鍠，四川的周代本，山東的謝鴻燾、雷光宇，直隸的谷鍾秀，河南的黃可權，湖南的譚人鳳、鄒代藩，陸陸續續地到達武昌。湖北派代表胡瑛、王正廷、孫發緒、時象晉加入會議。而漢陽已在二十七日失守，黃興辭去民軍戰時總司令，在二十八日和湯化龍、李書城、田桐，離開武昌東下。這時，武昌全城已在清軍龜山的炮火猛轟威脅之下，都督府時被炮彈擊中，黎元洪正急電各省乞援，形勢非常緊張危險。

攻陷漢陽，是袁世凱有意用來逼迫黎元洪與民軍，和他妥協的一戰。袁世凱回北京後，護湖廣總督段芝貴在十一月二十一日（陰曆十月一日）致電袁世凱，就說：「各省皆以武、漢得失，定其方針；必須克復武漢，以殺其氣燄。」二十七日，漢陽一攻陷，袁克定就派遣朱芾煌南下，帶着汪兆銘的秘函，內云：「袁氏將率北軍反正，已飭前敵諸將停戰矣，鄖請舉袁為臨時大總統，以免兵連禍結。」朱芾煌在二十九日到武昌，逼迫黎元洪，主張南北聯合，要求清帝退位，舉袁世凱做總統。袁世凱又透過英國駐北京公使朱爾典(John Jordan)，電令漢口英國領事葛福做調停人，斡旋和平，提議兩軍暫時停戰。另一方面，繼續炮轟武昌都督府。黎元洪在這種危急待援的情況下，只好改變過去的態度，同意停戰。三十日，湖北軍政府派李國鏞、馬伯援、夏維松與朱芾煌在漢口英（一作俄）領事館商議停戰。於是兩軍就在十二月二日（陰曆十月十二日）開始停戰了。據說馮國璋並不同意，想乘勝渡江，攻擊武昌。袁世凱持「鷸蚌相爭，漁翁得利」的辦法，今見脅迫的目的已部分達到，親自打了一通長途電話，阻止馮國璋，並將停戰條件告訴馮國璋，又由黃開文、丁士源代表，和革命軍接洽。又提出南北分治的陰謀，說黎元洪要是不願議和，則由袁做北方各省大統領，黎做南方各省大統領，各分疆界，實行憲法，以覘民心。後來南北各省雖然已經全部停戰，北洋軍第三鎮等仍然加緊攻擊秦、晉，原因亦在此。

居正後來在「梅川日記」中說：

「一代梟雄袁世凱，憑藉清朝百足蟲餘燼，結集龍、虎、狗及一般爪牙，一面乘清室之危，一面借革命軍之勢，陰謀篡竊，路人皆知。但他心目中有兩個對頭，滿人有良弼，漢人有吳祿貞；而良弼被我黨烈士彭家珍炸死；袁氏賄通第六鎮標統周符麟，吳公遂為所害。由此，恣無忌憚，陳兵漢上，示意段祺瑞統兵諸將，可以贊成共和，但聲言大總統非袁莫屬。武、漢受袁軍之逼，自然贊同。」（龍指王士珍，虎指段祺瑞，狗指馮國璋）。

這時各省代表團到了湖北，適當其會。於是原為組織臨時政府、加强抗清力量的各省代表們，當看到清軍炮轟難民船的暴行，婦女兒童，斷股絕臂，飄流江中，呼號求救，船沈溺斃的慘況，而不期然攪進了議和的行列。這當不是宋教仁等人當初倡議組織臨時政府的原意了。谷鍾秀在「中華民國開國史」中，說：

「駐漢英領事出為介紹，兩方商議停戰。一長期停戰，以全國為範圍；一短期停戰，祇就武昌一隅而言。但長期停戰，黎都督須能代表各省，方可議及。」

三十日，也就在軍政府代表與袁世凱代表朱芾煌談判的同時，各省代表也借漢口英租界愼昌洋行召開會議，選擧譚人鳳為臨時議長，議決「在臨時政府未成立以前，推請湖北軍政府為中央軍政府，都督黎元洪為中央軍政府大都督」，以加强黎元洪談判的地位。

湖北軍政府與黎都督接受停戰的秘密條件，於是各省代表會議，又在十二月二日議決：「如袁世凱反正，當公擧為臨時大總統」。一下子就準備將大總統的位置，相贈袁世凱了。三日，通過由雷奮、馬君武、王正廷三人起草的「臨時政府組織大綱」二十一條，採取美國總統制。五日袁覆電至漢口，派唐紹儀充談判代表。各省代表會又討論議和綱要四點：推倒滿洲政府；主張共和政體；禮遇舊清皇室；以人道待滿人。請伍廷芳為民軍代表，與唐紹儀談判。六日電覆北京，促成南北的議和。

話分兩頭，再説滬、寧方面。江、浙聯軍從十一月二十四日開始進攻南京，連日激戰，尚未攻下。到十二月一日，寒風苦雨，天氣極冷，宋教仁為督促聯軍急下南京，解除武昌危困，就約了居正前往鎮江，拜訪林述慶都督。車到鎮江，逕至都督府，剛好林在前線，由參謀長陶駿保接見，說：「烏龍山、幕府山、紫金山都已攻下；今正猛攻天保城。」又到旗兵舊營拜訪柏文蔚，談起袁世凱因為南京被圍，曾託美國停泊鎮江軍艦艦長調停休戰幾天。大家都認為這不過是袁世凱緩兵之計，想調動山東的軍隊赴寧應援，所以一兩天內要是不能攻克南京就難有機會了。今日惟一方法，就是要速戰速決，日夜猛攻。談得甚為歡洽。

當夜，宋教仁和居正坐着夜車，趕返上海。車中的寒氣凜冽，砭人肌膚，冷不可耐，只好中途留宿蘇州。宋教仁心裏想到：「那些勇敢的將士，冒着寒風苦雨，急攻夜戰，猱升上城，是何等的艱苦！」第二天，宋教仁、居正又坐車上途，及到了上海，「聯軍在上午十一點三十分攻入南京城的捷電」，已經喧傳整個上海了。

南京攻下，各軍相繼進入城裏，林述慶駐軍總督署，因為立功最多，部衆擁為「江寧都督」。徐紹楨入駐諮議局；他原是江寧第九鎮統制，想回駐南京，自是人情中事。但江蘇都督程德全也想由蘇州移治南京。因此發生爭都督的問題。黃興在南京光復前一天抵達上海，也就馬上參加工作。宋教仁除了與章炳麟、黃興聯名急電林述慶外；十二月三日，宋教仁又急忙趕往南京，和范光啓會合，說：「江蘇都督問題，我們要特別慎重地處理。」遂與范光啓奔走林、徐之間，調和意見，並和各軍將領談援鄂，談北伐，談建立臨時政府，談統一軍務。於是林述慶自願出征臨淮，為北伐軍總司令；支持程德全鎮守江寧，為江蘇都督；徐紹楨自願出任援鄂軍總司令。一切問題，均告解決；一天陰霾，雲消日出。

第四六章　籌畫臨時政府

宋教仁安定了南京的政局之後，開始積極策畫組織中央臨時政府。蓋辛亥武昌革命，一切策動，上海實為中心；南京光復，更加强了上海這個革命策動中心的地位。現在，同盟會首要人物，如黃興、宋教仁、陳其美……等羣集上海，自然形成一個革命的領導圈，以解決各種問題。

由南京的光復，宋教仁首先考慮到的，是馬上設立「臨時政府」這個問題。十二月三日民立報徐血兒在「論宜亟行建設臨時政府」的社論中，說：

「當各省未光復時，以武、漢為民軍根本所在；今東南各省皆復歸中華版圖，則今日之情勢，已大異疇昔，而漢陽雖失，不過民國之一城。惟統一機關不立，國家形體未具，則武昌一有不測，卽有崩解之虞。是故當漢陽失敗之際，尤宜亟以敏捷之手段組織臨時中央政府，以鞏固民國根基。……當漢陽未挫，咸謂宜定武昌為首都，而於此建立臨時政府。而今武昌正當戰事緊急之時，於首都已為不宜。故擇地最善者，莫過金陵。……臨時政府組織成立之後，即可統一全國軍務，一面援漢陽，一面攻北京。」

民立報中的徐血兒、于右任、范光啓，滬軍都督陳其美，和宋教仁非常接近。他們的言論常常可以反映出宋教仁的意見與主張。由此篇社論，可以看出宋教仁對組織臨時政府與建都地點的轉變。

十二月四日（陰曆十月十四日），程德全、陳其美、湯壽潛三位都督，和各省留滬的通訊代表，在上海江蘇教育總會內商議，認為援鄂北伐，極需統一號令，應該趕快選一個大元帥，組織臨時政府。浙江都督湯壽潛臨時委託蔡元培為代表，推薦黃興做大元帥，獲多數票通過。大家又選黎元洪為副元帥，兼任鄂軍都督。又決定電請各省代表團即日由鄂返滬，同赴南京，再行正式發表。沒想到章炳麟却當場站起反對說：「黎宋卿領導武昌首義，勞苦功高，今選為副元帥，在黃興之下，太不合理了，太不合理了！」這固然只是書生之見，本無足輕重。但也就在這同一天，在漢口的各省代表團獲悉南京已經光復，決議以南京做臨時政府的首都，並訂期在南京開臨時大總統選舉會，但在總統未選定前，仍承認「鄂軍都督府為中央軍政府」；當日卽以「寒」電，將決議電告留滬代表。湯壽潛回到杭州後，聽到這個消息，當晚卽電上海，推翻前議。

八日，黎元洪也通電各省都督，表示反對，說：「如實有其事，請設法聲明取銷，以免淆亂耳目。」因此，又發生大元帥與副元帥異議的問題；黃興也就遲遲不肯就任，臨時政府的成立也就拖延了下去。有人說選舉黃興為大元帥，組織政府，援鄂北伐，是宋教仁在幕後主謀，目的在挽回革命黨的領導權。黃興擔任大元帥發生波折，這和他守漢陽失敗，聲望低落，也有很大的關係。馮自由「革命逸史」說：「克強之功，在堅守漢陽，以促各省響應，關民國興亡，厥功甚鉅。」也是很公平合理的評論，但當時江、浙、湖北的軍人並不這麼想。

十二月中旬（陰曆十月二十一至二十三日）由漢口回來的各省代表團，和其他各省新來的代表，以及留滬的通訊代表，先後前往南京，由徐紹楨招待，在江蘇諮議局食宿。宋教仁則下榻於龍公館。該館主人和宋教仁有同鄉的關係。

這個龍公館係舊式建築，頗為宏敞，東壁圖書，西園翰墨，假山怪石，琪樹瓊花，應有盡有。居正說：「我們鄉下人從戰火餘燼的城裏鑽進去，饒有劉姥姥初入大觀園的感覺。」許多聲氣相求的代表與同志，也常到這裏和宋教仁相商討論各種問題。龍公館無形中成了一個大家秘密會議的機關，內部有意見，在這裏交換；外來有消息，從這裏打聽。于右任說他每次到南京採訪消息，就到宋教仁的住處，討論政黨組織與政府組織等問題。由於宋教仁為人爽直，有了意見就直說出來，因此也得罪了一些人。

各省代表團在漢口會議通過的「中華民國臨時政府組織大綱草案」二十一條，郵寄到上海。民立報在十二月十一日刊登該草案的時候，社長于右任認為草案內容，只包括「臨時大總統」、「參議院」、「行政各部」、「附則」四章，「行政」只列「外交」、「內務」、「財政」、「軍務」、「交通」五部，過於簡略，殊不完備，請宋教仁站在報紙立場，在草案後面，附加幾句按語，說：

「按此草案，不適合者頗多。如人民權利義務，毫不規定；『行政官廳之分部』則反載入，以制限其隨時伸縮之便利，……皆其失處。聞赴鄂各代表，不日當會合留滬各代表再開議於南京；甚望其反覆審定，不使貽笑大方也。」

因此反宋之聲，隨之而起。

各省代表本來定十六日（陰曆十月二十六日）選舉臨時大總統。十五日，浙江代表陳毅由漢口趕到了南京，向代表會報告：

「袁世凱全權代表唐紹儀，十一日到了武昌，和黎都督見了面，就表示老袁有意贊成共和，說他已派主和派的段祺瑞接代主戰派的馮國璋為第一軍統，統制前線各軍；湖北因為武昌情況非常危急，害怕我們現在選擧大總統，會妨礙和談，力主愼重。還有唐紹儀一兩天就要來上海了。」

於是這各省代表又趕緊議決，特別宣告臨時大總統選擧延期擧行，很明顯地表示要將這個「大總統」寶座奉敬給袁世凱了。又因為要和唐紹儀談判的關係，事機非常緊迫，各省代表們只好追認上海所選擧的大元帥與副元帥；並議決在臨時大總統未選出以前，其職權暫由大元帥代理。所以民立報在十二月十七日（陰曆十月二十七日）以專電公佈：

「今日十四省代表，在南京開大總統選擧會，公擧黃大元帥暫行代理中華民國大總統之職。」

當天，黃興去電力辭，並推擧黎元洪為大元帥。當下又經大會公決通過，以黎大都督為大元帥，暫駐武昌；黃興為副元帥，代行大元帥職權，赴寧組織臨時政府。並由行政機關準備元帥府。一時大家想望臨時政府成立的情狀，有如大旱之望雲霓，於是函電交加，使者絡繹，江、浙各軍，並派代表，至滬迎迓；但黃興却再不肯赴寧就職，組織政府了。

第四七章　責任內閣制

十二月十七日下午，唐紹儀乘洞庭輪到了上海，帶有參贊楊士琦，各省代表章宗祥、嚴復、張國淦、傅增湘、慶山、隨員范源濂、周自齊、劉承恩等幾十人，住進公共租界戈登路招待所等處；後來在南洋路趙鳳昌宅設立辦事處。

汪兆銘和魏宸組、楊度也由武昌同船前來，為袁世凱調和南北意見；後來汪終慫恿胡漢民勸說孫總統妥協辭職。黎元洪也派了王正廷、胡瑛隨船前來。

民軍派伍廷芳為總代表，參贊有溫宗堯、王寵惠（代表廣東）、鈕永建（代表寧滬）、胡瑛、王正廷（代表湖北）、汪兆銘六人。

十八日（陰曆十月二十八日），雙方議和代表在上海南京路英租界市政廳開始談判。英、美、德、法、日、俄六國公使也參加調停，通電希望雙方早日和平解決。同一天，袁世凱又派代表廖宇春，和江、浙聯軍總參謀顧忠琛秘密會商，和平解決時局，推袁為大總統。顧將這事，報告黃興；黃興又命令繼續與廖磋商，訂立草約五條，中有「先推覆清政府者為大總統。」外電又傳黃興前曾電覆汪兆銘轉告楊度，如「袁能令中國為完全民國，決舉為大統宋教仁對袁世凱素無好感，在武昌時致李燮和司令函中，曾說：「其人本不學無術，其品更惡劣可鄙，此間早與斷絕，聯兵北伐，以一中原」，「弟擬抽閑至滬，與公面商大計。」公開發表於民立報十一月二十一日。然為時不及一月，南北和議，卽甚囂塵上；擁袁為大總統，衆聲如出一口。蓋漢陽一陷，湖北被迫，接受和解；黃興由漢陽敗回，威望大減，各省步調，卽不一致；民衆以為推倒滿清，於願已達，故厭戰亂，惟求和平；中央臨時政府，又遲遲不能組織成功，缺乏領導中心；而各省府庫空虛，財政艱窘，軍火糧餉，皆告匱乏；軍隊又多烏合，不堪戰鬥；而且日本已有助清之議，也不能排除國際干涉的危機；根據中國歷史，欲以武力統一這廣大的疆土，其戰爭往往蔓延長達十餘年。後來黃興致書汪兆銘與胡漢民，曾說：「和議若不成，自度不能下動員令，惟有割腹，以謝天下。」所以各方面人士為了祈求和平，反而矚望這個代表舊勢力的軍閥首領、專制餘孽，出來為大總統，是中國至不幸的事，但也是當日客觀的局勢所逼然，自不是少數黨人所能左右控制的。岑春煊說：「袁世凱手握强兵，直壓武漢；外挾民意，以制朝廷；使雙方皆受其指揮，而坐收漁人之利。」

領。」到處充滿了妥協的空氣。

袁世凱「以權詐移國，欲竊踞總統」的陰謀，黨內人士也都已經看得非常清楚。宋教仁默察時勢所趨，籌思對付方法，以為用責任內閣，政黨內閣，可以防止袁世凱出任臨時大總統的流弊。責任內閣，是由國務總理總攬政權，總統只不過是名義上的元首罷了。因此，宋教仁堅決主張「內閣制」。

正當和議緊鑼密鼓聲中，同盟會總理孫逸仙先生從歐洲回國。武漢光復時，孫總理正在美國遊歷演說，得知消息後，深感外交是當前的急務，因此趕往英、法，訪其朝野，說明革命的立場，打消清廷與英、美、德、法四國銀行團所訂立「幣制借款」一萬萬元及「川漢鐵路借款」一萬萬元，要英國制止日本援助清廷，並要求四國銀行團止付清廷一切借款，以斷絕其財源。辦好了這些事，才搭輪回國。他先到香港，然後北上。

十二月二十五日（陰曆十一月六日）上午，到達上海。入港時，細雨如織，海霧密集，陳其美派建威兵艦，前往迎接。船靠黃浦江濱，受到各界熱烈盛大的歡迎，數十萬民衆，拍手揚巾，歡欣鼓舞，歡迎先生的歸來。大家都久聞先生的大名；今天先生歸來，才得一親顏色。有人說：「今天，同胞能夠做共和國家的國民，實在是孫先生的功勞啊！」隨着孫先生同輪來的，有胡漢民、謝良牧、朱卓文……美國顧問荷馬李夫婦、日本同志等十九人。由滬軍都督府派應夔丞為庶務，主持招待，安排法租界寶昌路四〇八號，做孫總理的行轅。

孫逸仙先生回國，組織臨時政府的問題，也就迎刃而解。二十六日，黨人在哈同花園公讌孫總理。席次，宋教仁和黃興、陳其美秘密商量，推舉孫總理為大總統。分途向代表示意，並由民立報發起輿論。晚上，又聚集寶昌路總理寓所，會商臨時政府組織的方案。宋教仁提議要改總統制為內閣制。他又不便公開說明「這是為了將來對付袁世凱用的」。孫總理當時對宋的建議，發生了誤會，就很生氣地說：

「內閣制是不讓總統居絕對衝要的地位，所以以總理對國會負責，斷然不是這個非常時期所宜採用的。我們不能對於惟一能置信而推舉他做總統的人，又設法防制他，束縛他。我也不肯聽從諸位這種意見，自居於既神聖又贅疣的位置，以致耽誤了革命的大計。」

「好，」張靜江率先贊成孫總理的意見，說：「先生之外，再沒有第二人，能說得出這樣精闢的話。我們只有遵循先生的意思去做吧。」胡漢民也贊同孫總理的意見。黃興勸宋教仁說：「遯初，你還是把這個提案自動取消吧。」

宋教仁認為採用內閣制，總統的權力非常微小，就是野心勃勃的袁世凱當上了總統，也不得不就範。尤其是政黨內閣，只要在國會中取得多數黨地位，就自然組閣取得政權，像英國法國都是採取這種制度的；革命黨將來自然能成為國會中多數黨，這是無疑義的。因此，他覺得必須趁現在推選本黨領袖為臨時大總統時，馬上修改「臨時政府組織大綱」，這樣就不會露出專為對付袁某人的痕跡了。所以他仍堅持力爭，希望大家能夠贊同他修改總統制為內閣制的提案。這種心意當然不能說出，也就沒有人能夠理解；甚至還有人誤會他自己想當內閣總理呢，所以要爭得那麼厲害。孫總理看他這樣的堅持，必有原因，最後說：

「請張溥泉同志會後和宋遯初同志磋商，我再作決定。」

接着討論到各部人事的問題。宋教仁又提議說：「現在組織臨時政府，肇造共和政體，要不是由我們黨人負起責任，大刀濶斧，革故鼎新，就不足以談政治的改革。舊官僚模稜兩可，畏首畏尾，那裏可以跟他們談革命，講民主？『以塗附塗，未見其有濟也』。我認為組織政府之初，應該全用革命黨員，不用舊官僚。」大家認為這個意見很好，決定原則上多用黨人。

張繼和宋教仁私下磋商之後，終得到孫總理同意，修改總統制為內閣制，由孫總理為總統，黃興為國務總理。但黃興不肯擔任總理，又擬請宋教仁代之。宋教仁不肯，邀了居正、田桐、呂志伊幾個人到黃興住處力勸。黃興才答應了。於是決定明天一起去南京，向各省代表會提出修改「臨時政府組織大綱」的議案。

二十七日（陰曆十一月八日），黃興、宋教仁乘專車抵達南京，住丁家花園。晚間，在江蘇諮議局宴請各省代表，討論組織政府。宋教仁提出修改「臨時政府組織大綱」，將總統制改為內閣制等案。談了兩小時之久，沒有效果。最後，由宋教仁提議隔一天舉行臨時大總統的選舉，由代表會準備一切，沒有人異議，就這樣決定了。散會時，夜深人靜，宋教仁一走出會場的大門，凜冽的寒風，迎面吹來，覺得冷不可耐。

十二月二十九日（陰曆十一月十日）上午十時，在南京諮議局大樓內，開選舉臨時大總統會，到有奉天、直隸、河南、山東、山西、陝西、江蘇、安徽、江西、浙江、福建、廣東、廣西、湖南、湖北、四川、雲南十七省代表，共四十五人。候選人有孫文、黃興、黎元洪三人。由浙江代表湯爾和為主席，報告開會，然後命秘書長宣讀「臨時政府組織大綱」，並宣稱到會有十七省代表，每省代表無論多少人。只能投一票，十七省共十七票，採無記名投票。然後開始發票。投票結果，孫文得十六票，當選為臨時大總統。黃興得一票，而不及黎元洪，可見當日全場多數代表的心理。各省代表也有許多不是同盟會會員，而承認辛亥革命，完全是同盟會主動的功績，可說是「昭然若揭」了。

孫總理當選大總統後，陳其美命滬軍都督府預備總統前往南京就職的一切事務，並派諜報科科長應夔丞，為南京總統府衛隊長，組織衛隊護送。

十二月三十一日（陰曆十一月十二日），孫大總統特派黃興由上海趕往南京，再度提出修正「臨時政府組織大綱」案。黃興到各省代表會時，已是晚上九點鐘。馬上召開會議，黃興說：

「孫大總統認為『臨時政府組織大綱』，有一些不完善的地方，譬如沒有副總統，行政各部僅限五部，還有組織不當等等，都必須加以修改。」

當時卽由雲南代表呂志伊、湖南代表宋教仁、湖北代表居正聯名提出修正案。經討論議決，有下列幾點：

(1)原第一章「臨時大總統」下，加上「臨時副總統」五字。原第一條「臨時大總統，由各省都督府代表選舉之，以得票滿投票總數三分之二以上者為當選，代表投票權，每省以一票為限。」——修改為「臨時大總統副總統，皆由各省代表選舉之，代表投票權，以一票為限。」——此條修改，解決了「沒有副總統」的問題。

(2)原第五條「臨時大總統，得參議院之同意，有任用各部長及派遣外交專使之權。」——

——修改為「臨時大總統制定官制官規，並任免文武職員；但任免『國務各員』，須得參議院之同意。」

⑶原第十七條「行政各部如左：一、外交部。二、內務部。三、財政部。四、軍務部。五、交通部。」——修改案，全部刪除。——⑵、⑶兩項修改，解決行政分部，只局限於「外交」等五部的問題。也就是說臨時大總統可以自由增設新機構、新官制，而無須參議院同意。

討論議決至此，已到了半夜。大家公議散會，還有一些修正案已來不及討論議決，訂期續議的，有下列數點：

⑴原第三章「行政各部」，擬改為「國務各員」。原第十七條（見前），擬改為「國務各員執行政務。臨時大總統發布法律及有關政務之命令時，須（國務員）副署之。」

⑵原第十八條「各部設部長一人，總理本部事務。」十九條「各部所屬職員之編制，及其權限，由部長規定，經臨時大總統批准施行。」擬刪除。

⑶原第二十條「臨時政府成立後，六個月以內，由臨時大總統召集國民議會」下，擬加入「制定民國憲法」六字。

(4)追加關於「大元帥、副元帥之職權」條文，擬刪除。

由已議決與未議決宋教仁等所提修正案來看，很明顯的可以看出 國父已經完全贊同宋教仁的主張，將「總統制」改為「內閣制」。像修正案第五條有「任免國務各員」；第三章「行政各部」擬改「國務各員」；第十七條擬改為「國務各員執行政務」，「臨時大總統發布法律與政令，須國務員副署」，這都是內閣制的基本精神。國家的政務由國務員——總理與各部總長負責，這就是「責任內閣」制。

第四八章　法制院院長

中華民國元年（一九一二）元旦，這在我國的歷史上邁入一個新紀元，要將幾千年專制的政體從此掃除廓清，使全國各族的人民永遠掙脫了奴隸的枷鎖，要使我們的國家鞏固富强起來，大家一律平等，過着自由而幸福的生活。這是革命的先烈先進，用他們的頭顱，鮮血，生命，為我們爭取來的。這一天是各省代表選舉出來的孫大總統就職的一天，也是民主的中華民國誕生的一天，也是我們和我們的子子孫孫要永遠紀念維護的一天。

各省代表會已先一天派會長湯爾和、副會長王寵惠到上海，歡迎大總統前往南京就職。

於是孫大總統就在元旦上午十一時，攜同家眷及顧問、隨員幾十個人，乘專車前往南京。陳其美、伍廷芳、李平書都到滬寧車站送行。人很多，把車站內外，擠得水洩不通。孫大總統穿着樸素的土黃色呢軍服，沒有肩章金帶，和大家在車站上留影。當專車開行的時候，他輕輕揮動手裏的軍帽，向大家告別，人民報以高呼「共和萬歲」的聲浪。火車經過蘇州、無錫、常州、鎮江各站，都有羣衆夾車歡呼，或派代表上車，表示敬意。下午五時，車抵南京下關，在鳴炮奏樂聲中，又由江寧鐵道入城。南京舊總督府，這時已改為「總統府」。專車到站時，天空正飄着細雨霏霏，寒風刺骨，但南京各界人士歡迎這位革命的先導者的熱忱，並不因此稍減。他們站滿街道的兩邊，等着瞻仰這位心目中的偉人。孫大總統下了火車，當卽乘坐藍色繡花彩綢的馬車，馬隊前導，衛隊隨後，軍樂奏着凱旋樂曲，直向總統府駛去。沿途只見五色旗飄揚，民衆脫帽揚巾，鼓掌歡呼，燃放鞭炮，非常熱烈的歡迎，使南京城呈現着一片壯麗的新氣象。

六點十五分，纔到總統府。大門口，燈炬輝煌，明亮如晝；紮花結彩，喜氣洋洋。黃興和徐紹楨已在門口，恭迎孫大總統入府。這時軍艦炮臺各鳴炮二十一響，表示慶賀敬禮。

到晚上十時，舉行就職典禮。各省公民代表、陸海軍代表齊集總統府大禮堂內。當孫大總統進入的時候，掌聲如雷，歡呼不停。孫大總統的臉上露着和藹可親的微笑，向大家點頭致意，從容地走上臺去。接着又鳴炮二十一響，軍樂大作，典禮開始。代表團推景耀月上臺致詞，報告選舉的經過，然後說：

「今日之舉，為五千年歷史所未有。我國國民所希望的，在共和政府的成立，在推倒滿清專制的政府，使人人能够享有自由幸福。孫先生是我國當代革命創始者，富有政治學識；所以各省公民共選孫先生擔任第一任臨時大總統。今天就職，我們誠願孫先生能够始終愛護國民，毋負國民的期望！現在，就請孫先生宣誓，就大總統的職位。」

孫大總統朗聲宣讀誓詞，說：

「傾覆滿洲專制政府，鞏固中華民國，圖謀民生幸福，此國民之公意。文實遵之，以忠於國，為衆服務。至專制政府既倒，國內無變亂，民國卓立於世界，為列邦公認，斯時文當辭臨時大總統之職，謹以此誓於國民。」

孫大總統宣誓完畢。景耀月又致歡迎祝頌之詞，說：

「惟中華民國建國元年元月元旦，民國第一期大總統孫文蒞任，燕、遼、冀、豫、湘、鄂、秦、晉、蘇、浙、皖、贛、閩、粵、蜀、滇、桂公民代表等迎迓祝頌而致詞曰：

惟漢曾孫失政，東胡內侵；淫虜猾夏，帝制自為者，垂三百年。我皇漢慈孫，呻吟深熱，慕法蘭西、美利堅人平等之制，用是羣謀衆策，仰視俛劃，思所以傾覆虐政，恢復人權，乃斷頭戕胸，羣起號召，流血建義，續法、美人共和之戰史。

今三分天下，克復有二，用是建立民國，期成政府，揀選民主，推置總統。僉意能『尊重共和，宣達民意，惟公賢！廓清專制，肇衛自由，惟公賢！光復禹域，克定河朔，舉漢、滿、蒙、回、藏羣倫，共覆於平等之政，亦惟公賢！』用是投匭度情，徵壓紐之信，衆意所屬，羣謀僉同。既協衆符，歡欣擁戴。要知我國民久困鈐制，疾首蹙額，望民主若歲。今當公軒車蒞任，蒼白扶杖，子女加額，焚香擁篲，感激涕零者，何也？忭舞自由，敦重民權也。用是不吝付四百兆國民之太阿，寄二億里山河之大命。國民之委託於公者，亦已重哉！

繼自今惟公翼翼：毋違憲法，毋拂輿意，毋作威福，毋崇專斷，毋暱非德，毋任非才。凡我共和國民，有不矢忠矢信，至誠愛戴！軒轅金天，列祖列宗，七十二代之君，實聞斯言。

代表等受國民委託之重，敢不盡意，謹致大總統璽綬，俾公發號施令，崇為符信，欽念哉。」

景耀月宣讀頌詞完畢，隨卽將「中華民國臨時大總統之印」，捧給孫大總統。

孫大總統接受了大印，在「宣言書」上用印；由胡漢民代讀。讀完了，又由海陸軍代表總司令徐紹楨大聲宣讀頌詞，極盡歡迎讚頌之意。宋教仁坐在下面，看了聽了，心裏極為感動。孫大總統又發表就職答詞，强調要做到民族、領土、軍權、政治、財政的統一，並說他將「誓竭心力，勉副國民公意」。最後，由各省代表及海陸軍將士大聲三呼：「中華共和萬歲」。又奏軍樂散會。

孫大總統就職之後，開始組織臨時政府，計畫提出閣員的名單。這時章炳麟在神州日報上發表支持宋教仁為內閣總理的言論，如說「遯初有總理之才」，「今日但應由首領委任內閣總理」，「建置內閣，僕則首推宋君教仁」。引起一些人對宋教仁的誤會，懷疑宋教仁主張修改「臨時政府組織大綱」，用意是在謀求實現他個人的私心，「現在官制官規，臨時大總統既可自由制定，無須經過參議院同意，可以隨意以命令設立總理，那宋教仁也就可以隨時當上總理咯」。再加上一些不知上海最後決議的黨人；「臨時政府組織大綱」的原起草人，如馬君武、雷奮；還有宋教仁倡言組織政府不用舊官僚，當然也得罪江、浙舊官僚系統的代表；由於這些人的風語謠言，形成極大的反宋政潮了。一時代表紛紛抨擊宋教仁，幾到了「百口莫辯」的地步。

元月二日，代表會復會後，安徽、江蘇、浙江、福建、廣西五省代表，提出前夜三十一日通過宋教仁的修正案無效。幾經辯論，又將「議決修正案」，再加「修正」，就是「臨時大總統，制定官制官規」，亦「須得參議院之同意」。其餘如議，問題才告解決。不過，其他未議決的各案也就擱置不議了。宋教仁主張內閣制：設置國務總理；政務由國務員執行；大總統發布法律與政令，須經國務員同意副署等修正案，一時也就不能通過。

正月三日，各省代表就照修正案，選舉黎元洪為副總統。孫大總統以胡漢民為秘書長，並為了着手組織臨時政府，蒞臨代表會，交議中央行政各部及其權限案。經代表議決後，就提出國務員九人，徵求同意。宋教仁被提名為內務總長，終因各種誤會，有人叫囂反對，不能通過。黃興認為在這新舊交替之際，不如總長取名，用些舊時大官名流；次長取實，多用革命黨人。於是再提第二次名單，由代表會同意：

陸軍總長　黃　興　　次長　蔣作賓

海軍總長　黃鍾瑛　　次長　湯薌銘

內務總長　程德全　　次長　居　正
外交總長　王寵惠　　次長　魏宸組
財政總長　陳錦濤　　次長　王鴻猷
司法總長　伍廷芳　　次長　呂志伊
交通總長　湯壽潛　　次長　于右任
教育總長　蔡元培　　次長　景耀月
實業總長　張　謇　　次長　馬君武

上列總長除黃興、王寵惠、蔡元培是同盟會會員外，其他不是立憲派人士，就是反正的舊官僚。當日各省響應起義的推動，一半屬於立憲派。如張謇曾籌款數十萬元，以應軍政各費，所以不得不容納這一派人物。但這派人多持觀望，不肯接任，正如宋教仁所說的。像張謇，字季直，前清狀元，江蘇諮議局議長，曾為袁世凱老師；湯壽潛，字蟄仙，清滬杭鐵路總理；這兩人都是一度就職後，就出居上海。程德全，字雪樓，清江蘇巡撫，這時在租界養病。陳錦濤，字瀾生，大清銀行監督，有名的經濟學專家，這時為了財政問題，經常在上海接洽借款事情。伍廷芳，字秩庸，忙於和議。臨時政府中，實際負責政事的，只有黃、王、

法制院院長

蔡三人。至於次長于右任、景耀月、呂志伊都是出身民立報的人，也是中部同盟會份子。

當時武昌首義人孫武運動陸軍次長一職，黃興不肯給他。孫武懷怨在心，聯絡湖北參議員劉成禺、時功玖、張伯烈等，在參議院中事事立異，反對政府對外借款，充作政費軍餉。「巧婦難為無米之炊」，這也是後來只好與袁世凱妥協的一個重要原因。

到十三日，孫大總統向參議院提出設立「法制院」，審議通過。十六日，發表宋教仁做法制院總裁。宋教仁本着平素的學識修養，朝夕勤勞，草定各種法制，輔助立法。因此，臨時政府的各種法制、官職令、組織法，多出於宋教仁手訂。

第四九章　和議與約法

宋教仁住在龍公館。交通次長于右任、內務次長居正時常到龍公館拜訪他。夜裏討論各種問題，談得晚了，往往就同宿一室，直談到鷄鳴向曉的時分。

有一天，于右任在宋教仁的書桌上，握筆漫塗，想寫一首詩，結果只寫了兩句：

「雨花臺下傷心淚，
白骨青燐舊黨人。」

再也寫不下去了。宋教仁走近一看，也覺得難過說：「現在和議雖然有了點眉目，各地大大小小的戰亂仍不停發生，人民生活困苦極了，古語有『生者不暇哀』。人類有這許多悲慘的事，已教人來不及哀傷！哪裏有閒餘的心情為已死的傷心？」說得于右任更加難過了。

他們不禁又想到最近一個多月來的時局。袁世凱手握幾萬強有力的北洋陸軍，這是統一中國一股最大的阻力；但這個野心勃勃的舊人物却用此為籌碼，透過各種途徑，向南方革命黨人表示只要讓他當上臨時大總統，他就有辦法和平結束滿清的殘局。因此，兩人又談起和議的發展與將來臨時政府組織法的問題。于右任說：

「伍廷芳和唐紹儀在上海談了五次，決定將『君主』與『民主』的國體問題，交付『國民會議』去解決。袁世凱也同意了，但當孫總理選上臨時大總統，就不肯承認唐簽的約，又責我們選大總統有背協約，又授意段祺瑞等四十多個軍人通電反對共和，威脅說要維持『君主立憲』。表面看來，他好像是『愛新覺羅』的大忠臣；其實這種做法很幼稚，只是把他個人野心暴露無遺罷了。一月十日時報刊出岑春煊致袁世凱電，不是就說：『道路傳言，方謂民軍選定總統，公因失望，遽反所為』吧！」

「你說他幼稚，」宋教仁說：「他還藉作戰需要，詐騙了隆裕太后八萬錠黃金，又勒令滿清權貴捐出許多軍費呢。有了錢，他又以為可以以『戰爭』威脅我們了。克强對我說：上月，袁世凱派部隊攻陷山西娘子關，侵入太原；這月初，又在河南集結軍隊打算和甘肅夾攻陝西革命軍；皖北清軍也在潁、亳之間騷亂。戰爭眞有一觸再起的形勢。克强說：我方也擬好分兵六路應戰、最後合攻北京的方略。我們並不怕他威脅。」

「十幾天前，光復軍總司令李燮和上孫大總統書，說『袁氏不足恃』，『今日以十六省而受制於賊虜，此燮和所大惑不解者也』，而極力主戰。黨裏的領袖對這一點，有什麼意見呢？」

「其實，南北都有主戰與主和兩派。滿清親貴大臣會議時，慶親王奕劻提出退位，宗社黨份子善耆、良弼、鐵良、溥偉等等就大加反對。當然，我們也有和、戰兩派。」

「唔。」

「局勢是隨時在變的。革命開始時，我們連獲勝利，各省紛紛響應，滿清政府很有瓦解的趨勢。從袁世凱出山以後，刺殺吳祿貞，解除張紹曾兵柄，統一掌握北洋陸軍大權，又攻陷漢口、漢陽，進入山西太原；而我們也光復了南京，獨立達十六省。這就形成南北對峙的局面。袁世凱要消滅革命軍已不可能，戰爭最花錢，四國又止付清廷借款，他們糧餉也無法籌措。可是我們雖號稱十六省，實際各省等於分立，克强在漢陽吃敗仗，中央政府設立太遲都是原因，不能統一指揮，要作整體戰就很困難。武昌事實已跟我們分道揚鑣，和袁世凱妥協。漢民兄說：我們政府可調動的兵力，只有浙、粵二軍，要用武力擊敗北洋軍也極困難；再加財政奇絀，對外借款，議院代表又屢加反對。所以黨裏人士也大多傾向於和平解決。」

「過去英國報紙論東方時局，曾說『中國革命必引起列强干預』。我讀日本外交時報，看到日本前駐華公使伊集院氏的論著，說『中國假使有革命事情發生，日本將行干涉。』現在，日本輿論又在公開討論干涉中國的問題，多數人認為這是日本擴張在華利益千載一時之機，軍閥甚且主張乘機佔領我國東三省。如果戰爭拖延下去，你看會不會引起列强干預的危機？」于右任又問說。宋教仁沉思了片刻，又答道：

「現在，我們最主要的一個顧慮，也就是怕戰爭拖延了下去，將會引起列强的干涉。現在各國嚴守中立，是為了維持他們在華的商務利益與僑民安全，六國在我們議和之初，曾勸告我們雙方趕快完成和議，勿使戰爭延長。也有些國家，像日本和蘇俄就很想乘機漁利。蘇俄已經在支持外蒙古獨立，日本也想侵佔滿洲。去年十二月間，日本曾向美國政府表示：中國內亂，日本認為有干涉的必要；由於英、美反對而作罷。這並非列强愛我們中國。這只是各國不願破壞中國均勢的局面，誰也不敢先動手，成為衆矢之的。『日俄戰爭』就是一個殷鑑，打了一年半，日本死傷二十多萬人，花了十七億軍費；蘇俄損失也相當大。暫時誰也不會為中國這塊肥肉，先拼個你死我活。中國現在無異是處於各國共同保護之下。目前一切危疑恫嚇之詞，皆浮障也，不必理他。當然，一旦『均勢』給破壞了，或南北和議破裂，列强利益劃分定當，那也就可能會藉口干涉，採取一致的行動，先瓜分中國的邊境，像英之於西藏，法之於雲、貴，德之於山東，日本之於滿洲，俄國之於蒙古、新疆；所以為了和議，為了國家的統一，孫大總統也有意讓位給袁世凱。」

「這種『唐虞揖讓』之心，直可為民主共和的典範！就是最卑鄙齷齪的人，也應該會深受這偉大的人格所感化呀！」

「袁世凱阻礙和議，本黨在北京一些愛國的志士，開始採取行動。十六日，楊禹昌、黃之萌、張先培等人，趁着袁世凱坐車入朝的時候，從丁字街的茶店、酒樓，向他扔了幾顆炸彈，離他的車後幾尺的地方爆炸。沒炸斃袁賊，只傷了十幾個衛兵，眞是可惜！這事是程家檉策動的。不幸，三人都當場被捕犧牲了。不過，這次行動，足够教老袁賊膽驚破了，而另搞陰謀，他想同時取消南北兩政府。十九日，他給政府來了一通電函，要求我們在清帝退位後兩天，立刻解散臨時政府。據說袁黨趙秉鈞、胡惟德等人已經運動北方官紳等舊勢力，等清帝一退位，我們一解散政府，就馬上擁袁世凱做大總統，在天津設立新政府呢。」宋教仁說。

「我聽說孫大總統窺破袁世凱的這個陰謀，在二十二日向報界公開提出五點和議條件：一、清帝退位，由袁知照各國公使，轉達民國政府。二、袁必須宣布政見，表示贊同共和。三、文於接到通知後，卽行辭職。四、參議院舉袁為臨時大總統。五、袁被舉為臨時大總統後，須誓守參議院所定約法，乃能授受事權。民立報也登了這節新聞。我還記得當這段新聞公開不久，北方就傳來良弼等人，痛恨袁世凱出賣清廷，聲言要對付他的消息，並說：『願與閣下，同歸澌滅！』」

「是的。袁世凱不敢承認，也不敢上朝議事了。誰想到二十六日黨人彭家珍冒充禁衛軍軍官，在北京西華門外紅羅廠良弼的私宅前，炸傷良弼。良弼第二天死了；彭却當場喪生。良弼是清禁衛軍統領，又兼軍諮使，是反對皇帝退位最激烈的宗社黨領袖。良弼一死，皇族親貴，氣焰頓殺，紛紛離京出走了。對袁世凱可說幫了一個大忙，袁世凱就開始逼宮。」宋教仁接着又問于右任說：「民立報曾介紹彭家珍？」

「是的。彭家珍，字席儒，四川人，卒年二十五，當過陸軍隊官。」于右任又說：「好像先是我們由津浦路前進的粵軍姚雨平、蘇軍陳幹二部在固鎮、蚌埠等地擊敗張勳，又大勝清軍。這時，段祺瑞等北洋軍將校四十七人（「清代通史」作五十人），公開通電『贊成共和』，並且有『卽帶全隊入京，與各親貴剖陳利害』等語。這次通電，竟和上次通電『反對共和』，全然矛盾相反，可怪之極！」

「這當然又是袁世凱授意搞的把戲。現在，南北和議大體成熟，讓袁世凱做總統已成定局。袁這個人儘要陰謀手段，是很可怕的。大家怕他將來違法亂政，所以想重新修改『政府組織法』來約束他。孫大總統已命令我動手草擬『中華民國臨時政府組織法草案』。」宋教仁帶着憂慮的口吻說。

「遯初兄，擬好了沒有？」

「剛擬好。」宋教仁說着，就拿出所擬的草案，對于右任加以說明：「我這草案，共分七章五十五條。我已將人民的基本權利與義務加了進去，並將總統制改成內閣制。像第三十四條規定：閣員執行法律，處理政務。第三十六條規定：內閣員在臨時大總統公布法律及政令，須經閣員親自署名。都大大限制總統的權力。我並且將孫大總統平素『五權分立』的主張也包含在內。像第二十八條『臨時大總統除「典試院」、「察吏院」、審計院、平政院之官職及「考試」、「懲戒」事項外，得制定文武官職官規。』這就是在『行政』、『立法』『司法』三權之外，另將『考試』與『監察』獨立了出來的意思。彌補了『臨時政府組織大綱』的各種缺點。希望您能將這草案的全文，在民立報上刊載出來。」

「好。我馬上派人送往上海，大概一兩天內就會見報吧！」

二十八日，參議院正式成立，由十八省參議員四十三人組織而成，是當時最高的立法審議的機構，林森為議長，陳陶怡為副議長（後改為王正廷）。孫大總統就將宋教仁所擬「中華民國臨時政府組織法草案」，向參議院提出。參議院怕人說「受命政府，有損立法尊嚴」，未加採用；而另外委託馬君武、景耀月、呂志伊等編制「臨時約法草案」，計四十九條。在一月二十九日，參議院推選九人審查，對「總統制」與「內閣制」，「中央集權」與「地方分權」的意見，頗不一致。

二月一日，隆裕太后決定授權袁世凱，決定大計。袁世凱電伍廷芳協商清帝退位後優禮條件。孫大總統命令秘書長胡漢民召集同盟籍參議員及幹部儘速研討「臨時約法」問題。宋教仁也參加了這次會議。針對這些問題，熱烈發表意見。宋教仁主張採取法國中央集權的內閣制。他說：

「起義以來，各省紛紛獨立，中央等於『綴旒』，要不力矯這種弊病，將造成國家的分裂。中央有了大權，國力才可以振興恢復。」

胡漢民主張美國地方分權的聯邦制，因此首先反對宋教仁的意見說：「美國十三州組成聯邦，成為共和國家，非常安定。法國是中央集權的國家，却再三發生篡奪。現在，中國的革命破壞，未及首都；掌握權力的，滿腦子裏只有千百年來專制的歷史；假使他的野心無法防制，那『共和』就有立被推翻的危險！還談什麼富强振興！」

「您不過懷疑袁世凱罷了。」宋教仁又辯說：「現在，改總統制為內閣制，在政治上總統的權力非常微小；就是有野心的人，也不得不就範，無須用各省分權，來監視控制他。」

「內閣制，純粹憑恃國會。」胡漢民又作强有力的反駁，說：「中國國會本身的基礎，還很薄弱，一旦受到壓迫，將無法抵抗。我只怕會走上俄國在一九〇五年後國會的覆轍。國會尚且如此，又哪有『內閣』？」他停了一下，又說：「今日，革命的勢力分散各省；專制的餘毒，還深積於中央。此進則彼退，革命勢力的消長，就成為民主或專制的關鍵！假使我們自己不去加强，又去削弱它，到了『噬臍』，再後悔也就來不及了！」

兩人爭辯得非常激烈，堅持己見，不相上下。最後還是由孫大總統加以排解，並作結論說：

「『中華民國臨時約法』，比起『臨時政府組織大綱』，可說是進了一步。我觀察古今中外政治的利弊，覺得除非創制『五權憲法』，就不能將國家的基礎打得鞏固。世界上的和平，也決不是『一蹴可幾』的。今天，我只說要定一條『中華民國的主權屬於國民全體』，一方面用以表示本黨國民革命眞意義之所在，一方面也可以杜防『盜憎主人』者的作為，可與國民共同唾棄他了。」

原則確定了，有人建議由法制院起草修訂。宋教仁因為上次所擬政府組織法草案，未被採用，就極力推辭說：

「今日，有許多參議員在座，最好還是由參議院，自行提出，組織『臨時約法起草委員會』，作成草案，再提出大會審議，依法議決。但總希望在袁氏未就職以前公布。」

參議院自二月七日開始，對「中華民國臨時約法」逐條討論審議。經過三十二天，至三月八日，全案才告結束，內容包括七章五十六條，可說是「總統與內閣混合制」，比起宋教仁所擬的「中華民國臨時政府組織法草案」，特別加強了參議院的權力；而「考試」、「監察」的獨立却從中剔除了，這可說是時人狃於「三權分立」之說所致。

國父說：「『大道之行，天下為公。』大總統只是國民的公僕，人人都可以做。做了公僕，就要以服務人民為心。」但我國承幾千年帝制之後，所以當時臨時約法所强調的內容，特別有兩點：第一是怕當總統的人再走上專制的道路，特別限制總統的權力。第二是在制定人民在憲法保障下所應該享受的基本自由，而使中國人民永遠脫下奴隸的枷鎖。由此，可以看出偉大的革命家的心胸與理想；他們所要垂教的所要爭取的，是千萬世的軌則，不是一時個人的權益。

國父的偉大也就在這一點。

第五十章　明孝陵

到二月初旬，南京城裏各界人士已在議論「清帝退位」的問題。清帝遜位諭旨的文辭，已經由張謇和黃興、陳其美、唐紹儀在上海趙鳳昌宅相商起草，由張謇執筆撰稿，已發電北京。宋教仁猜想不過幾天就可以決定了。果然到了十一日，袁世凱就以「眞」電致告臨時政府說：清帝已經明詔辭位，業經他署名。又說他「永不使君主政體再行於中國。」十二日下午，清朝隆裕太后正式宣告宣統皇帝溥儀辭位的消息，也傳到了南京。和平解決紛爭，統一中國，眞是震驚了世界各地的輿論，也使全中國的人民欣喜非常，以為今後可以過民主自由安樂幸福的日子了。

十三日，孫大總統依照議和協約，向參議院提出辭職，推薦袁世凱為大總統，說：

「清帝遜位，南北統一，袁公之力實多，發表政見，更贊成共和，舉為公僕，必能盡忠民國；且袁公富政治經驗，民國統一，賴有建設之才，故敢以私見貢於貴院。」

孫大總統也要袁世凱依照協約履行三點：

一、臨時首都設在南京。係各省代表所議定，不能更改。

二、須親到南京就職。舊政府大總統及國務各員才行解職。

三、遵守參議院制定「臨時政府約法」。已頒布之一切法律章程，非經參議院改訂，仍繼續有效。

十四日，參議院開會討論。直隸代表谷鍾秀、四川代表李肇甫等主張臨時政府地點改設北京，獲多數通過。孫大總統認為北京是專制腐敗勢力集中的所在，污染甚深；東交民巷各國兵營林立，儼然敵國，動輒受其威脅；袁氏野心難馴，盤踞自雄，不是帝制自為，就可能屈服列國强權之下，這樣不但不能建立獨立自由幸福的民國，而且後患不堪設想，遂命黄興召集黨籍參議員疏導。再將建都問題，咨送參議院覆議。十五日，又以多數通過確定建都南京；然後才選舉袁世凱為大總統。二十日選黎元洪為副總統。時人對於袁世凱誘脅民黨，逼迫清廷，而取得政權，叫做「新式曹操」。

孫大總統因為革命大功告成，在十六日上午，率領各部職員、數萬軍民，前往明孝陵，祭告明太祖。最先是總統乘輿，各部總長依次追隨其後。宋教仁也坐了一輛馬車參加謁陵。隊伍浩浩蕩蕩經過明故宮，出了朝陽門，只見萬人空巷，觀者如堵；只聽夾道歡呼，聲震屋瓦。人民也因清帝退位，全國統一，專制政體結束，個個歡欣鼓舞，人人臉上堆笑，男女老幼揮舞着手臂，表示他們的歡樂。

不久，車馬到了鍾山南麓了，沿着四方城陵前的御道前進。到了一座拱橋前，大家下了車馬，跟隨着孫大總統徐徐走上拱橋。明孝陵，是明太祖與馬皇后的陵寢；原建享堂，殿宇氣象雄偉。孫大總統進了櫺星門，又經過幾個圓門，到了孝陵殿，中間供着明太祖與馬皇后像。宋教仁少事休息，又和大家穿過内殿，過了一座拱橋，進入甬道，就到了明太祖與馬皇后合葬的高陵，高三四十丈，四圍遍植松柏，葱翠蒼鬱。墓道左右豎立着文武石翁仲八尊，高兩丈多，武將介冑執金吾，文臣朝冠秉玉笏。此外，還有獅、獬、駱駝、麒麟、象、馬等石獸各四頭，威武活潑，刻工生動。宋教仁看了，不禁想起清代鄭板橋的「孝陵懷古」來：

「老檜蒼松盤寢殿，夜夜蛟龍來宿。翁仲衣冠，獅麟頭角，靜鎖苔痕綠。斜陽斷碣，幾人繫馬而讀？」

這位驅逐胡虜的民族英雄的陵墓，大概很久以來都沒有人前來憑弔了，正像鄭板橋所說一地「苔痕綠」。

到了孝陵前，孫大總統領導各部總長及各軍將校士兵人民，還有各國領事，開始祭陵的典禮了，樂隊吹奏起雄壯肅穆的軍樂，陸軍的禮炮也開始鳴放。孫大總統代表大衆，獻花奉醴。率領大衆鞠躬致敬，默聲上告明太祖在天的英靈，現在革命已經成功，國土已經光復。宣讀謁陵文畢。孫大總統向大家演說，講述明太祖由平民崛起，驅逐金元胡虜，光復華夏的豐功偉績，用以勗勉同志。並指點陵殿的傾圯處，要加修建。並命訪求明太祖的後裔，恢復祀田。

宋教仁參加過祭陵，回到南京城，覺得南北雖然統一，滿清皇朝雖被推翻，但中國的前途仍然充滿艱難多刺的荊棘，南北雙方還都彼此隱藏疑忌。像袁世凱對「到南京就職」這件事，就遲遲不肯履行，而致電孫大總統，以「北方危機隱伏」做藉口，說暫時不能南行，而且不贊同建都南京。

十八日，臨時政府決定特派教育總長蔡元培、外交次長魏宸組、參謀次長鈕永建、前議和參贊汪兆銘、法制局（按法制院時已改制為局）局長宋教仁、海軍顧問劉冠雄、第三十一師團長黃可凱、陸軍部軍需局局長曾昭文、武昌外交司長王正廷等人組成專使團，前往北京，歡迎新大總統袁世凱來南京就職。黎元洪又派彭漢遺參加。孫大總統寫了一封措辭懇切而嚴厲的勸駕信，勸袁氏南來就職，主要在「易新國之視聽，副輿人之想望」，至「異日久定之都會，地點之所宜，俟大局既奠，再決之國論，今且勿預計也。」

宋教仁準備動身北行了。

第五一章 舟中見聞

二月二十一日下午，專使團和北方和議代表唐紹儀一行共三十多人，搭乘招商局新銘輪離開上海。黃興、伍廷芳、陳其美都到船上送行。宋教仁和黃興握着手告別。黃興特別叮嚀說：

「務要請袁大總統南來。」

輪船離開了上海，大家都覺得此行的任務重大，不知能否達成？專使團領袖蔡元培，字鶴卿，浙江紹興人，清進士，做過翰林院編修，為同盟會上海分會會長，光緒末到德國入來比錫大學，研究文哲心理美學，是一個學貫中西的學者。宋教仁和他時常在總統府的會議席上碰面，蔡元培經常戴着深度的眼鏡，額頭高，鼻子大，下巴微削，是一個有智慧又堅定的人，說話很文雅溫和，對事對人都非常認眞。

唐紹儀，字少川，廣東香山人，是孫大總統的同鄉，比蔡元培大幾歲，有五十上下，看來是一個屬於嚴肅型的人物。在他略顯長方形的臉上，戴着一副橢圓形白金細邊的眼鏡，配着高廣額頭，深凹眼眶，濃眉濃髭，緊閉嘴唇，穿着一身深色雙排扣的西服，都透出一股嚴肅的意味，說話却很爽直坦白；他做過滿清專使美國大臣、外務部右侍郎、郵傳部左侍郎、奉天巡撫、郵傳部尚書等官。唐紹儀抽着雪茄，談起和袁世凱相交的往事，說：

「我和袁慰亭相交將近三十年。光緒十年（一八八四）十月，朝鮮維新黨朴泳孝作亂，慰亭帶兵彈壓，到稅務司穆德麟住宅，我不讓他進去；後來他說明了原故，我才讓他進去。

從此，我們成了好朋友。那時他總理朝鮮營務；我也由北洋派駐朝鮮幫辦稅務。以後，他回國在小站練兵，我和徐世昌，就在他的營務處工作；他做山東巡撫、直隸總督，我替他辦理外交、商務；後來他做外務部尚書，我跟他關係，尤其密切。這次，他又派我充當和貴革命軍議和的全權代表。」

「聽伍秩老說，先生對共和的促成，盡了相當貢獻。」宋教仁說。

「這也是應該的。我過去留學美國，就很醉心美國的平民政治；光緒末，我又出使新大陸，更了解共和民主，對國計民生的好處；所以我是衷心要促成這次和談的。」唐紹儀說。

「現在，袁公當上總統；我們還希望先生鼎力——」蔡元培說。

「你們不說，我也會盡力勸他，卽日南下就職，組織政府，以期全國統一。至於遷都的問題，我就不敢說了。」

「我還希望唐先生能將我們孫總統『推誠讓位』這種心意，轉達袁總統，請他相信我們南方人。」宋教仁很誠懇地說。

在船上，他們也常常聊到了其他問題。有一次，蔡元培談到「吃」的問題，說：

「我素來抱着『素食主義』；但參加宴會，我也隨衆吃些葷菜。饕餮者之流，一見美味當前，就大吃特吃。隔宿猶飽，這是不合養生之道的。」

「伍秩庸先生，」唐紹儀說：「告訴我：他一天只吃兩餐，午前十一、二點一餐，午後六點鐘前後一餐。他也是老廣，却反對我們廣東人吃消夜，認為有礙消化。他過去多病，他說實行『二食』後，什麽病都沒有了。」

「秩老，有『七十』了吧，需要量自然少了。」宋教仁說。

「要說食量大，袁慰亭就是一個。他喜歡吃鷄蛋，早晨六個，中午四個，晚上又四個。又喜歡吃填鴨。飼料是特製的，用鹿茸搗屑和高粱攪拌成的；據說這種填鴨非常滋補。」唐紹儀說。

「我記得光緒中陳石遺談吃的詩，有『晚菘漸漸如盤大，霜蟹剛剛一尺長。獨有鱸魚四腮者，由來此物忌昂藏。』風傳北京。前清政界最令人垢病的，不只『嗜食』，而是生活糜爛。有許多不良的習氣，像嫖妓、賭博，成為常事，一個人討了好幾房姨太太，又天天參加宴會，來回十幾二十里，費時極了，又抽煙，又喝酒，又吃肉，腸胃消化還來不及！又哪有精神與時間，去料理正經事呢？難怪把國家搞得一塌糊塗。現在，民國建立，這些惡習都應該一一革除。」蔡元培笑着說。

「鶴卿先生，說的對極了！只是用什麼方法來提倡改革呢？」唐紹儀說。

「可以發起一個『六不會』，然後公開登報徵求會員。」

「六不會？」宋教仁問。

「所謂『六不會』，就是要堅行『六不主義』：一不狎邪，二不賭博，三不納妾，四不食肉，五不飲酒，六不吸烟。」蔡元培笑着解釋說。

「這可不容易做到！要加入『六不會』，首先我就要戒烟戒酒了。」唐紹儀說着，隨手把雪茄在烟灰缸上擰熄了。

「凡入會的，前三項必須徹頭徹尾的遵守，後三項可以自由認定。」蔡元培又說。

「那這樣，我們都可以署名入會了！」唐紹儀說。

「『六不主義』，要是全國人都能實行，那從前政界的惡習，就可以一掃而清了。」宋教仁說。

唐紹儀又說將來應該在武、漢之間，建造一座「共和紀念大橋。」

他們在船上是這樣融洽無間地談着，使宋教仁感覺到唐紹儀這個人，也是一個平易而講原則的君子。

六不會，後來叫做「進德會」，果然在民立報上大登新聞，有許多人加入，而形成一種運動。

第五二章　與袁談判

二月二十三日，船到山東煙臺。本定二十四日可到天津，二十五日入京。因海上阻霧，二十六日，才到達天津。汪兆銘和唐紹儀，當天下午就先搭車趕往北京去了。蔡元培等接受天津各界的歡迎與招待，在天津停留了一夜。

二十七日（蔡元培「壬子迎袁始末」作二十五日；此據民立報），蔡元培、宋教仁等才搭乘火車前往北京，天氣清朗，陽光薄弱，掩映兩邊白皚皚的雪原，凝雪團團，有如僵石，和江南的風光不同。他們在下午一時抵達北京。

一下火車，就有段祺瑞、胡惟德等許多軍政要人、各界代表前來，車站外面有兩隊軍樂吹奏着悠揚的樂曲，一隊儀仗用最隆重的軍禮表示歡迎。他們坐上馬車離開，經過熱鬧的市區，到處是五色旗，人民紛紛向他們舉手歡呼。馬車直趕到煤渣胡同貴胄法政學堂招待所，見到了汪兆銘，才知道唐紹儀住在麻線胡同。

他們休息了片刻，又坐馬車，前往石大人胡同北京總統府，——前清外務部的迎賓館。到時三點鐘正。唐紹儀、梁士詒、趙秉鈞、楊度已在門口相迎。

相偕進入大貴賓室，由唐紹儀介紹，進謁袁大總統。

袁世凱的個子矮胖，要比常人矮半個頭，穿着一身藍呢陸軍禮服，長統皮靴，滿胸掛着星形大勳章，兩肩橫綴着金底金辮的肩章，鈕扣、領章也都是金製的，腰間圍着鑲金花的寬皮帶。中前方豎着白羽纓柱的軍帽，放在一邊的小黑檀木桌上。給人的印象是一副富麗的形相。

宋教仁趁着唐紹儀介紹的時候，再仔細瞥了袁世凱一眼，禿光的頭頂紅潤發亮，臉上的輪廓線條很柔和，大大眼睛富懾人的神采，高挺的鼻樑，留着梳理得整齊的八字鬍，還有圓滿的下巴。的確是一副好相貌。誰會料想到在這一副好相貌裏，却包藏着「陰狠貪詐」的機心呢？

唐紹儀一一介紹過了，就由蔡元培代表將參議院的通告文及孫大總統的咨文，呈遞給袁大總統。雙方坐下，看茶。蔡元培說：

「孫大總統代表參議院及臨時政府，特令培等十人為專使，歡迎袁公蒞臨南京就職。現在一切都已準備定當，只待您指示行期。」

「我也深願馬上南下，只是此間事，尚需佈置。明天，我們再約個時間，和各位先生詳細研商。」

專使團就告辭回招待所去。

晚上，由袁世凱派梁士詒設宴款待專使團。

二十八日上午九點多鐘，在迎賓館會議室內，雙方開始討論赴寧與遷都兩個問題。袁世凱首先說：

「這兩天，我和各軍統制和民政首領商量留守北京的人選，大家都十分謙讓，還找不到適宜的人，去南京的行期，還不能很快定下來。其次遷都南京問題，反對的意見很多。各方來的條陳電文，不下一百來件。請各位專使披閱。」

梁士詒就將反對的資料分發給大家。宋教仁翻閱一下，多半是各省軍政首長，像烟臺都督藍天蔚，廣西都督陸榮廷，浙江都督蔣尊簋，雲南都督蔡鍔等等，都贊成仍都北京，只有黎元洪和上海民社總部折中主張建都武昌。

袁世凱接着又說：「全國半數的生命財產都在北方，現在北方的危機，實在隱伏，像滿清皇族溥偉、善耆都逃亡東北，受日本愚弄，還想在奉天、黑龍江蠢動再起；外蒙各盟也在興風作浪。浙江都督蔣尊簋來電說：『公署使館，北京咸備；移之南京，必須更築；土木之興，所費不貲。』還有北京各國公使，對遷都南京，也嘖有煩言；他們從庚子以後，在東交民巷，經營使館洋行，花了許多金錢，現在一搬，損失巨大，說我們輕視外交，要跟我們交涉。」

「建都北方，南京政府中也有作此主張，目的專在控制滿、蒙；現在五族共和，這一種控制自不是一種公平而合理的說法。至於『建都』是一件大事，應該求地點的確當；如果地點確當，就不能為了節省經費而不遷。而且遷不遷都，是我國自己事，也決不牽就外國公使的意見。」蔡元培說。

「建都北京，」唐紹儀轉圜說：「由這許多通電看來，幾乎是全國同胞一致的主張。總統應該俯順輿論，定都北京。不過，總統必須馬上先往南京一行，希望可以化除南北畛域之見。等南京布置，稍稍安定，再回北京吧。」

袁世凱沉吟了一下，故意裝做還有許多困難難以解決的樣子，說：「南下就職，雖然重要；但我不能不顧慮到，北京現在也不太平靜。只怕我去了南京，北方軍隊猜疑，發生搗亂秩序的情事。這就有違我素來愛國救世的本意了。我還是暫留北京，維持秩序。待安定了，再去南京吧！」

「北方的軍隊，多是您一手訓練的舊部，這一點，似無須過慮。」汪兆銘說。

「我們都認為以袁公的威望，貴部的忠誠，在滿清攝政王解職，皇帝退位，局勢最危急的時期，您還能鎮攝得住呢。至於今天還有什麼可疑可慮的！北方商業界人士都說『袁公萬能』；只要您心裏決定去南京，您所作布署，一定十分完善，足可安定京、津的人心。」蔡元培說。

宋教仁也極力勸說。袁世凱被大家勸說不過，就說：「好吧，一俟北方情況稍稍平靜，我就往南京一行吧。只是建都問題，如何解決？」

「我們此行任務，專為歡迎袁公南下。建都問題，我們馬上將京、津一帶的輿論報告孫大總統及參議院諸先生。覆電來了，再談吧。」蔡元培又說。

這次商談會直開到下午二時結束，看來袁世凱已經不反對往南京就職了，一切似乎都非常順利。

第五三章　北京兵變

二月二十九日（陰曆一月十二日），蔡元培、宋教仁、劉冠雄等一起去迎賓館，見袁世凱，問他何日動身？袁世凱答應說：

「我正跟此間人士商議組織新政府。商量停當，卽刻南行。蔡專使，您看請誰暫代我的職務。」

「黎副總統。」蔡元培建議說。

「很好。我就發電邀請。」袁世凱說：「但麻煩王正廷先生替我電告黎副總統，就說我打算坐京漢路火車，過漢口，去南京，請替我預備一艘兵艦，以便下駛。」

會議進行的很順利。談到了許多細節問題。談得差不多了，袁世凱在總統府裏宴請專使團。在酒席間，好酒佳餚，消除了日來緊張的談判氣氛。賓主談笑風生，非常融洽，大家都酒到杯乾，豪興遄飛。袁世凱高興地宣佈：「我已經決定兩星期內動身。建都問題，少川建議，等我到南京舉行過宣誓禮，再將這個問題提交國會決定。我也很贊同這個辦法，當然，我還要帶一些衞隊同行。」

「帶衛隊同行，這是應當的。」宋教仁說。

「最起碼，我要帶五千人。」袁世凱說。

說得宋教仁一怔，心想「要五千人這麼多」？酒慢慢地喝的多了，談鋒就轉入了閒話，蔡元培談到在船上發起要組織「六不主義」的進德會，要請袁世凱加入。袁世凱笑着說：「要我支持可以，要我加入却很難。」原來袁世凱有如夫人十五六人，又怎能加入？其實，當日與宴的那些舊官僚大都沒有資格加入，都是告子所說「食色性也」的信徒。他們直喝到七點多鐘，宴會才告結束。總統府派馬車送他們回煤渣胡同專使團招待所。

大家回到貴胄學堂，談到席間袁世凱答應南行，談到南北統一的問題可以解決了，同時覺得袁世凱此人並不像外傳那麼的難纏狡詐。正談說間，忽然聽到牆外劈劈拍拍的響聲，一時大作。有人說：

「槍聲嗎？」

宋教仁還以為是舊曆的年節間，附近的孩子們玩爆竹呢，就不以為意，說：「放連珠炮吧！」但四面都是這一種聲音，越聽却越像槍聲，不像鞭炮，而且好像都是對着貴胄學堂這一方向攻擊了過來，就趕緊叫了衛兵進來問：

「外面發生了什麼事?」

「聽說是駐在這附近的帥府園第三鎮士兵，為了爭糧餉兒，發生毆打的事兒!」衛兵答說。

宋教仁心裏不安，到後院去查看，忽見槍彈從牆上飛了進來，差點兒打中了他。又聽到牆外面有人嚷喊着:

「兵變了，兵變了!」

他正想進屋裏去告訴大家。蔡元培幾個人已慌裏慌張地從屋裏跑了過來，說:「前邊大門已經被亂兵撞破了，進來搶刼，說:『你們暫且躲遠點兒!我們來，別無惡意，只是要一些錢財，做盤纏兒，好回老家去呀!』」

大家趕緊打開了後門出去。一路上，有許多人逃奔過來，都說:「由西長安街到正陽門外，有無數穿着灰色軍服的軍人，到處搶刼，燒房子呢!」

「你看，東北角又起火了，看來是東華門附近。」

黑暗的天空中，子彈上下亂飛，好像星雨一般的墜落，許多路燈已被槍彈擊破了。宋教仁和魏宸組兩人走在一起，其他幾個人已不知去向。他們人地生疏，路徑莫辨，只好隨當地人朝一個方向走去。宋教仁對魏宸組說：「這兵變會不會是宗社黨搞的？我們還是小心應付才是。」路上幾次遇到旗籍的巡警盤查，都不敢表明自己的身份。後來，兩人改變了辦法，遇到巡警就主動向他們打聽。

「幹嗎兵變？」

有的說是提燈會引起，有的說軍警交鬨引起，也有的說是為了要求提高軍餉引起的。

「哪些地方被搶？」

「金店兒、銀莊兒、首飾樓兒、鐘錶舖兒、飯館兒、酒家兒、百貨店兒、綢緞行兒、當舖兒……各行各業，還有鉅富大户，都被搶呢。大概只有衙門、勾欄、洋行、外人住宅區，沒人敢去搶。」

「你們為什麼不加攔阻？」

「總有好幾千人吧，大都是袁總理親信曹錕的部隊，剛調進京裏，不過半個多月，原打算用來壓制我們旗人的。現在，可好了，却在京裏亂搶。我們的老總請袁總理派兵彈壓。他却說越壓越亂，只可虛聲嚷嚷。聽說連袁總理衛隊也參加了兵變。我們哪裏敢跟他們拼呢！碰到了，我們也只好躲進了陰溝裏去。」

一路上，都是被搶的老百姓的哭號悲泣、叫爹喊媽的聲音。到處是被砍倒的電線桿，破碎的玻璃，綢緞布匹扔了滿地都是。宋教仁差一點就被絆倒。東城一帶的天空燒成了赤紅一片，宋教仁不禁又想起那些北洋軍焚燒漢口的景象。唉，這些軍隊那裏是保土衛民的軍隊呀！簡直比强盜土匪還要殘暴！中國的事需要我們改革的地方還非常多呀！

宋教仁、魏宸組兩人都梳着短髮，穿着西裝，沒有留「豬尾巴」；巡警以為他們是日本人，因此告訴他們附近一條巷子裏住的都是日本商人，這些亂兵不敢搶他們，可以躲一躲。

宋教仁走進那條巷子，映着路燈與月色，果然發現一家門上貼着「上仲公館」的門條。這無疑是日本人的住處。宋教仁用手敲了幾下門。主人隔着門詢問：「找誰呀？」

「避難！」宋教仁用日語答說。

這個日本人就開了門，請宋教仁兩個人入內。這個日本主人頗為好客，端出美酒小菜來招待宋、魏兩人，這才問宋教仁說：「是跟南京來的專使團一起嗎？」看了宋教仁一眼，又說：「我在這兩天報紙上『寫眞』中見過，您很像留學敝國的專使宋教仁先生呢！」

宋教仁力辯說：「不是，不是。」這位日本人也就不再深問了。

這天夜裏，宋教仁和魏宸組就暫時住在這個「上仲公館」裏。槍聲澈夜不絕，一夕十餘驚，當然也就無法安睡，直到了天亮，還間歇聽到槍聲。

三月一日上午，上仲先生派人出去打聽，回來說：「亂兵離城走了。」宋、魏兩人告別主人，回煤渣胡同一看，貴胄學堂已經燒毀，當然衣服行李文件完全散失了，覺得只有暫時搬到東交民巷六國飯店去住，比較安全。

只隔一夜，昨日繁華的商業區市街，燒成一片瓦礫廢墟，斷垣敗牆，車子都很難通過。有些地方餘燼未熄，火勢猶熾，煙焰迷漫，門板大柱，好像成列的火炬繼續地燒，散發着木材特殊的香味。路邊到處是可憐的老百姓，對着燒燬破碎的故居放聲的哭着，有的只是呆呆坐着，木然看着。

有的說：「庚子聯軍進城，還沒有像今天這樣的浩劫！」有的說：「亂兵土匪早已跑的無影無蹤的時候，袁世凱才電召殷統領派兵彈壓。」也有的說：「亂兵搶奪了火車，上豐臺、天津、保定去，只怕那邊也要遭殃了。」

宋教仁和魏宸組到了六國飯店，原來蔡元培、汪兆銘、王正廷、黃可凱、鈕永建、曾昭文、劉冠雄都已經先到了六國飯店，這裏仍然繁盛如常，門前車馬，來來往往。蔡元培說：「我和精衛兄幾人避進了附近美國人格林君的住宅。今早美國使館派兵護送我們到這六國飯店。」

其他人也把昨夜驚險的遭遇說了，幸而沒有人受傷。宋教仁問：

「今天，各界歡迎我們的大會還開嗎？」

「停開了。」蔡元培說：「聯絡過，他們決定停開了。外面破壞的很厲害。為什麼在袁世凱答應南行的這天夜裏，就發生了兵變？這是偶然巧合，還是有意安排？」

「謠言很多，據老百姓在被搶的時候，聽到亂兵嚷嚷：什麼袁總理過幾天就到南京去做總統咯；什麼做了總統，就要被南邊人解除職位咯；我們在北方吃餉的，也都要被撤差回老家去了；所以我們要向各位借些盤纏了。有人問：『聽誰說的？』他們就答：『一營裏都這麼說的。』由這些話看來，好像有人故意在散播謠言，以激起兵變。」宋教仁說。

「可能，可能！」蔡元培說。

「是宗社黨，還是袁世凱？」

「我總懷疑這是老袁搞得玄虛。前天，他說怕離京後會發生變亂，現在人沒離開就發生了，而且兵變的部隊，就是他最親信的曹錕所統率的。」宋教仁說（註一）。

「我不大贊成你這種看法。在北京搞兵變最容易引起外人干涉，對他聲望總是有損的，建都問題，輿論對他有利，又何必搞這玩火自焚的『兵變』呢？」有人反對說。

「兵變雖然容易引起國際干涉。但這一次兵變，亂兵並未曾動外國人的一草一木。這好像有人在事先約束過他們似的。外國人既沒受到損失，又拿什麼作干涉的藉口？輿論對老袁有利，只是『遷都』問題，並不是『到南京就職』問題。天下太平，誰也不能拒絕不到南京就職！當然，按常理說，這是不可思議。李燮和反對和議，『上孫大總統書』中，就曾經說過：袁世凱這個人竭智盡技，無非為個人，在他眼裏沒有絲毫公衆利益；他所作所為，恒不可以常情測度的。不管怎樣？兵變發生了，他有了『不能南行』絕佳的藉口了。」

「袁世凱為什麼怕去南京呢？」

「這是『以小人之心，度君子之腹』，所以也就『可怕』得很呢！」

「遯初兄分析的很對。」蔡元培說：「袁氏心懷叵測，不想南來；但不來，又怕冒食言之責。昨天答應南下，只不過和我們『虛與委蛇』罷了！然後嗾使兵變，一面刼持我們，一面藉此不走。現在既已洞悉其謀，只有與他痛陳利害，希望他能够改變主意。當然，他的陰謀詭計，也只是『懷疑而不能證明的事』，我們還不能說出去呢！（註二）」

這對南北的關係蒙上了一道陰影。這道陰影很難從宋教仁的心裏拂拭乾淨。有人說：「

昨天一夜沒睡，今天要早一點休息。」也有的說：「今天大概不會再發生變亂了吧！」但到了傍晚，兵亂又起。西城火光燭天，槍聲動地，亂兵挨户搶刼，吶喊聲聞數里。又搶了一夜。東交民巷的外國駐軍已將大炮機槍架了起來。據說毅軍統領姜桂題半夜過後才奉到格殺搶匪的命令，派兵出去彈壓，殺了一些亂兵土匪，還有一些乞丐愚民。以後每日都殺了一些人，把首級掛在樹上示衆，但曹錕依舊做他的第三鎮統制。

這次，北京城內外被搶刼的店舖人家將近五千家，被焚毀的房屋有一千多家，損失多達九千萬元，電報局兩天不通，報館停止出版，有錢也買不到食物，路燈十幾天不亮，整個北京城成了一個悲慘的黑暗世界。

三月二日，北京外交團怕重演拳民之禍，紛紛增派軍隊，進入北京，保護僑民；並向中國政府照會，詰責說要照庚子年辦法，將北京暫劃為租界，由各國派兵保護。日本報紙喧傳這次兵變，出於袁世凱主使，作為不能南下的口實。袁世凱派胡惟德、趙秉鈞等人分訪各國公使，保證不再發生這種情事，也就了結了。

蔡元培、宋教仁等去總統府和袁世凱商量兵變後的問題。唐紹儀和梁士詒都對這一次兵變感到煩悶憂慮，一怕南北因此生隙，二慮軍紀從此敗壞。袁世凱和專使們一見面，就表示歉意說：

「各位受驚了，實在抱歉！眞沒料到竟發生這樣嚴重的意外事件。現在，人心的安定，秩序的恢復，軍隊的調度，外交的應付，種種困難，都急待處理。每天都有許多急事等着我辦，很難擱下不理。在這種情況下，我是絕對不可能南下就職了。」

蔡元培、宋教仁兩人一起勸說：「袁公，在南京就職，按時局，依法理，都是神聖不可以侵犯的一個條件。專制與共和的分別，就在人人都要遵守法理。現在，大總統假使輕易違背法理，做出了個人超越了民意機關的行動；這就有專制時代『朕卽國家』的嫌疑。這恐怕將會激起熱心民主的人反對。元培等這次前來歡迎您南下就職，所重也就在這一點『法理』問題。希望袁公勉為其難，撥冗南下吧！」

「你們一定要我在這樣困難危急的情況下，到南京就職，那我只有辭職了。你們認為總統在南京就職是神聖不可違背的法理，但組織統一的臨時政府也是刻不容緩的。我也想馬上南下；只是現在我却萬不可能馬上南下！所以我建議請副總統黎公代表我，前往南京受職。這是個變通的辦法，也可以不違背法理了。否則，我只有出之辭職一途了。」

「黎副總統最近不能離開武昌，跟袁公不能離開北京情形一樣。正廷近接漢口來電說：

二月二十七日，武昌將校團、教導團、畢血會和軍務司孫武之間，發生激烈的內爭，孫武的小老婆已遭殺害，第二鎮統制張廷輔也被人殺害。局勢也很不穩定。」王正廷說。

「我會將此間情形，詳細電告南京，請示解決的辦法。」蔡元培說：「有人說這次兵變是宗社黨搗蛋。我想可以建議南方派兵前來協助。」

「也好。」袁世凱說。

汪兆銘打了一通電函給南京政府，大意說：

「現在應該以組成統一政府為第一急務，否則渙散決裂，功敗垂成。」

三月四日，蔡、宋等又到總統府。趙秉鈞說：「現在，北京各界傳言：粵軍司令姚雨平從徐州，藍天蔚從秦皇島，胡瑛從烟臺直向北京，武昌也要派兵前來，對付宗社黨。其實，這次騷動只是少數軍人主動，跟宗社黨沒關係。第三鎮兩營亂兵，今天袁總統已將他們調出北京去了，秩序已經恢復。北京城實在不能再增加軍隊，以免又釀成別的變故。我願意挑起保衛北京的擔子，若再出亂子，請惟我是問。我請蔡先生立電南京，無庸派兵前來了。」

又由汪兆銘、唐紹儀跟袁世凱協商，終將臨時政府地點，改在北京。日本時已調動駐南滿皇軍一千多人進入北京。蔡元培、宋教仁、汪兆銘目睹這種情形，就聯名電告南京說：

「北京兵變，外人極為激昂。日本已派多兵入京，設使再有此等事發生，外人自由行動，恐不可免。培等睹此情形，集議以為速建統一政府，為今日最要問題。餘儘可遷就，以定大局。」

蔡元培並派宋教仁、鈕永建、王正廷、彭漢遺四人，會同袁世凱特派代表范源濂、唐在禮兩人，在三月五日先離京回南，向孫大總統及參議院，報告北京的情形。

宋教仁等由天津乘奉天輪。九日回到上海，知道孫大總統接到蔡、宋、汪電函後，為了避免造成南北分裂，墮入日本陰謀，不便固執己見，提出變通解決的辦法，已於六日由參議院通過，允許袁世凱在北京打電報到南京參議院宣誓就職，然後提出閣員適當的人選，經參議院同意，在南京組織新政府，辦理交代事宜，然後移往北京。袁世凱也已經在三月八日電傳誓詞說：「世凱深願竭其能力，發揚共和之精神，滌蕩專制之瑕穢，謹守憲法，依國民之願望，蘄達國家於安全強固之域，俾五大民族同臻樂利。」

十日，袁世凱在北京就職，為第二任臨時大總統了。十一日，公布參議院議定的「中華民國臨時約法」。蔡元培等人參加袁世凱就職典禮後，十四日離開北京，前往武昌，向黎元洪報告，然後回轉南京。

由於「北京兵變」，袁世凱在政治上獲得許多利益：

第一、遷都問題就這樣的解決了，他不必離開老巢。

第二、他輕易地就蹂躪了參議院通過的法案，將來「臨時約法」、「國民議會」，當然也就可以照樣地借題破壞了。黃遠庸說袁世凱是「吾國小說家所謂『遁甲術』者，雖身受縛勒，其指天畫地，念念有詞，周身繩索，蜿蜒盡解。」說他神通廣大，法律無法箝制他。其實，民主制度的可貴，也就在人人都要「守法」，在國家憲法之下，一律平等，而不容許任何「人」借題違反與破壞。可惜當日的人並不認識這一點的重要性。

第三、袁藉北京兵變，要整頓軍隊，命令段祺瑞另外招募警衛軍三十營，又大大擴充了他的實力。

第四、袁將兵變的責任移禍南京，說都是由於南方爭執建都問題，拖延組織政府，以致引發兵變，造成京、津、保定、豐臺數百里人民的損害，而冲淡了北方人民對共和嚮往的熱忱。又由於北方人民害怕「兵禍」，對南方軍隊無形也產生一種更排拒的心理；所以當北方各界聽說南京政府要派兵入京幫助平定兵變的時候，就紛紛請求阻止。當然不歡迎南方軍隊北來，無形中也加强了袁世凱的地位。

第五、曹錕所部作亂，曹錕却安然在位，未曾受到連帶責任的處分；其部下也未受到軍法審判，只是調防而已。這當然間接鼓勵了軍人干涉政治的心理；後來「軍警干政」，就成為袁世凱一再祭出的法寶了。

第六、袁又透過賀良樸「致南京專使蔡元培書」，引「北京兵變」為例，勸說南京在統一政府成立之後，應該儘快遣散革命軍隊。後來袁世凱任命黃興為南京留守，急辦的事就是迅速大量裁遣南方軍隊。黃興很快完成這件事，不能說沒有受「北京兵變」無形的影響。南京可以使袁世凱顧忌的一點力量，也就慢慢地自行解除了。譚人鳳認為黃興為南京留守，是對「共和」的一種保障，後來黃興辭去了「留守」這個職位，這道防線也就澈底解除了。

讀史至此，你也就可以知道「為什麼會有北京兵變的產生了」！據時人的記載：那些士兵在搶刼財物的時候，是歡呼戲笑，嘻哈搶攘，好像這就是他們所操的職業。不幸的中國的人民，就成了這一類野心家翻雲攪雨的犧牲品了！

註一：三月二日民立報章行嚴「書北京兵變」：「袁總統卽行南來受職，而本社所知，則有『袁總統決不南來』之說。果此次叛兵，直接起於袁君部下。則袁君以為『口實』，緩其行期，乃在意中。」民立報當時曾派記者隨專使團北行。其消息來源與宋教仁的觀察見解，諒有關連。

註二：居正在梅川日記「馬與宋關」一節中：「袁氏嗾使駐京、津第三鎭兵變，其勢洶洶，一面刼持專使，一面阻袁南下。（袁）婉託專使回南京代達一切，蔡、宋二專使洞悉其謀，痛陳利害。袁不為動。」

第五四章 加入唐內閣

三月十日，宋教仁由上海搭早車到了南京，立卽前往總統府，進謁孫大總統，報告北京的情形，以及組織政府的事，袁世凱有意提名唐紹儀為內閣總理；其他閣員，袁世凱表示要和總統、黎副總統磋商決定。

十三日，唐紹儀出任內閣總理，經參議院同意通過。於是孫、袁、黎三方面不斷函電交馳，彼此推薦閣員的人選。袁世凱向孫大總統推介段祺瑞、趙秉鈞、梁士詒、胡惟德等人；黎元洪向袁世凱推薦藍天蔚、熊希齡；孫大總統也向袁世凱電薦溫宗堯和宋教仁可當總長之任。袁世凱有一度想讓宋教仁為駐日大使。三方面為了閣員名額的分配，人選的協調，幾經磋商。經過了十幾日，還是遲遲不能決定。

二十五日，唐紹儀啣着袁命，親到南京，和孫大總統、黃陸軍總長幾個人會商內閣的問題，才將新政府國務員的名單確定。第二日電請袁世凱同意。二十九日下午五時，唐紹儀才出席參議院，提出閣員的名單，徵求同意。

這天，出席參議員三十九人，由議長林森主席。孫大總統和各部總次長也一起到會。先由林議長報告召開大會的緣由。次由孫大總統致詞，介紹國務總理唐紹儀。次請唐紹儀發表所抱的政見。唐紹儀在掌聲中登臺，先說了些謙遜的話：「紹儀承孫、袁二大總統推擧，充當國務總理，自審才力，實愧不能；然當此存亡危急之秋，國家大事，多未能決，亦不敢不勉為其難。」然後敘述他的政見，大體說現在各省擾亂，須亟圖維持安定；為了振興實業，所以分設農林、工商二部，交通尤其重要，這三部當實事求是，力求發展；而今最困難的莫如財政，今年預算須銀二億四千五百萬之數，無法減少。然後提出閣員的名單說：

「紹儀這次組織內閣，關於各部國務總長，已經得到袁大總統允許，現在請求貴院同意：第一、外交總長陸徵祥。陸君本任駐俄公使，才具既長，性又和平。將來外交事件，非虛心考究辦理，斷難得法，故推陸君擔任外交。第二、內務總長趙秉鈞。因新政府既遷往北京，非得有一個熟悉北京情形的人，整理內務不可，故推趙君。第三、陸軍總長段祺瑞。段君擔任軍事的工作多年，兵學很專長，性又謹慎，故推段君。第四、海軍總長劉冠雄，劉君在海軍界資格最老，定能勝任。第五、財政總長熊希齡。紹儀對於此席，反復商量，誠難其人。熊君對財政學研究本深，當他在東三省監理財政，成績為各省之冠，此時財政總長，還必須通曉西方各國財政狀況，熊君考察外國情況，頗有心得，實在是適合民國這時需要的人才，故推熊君出任財政。第六、司法總長王寵惠，第七、教育總長蔡元培，王君學問，蔡君學問道德，都已不待贅言。第八、農林總長宋教仁。宋君雖非農林專門學校出身，但對於新學問甚有研究，而且能虛心辦事。第九、工商總長陳其美。陳君與宋君有同等的才能。此次特任二君，總希望民國農林、工商的發達。第十、交通總長梁如浩。梁君一向在山海關外辦理鐵路，幾及十年。初時路權，甚為失敗，自梁君辦後，才有進步，故推任交通。這十部國務總長的名次，奉大總統命令提出，若能得到貴院同意，新政府就可以立時成立了。」

唐紹儀說完了，就退下臺去，回到他的坐位上。浙江參議員王正廷說：「對於同意國務總長的問題，應該加以討論。」又有江西參議員湯漪附議。直隸參議員谷鍾秀說：「既然要討論，不獨要禁止旁聽，並且要請大總統、國務總理，以及各原總次長暫行退出，在接待室休息。」湯漪反對開秘密會議。谷鍾秀認為這事關係重大，主張開秘密會議。議長林森將它付之表決，多數贊成開秘密會議。這時已經是晚上七點左右。參議院秘密審查會直討論到了九點鐘，才宣布公開投票，並且請孫大總統，唐總理臨場。投票的結果，除「交通總長梁如浩」一人外；其餘九人，全案通過。宋教仁出任農林總長，得到三十四張同意票，不同意票僅五人。

三十日，以臨時大總統命令正式任命各部總長，並以唐紹儀兼任交通總長。又任命黃興為參謀總長，留守南京，整頓南方軍隊。唐內閣遂告組織成立。

這晚，南京政府要人在總統府裏公宴唐紹儀。當觥籌交錯，言談甚歡之際，蔡元培起立致詞，讚美唐紹儀說：「唐總理促成清帝退位，立了大功，現在為中華民國首任的閣揆，一定能够發揮他的政治才能與經驗，為新建的共和國造福。」接着擧杯慶祝，又說：「我們歡迎唐先生加入同盟會，實行同盟會的政綱與政策。」黃興也起立敦勸。大家又鼓掌贊成。孫大總統也笑容可掬。居正馬上離席拿來了入會志願書。唐紹儀考慮了片刻，就在志願書上簽字加入。由黃興、蔡元培做介紹人，孫大總統主盟。唐紹儀起立宣誓，加入了同盟會。賓主盡歡，攝影而散。

宋教仁這時在上海，接到唐紹儀電報，知道已被任命為農林總長，就在三十一日打了一通「辭農林部長電」，給唐紹儀說：

「唐總理鑒：讀電不勝惶悚，仁無政治經驗，且農林非所素習，斷難勝任。明夕赴寧面陳。宋教仁叩。」

四月一日，宋教仁在赴寧前，又電唐紹儀表明他願意「出使日本，尋求承認，事畢即回國，盡瘁黨務，為政府聲援」云云。宋教仁到了南京，唐紹儀加以慰留。宋教仁當天就參加孫大總統在參議院解職典禮。孫大總統致詞說：

「本總統今日解職，並非功成身退，實欲以中華民國國民的地位，與四萬萬國民協力，造成中華民國之鞏固基礎，以冀世界之和平。望貴院與將來政府，勉勵人民，同盡天職！」

致詞完畢，即將「臨時大總統印」交還參議院。參議院代表致詞，極力讚頌孫逸仙先生的偉大，說先生在數千年以來，專制虐焰之下，外患不絕之時，發願救國，首建共和，奔走呼號，瀕臨危殆，毅然不稍停，二十年如一日。武漢起義，未及一月，各省響應，固是亡清無道所致，也是先生宣導鼓吹之力。最後說：

「國人急謀在南京建設臨時政府，剛好先生回國，就由各省代表，公舉為臨時大總統，受職纔四十天，即以和平措置，使清帝退位，全國統一。迄未忍生靈塗炭，遽訴之於戰爭。

雖執國柄，不滿百日，然而我們五大民族所受賜者，已無邊涯。不獨成功不居，高尚純潔之風，可以做這個世界的『矜式』啊！就是民國的成立，實在是由先生撫育出來呀！民國的發揚光大，尤需賴先生誘啓而振奮啊！」

大家聽到這裏，在這位革命導師偉大精神與崇高人格感召之下，無不感動萬分！宋教仁在自己的淚光閃閃中，暗暗說：「我將繼續先生的道路，謀求世界的和平，中國的富强與鞏固，就是犧牲了我的生命，也在所不惜！」

過了兩日，袁世凱又從北京覆電來，竭力慰留宋教仁，說：「以國務員經參議院同意，不啻國民公託，不可推辭。」宋教仁只好接受這個職務了。

五日，參議院議決臨時政府遷往北京，南京臨時政府辦理結束。六日，參議院同意施肇基出任交通總長。唐紹儀內閣至此完全組成。

宋教仁忙着結束法制局的工作。到四月十五日晚，與唐紹儀、蔡元培等人同輪北上。

第五五章　任農林部總長

四月二十日，宋教仁到達北京。就忙着組織農林部。前清原來的農工商部，現在改組為工商部，總長陳其美尚未到京，由次長王正廷負責接收改組。農林部純為新設立一個機構，由農工商部中分出一些業務，又接收一部分有關農林業務的分支機構，如農事試驗場之類。農林部不像其他各部，要裁汰舊員，調用新人，安排人事，紛煩困惱。因為是新設立的，一切都好安排。宋教仁首先將農林部分做農務、山林、墾牧、水產四司，並制定各級林務、墾殖、漁政機關的官制與組織。到五月一日，開始到部視事。

宋教仁帶着屬下到農事試驗場視察。農事試驗場，在西直門外二三里大路邊，舊稱「三貝子花園」，建於清末光緒三十三年（一九〇七），係仿照外國博物院的方式，左部為動物園，右部為植物園。動物園蓄有各種珍禽猛獸，如禿鷲、丹頂鶴、鴕鳥、雉鷄、金翅雀、芙蓉鳥、沈香鳥、青珍珠鳥、相思鳥、時辰鳥、白玉鳥、紫丁香鸚鵡、倒掛線鸚鵡、鯢魚鷗、梟鷹、啄木鳥、白斑鳩、松鴉、喜雀、戴勝、長壽鳥、鴿、翻毛鷄、七面鳥、絨毛鷄、鷲、白鵜鶘、姊羽鳥、髻鶴、鴛鴦、鷺鷥、錦鷄、孔雀、野鴨、蛇、蟒、龜、鱉、鱷魚、斑馬、德鹿、熊、美洲獅、狼、獵犬、倉白猴、箭猪、金跳鼠、獮猴、東陵狐、印度豹、梅花鹿、飛羚羊、印度樹貓、水旱獺、象、花猪等等。又有動物標本陳列室，所列分為涉禽、飛攀禽、猛禽、走禽、遊禽、鰭足、爬蟲、嚙齒、哺乳、翼手、肉食、啼鳴禽各類。植物園有花圃幾十畝，稻田幾十畝，又有瓜、果、蔬菜各種試驗區；中以含羞草、美人蕉、仙人掌、文竹、班葉海棠、風船蔓最佳。溫室裏的洋海棠、萬年草、洋翠蘭、挑葉珊瑚、文珠蘭、荷花五蘭、夜合香諸種最為優美。其他奇花異草，珍木佳樹，不勝枚舉。眞是羽毛鱗角，一草一芥，無不兼收並蓄；蒐羅之廣，是當日國內所未曾有的，所以有人叫它做「萬牲園」。四周圍以短牆，中又有亭臺樓閣，溪澗林巖，橋樑水池，風景美極了。暢觀樓、自在莊、豳風堂、觀稼軒都是園中的勝地。眞是：

「淺碧湖波雪漲，淡黃細柳煙濛；
嫣紅菡萏頰艷，潔白嫦娥色濃。」

這所農事試驗場，當日劃歸農林部管轄。自從南北戰爭以來，經費無着，就逐漸荒蕪雜亂。宋教仁素性喜歡恬靜，又愛這裏的景緻幽美，就帶了幾個書記住到這試驗場裏。不但自己搬來住，又銳意派人整理，恢復舊觀，並且公開開放，任人遊覽，每張入場券銅幣十六枚，於是假日時節，車水馬龍，遊人如織；衫影鞭絲，有如畫圖。有名的頤和園，也可以由此前往，過海淀鎮，更往前去，到萬壽山麓，就到了。頤和園風景之美，更是舉世聞名的了。

宋教仁擔任農林總長，雖非所長，仍盡力調集資料，擬訂整頓與發展我國農林的各種計畫。他認為農業純為生產事業之一，政府的農業政策，當以增加土地生產力為主，設立農業的金融、教育等機構為輔，提出三點政策：

一、墾土地：中國各處土地荒廢不少，應該由政府制定法律，獎勵農民開墾經營。

二、修林政：應該設立制度，加以提倡，在森林茂盛的區域，設立大小農林局，將森林經營，收歸國有。

三、興水利：要採用新式技術，興修水利工事，以除害興利。

中國農民多半缺乏經營資力與專業知識。他認為應該設立拓植、勸農的金融機關，以輔助農民資金；設立學校、試驗場，以提高農民知識。其具體的辦法，我們由于右任先生所說的「宋教仁先生遺稿」裏，可以窺見一二，大約有下列各條：

變賣官有土地。變賣政府所有股票。徵烟、酒稅。測量田地，清釐田畝。改鹽法為專賣制。設拓植銀行。設勸農使於各內省。設督辦屯墾事務官於滿洲、蒙古、新疆。調各省勸業道實業司報告至部。設農業銀行，以各省積穀、常平倉穀為資本。徵山湖有可墾地萬餘頃，淮海間葦蕩營有可墾地二處，應加開發。設蒙古興業公司，請政府許以行政權。接辦安圖縣木植局，請許以收捐權。

又計畫治黃河、長江。治河有三法：（甲）由甘省河開一河道，直達涇水。（乙）北放入於蒙古。（丙）由山西寧武之河，開一河道，直達於桑乾滹沱。治江有五法：（甲）開荊州境內諸支流。（丙）由武昌南之河，由金口直達樊口。（丙）開黃州以東諸湖為北江。（丁）開蕪湖以東諸湖為中江。（戊）開河口以北諸湖，使漢水東流，至黃州入江。

他又曾擬定邊境開墾、移民、殖林各種法律案，外蒙設墾植總管府，內蒙、滿洲設墾植廳各種官制案，提出國務會議，以圖實邊保境。

宋教仁的這些計畫，大都未曾實行，蓋唐紹儀內閣在六月中就宣告倒臺了。不過，他在短短的兩三月中，也做了許多事，除了擬訂各級農林機關制度外，還設立農藝、林藝、畜牧試驗場、農政講習所，派專家前往奉天、吉林調查林產等事。

第五六章　北京的政黨

宋教仁在北京參加實際政治活動以來，才深深體會到黨派問題的嚴重。過去他主張政黨內閣，只是認為舊官僚做事模稜兩可，畏首畏尾；現在更進一步了解黨派不同，掣肘傾軋，可怕之極。這種情形在總統與內閣，內閣閣員之間，參議院與輿論界都表現得非常尖銳。

唐紹儀內閣共有十一位閣員，可分成四個方面：交通總長施肇基是唐紹儀的姪婿；外交陸徵祥、陸軍段祺瑞、海軍劉冠雄、內務趙秉鈞都是袁系人物；財政熊希齡，屬於統一黨，也是前清時保皇黨重要人物；宋教仁和教育蔡元培、司法王寵惠、工商王正廷屬於同盟會。唐紹儀本來純粹是袁系的，因為思想比較新，南北議和時和同盟會人物相處很融洽，到了南京組閣期間就加入同盟會為黨員。他很想將中國建設成一個理想的共和國，這和同盟會的主旨接近，唐內閣就有「同盟會內閣」之稱。又由於許多事情，唐紹儀聽取宋教仁穩健持正的意見，北京又有「唐宋內閣」之說。由於閣員的派別不同，新舊雜糅，意見也就不易一致，而時起紛爭了。

這時北京參議院，依據「臨時約法」的規定擴大，在四月二十九日正式開院，參議員實際到會的只有七十五席，推選統一共和黨的吳景濂為議長，舊立憲派的湯化龍為副議長。據谷鍾秀在「中華民國開國史」中回憶說：參議員除西藏未選派外，有一百二十一席，「同盟會」與「共和黨」各四十多席，形成對立的形勢，「統一共和黨」二十五席，處於舉足輕重的地位。此外，還有一些小黨。現在簡要地分析於下：

同盟會，在滿清時代原是一個秘密的革命組織。民國元年南京臨時政府成立之後，多數黨人認為武裝革命已經結束，決定改為公開的政黨。三月三日，在南京三牌樓第一舞臺開全體會員大會，通過九條政綱，選舉孫文為總理，黄興、黎元洪為協理，宋教仁、平剛、劉揆一、馬君武、李肇甫、汪兆銘、胡漢民、張繼、居正、田桐為幹事。同盟會由於歷史悠久、基礎穩固、人才多，思想新，再加領導革命成功，重要黨員多成為人民心目中的偉人，黨的勢力日見擴張，自期為「民權黨」，共和黨誣詆為「暴民黨」。成為新勢力的代表。

共和黨，是由幾個黨派合併而成。南京政府成立後，有一些人士為了促進革命與扶助共和的成功，一月三日在上海組織「中華民國聯合會」，參加的有同盟會的章炳麟，有清季「預備立憲公會」的程德全、張謇、熊希齡、應德閎等等，共有二百多人。這只是普通的結社；但到了三月二日，改組為正式的政黨「統一黨」，章炳麟、程德全、張謇、熊希齡、宋敦初五人為理事。這時，章炳麟脱離同盟會。湖北張振武、劉成禺、時功玖、藍天蔚、孫武等，也是同盟會會員，由於孫武謀陸軍次長不成，也在上海另組「民社」，擁戴黎元洪為領袖。政府遷到了北京，「統一黨」為了對抗同盟會，五月九日聯合「民社」及「國民協進會」、「國民黨」、「民國公會」，在上海組成「共和黨」，選黎元洪為理事長，張謇、章炳麟、伍廷芳、那彥圖為理事。「國民協進會」由范源濂、籍宗寅、周大烈等組織，是由清末「憲友會」分化出來。「國民黨」由徐勤、潘鴻鼎等組織。「民國公會」由張國維等組織。章炳麟過去視政黨議士為乾矢鳥糞；此時，在北京做了黨魁，也就曳踞朱門，奔走豪右，惟黨見是爭，而常著文評擊孫、黃，大家叫他做「章瘋子」，民立報則譏之為「抱糞之蜣螂」。共和黨可說是舊立憲派人士與黎元洪系新興的軍人、同盟會反黨的份子、失意的前清官僚等等結合，以「國權黨」自居。其本質固以反對同盟會為主，自然而然就接近袁系的這批軍閥與舊官僚，處處與同盟會為難了。袁世凱也樂得利用共和黨的力量，對付同盟會，故時加與援，成為舊勢力的代表。同盟會譏之為「御用黨」。

統一共和黨，在三月二日發起組織，重要人員有谷鍾秀、吳景濂、殷汝驪、彭允彝等，擁戴蔡鍔、王芝祥為總幹事，支部達七省，組成的份子有同盟會、有立憲派及其他人士。其主張介於同盟會與共和黨之間。

還有「共和建設討論會」，由張君勱、湯化龍、林長民等組成；「共和統一黨」，孫洪伊等組成；「國民共進會」，由陳錦濤、徐謙、許世英等組成，推伍廷芳為會長；「國民公黨」，溫宗堯、王人文、虞熙正、江孔殷等組成，推岑春煊、伍廷芳為名譽總理；「共和實進會」，董之雲等組織。此外還有「共和俱進會」、「共和促進會」、「國民新政社」等等。

至於像李懷霜的「自由黨」、江亢虎的「中國社會黨」等，都只是「曇花一現」，不久就告消失。

由於黨爭關係，共和黨時常想藉機推倒唐紹儀內閣，由該黨的大將熊希齡組織新內閣，所以不但熊希齡在內閣中與唐紹儀有意立異，而且利用參議院激烈的質詢彈劾，與機關報：北京新紀元、民視報、國維報、亞細亞報、黃河報，上海民報、時事新報、神州報、民聲報、共和報等，製造惡意的輿論，抨擊唐紹儀與同盟會。

第五七章　借款風波

宋教仁認為一個政治家的生活，就在實現自己理想的政見。他常以日本大隈重信的話：「政治是吾人的生命，吾人一日未死，一日不忘政治。」做座右銘。他對於擔任農林總長一事，總認為這不是他所學所長，而且當此民國初建急需治標的時節，這是一個迂緩見效的工作。本來，他不願意擔任；後來，他又認為參加內閣，可以參與討論大政計畫方針，許多政見也可以在國務會議中提了出來，要付諸施行也比較容易，所以就接受了這個職位。

在宋教仁參加過幾次國務會議之後，他深切理解到中國在大革命後，實在困難重重。所謂「全國統一」，實際虛有其名，各省儼成封建，各自獨立，甲向外國洽購一批軍火，乙向洋行暗買一千快槍；以致各國遲遲不肯承認我國的中央政府。各地秩序又亂七八糟，還沒有恢復，到處兵變，盜匪叢生，動亂如舊，民生凋敝，工商荒廢，稅收銳減，過去中央持有的財源，現在各省都據為己有，中央政府收入大大減少，再加庫空如洗，現在要結束南京臨時政府，要裁遣革命時期所擴充的軍隊，還要維持南北的兵餉與政費，在在都需要鉅款支持，所以當日最急切的問題，就是「財政」。財政除了向外國借款應急之外，又別無他法可想，財政與借款就成了國務會議中經常討論爭議的一個問題了。

宋教仁在二月末，和唐紹儀、蔡元培北上迎袁時，唐紹儀就將向外國借款的事，告訴了宋教仁。現在在國務會議上，又加報告：

當今年二月間，南北宣告統一，袁世凱原已派人向外國銀行團洽商。陸宗輿、周自齊向比利時華比銀行商借一千萬英磅，用京張鐵路做抵押；又向英、美、德、法四國銀行團：滙豐銀行、摩爾根銀公司、德華銀行、滙理銀行商借六千萬英磅，用鹽稅、地丁做保證。四國借款洽商得差不多了，訂明三月二日起分期交款，不料二月二十九日北京兵變，銀行團擔心局勢不安，故致函政府提出監督權利，條件極為苛刻。唐紹儀就決定先向華比銀行借些小款應急，在三月十六日訂立草約，由華比先交付一百萬英磅。華比借款是由英、俄、比三國資本家投資。二十五日，北京的四國公使竟因此向袁世凱提出抗議，認為既然向他們商借，就不該又向他國借款，要求中國取消這項借款草約，以期達到他們壟斷借款的目的。四月一日四國又勸日本正金銀行、蘇俄道勝銀行加入，稱做「六國銀行團」，並且發表聲明，說：「中國不得向六國銀行團以外國家借款；若向比國借款，六國將不再借款給中國。」並用種種方法，使華比銀行無法繼續付款給中國，終而迫使雙方取銷該約，由中國賠償華比銀行一年的「空息」。

唐紹儀說：「現在，我們只好恢復與六國銀行團大借款的談判了。」

五月三日，唐紹儀因為財政窘迫，需款孔急，要求六國銀行團先墊付三千五百萬元。銀行團代表却提出「監督財政」與「裁撤軍隊」的條件：第一、中國政府每個月要開列借款收支預算，經外國顧問核准，才能開支。第二、裁遣軍隊，必須在外國武官監督下執行，就是在每一個退役士兵繳出槍械後，卽發給一紙支票，由士兵自己去銀行取款。中國政府要是不肯接受這些條件，借款就沒有好商量的了。唐紹儀認為這些條件侵害了我國獨立的主權，加以拒絕。借款談判，遂告中止。

四日，國務院為了借款問題，召開一次特別會議。宋教仁從農事試驗場坐車趕去參加。在路上，他想起埃及就是因借款而亡國，不可不愼重處理。到了會場，會議準時開始了。首先由總理唐紹儀報告談判決裂的經過，說：

「他們要求太過份了，我不能接受。只是現在國庫的存款，北京僅能支持五天，南京七天。馬上又要發餉，非另外設法不可。」

「唐總理，」財政總長熊希齡說：「今天除了借款，還有什麼辦法？可以應急？軍隊早有不穩的說法。現在拒絕外國銀行團監督借款用途的辦法，實不近情！欠餉未付，中國今日的危險，就好像一所大火藥庫！」熊本來不贊成另借比款，和唐紹儀早有了意見，這時就乘機抨擊一番，又說：「怎麼能跟他們決裂呢！」

蔡元培說：「假使我國承認了銀行團的條件，這好比用繩子把自己細起來，任人宰制。我也不贊同。我們可以另外想辦法。參加革命的士兵，多半『深明大義』；裁遣的時候，可將『愛國道理』告訴他們，勸使他們『自行歸農』；這樣，就不難做到無款，也可以遣散軍隊。假使有些人不肯，就給他一張『募捐的委任狀』，叫他自己去募些遣散費吧！」

「這辦法不好，只怕會引起擾民的事。」宋教仁說。

「我們也可以向富户籌借。財產有一百萬的，指令捐四十萬，估計全國總有幾千個『百萬』富豪吧！」唐紹儀説：「少説一點吧，每一個大資本家買一萬元公債，有一千個人，就是一千萬」。

「強迫捐借，也不妥當。」

「乾脆由政府發行『不兑換紙幣』。」蔡元培説。

「現在政府信用，非常薄弱。這種紙幣還是暫緩發行吧。」熊希齡反對説，「強迫使用它，徒生滋擾。」

「我認為暫時總要借些小款，應付目前急需，再籌畫最妥當的整頓財政的辦法。目前不可不委曲求全，再和各國銀行團重開談判。」宋教仁説：「『監督財政』我們不能接受，以免將來他們對我國提出種種要挾，走上埃及的覆轍。」

當時人都知道埃及因為欠英、法兩國五百萬萬的債務，無法償還。英、法要求埃及國王延聘英、法人為顧問，監督埃及的財政，結果埃及還是無法改善財政。英、法又壓迫埃及設立清理財政局，以英、法人為局員。還是無法償還，於是又迫埃及加重各種税款，削減行政費用，繼又没收埃王内庭的財產，繼又脅迫埃及用英、法人做財政大臣、農工商大臣，繼又脅迫埃王裁撤兵餉，勒捐貴族；繼又逼廢埃王，另立新王；最後終派兵滅了埃及。所以大家都很贊成宋教仁的意見。熊希齡說：

「借款的事，屬於財政部工作，就由我和各國銀行團從頭談起吧。」

「當然，現在還有重開談判的機會。我們總希望以雙方互得利益，和平解決，在有利中國的條件下去談。」蔡元培說。

「也好，今後交涉借款，就請熊總長負責進行。」唐紹儀說。

七日，熊希齡和六國銀行團重開談判，起先尚能堅守原則，不接受「監督財政」條件。但由於熊不諳交涉，手段一味軟弱；外國人看透了這一點，對監督財政與裁兵這兩件事，只略加修正，提出七點辦法：就是在中國財政部內設立借款稽核處，由各國銀行團與中國財政部各派一人為「稽核員」，批准用款，調查賬務，財政部須將一切用款按期向之報告，裁兵費用改由中國派高級軍官會同當地稅務司辦理。輿論界認為這是「監督財政」的變相，財政是國家的命脈，不容外國勢力侵入，把持了我國財政的措施，否則將來開鐵路須用外國工程師、會計員，整理鹽務須用外國顧問，設立銀行須用外國財政專家做大班，都認為不可接受。

熊希齡因急於表功，又為需款孔急，終於接受了這些條件，在十六日與四國銀行團訂約臨時先墊借三千五百萬元。以後七月至十月每月再借一千萬元。日、俄兩國則藉此要求經營滿蒙的特別利益，四國不肯，所以未曾加入。十九日，熊希齡在國務院對各報記者，却詭稱已取消監督，稽核處也僅限於這次墊款範圍，不涉及他項財政。結果外國人看了報紙，却聲言將來大借款仍須依此七點辦理。於是國內輿論譁然，京津共和黨報紙對唐紹儀大加評擊。

二十日，唐紹儀到參議院，共和黨參議員李國珍等，却藉端攻訐唐紹儀，提出彈劾；熊希齡反而置身事外。唐紹儀對熊的巧詐，感到痛心，有被愚弄的感覺，打算辭職，以免「李代桃僵」之誤。宋教仁也深感政海險惡，國家如此危險，黨見尚如此深歧，大感失望，和蔡元培、施肇基、劉冠雄，一起提出辭職。共和黨則暗謀藉此推倒唐內閣，擧熊希齡為總理，組織新閣。唐等辭職，經袁世凱慰留，這才擱了下來。

這次倒閣風潮過後，宋教仁覺得內閣閣員若不能團結合作，克服困難，就不能挽救中國的危亡。二十五日，在國務會議上，他把這種心意很懇切地說了出來：

「現在，各省有如封建，到處動亂，我們只有集中智慧，計畫救國方案，加强中央政府的權力，整編軍隊，厲行救急的財政政策，努力去做，才能使中國統一，渡過難關。但這必須靠我們每一個人排除黨見，和衷共濟，才能夠做到！」

大家聽了，都深深感動，共推宋教仁擬一個草案，並定第二天開會討論，然後提交參議院，作為施政的方針。宋教仁回到住處，就連夜工作，直到天亮，才把大綱擬好了。他又細細修改了一下，才磨墨濡筆，好好謄清了下來：

甲、方針：實行軍、民分治，集中軍政、財政於中央政府。

乙、計畫：共有十二條：

(1) 都督改為專管軍隊之官，直隸於總統；其任免及軍餉，均由中央政府主之。

(2) 另設地方行政長官，隸於內務總長。其任免由總統，行政費由地方稅支辦。

(3) 以清政府時代原有兵額為度，裁汰軍隊。

(4) 每省設一稅務局，直隸財政部，掌徵收新稅（煙酒稅、印花稅等），舊稅中如地丁、漕糧、鹽稅、契稅並改歸該局徵收。海關稅亦速由中央政府派專員監督。

(5) 設立中央銀行，定資本五千萬元，立為股份公司，官股三千萬元，民股二千萬元。籌集五分之一資本，卽行開辦。官股按照其數，先繳六百萬元。該銀行有發行鈔票權。並規定該銀行，以國庫券、公債票及其他有價證券作準備金，發行鈔票可至二萬萬元。

(6) 此次所借墊款三千五百萬元：以二千九百萬元，作中央及各省行政、裁兵費；餘六百萬元，作中央銀行股本第一次繳股金。

(7) 自七月十五日以後，每月可得墊款一千萬元，亦提一百萬元，作銀行官股第二次以後繳股金。

(8) 此數月間，行政費不足者，政府以國庫券作抵，由銀行借款支給。

(9) 此數月間，速定裁兵及清理財政之法，必期十月以後，政府得有收入，可不至再仰藉外債充行政費。

(10) 裁兵時軍人可分別給以官銜及年金。

(11) 各省造幣廠，均歸中央直轄。

(12) 發行加彩公債，每張值十元，募集額五千萬元，票五百萬張。募足後，五年還清，每年兩次抽籤五十萬票，抽出者除還本外，並給彩金，獎格有大小。

宋教仁針對這時政治的需要，裁減軍隊，增加稅收，節流開源，解決最嚴重的財政問題。

二十六日晚上，大家都到國務院裏，討論宋教仁所擬的這個草案。大家看了這個草案，都覺得相當扼要完善。首由宋教仁一一說明，大家開始討論。過了一個多小時，熊希齡却還沒有到場出席會議，大家正感奇怪，突然有人給唐總理送來了一封信。唐紹儀折開一看，說：

「熊總長辭職了！」

「幹麽要辭職？」大家聽了都吃驚不已地問。

「他說黃留守從南京來了一通措詞激烈的電函，責問他：『何以反對不兌換紙幣？甘心借款，受外人監督！何必要走此一條死路？與其求憐外人，卒得國亡種奴之慘，毋寧訴諸國民，或有起死回生之望。』又說：『公之亡國借約，與抵死不敢承認。』再加外面輿論反對的厲害，他就負氣辭職了。」

於是討論草案的事只好暫時擱下，改商挽留熊希齡了。大家「同意」由唐紹儀卽電黃留守，說明「借款係全閣同仁同意」，而請他再來一電勸解熊希齡。因為是黃興惹的麻煩，宋教仁、蔡元培聯同總統府秘書長梁士詒，一起趕往熊寓，百方挽留。直勸到半夜，宋教仁才坐着馬車回農事試驗場去。幸而這是初夏時節，晚風吹面，已不覺得寒冷了。

雖然疲倦極了，但在宋教仁的心裏却不禁思潮起伏。昨夜在燈下擬寫草案的時候，還以為今後內閣有了轉機，沒想到情況依然如舊。不同黨派，彼此攻擊，政潮疊起，當然有礙推展國政。他認為現在由各黨各派組成的「混合內閣」，不是好辦法，應該由參議院多數黨組織「政黨內閣」，可以得到參議院同黨的支持，閣員意見也容易統一，不會你掣肘我，我掣肘你，一事都做不成。再說同黨的有了意見，也不致動不動就鬧到辭職的地步。

他又想起：到北京迎袁不成，三月間回到了南京。大家羣集總統府，聽取專使團報告之後，都主張由黃興統兵北上，仍以迎袁為名，乘便掃蕩北洋軍閥及專制餘毒。那時，蔡元培持重不語；自己一時多嘴，說：「統兵北上，不是辦法。直、魯一帶都有北洋重兵駐守，假使不肯放過，勢必引起戰爭。」話還沒說完，馬君武就大罵自己是「袁世凱的說客，出賣南京」，又照着自己的左眼打來了一拳，把自己的眼睛打傷出血了。幸好，孫大總統喝止了；馬君武當面向自己道歉，也就了事。同黨的人說算了就算了，不會計較什麼，介意什麼。但是不同黨派就不然了，幾乎沒有眞正的是非之可言，入主出奴，黨同伐異，彼此傾軋，勾心鬥角，使政治不能順利推行，政黨徒然成為有力者操縱利用的工具罷了，假使是政黨內閣就不會有這種事了。

後來，這個草案在國務會議時，宋教仁又提出兩次；大家都不想再談這個較長遠一點的計畫了；他才知道像這樣混合內閣的政府，不會有所作為，心裏也就有了辭職的念頭了，但還以為等借款事稍定，看看情形能不能改善，再說吧。袁世凱却認為這由幾方面份子組成的內閣，互相牽制維持，是極好的內閣，最便於他操縱控制。

到六月八日，國務員全體到總統府會議，熊希齡也出席了。大家都以為這場風波總算過去了。沒想到當大家向他打招呼的時候，熊希齡仍負氣重提說：「借款一辦好，我一定辭職不幹了！」

唐紹儀笑勸說：「財政總長要辭職，我就只好請大總統另外請人組織內閣了。」

「黃留守主張『國民捐』以及『不兌換紙幣』，若一概照他意思做，一定會毀了借款合約。我這個財政部，無財可理，必然沒法再待了下去！」熊希齡仍忿忿不已地說。

蔡元培一向心平氣和，說話温文爾雅，但聽了這話，覺得熊希齡說的太過份了，竟忍不住抗聲說：「財政總長不宜如此，要是對現在內閣不滿意，儘可另行組織一個『共和』政府吧。」

眞是一波未平，一波又起，鬧得不可開交，國務會議也就開不成了。不過，大家仍勸熊希齡不要再鬧意氣辭職了。

第五八章　短命的唐內閣

北京的政壇幾乎沒有幾天平靜，總好像多變夏雲，突來驟雨，看慣了也就覺得平常了。但唐紹儀忽然在六月十五日離京赴津，留下辭呈，却教各界驚疑不已。袁世凱聞訊卽派總統府秘書長梁士詒趕往天津慰留；十六日，再派陸軍總長段祺瑞前往挽留。他們回來都說：「少川去志堅決。」袁世凱派外交總長陸徵祥暫代總理的職位。十八日，又委託教育總長蔡元培與國務院秘書長魏宸組前往，請唐紹儀返京回任。

唐紹儀出京原因，言人人殊。十九日，蔡、魏兩人從天津回來談起；宋教仁才知道唐紹儀為什麽要堅持辭職呢？

唐紹儀表面上是和熊希齡意見不合，對於借款事件、發放民軍糧餉的問題，熊都時加作梗，而暗想取代他，是一個原因；共和黨視唐出京，為千載難逢的好機會，已着手擬訂新閣的名單。最主要的原因，却是唐紹儀和袁世凱間的關係，這是他難以公開說明的苦衷。

自從唐紹儀加入同盟會，袁世凱就開始懷疑他挾黨自重，欲獨樹一幟；再加有人經常在袁的左右嘵舌，說唐和我們的孫總理，都是廣東人，將和孫裏應外合，有所企圖；於是兩人的關係有了些裂痕。再加唐紹儀為人骨鯁，自擔任國務總理，就恪守臨時約法。總統發議出令，依照約法，必須經過總理副署。有時，唐紹儀認為不合理的，即加駁回，或拒絕副署。像張勳請發欠餉三十萬元，袁欲加批准。唐紹儀說：「張勳擁兵自固，到處擾民。」只肯給三萬元。袁世凱派了段祺瑞、梁士詒、熊希齡前來疏通，要求照額撥給。唐紹儀仍然不肯答應。袁世凱由於不能够為所欲為，對於唐紹儀早感不滿。

唐紹儀自以和袁交情深篤，又以內閣制度責任所在，商量事情，不免有時持異抗爭，不稍退讓。據說總統府的侍從武官，每次見唐紹儀到總統府來，就說：「今天，唐總理又來欺侮我們的總統哩！」他說：袁世凱有一次竟當面對他說了一句至可驚駭的話：「少川，我老了，就由您做總統吧！」因此，唐紹儀早知道事情不好做，早萌去志了。

蔡、魏兩人說：唐紹儀又說，他有一天坐馬車經過市區，路上遇到幾十個騎兵，簇擁着一輛馬車飛馳過來，行人都紛紛急避路邊。這些騎兵揮舞着馬鞭，喝令唐紹儀的馬車快讓一邊。那種大聲的么喝，簡直目中無人。馬車夫讓的稍慢，就是一馬鞭打了過來，橫行霸道極了。過後問了路人，才知道車裏坐的是袁大總統的拱衞軍總司令段芝貴罷。唐紹儀說：「我還以為是前清時代的攝政王。只是一軍司令，我這位內閣總理還不敢不趨避路邊哩。要實行內閣制度，無拳無勇，我又怎能和統率陸、海軍的大總統論長較短，甚至和他爭辯持異呢！這不是自找麻煩吧！」

南京時代，參議院議決：各省都督一概由省議會推舉。現在直隸士紳及議會羣推王芝祥為本省都督。王芝祥，河北通縣人，曾任廣西知府監司，辛亥廣西光復為都督、北伐軍總司令，所以河北人要他回去。袁世凱也當面答應了唐紹儀。唐紹儀就電請王芝祥來北京，那知王芝祥到了北京，袁世凱却暗暗指使直隸五路軍人通電表示反對。袁世凱就藉此另委任王芝祥回南京遣散軍隊。這當然是袁世凱認為「臥榻之旁，豈能容人鼾睡」的想法在作祟罷了，別無其他道理。唐紹儀說：「政府不應該對直隸的人民失信。」拒絕在王芝祥的委任狀上副署。哪知袁世凱就將沒有國務總理署名的委任狀，直接交給王芝祥，破壞「臨時約法」第四十五條的規定，造成總統違憲的創例。

唐紹儀認為中華民國的民主制度，是犧牲了十幾萬人的生命和幾千萬元的財產所爭取來的，絕不容任何人破壞。他認為總統、總理也都應該嚴守約法，樹立開國的規模。若仍此不改，恐怕將來積重難返，將有釀成法國「拿破崙第一」的危險，使民國共和的基礎動搖。若公開和袁世凱爭辯，又怕自己和袁幾十年私交破滅。若在北京提出辭職，又怕不准。因此，唐紹儀斷然決定出京，留下了辭呈。唐紹儀又說：「這次，我曾和梁士詒說：『今日大勢，要統一中國，非項城不行；要治理中國，非項城誠心誠意，跟同盟會合作不可。』三個月以來，終覺事與願違，不如及早引退。」

宋教仁由於唐紹儀內閣的倒臺，看清了袁世凱的專擅，也看清了政務不能推展，是由於內閣中黨派複雜，意見不一，要組織有力的政府，非採「政黨內閣」不可。

六月二十八日，同盟會為組閣問題舉行會議。蔡元培說：「唐少川走了，本會政綱就很難實行；為了要表示本會主張『政黨內閣』堅決的意見，我建議本會籍的國務員，應該全體辭職。」

劉揆一反對說：「退出內閣，有關國事就很難過問。」

宋教仁附和蔡元培的意見，說：「我一向主張政黨內閣。要是別人不想退出，我一個人也決定辭職。」

最後決定蔡元培、宋教仁、王寵惠、王正廷四人一起辭職，退出內閣，並且派張耀曾、李肇甫、熊成章、劉彥四人為代表，去見袁世凱，公開表示對第二次組閣的意見：不是由無黨無派的組織「超然內閣」，就該由某一政黨的人士，組織「政黨內閣」，假如還是現在的「混合內閣」，同盟會會員就不會參加了。

袁世凱是極不願意由同盟會單獨組織內閣的。在他來說，由各黨聯合組織的混合內閣，由於互相牽制，最便於他操縱；所以他高倡「只論才不才，不論黨不黨」的主義。他說：「各黨各派都不可能有許多人才組織單一的內閣，需要聯合各黨以及無黨派的人才，才能組織成一個最美滿的內閣。」他一面屬意陸徵祥為總理，以便於指揮；一面仍想網羅同盟會宋、蔡、王三四人參加新閣，說：「宋遯初天姿才調，超越儕輩；蔡鶴卿學問道德，一時敬服；王亮疇法學專家，當世寡儔；劉子英於海軍學有專門，才具亦可佩服。」所以宋教仁等人提出辭職之後，袁世凱一再挽留。

袁世凱的做法，只在結合「袁黨」，加強個人勢力，保全權位，實現迷夢；治理國家，但求維持現狀，敷衍了事，對於如何對付英在西藏、俄在蒙古、日在滿洲的擴張？全未用過心。對於如何改革內政？如何籌畫財政？也全然不管。更不必說如何設法解決人民生活的問題了？他的用人方法，各類人物都加網羅，袁黨中軍閥最多，其次為官僚、清客、名士，最下是雞鳴狗盜之徒，無不兼收並納。他以為天下人都可以用官位、金錢收買籠絡。要使所有的人都趨奔「袁氏」的門下，只是為他個人效死命，供驅馳，不是為着國家謀富强，為着人民謀幸福，以致使中央政府成為廣招政治垃圾瓜分贓款的大本營。在齷齪猥瑣的社會上，這種方法也的確有效，有不少人士被他收買了，和他同流合汚，成為他的爪牙。但也有些潔身自好的人士，不為所動。

當日，由於財政困難，各部司長科長以下，僅月給津貼六十元，總長、次長自五月份開始，暫不支薪。宋教仁生活也很艱苦。有一次，袁世凱給宋教仁一本支票簿，說：「遯初要錢花，自己開了去取。」宋教仁只開了一小筆，表示意思，就將支票簿交還了袁世凱。現在袁世凱又要籠絡他們官職，一再勸使宋教仁、蔡元培、王寵惠、王正廷等參加新閣。宋教仁堅決主張政黨內閣，絕不肯妥協參加；陸徵祥組閣也就一再拖延，直到七月十六日，袁世凱才准許宋教仁辭職。

宋教仁認為要實行理想的政策，只有組織政黨內閣才能做到。從此他決定為組織政黨內閣，實現政治理想而努力奮鬥。這跟袁世凱的主張，是站在對立的地位上。袁世凱因為宋教仁等不肯入閣，又提名同盟會會員胡瑛出長農林，沈秉堃出長工商，孫毓筠出長教育，破壞同盟會「政黨內閣」之說。為了對付袁世凱的陰謀，宋教仁在黨內主張凡是同盟會會員，若想加入陸徵祥內閣，卽須自動開去黨籍，以黨紀貫澈主張。另一方面，宋教仁在同盟會與共和黨、統一共和黨三黨政談會上，說：

「這是袁世凱一種『逼姦』政策，想藉此破壞敝會的主張。希望貴黨能够尊重敝會的黨議，不要投三人的同意票。」

宋教仁是一個不重權位、金錢而有理想的政治家，絕不與惡勢力妥協，也因此深招袁世凱的嫉忌了。

第五九章　國民黨的誕生

宋教仁離開了政壇就專心辦理黨務。他認為中國要想圖存只有組織强有力的政黨內閣，但同盟會要想組織政黨內閣，必須在參議院及將來議會中，佔絕對多數席位，才能够實現。

這時民立報有一位主筆，叫做章行嚴，也是倡導政黨內閣的。他本名士釗，行嚴是他的字，曾任蘇報主筆，留學英國愛丁堡大學，對政黨政治深有研究，是宋教仁的朋友；兩人在南京時候就曾討論過民主憲政的問題，意見很接近。七月間，章行嚴在民立報論「政黨組織案」中，指出一個國家的「政黨貴分為二，一黨用事，一黨批評」，這樣政治才會進步；由於國內小黨林立，各樹一幟，他又倡「毀黨造黨說」，主張各黨應該破壞重組，才智之士應該互相研究，商榷政見，棄小異，取大同，尋求一個大同、大異之點，以形成正反兩面的政策，造成兩個對立的大政黨，作為實現責任內閣的基礎。他早先也說過立法與行政兩部門能打成一片，政治才能推行；兩部門衝突，政治卽無由推行。政黨內閣，必須由參議院或議會中多數黨出來組織；內閣因為是由一黨組成，政見容易一致，提出參議院也容易得到支持，大政方針自然就容易施行了。所以他提倡先「毀舊黨」，然後再「造新黨」。

同盟會，原是聯合民黨、推翻帝制的秘密團體，在東京成立的時候，不過三百多人，後來在各地遍設支部，吸收黨員，盈千累萬，無法計數，構成的份子，包括教員學生軍警官吏會黨農工商華僑各階層，相當複雜，而且良莠不齊；革命成功後，不免有些驕氣用事，咄咄逼人；有些乘機倖進，只求升官發財，而生活糜爛；也有些由於組織散漫，而自行其是，騎牆跨黨，數亦不少。這時，宋教仁等曾經主張改組同盟會，採取開放主義，收納社會上有品望才能之士；由於汪兆銘反對，未獲通過。至於社會一般的人士又以為同盟會是個破壞性的革命團體，民國成立再來參加就沒有意義；志行高尚的認為現在參加同盟會，跡近趨炎附勢，也就裹足不前，被其他的黨派所吸收了。到六月十四日，黃興辭去南京留守；十五日，唐紹儀辭去國務總理一職；宋教仁、蔡元培、王寵惠、王正廷又聯袂辭職，離開內閣；在政壇上同盟會的勢力頓受挫折，在參議院中又未能佔多數席位，自然也就無法實現組織政黨內閣的理想。徐血兒認為同盟會必須合併他黨，網羅建設的人才，才能實行造福國家的黨綱。章行嚴也認為同盟會要想組織政黨內閣，必須和參議院內統一共和黨携手，作為目前的治標的方法，在將來第一屆國會中要多多爭取議員的席位，才是根本解決的辦法。這種種說法都和宋教仁改組同盟會的想法相吻合。

七月二十一日，同盟會為了準備國會議員的選舉，在北京本部召開了全體會員大會，出席五百多人，宋教仁被選為總務部主任幹事，可以指揮會中一切事務。這時，他提出兩點：

㈠聯絡他黨。

㈡注意國會選舉。

其目標就在於爭取將來國會中的多數席位。後來，北京同盟會本部的重要幹部又開了幾次會議，討論與「統一共和黨」合併的事，魏宸組、胡瑛、譚人鳳、劉揆一、張耀曾、李肇甫都支持宋教仁改組的意見，於是同盟會與統一共和黨就開始磋商合併的條件。

統一共和黨這時也想和同盟會合併，原因有下列三點：

㈠該黨早有與他黨合併的想法，早在五月中旬，統一共和黨曾和「國民協會」、「國民公黨」、「共和建設討論會」、「共和統一黨」等代表，在財政學堂參議院招待所內，研商合併為「國民黨」，合併後有參議員三十多人，和同盟會、共和黨，形成鼎足而立的形勢。

㈡受章行嚴「毀黨造黨說」的影響。

㈢該黨因為支持黨領袖王芝祥為直隸都督，沒想到了六月二十六日卻遭受北洋軍警聯合會的威脅。軍警聯合會派了三十二人，聲勢洶洶，進入參議院招待所，有的亮出手槍，要找谷鍾秀說話，表示他們反對王芝祥督直的事，嚇得谷鍾秀不敢出面。天津方面，軍警聯合會也對直隸省議會加以威脅。軍警聯合會幕後主持人，就是袁世凱的走狗趙秉鈞；這事當然引起了統一共和黨對袁世凱的不滿與反感，就有與同盟會合併組成參議院中多數黨的意思了。

這時剛好又發生了一件事，就是唐紹儀倒臺後，袁世凱派陸徵祥為國務總理，組織新內閣。陸徵祥，字子輿，江蘇上海人，前清為出使荷蘭、俄國欽差大臣，在國外很久。因出任外交總長，剛從蘇俄回國不久，就接任總理。七月十八日，陸徵祥到參議院發表政見，由於他說話的聲浪很低，又帶着上海話軟軟的腔調兒，給人的印象已經不太好，內容又不合中國人所謂政見的規格。他說：

「鄙人在國外快要二十年了，對國內情況多勿熟悉。雖然幾次回國，算來勿到一年唲。鄙人到了北京，和有權有勢的濶老向勿來往。鄙人勿吃花酒，勿打牌，又勿送禮；這些濶老也勿跟鄙人來往唲！所以鄙人對政界很勿瞭解。鄙人很久在國外，心裏時刻懷念着祖國哩！但這次回京，正好碰上唐總理辭職，袁總統定要鄙人擔負這個重任，自知能力，勿吃得消。可是古人說：『義勿容辭』，只有勉竭心力，以求利國福民唲！現在，鄙人提出新擬六個國務員：財政周自齊、司法章宗祥、教育孫毓筠、農林王人文、工商沈秉堃、交通胡惟德，請求貴院速表同意，俾使國務院早日成立唲！」

參議員聽了陸總理這番詼諧平淡的政見，都不免皺眉叫苦，在國家外憂內困的時候，怎麼選這樣的人來充當總理？對陸徵祥所提的閣員就一個也不同意了，作為對陸徵祥本人的一種否決。這對陸徵祥與袁世凱都是很難堪的。

這時外國報紙傳出日本男爵桂太郎前去俄京聖彼得堡（今列寧格勒），在七月十六七日訂立第三次日俄密約，協商瓜分我國的領土，以松花江為界的南滿洲及與南滿接壤以托勒河為界的東蒙古各地割歸日本，蒙古其他部分全歸蘇俄。其實辛亥革命一起，俄人即誘使蒙古獨立。日本也早已增兵南滿，想支持肅親王善耆搞分離運動。還有英國也早在今年六月間藉達賴煽亂，保護商業，派兵侵入拉薩，這時更宣言要在西藏自由採取行動。這些帝國主義者從不懷好意，時時都在我國的周圍，像狗一樣的在窺伺着時機，想撕裂分割我們的大好河山。

袁世凱却利用這個時機，來破壞「臨時約法」。他把北洋軍閥做法寶祭了出來。他又指使北京軍警聯合會通電各省，痛罵參議院不投閣員的同意票，是不顧國家的危急。又利用前鄂軍第四鎮統制鄧玉麟、軍務部長閻鴻飛等通函參議院說：因新内閣久未組成，列强政策為之大變，以致借款決裂，西藏風雲日緊，庫倫蒙兵進攻科布多，駡參議員視國事如兒戲。又派人散發傳單，說要取吳景濂、谷鍾秀兩人的首級，賞洋一萬元。又用「健公十人團」的「匿名信」，給每個參議員，說：「若再不犧牲黨見，將饗以炸彈。」到了二十五日上午十一時，軍警聯合會開會，有人主張用兵力解決參議院。下午二時，由毅軍統領姜桂題、直隸提督馬金敘、執法處總辦陸建章、拱衛軍翼長段芝貴，在安慶會館大宴參議員、記者及政界各員，席間陸建章否認有軍警干涉議院的行為說：「軍人不過抱一種國家觀念，勸告諸君捨内而對外，移緩以就急罷。」却暗中唆使北京時報總理陳紹唐借醉酒出來幫腔說：「明日再不將六個國務員通過，當宣佈參議員死刑。」章炳麟也揚言主張請大總統袁世凱「便宜行事，勿容拘牽約法，以待危亡」，提倡破壞國家的大法，竟出於這位從前革命黨的要人，現在統一黨領袖的嘴巴，實在令人吃驚之極了。

二十六日，參議院對陸徵祥第二次提出閣員名單，再作投票。這時，有一個軍人胸懷赫然之物，雄糾糾而來。參議員在這重重威脅之下，終而通過了財政周學熙、司法許世英、教育范源濂、農林陳振先、交通朱啓鈐，僅否決工商蔣作賓一人。「少年中國週刊」記者黃遠庸會後，走出了議場，還遇見這個軍人，大有項莊舞劍歸來的神氣。黃遠庸笑着問他：「此中有子彈嗎？」他答說：「他們若不要國家，我們就不要法律。」工商總長後來由劉揆一擔任，劉也因此脫離同盟會。

「臨時約法」就等於後來的「憲法」，參議院就是當日代表全國人民的最高的機構，都被袁世凱憑藉種種口實，利用軍警武力，蹂躪破壞，至於一塌胡塗。這時，參議員雖然被迫通過，但心裏的憤慨，却無法壓抑了下去。二十七日，由統一共和黨谷鍾秀、同盟會劉彥代表兩黨，對總理陸徵祥提出失職彈劾案。其中最主要的一點，就是軍警干涉議院，指責「國務總理，視若無覩，經議員函詰，尚諉稱不知，若非利用有心，卽形同聾聵。」陸徵祥從此稱病入院，不理政務了。

至此，統一共和黨也就決意和同盟會合併。宋教仁將改組同盟會事，電告孫總理與黃協理，徵得同意，就由政務部主任幹事張耀曾起草合併方案。八月五日派張繼、李肇甫……等與「統一共和黨」、「國民公黨」……等代表，共十三人開始談判，討論黨名、政綱、組織各種問題。十日晚上，宋教仁為着合併事情，召開同盟會職員會議，出席七十多人。宋教仁報告說：

「總理孫先生、協理黃先生都來電提議改組，與統一共和黨、國民公黨、國民共進會、共和實進會合併，擬名『國民黨』。還有上海機關部也來電贊成改組合併。」

宋教仁接着宣讀電文完了，又報告與統一共和黨等談判的經過，說：

「統一共和黨提出合併三個條件：㈠變更同盟會名義。㈡廢除民生主義。㈢改良內部組織。黨名『國民黨』，係取總理所說『中華民國主權屬於國民全體』的意思。其次談到了宗旨，我們原案是用『鞏固共和，保育民生』八字。國民公黨代表反對，認為『民生』二字與本會所持『民生主義』一樣，就改為『鞏固共和，實行平民政策』十字。我們代表李肇甫堅持『民生』二字不可除去；張繼提議列入黨綱中，最後通過黨綱共計五條。機關組織，採用理事制，設理事七至九人，本會佔三至四人。國會議員的選舉年內就要舉行，明春就要召開第一屆國會，組織參衆兩院，制定憲法，選舉正式總統。現在我們與他黨合併，在參議院先造成多數黨的大勢，這對將來國會的選舉當然有利。再說也可以吸收許多新人才，加强我們的實力，以形成我國政治的中心勢力，對將來政黨內閣的實現，理想政策的推行，都有幫助。」

當時經過熱烈討論。對於「改變名稱」一節，田桐、白逾桓提出激烈的意見，說：「同盟會是十幾年流血所成，我們應該用生命擁護這個名稱。」結果付之表決，七十人中僅五人反對，終以贊成居多，通過了合併議案，公推張繼、劉彥、湯游、仇亮同宋教仁，出席明日國民黨籌備會議。

十一日，五黨舉行籌備會議，大家推舉宋教仁為臨時主席。由宋教仁代表同盟會，許廉代表共和實進會，谷鍾秀代表統一共和黨，虞熙正代表國民公黨，徐謙代表國民共進會，報告各黨對合併事贊成的情形。接着討論宣言書、通告，國民黨籌備事務所暫設西草廠胡同東大陸報館內，籌備成立各種手續與辦法等等問題。

十三日，五黨聯名對外公佈「國民黨宣言」。今錄其重要的片段如下：

「吾中國同盟會、統一共和黨、國民公黨、國民共進會、共和實進會，相與合併為一，舍其舊而新是謀，以從事於民國建設之事，以漸漸達於為共和立憲國之政治中心勢力，且以求符於政黨原則成為大羣，藉以引起一國只宜二大黨對峙之觀念，俾其見諸實行。『共和之制，國民為國主體』，吾黨欲使人不忘斯義也，故顏其名曰『國民黨』。黨有『宗旨』，所以定衆志：吾黨『以求完全共和，立憲政治為志』者也，故標其義曰：『鞏固共和，實行平民政治』。衆志既定於內，不可不有所標幟於外，則『黨綱』尚焉，故斟酌損益，義取適時，概列五事，以為揭櫫：

甲、保持政治統一：將以建單一之國，行集權之制，使建設之事，綱舉而目張也。

乙、發展地方自治：將以練國民之能力，養共和之基礎，補中央之所未逮也。

丙、勵行種族同化：將以發達國內平等文明，收道一同風之效也。

丁、採用民生政策：將以施行國家社會主義，保育國民生計，以國家權力，使一國經濟之發達，均衡而迅速也。

戊、維持國際平和：將以尊重外交之信義，維持均勢之現狀，以專力於內治也。

凡此五者，綱領略備；若夫條目，則當與時因應，不克固定。」

這篇宣言書是宋教仁、張耀曾、楊南生三人合擬的；可見宋氏政治思想與主張的要領，也可以見出宋氏融會了孫總理思想的大要，原則的指導，將「民權」、「民族」、「民生」

三大主義的實質，都涵蓋其中。孫總理的「三民主義」體系的理論完全建立，是在民國十三年；後人却以後來產生的事情來批評宋氏，說宋氏當日違背　國父的民權、民生的思想，這是一種錯誤的說法。

這時孫總理應袁世凱的邀請北上。自陸徵祥組閣風潮發生後，袁世凱屢次電邀孫總理、黃興北來調和黨見。正當孫、黃打算於十七日北上的時候，北京城在十六日凌晨一時忽然發生一件震驚中外的案件，就是袁世凱下令槍決首義功臣張振武與方維。國內輿論驚惶地說：「這將釀成法蘭西大革命後恐怖時代的大悲劇，對共和的前途充滿了隱憂的看法。」西方的輿論則將袁世凱目為「古羅馬的狄克推多（dictator）」，也就是「大獨裁者」的意思。北京同盟會急電上海，勸阻總理與黃興北來。

張振武，字春山，湖北羅田人，留學日本早稻田大學為同盟會會員，回鄂後加入共進會為會計。武昌革命成功，孫武為軍政府軍務部長，張振武為副部長。漢陽失守，全鄂震動，黎元洪欲棄武昌，退往南京；張振武與蔣翊武、劉公苦撐不去，武昌賴以安定。後來張振武到上海時，慫恿孫武創立「民社」，與同盟會對立，又為共和黨幹事。孫武為人陰險，事事迎合黎元洪，頗得黎的歡心；張振武自恃功高，很輕視黎元洪，時加謾罵。黎對張實猜忌之極；張在湖北甚得中下級軍官的信仰。孫武構陷同志，使黎殘殺無辜；張振武去信相戒，遂生仇隙。劉成禺、哈漢章為了調和他們之間的不和，勸張入京，出任總統府高等顧問。張振武偕同鄂軍將校團團長方維等三十多人進京。黎元洪乘此機會密電袁世凱，誣謂張、方等人在鄂煽惑軍心，謀為不軌，請袁就近正法。袁世凱卽下令軍警秘密逮捕，未經審判，卽行槍決。張振武臨刑時，說：「不料共和國如此黑暗！」

張、方被殺，引起了輿論界激烈的抨擊，參議院也掀起了軒然大波，認為到了今天民主時代，竟有未經軍法審判或司法審判，就處人以死刑，比起前清，更加野蠻！侵犯人權，違反約法，莫此為甚！名為民國，實則無法無天，醞釀着要提出彈劾。袁、黎這些軍閥專制獨斷的本來面目，也就暴露無遺了。這時，陸徵祥也不願意再做傀儡總理，終於在八月二十日向袁世凱呈請辭職。於是又發生第二次倒閣的事。這時，國民黨雖然尚未正式成立，但實際在參議院中已佔多數席位，袁世凱就派遣教育總長范源濂、工商總長劉揆一往訪宋教仁，力勸他出來接替陸徵祥，為國務總理，但其他閣員不動。宋教仁堅決拒絕，說：

「我認為組織內閣，各國務員都負有連帶的責任。要是只更換一個總理，其他不動，各國務員就不能夠做到一致行動，也就不能組成一個強固的政府；而且這跟本黨政黨內閣的主張，大相衝突。我不能當這樣的總理。等孫、黃兩位先生到京之後，再談吧！」

上海方面，因為張、方案件發生，送行的人多勸孫總理和黃興先生不要去北京了。黃興因為生病尚未全癒，就決定暫緩北上，臨時將行李搬上岸去。孫總理決定帶着魏宸組、居正等十幾人，搭乘十八日安平商輪北上。二十四日到北京，受到袁世凱熱烈而隆重的歡迎。由張、方一案引起的風潮，也由孫總理入京的影響，而漸趨平息了。

八月二十五日下午一點鐘，國民黨在北京湖廣會館開成立大會，出席同志有幾千人，由張繼擔任主席，通過國民黨規約八章四十九條，並開始選舉。三點多，孫逸仙先生到會，同志一齊脫帽起立，向先生致敬，掌聲熱烈如雷。先生稍事休息，就出席演說，首先說黨德：

「革命成功，在四萬萬同胞一心；鞏固民國，亦必要四萬萬同胞一心。現在六黨合併為一大政黨，乃民國大幸福。然視他黨要親如兄弟。蓋政黨以國家為前提，非謀一黨權利。各黨宗旨雖殊，俱是為國家，應該互相翼輔進退，萬勿爭黨見，陷國家於危險的地位。」

其次說「軍人干政」、「民生主義」、「男女平權」各種問題，足足講了兩小時，大家都熱烈地鼓掌，表示贊同。

孫先生退席之後，就開始計算選票，結果孫文、黃興、宋教仁、王寵惠、王人文、王芝祥、吳景濂、張鳳翽、貢桑諾爾布九人當選為理事。孫文得票一千一百三十票為最多，其次為黃興一千零七十九票，再次為宋教仁九百十九票。當選參議有胡漢民、胡瑛、張繼、張培爵、柏文蔚、溫宗堯、趙炳麟、唐文治、陳錦濤、李烈鈞、莫永貞、蔣翊武、唐紹儀、姚錫光、沈秉堃、褚輔成、孫毓筠、湯增新、譚延闓、尹昌衡、于右任、陳道一、馬君武、徐謙、張琴、田桐、松毓、閻錫山、王善荃等二十九人。名譽參議有溥倫（清皇族，曾任農工商部大臣）、徐紹楨、姚雨平、林述慶、鈕永建、馬安良、張錫鑾等七人。

九月三日，各理事共推孫逸仙先生為理事長。孫先生打算往北方各地，考察鐵路，不能長駐北京，就遴選宋教仁代理理事長。國民黨成立後，宋教仁實際上擔任起黨的領袖的責任了，在他手下負責各部門幹部，也都是一時最傑出的人才：

總務部主任幹事魏宸組、殷汝驪，幹事任鴻雋。

交際部主任幹事李肇甫，幹事覃振、顧維鈞。

政事部主任幹事谷鍾秀、湯　漪。選舉科主管幹事楊永泰。幹事張東蓀、沈鈞儒、徐傅霖、羅文幹、劉盥訓、張耀曾、伍光建、文羣、仇鰲。

文事部主任幹事楊光湛。

政務研究委員會主任幹事張耀曾、劉彥，幹事馮自由、石志泉、吳鐵城、張東蓀等。

這些人物都是學有專長，熟悉歐美日本各國政治及學術的，對後來中國民主政治的發展也有相當的關係。

國民黨成立後，宋教仁專心策畫國會議員選舉的事，實在無意出任國務總理。所以當袁世凱和國父討論內閣繼任人選，國父向袁世凱推薦宋教仁，黃興也從上海電勸宋教仁出任；宋都加拒絕。九月八日，黃興和陳其美北來到了天津；宋教仁親往迎接他們，往訪唐紹儀；唐紹儀也勸他勉為其難，出任總理。宋教仁仍加拒絕。袁世凱因為參議院中國民黨籍的議員佔多數，怕提出自己的人為總理不能通過，改提國民黨的沈秉堃，黃興也很贊同。宋教仁反對，認為沈出任總理，本黨政黨內閣的主張將遭破壞，其次沈搞不好，對將來國會選舉恐有不良的影響。十六日，國民黨理事與幹部及在院議員，在孫先生行館集議，都認為對袁世凱政府不妨採取提携態度，消除南北歧見，贊成由趙秉鈞為這過渡時期正式國務總理，組織純粹袁派內閣。九月二十四日，參議院就通過趙秉鈞為國務總理了。趙秉鈞為總理，將國務會議移到總統府內舉行，直接交由袁世凱主持，「責任內閣」，業已名存實亡。

北京的政黨也起了極大變化，共和建設討論會，與共和統一黨、國民協進會、共和促進會、共和俱進會、國民新政社已經合併為民主黨；章炳麟派的統一黨，已從共和黨中分裂了出來；成了統一、共和、民主三黨，與國民黨對抗的局面。

十月五日，黃興、陳其美等離京南返上海。宋教仁因為在外將近十年，老母倚閭而望，也很想回鄉一趟，現在黨務暫告一段落，也就打算不日南行。

宋教仁這次主持國民黨改組成功，在我國歷史上自然將留下極重要的一頁。

第六十章 回故鄉桃源

民國元年（一九一二）十月十九日，宋教仁與王寵惠自北京搭乘平漢鐵路車南下。宋教仁經漢口、岳陽，回到相隔六千多里的故鄉——湖南挑源去。

他想起從清光緒三十年（一九〇四）九月離開故鄉，參加革命，逃亡在外，至此整整九年多了。離家時，妻子李氏年紀正輕，一個兒子振呂才三歲，一個女兒也不過五歲，母親六十出頭，身體還很強健，和祖母、大兄教義、二兄教信、三姐、么妹住在一起，家裏雖不富有，却也融融樂樂。

但這幾年來，為着奔走革命，不能回鄉去，每當想起了家人，常常悲感交集。寫信回家也每常壓抑不住感傷而掉淚。夜間一人冥坐，濃濃的鄉愁常常爬上了心頭。一聽有故鄉的人來，就急着訪問故鄉的事。眞是鄉夢縈思，無時或忘。他還記得離家的第三年僑居東京的時節，曾寫了一首「思家詩」云：

「去國已三載，思家又一秋；親憂知白髮，閨怨定蓬頭。禹域腥羶滿，天涯道路悠！有家歸未得，期待滅匈奴。」

直到去年革命成功，民國成立，可以自由回鄉了；可是一年來，自己又忙着國事，還不能買棹回鄉，看看母親。要盡忠國家，當不能全孝。現在國民黨改組成功，可以暫時放下了肩上的擔子，回鄉省視年老的母親，閨中盼望的妻子了。眞是歸心似箭，恨不得早日到家。他由平漢鐵路，到了湖北漢口，受到兩湖人士熱烈的歡迎，應酬了幾日，又搭船溯江而上，經過岳陽，看了滕子京重修的岳陽樓，矗立湖畔，高聳雲際，不禁想起了范仲淹的話：「先天下之憂而憂，後天下之樂而樂！」表現出一個偉大的政治家想造福人民的胸襟；進入了洞庭湖，看了排空濁浪，吞吐日月，不禁想起了杜甫的詩：「吳楚東南坼，乾坤日夜浮」，贊頌湘楚洞庭形勢的壯濶。到了常德，看了美麗的山水，又不禁想起了陶淵明的「桃花源記」中提到的武陵郡的捕魚人，坐着船兒，緣溪而行的故事；現在自己也打算上「桃源」去，只是現在看到的不是夾岸桃花，落英繽紛，是沅江邊上濃濃的秋色，蘆絮白的像雪，醉楓紅的如花，水村美的似畫，覺得一切都那麼美麗親切，心裏盛滿了日近故鄉的喜悅、興奮與感念。

啊，故鄉的山水仍然那麼熟識，沒有改變。只是離鄉久了，經過了九年漫長的時日，家裏的情況已有很大的變化：三姐嫁了，現在兒女已經成行。幾年前，母親來信說：打算將么妹許字人，自己去信讓么妹多讀幾年書，但現在也已經嫁人。祖母早已過世了，只是大哥教義，好久家裏來信都沒有提到他，不知道他近來可好嗎？母親七十多了，身體還像以前硬朗嗎？自己的一個女孩子、一個男孩子，也該長得很高了嗎？「船家，快到桃源嗎？」宋教仁的書記劉君白，這樣地問着船夫。

「快了！你看，那邊就是桃源縣。」

他們的談話打斷了宋教仁的思緒。走出了船艙一看，兩岸邊都是人家，船進入了縣境。一會兒，碼頭越來越近了！有許多漁舟、貨船停泊岸邊。看去今天的碼頭和過去大不相同，非常熱鬧，旗幟飄揚，人羣麕集，原來他的故鄉正等着歡迎他回到故鄉，歡迎他這個革命人物回到故鄉。

船慢慢靠岸，當他踏上碼頭的一剎那，才發現他白髮蒼蒼的母親，他久別的妻子，他的大嫂、三姐、三姐夫顏復、么妹也都從鄉下趕來縣城了，只是沒看到大哥、二哥；還有漳江書院的老同學羅蕺、文楡蔭，鄉親朱玉……，當地的仕紳、縣長也都在歡迎的羣衆的前列。

大家一見他上了岸，鞭炮就嗶嗶拍拍放了起來，軍樂就悠揚悅耳的奏了起來，揮舞着小旗，熱烈的鼓掌，表示歡迎他的榮歸。桃源縣長就在碼頭上，作一篇簡短的演說，介紹宋教仁先生對革命事業的貢獻與成就，更引起了如雷的掌聲，滿城的士女，不管認識不認識，都爭着擁了過來，一覩他的豐采。好像歡迎凱旋歸鄉的英雄那樣的熱情。他的母親看了，高興得掉下了眼淚。當天桃源縣長、仕紳接待宋教仁一家人。這樣在縣城裏忙了幾天，才得回到鄉下去。

親友又天天設酒，為宋教仁洗塵，為宋教仁的母親稱壽。又一連十幾天，生活才逐漸恢復正常。

宋教仁這次的回鄉，在個人來說，固是功成榮歸，又能日夕與老母相處，心裏的快樂自不待說，然而却也不免感傷了起來。

宋太夫人一頭白髮，滿臉皺紋，比起九年前衰老多多了。她說話時候，充滿着難釋的辛酸。她輕輕用手撫摸着宋教仁的肩膀，哭着說：「教義、教信因為你搞革命，被清廷的狗官抓了去，教義死在監牢裏，留下你大嫂一人，悲傷難過。教信在獄中三年，受苦染病，放回來後，身體一直不好，在三年前過世了。現在，幸而你平安回來，不要再出去了！」

教義嫂聽了這話，又忍不住掉淚。宋教仁聽了母親這話，看了大嫂傷心的樣子，心裏也有說不出的難過，也忍不住眼淚盈眶，滾滾欲落，說：

「明天，我們就去掃一掃哥哥的墳墓吧！」

「那一年，你對家裏說：到省城去去，就回來。一走了，就沒有信息；後來縣裏派人來拿你，又害你媳婦天天躭憂，又不知出了什麽禍事？後來，才接到你從武昌及日本寄來的兩封信，這才稍稍放心。幾年來，她也憔悴多了！家裏的許多事，也虧她幫我料理哩！」

宋教仁轉過頭來，看看妻子李氏，覺得她的確失去了少婦應有的豐腴，更找不出十年前臉上那種紅潤如花的顏色；她雖然擦了些胭脂花粉，却仍掩不住她的憔悴。現在，她面微露笑容，可以看出她是因自己的回來而感到無限喜悅。不過，他總覺得自己實在對不起他的妻兒；難怪兩個孩子到現在仍對自己顯得那樣的陌生，回家的第一天，假使不是母親叫他們過來喊「爸爸！」自己眞不敢相信他們就是他的孩子。不過，做每件事，總要付出代價。為了要推翻滿淸腐敗專制的政府，創立共和政體，施行三民主義，建設優良政治，這種犧牲是絕對值得的。妻子諒必會原諒自己，贊同自己的作為了。

「媽，這幾年，身體好嗎？」

「在教義入獄未死前，官裏要錢，家裏很窘迫，我又心裏難受，因此老是鬧病，一病就是十天八日。現在，你回來了，我可安心了！不要再出去了。要做事，就在家鄉找一個差事吧！」

「仁弟，我看你就聽媽的話，不要再東奔西走了！」

「三姐，我也想在家鄉，待一段時間，再說吧！」

宋教仁在故鄉，陪着母親談笑，帶着妻兒看望親戚，和同學文榆蔭等時時見面，拜訪沅江各地的風景，無憂無慮，生活過得十分愜意，幾乎與外面的世事完全隔絕了。

第六一章　選戰大勝

宋教仁的同鄉、親戚、朋友知道他衣錦榮歸，大家都要爭覩這位革命的英傑一面，大家都紛紛前來宋家道喜稱賀，今天張家請吃酒，明日李家請吃飯，談革命的舊事，敍離別的情誼，日日不絕，生活過得十分快樂，在歡笑中過去，因此他看淡了建功立業了，而想歸隱林泉，事親終老，悅親戚之情話，樂山水之清音，不打算出來做事了。可是京、滬一帶的朋友，却屢次寫信打電報來，向宋教仁報告國內艱危的情況，而催他出山。

譬如說前保皇立憲派的領袖梁啓超，九月底離開神户，先回天津，在十月二十日到了北京。梁啓超，字卓如，號任公，康有為受業門生，戊戌政變亡命日本，主辦清議報、新民叢報、國風報等。他回到北京後，成了舊派的中心人物。又如說共和黨為了競選，散佈謠言，說國民黨發生內鬨，黃興、宋教仁，沈秉堃、胡瑛要和梁啓超、楊度等另組進步黨，與孫文分離，離間國民黨內部。又如說現在袁世凱高標維持現狀，毫無改革，只知大授勳位，封賞官銜，聘用顧問，浪費公帑，以籠絡收買人心，以擧債為財政政策，而不謀其他理財辦法；以苟安為外交大計，以致蒙、藏的問題更加惡化了。十一月八日，蘇俄已將新訂俄蒙協約，通知我國，公然支持外蒙獨立，外蒙在該約保護下，禁止中國駐軍移民，而否認我國對外蒙的主權，政府却想不出對策來。

宋教仁想起今年七月間日本桂太郎將赴俄京時候，消息傳來，他曾將滿蒙危機向袁世凱剖析，日、俄恐將訂立對中國不利的第三次密約，應該卽時派人赴日交涉，事前勸止，或易解決。袁耽於目前安逸，置之不問，以致惡化至今。現在，俄人在外蒙的舉動，恐將破壞了列强在中國均勢的維持，若再不設法，恐將引致英國侵略西藏，日本侵略東三省。宋教仁對袁世凱政府的無能，深感失望。他在寄友人書中曾說：欲救這種政局，只有改組政府，目下不能辦到，只有等到召開國會再說。

這些黨人的函電，都亟盼宋教仁早日入京，謀商國是，挽救國家的危難。

宋教仁對於過去辛亥革命未能按期起事，提前爆發，河南、陝西不能同時響應，使北洋軍長驅直下，漢陽失守，而不得已妥協，以致有讓袁世凱為總統的事情發生。他想這好比身上生了癰疽，內毒未曾除盡，就敷上生肌的藥粉，以致新肌未生，餘毒却更加厲害了。

到了民國二年（一九一三）一月十日，各地國會參議員與衆議員的選舉都已經完成。參議員每省選十人，衆議員每八十萬人選一人，國民黨在宋教仁策劃下，從去年九月以後，各地支部就積極展開競選運動，參議員也有回原籍競選的。選舉結果，大獲全勝，參、衆兩院共八七〇席，國民黨佔三九二席；若包括跨黨份子在內，將近五百席。共和、統一、民主三黨，合計僅得二二三席。現在分別統計如下：

衆議院五九六席：國民黨二六九席，共和黨一二〇席，統一黨一八席，民主黨一六席，跨黨一四七席，無黨二六席。

參議院二七四席：國民黨一二三席，共和黨五五席，統一黨六席，民主黨八席，跨黨三八席，無黨四四席。

國民黨大勝，對於制定憲法，選舉總統，同意總理，組織新內閣，通過一切法律案，當然有極大的影響力。國民黨的人士對這次選舉的成功，充滿了勝利的感覺——北京本部屢電敦勸宋教仁趕緊入京主持黨務。

另一方面，對於袁世凱一派的人物，當然形成極大的威脅。像袁世凱，像趙秉鈞，像段祺瑞，都自認為他們逼使清帝退位，對建立共和，立有大功；現在當總統、當總理、當總長都是應得的酬勞。因此，袁世凱派、立憲派主張「混合內閣」，他們認為大家對民國的建立都有功勞，大家都應該在中央政府中分贓做官，所以反對由一黨組織政黨內閣，認為這將破壞他們「以官為業，以祿為家」的飯碗；但是他們組織了「混合內閣」，却又不顧國家的利益，不肯通力合作把國家治理好，却只顧為黨派為個人爭利益，以致國家政治不能推展。袁世凱又認為「政黨內閣」是國民黨對付他一種「防閑政策」，要使他處於尊榮無權的虛位，更是極端反對。他聲言要不要當總統候選人，要看有沒有選用國務總理及海、陸總長的特權而定。又說對國內的政治，以維持現狀為第一，要是當選總統，他要以徐世昌為國務總理、趙秉鈞為內務總長，段祺瑞為陸軍總長，劉冠雄為海軍總長，梁士詒為交通總長，其餘工商、農林、司法、教育國務員，國民、共和、統一、民主四黨各一人，要組織這種有才有識的內閣。這當然只是一種分贓式的內閣。

宋教仁認為國家若再讓這幫軍閥、官僚胡搞下去，恐將潰爛到不可收拾，終將走上危亡的道路，終經不起同志們不斷的催促，決意移孝作忠，離開寧靜美麗的故鄉，出來領導國民黨，為實現優良政治的理想而奮鬥。

一月初，宋教仁收拾了行李；他的七十多歲的老母哭着不放他走。宋教仁安慰她說：「不久，就會回來！」告別了母親和妻兒，坐船離開了這世外的「桃花源」。八日到了湖南省會長沙城，受到國民黨湖南支部熱烈的歡迎。

宋教仁在長沙逗留了二十多天，和衆議員陳家鼎（字漢元）、湖南都督譚延闓等人，同往嶽麓山憑弔革命先烈焦達峯、陳天華、姚宏業、禹之謨等墳墓。他們由斜斜的石徑上去，經過愛晚亭左邊，早已沒有「停車坐愛楓林晚，霜葉紅於二月花」的景象，只有滿山的皓雪。玉葉瓊枝，雪花飛舞，還有一些堅貞的蒼松翠柏挺立於寒冬之中。

宋教仁徘徊在老友焦達峯的墓前，陳天華的墓前，不禁記起在武昌起義之後才十天，焦達峯老弟就起兵響應，光復了長沙，被推為湖南都督，沒想到又只十天，却又慘遭殺害。陳天華老兄在東京跳海自殺，停柩在海邊上的一幕情景，又歷歷湧現眼前，都教人感傷不已。想起這些為革命犧牲的老友，陳家鼎不禁放聲痛哭，淚下如雨，落到了雪地卻都化成一顆顆雪珠子了。宋教仁更加悲愴難抑。宋、陳兩人作有「遊嶽麓山弔烈友墓」聯句：

「十載有家歸不得，而今隨爾入黃門（陳漢元）。

更無多淚流知己，別有傷心哭國魂（宋遯初）。

死友已經垂竹帛，生朋無分住桃源（陳漢元）。

元龍豪氣今猶在，百尺樓前一漢元（宋遯初）。」

此遊之後不久，宋教仁離湘到鄂。

宋教仁為人和藹可親，道德純潔，性情坦白，說話爽直，平日無時不以國家為憂，日日研究政治問題，救國大策，對國事時局有了不滿，也就坦然提出指責與批評。所以二月十日，他在湖北武昌嘉賓樓國民黨湖北支部的歡迎會上，發表演說「中國國家之前途與國民黨之責任」，批評現在政府的財政與外交政策，敷衍塞責，陷中國於危險，而「不惜以萬難收拾之局，貽之後人，此其罪無可逭之處」也。宋教仁在武昌當然也和黎元洪交換了一些意見；在危疑的時代，難免教人疑猜，於是外間鄖喧傳宋教仁將支持黎元洪出任總統了。有人說黎元洪若能以「首義元勛」，當上總統：當可得到國人贊同，既可使專制的袁世凱自然下臺，又可使愚弱的黎元洪入於掌握，再由國民黨組織責任內閣，那麽，全國統一、强固有為的中央政府當可望實現了。這當然是上上之計。

十二日，宋教仁自漢口搭船東下，作有五律一首說：「晚色侵江白，輕舟發夏陽，潮聲隨岸遠，山勢送人忙。大地風雲鬱，長途雨雪降，悠悠此行役，何處是瀟湘？」

船過江西九江時，他又上岸在歡迎會上作一小時多演說。

十五日，宋教仁到達上海。國民黨理事長孫逸仙先生在五日前率領馬君武、袁華選、宋耀如、戴天仇、何天烱等五人前往日本，視察工商鐵路等情況，預期四十日返國。十九日，宋教仁受到上海國民黨交通部熱烈的歡迎，並發表演說。他在上海，住在同孚路二十一號黃興的家裏。上海的許多朋友，像陳其美、于右任、王寵惠、徐紹楨、鄭贊丞、范光啓、徐血兒、居正……等，都來看他，談起了許多別後的事情。

有一晚上，宋教仁記起一個朋友轉託的事情，對于右任說：「這事可以和應夔丞洽商嗎？」

「這人不可靠，我不願意跟他打交道。」于右任厭惡地說。

「我到了這裏，也聽說應夔丞替北京做偵探間諜。這眞的嗎？他要做什麽？」宋教仁還是很關切地說。

「事情是這樣的。過去袁世凱時常利用北洋軍警的武力，干涉參議院。早在去年九月，民權報發表『正式國會之殷鑑』一文，就說『縱使國會議員，人人都能比肩盧梭，凌駕孟德斯鳩，但一進入袁氏的武力世界中，就都要成了無數木偶了』。國會的地點早成了大家爭論的問題。今年一月大選揭曉後，民權報記者何海鳴就在上海組織『歡迎國會團』，份子有上海、天津、保定各地代表，總代表為齊協民。他們通電全國，倡言要變更國會開會的地點，認為第一屆國會應該在上海開預備會，在南京開成立會；這樣可以保持立法機關的獨立，可以預防北京軍警的干涉。又有『辛亥同志團』葉護生、黃佛舞、張仲權、程飯牛、張秋白這些人做它後盾，宣稱『民主是由革命先烈用血肉頭顱爭取來的，不能容人肆意破壞』。據本報駐京特派員的消息，稱袁世凱認為這是有人想藉變更國會的地點，迫使政府遷都南京，非常吃驚。袁世凱先指使馮國璋通電反對；自己又在一月二十二日電令江蘇都督程雪樓設法解決；二十三日又派內務部秘書洪述祖帶了一筆巨款，和應夔丞一起到了上海活動，設法解散『歡迎國會團』。洪述祖的事，被報紙揭穿了，一月底就被電召回京去了，留下應夔丞，在上海解散共進會。」

宋教仁笑說：「洪述祖，我知道此人是洪北江的曾孫，字蔭芝，別號觀川居士，能詩善飲，也很會拍馬屁。在北京，大家都知道他是個『參辦有案』的混帳東西。劉銘傳做臺灣巡撫，他擔任文案，因盜賣軍火，判罪入獄；後來到湖北做事，又貪污革職；但做了內務部秘書，聽說趙秉鈞事事都跟他商量。」

「這可能是臭味相投吧。」徐血兒答說。

宋教仁不禁想起了到內務部去，時常遇到這位洪秘書，圓臉有鬍，和他談話，總覺得此人帶有幾分奸邪味。心裏又想道：「應夔丞怎麽會和洪述祖搞在一起呢？」原來應夔丞原名桂馨，浙江寧波人，應文生的兒子，也是陳其美的手下。應文生做買賣地皮的生意，很賺了一些錢。應家在上海文元坊，房屋很多。清末，陳其美、于右任組織革命機關，時常借住應家，也就認識應夔丞。應夔丞因為家裏有錢，開設桂仙戲園。由於性喜揮霍，結交許多江湖道上的人物，開設公司，與日本人往來，做買賣軍火生意，因此和長江的鹽梟，關外的紅鬍子，江浙的青紅幫都有交往，黨羽不少，耳目很靈通。在辛亥革命前，陳其美派他幹諜報工作；上海起事時候，又派他率領黨徒協攻上海製造局，立些微功；所以滬軍都督府成立，就派他充當諜報科副科長。孫總理由上海往南京，就任臨時大總統，又派他充當總統府的衞隊長，繼任庶務科長。後來因為貪汚被發現，就被胡漢民撤差了。因此，應夔丞就和同盟會逐漸疏遠。宋教仁向陳其美問道：

「應夔丞怎麽會跟洪述祖一起來滬呢？」

「應夔丞離開了南京，回到上海，聯絡長江上下游的青、紅、公口三幫，組織共進會，自己做會長。開始時，我還很贊成，認為他可以協助這一些幫會走上正途。沒想到他却利用幫會專幹一些不法的事。去年八月十五日，湖北兵鬨，他也牽涉在內。黎元洪下令通緝。我和克强兄到了北京，袁世凱就曾跟我談起共進會到處鬧事，要我回上海後便中調查；我到南京，程雪樓也跟我談起他。不過，後來北京政府却忽然想收撫他，老袁下令特赦，並派了洪述祖南來上海，由張紹曾函介與應相見，洪往南京，當面向程都督保薦應夔丞充當駐滬巡查長，兼管江蘇全省巡查長。不久，應要去南京見程都督，還怕雪樓抓他，還託我致電與程，請勿為難。據他說，後來洪述祖又替他轉託程雪樓打電報給黎副總統疏通，說他願意設法解散在武漢的黨徒，將功贖罪，請黎取消了通緝。因此，應夔丞就在去年十二月中北上，見到了趙秉鈞和袁世凱。袁撥了五萬元給他，作解散共進會的費用，月支薪水一千元。今年一月二十三日，他就和洪述祖一起來上海呢。」陳其美詳細說明應、洪關係。

「因此，我懷疑他可能已經做了北京的偵諜呢！」于右任說。

于右任的懷疑是正確的。應夔丞已經被袁世凱的金錢與權位所收買，替袁、趙做打聽消息的工作，甚至做為害國民黨、謀殺宋教仁的工作了，由國務院洪述祖，直接和他聯絡，趙秉鈞給他「應」、「川」密碼本，通訊發電都用「應密」兩字冠首。像應夔丞在一月二十五日寄趙秉鈞「應密」徑電，有「國會盲爭，眞象已得，洪回面詳」等語。由此電，可見應夔丞替趙秉鈞打聽到了「國會歡迎團」的眞相，告訴洪述祖，由洪回京面述。洪述祖回去後，與應夔丞間往來的密電函件極多。在二月一日由天津致應夔丞函，有「『大題目』總以做一篇激烈文章方有價值也，閱後付丙」等語。二日洪由北京東椿樹胡同致應夔丞函，有「要緊文章已略露一句，說『必有激烈舉動』。吾弟須於題前，逕密電老趙，索一數目，似亦不宜太遲也」。由此二函，可見洪述祖為了金錢，已經向趙秉鈞、袁世凱建議，採取激烈的手段，說「反對黨牽制太甚，不如除去一二人。」這時，已得趙秉鈞的同意；所以教應夔丞在動手前先向趙秉鈞索取殺人的代價。于右任雖對應夔丞懷疑，民立報派駐北京的記者，也早已經特別注意到應、洪之間的函電來往頻繁的情況；但並不知他們陰謀的內容。而且由於應夔丞和陳其美的認識有七、八年的歷史；這種身份，也就是袁、趙、洪所以要收買、要利用應夔丞的地方。在宋教仁過武漢的時候，譚人鳳就告訴他，聽說有人要行刺他，勸他小心戒備。但誰也不會想到要想謀刺他的，竟然就是「應夔丞」。

「聽說范源濂已經辭去了教育總長，回到杭州了；我在北京時，跟他很談得來。」宋教仁說。

「是的，范靜生已經回到杭州。我們不妨找個時間到杭州去，找他談談北京的近況吧，也可趁此一遊西湖。」于右任說。

二月二十一日，宋教仁、陳其美與于右任一行三人，一起搭車到了杭州，與范相晤。大家談起京裏的情形，都不勝感憤。第二日，相約往遊西湖，還有姚勇忱；天色微亮，就出了錢塘門。到了西湖，只見大雪紛飛，西湖的山川樓閣呈現一片白色，樹林仍然光禿禿的，看不見一絲妍媚的春意。他們登上了南高峯，延目遠望，看到風帆行駛錢塘江中；看到海門外的浪潮，從天際不斷地洶湧前來凶惡的景象。宋教仁不禁豪興大發，就口占五律一首道：

「日出雪磴滑，山枯林葉空；徐尋屈曲徑，竟上最高峯。村市沈雲底，江帆走樹中；海門潮正湧，我欲挽强弓。」

中午，在秋心樓午餐，薄暮回城。

二十三日，在法政大學堂，杭州各界歡迎會上，宋教仁又發表演說。

遊杭數日，餘興未盡。催電交來，乃別范返滬。

三月八日，宋教仁前往南京。九日，國民黨南京支部在浙江會館開歡迎大會，有黨員及來賓三千多人參加。江蘇都督程德全到會為主席。程因口疾未癒，託方潛代為報告介紹：

「宋先生從事革命許多年了；他的事蹟，諸位都已經知道。現在，宋先生乘北上之前，到南京來；本黨特開會歡迎。現在，就請先生發表政見，與諸君共同研究。」

介紹完畢，由宋教仁演說。大家除拍手歡迎外，都靜心聆聽。由民立報派記者記錄，刊登在民立報三月十一日第七版上；他說：

「民國建設以來，已經有兩年了。進步了沒有？改良了沒有？根據良心判斷，必說『不然』。我黨抱極重的責任，斷無破壞後，就不過問。

現在政府果能符合民意嗎？果較前清進步嗎？我在杭州見到范源濂君。他說：『蒙古問題，政府每日磋商，只說：「與俄開議乎，與俄不開議乎」兩句話』。迄今政府猶未與俄人談判。各報所載都是粉飾話。中華民國的基礎極為動搖，都是現政府所造成。庚子前，各强對我國都主張分割；庚子後，都主張保全。卽『門户開放，機會均等』，證之英日同盟，日美公文，日俄、日法、英俄等協約，就可以明白。四國銀行團原極願意貸款，且已墊付數百萬鎊，條件極輕，不意北京兵變，以致取消前約，要求另議。自後內閣常倒，兵變迭起，外人遂生覬覦之心。去年五月俄人說：『庫倫獨立，有害俄人生命財產，請貴國協商。』可是外交部置之不答。俄、蒙自行交涉，訂立協約。英與西藏，也發生干涉。袁總統和英使朱爾典私交甚篤，以為容易解決。蒙事是藏事的先決問題；蒙事解決，藏事就隨之解決。所以此後外交宜以機會均等做機括，加以誠意，也許可產生良好結果。

內政方面，尤不堪問，前清道府，竟然發現。財政問題，關係立國基礎，去歲原議六千萬鎊，一千萬鎊支持臨時政府善後各費；其餘充作改良幣制、清理交通、擴充中央銀行、處理鹽政，都屬於生利事業。內閣經兩次改組後，忽然變成二千五百萬鎊，純是行政經費。條件酷虐，鹽政用外人管理；到期不還，鹽政就歸外人經管。鹽務是外債唯一擔保，由外人管理，就不能再作他次抵押，將來借款，更陷困難，用途盡是不能生利的事，幸而未成，萬一成立，那國家財政，全被破壞了。

正式國會行將成立，紛爭要點為總統、憲法、地方等問題。總統當不負責任，由國務員負責。內閣制的精神，實在是共和國良好的制度。國務院宜以完全政黨組成；混合、超然的弊病，無庸贅。憲法當然由國會自訂，無庸紛擾。地方問題，有中央與地方的區別：像外交、軍政、司法、國家財政、國家產業及工程，自屬中央集權；像教育、路政、衛生、地方財政、工程產業等，自屬地方分權；像警政等屬於國家委任地方之權。大綱既定，地方問題，自然迎刃而解。只是道府、觀察使等實為最腐敗官制，萬不能聽它存在。

現在，國人有一個牢不可破的政見，就是『維持現狀』。此語可說不通之極。譬如病人已經危急，醫生不用藥療病，只進停留現病狀的藥。這可說醫生的責任已盡了嗎？自維持現狀的說法興起，前清腐敗官制，荒謬人物，都一一出現。所以維持現狀，等於停止血脈的意思。吾人應該力促改進，方是正當的政見。」

宋教仁演說了兩個多小時，每當講到精采處，大家就熱烈鼓掌。宋教仁說完了，又有其他人物登壇演說，無非說「宋君政見，確切不移。」到午後六點多鐘才告散會。第二日，宋教仁由寧返滬，程德全都督派了四十名衛兵護送他上了火車。

宋教仁到處演講，都是根據事實與學理，評析現政府的失政地方，並發表國民黨改革的政見。大家都說「宋教仁先生不失在野黨監督政府的眞意」。而得到各地聽衆與黨人熱烈贊成。這更加引起了袁世凱的不滿，先使人著論攻擊，由袁系許多報紙刊出「某當局之時事談」及「匿名氏駁詞」；又使所謂「北京救國團」通電（刊於上海民聲日報），對宋教仁的演説詞，横加責難恐嚇，謾罵詆毀。宋教仁從從容容地根據事理，一一加以駁答。有「宋教仁君之時局談，駁某當局者」、「答匿名氏駁詞」，分別刊載於民國二年三月十二、十五、十六、十七日民立報上。

三月間，宋教仁和黃興、王寵惠等負起大任，趁着國會議員北上，在上海召集同黨議員會商政治方針，來迎接國内政治的新形勢。一些激烈的就倡議要爭總統的席位，要擁護黃興競選副總統，要推宋教仁為國務總理，組織國民黨内閣。最後作成了幾點決議：

㈠總統的選擧，由各省省議會及蒙古、西藏、青海地方議會為選擧機關。

㈡組織政府，採取議院政府制，就是國務總理由衆議院選出，大總統任命。各部總長由國務總理推定，大總統任命。

㈢地方保存省制，列擧中央與地方的權限。

㈣ 袁世凱若能尊重民意，卽選擧他為總統。民立報三月十九日，有宗良「我之正式總統觀」，則力斥袁系報紙所謂「正式總統不擧袁氏，則中國必亡」的言論。

㈤ 議員相約入京後，「勿為武力屈，勿為金錢靡，勿為權位動」。

宋教仁主張：先定憲法，後擧總統。他說不能因人，以法遷就之；也不能因人，以法束縛之；求制定完善的共和政體的憲法，產生有力的政黨內閣，保障人民的權利。此後政治進行，先問諸法，然後問諸人。國民黨應當依此方針進行。

第六二章 大政見

宋教仁和來滬的議員商榷政見，頗為融洽。於是他約了民立報記者徐血兒幫忙。由宋口述，徐血兒筆錄，撰寫「國民黨大政見」，寫了三天，才擬成綱要；宋教仁又略加修改潤色，對政體政策，作提綱絜要的闡述，預備携往北京公布。現在將宋教仁代草國民黨之大政見，勾其大要如下：

吾人曩者大革命之目的，在推翻不良之政府，建設良政治。今不良之政府雖倒，而良政治之建設，則未嘗有也。吾人今日所負責任，努力從事於良政治之建設。故宜提綱絜領，發為政見。吾黨此屆選擧，已占優勝，爰擧建設大綱，以謀良政治之實現：

甲、對於政體主張：

㈠單一國制：吾國今日之當採單一國制，已無研究之餘地；臨時約法已規定吾國為單一國制，將來憲法亦必採用單一國制，自不待言。

㈡責任內閣制：卽總統不負責任，內閣代總統對於議會負責任。吾國現行制，有名無實。吾黨主張將來憲法上，仍採用責任內閣制。正式政府，由政黨組織內閣，擔負責任；凡總統命令，不特須閣員副署，並須由內閣起草，使總統處於無責任之地位。

㈢省行政長官，由民選制進於委任制：欲謀政治發達，仍得注重省行政。省行政長官，歷來皆為委任制。惟自反正以來，由地方人民選擧；以下之機關，亦大都由地方組織辦理；不宜遽以中央委任之行政長官臨之。故吾黨主張，省長以委任制為目標，而暫行民選制。

㈣省為自治團體，有列擧立法權：單一國制，立法權固當屬於中央；然中國地方遼濶，情形各異，不能不稍事變通。各省當有若干行政，由地方自治團體掌之；此等行政，地方有立法權，惟不得與中央立法抵觸。自治範圍，以與地方關係密切為限。其目有六：一、地方財政。二、地方實業。三、地方交通業。四、地方工程。五、地方學校。六、慈善公益事業。

㈤國務總理，由衆議院推出：臨時約法規定國務員須得參議院同意；行之多礙，亟宜修正。吾人旣主張責任內閣制，尤希望此制實現；欲此制實現，莫若明定憲法；國務總理，由衆議院推出。使國會占多數之政黨，組織完全政黨內閣，方舉責任內閣之實。其他國務員，則由總理組織之，不須國會同意。

乙、對於政策主張：

㈠整理軍政：對外軍備，亟須擴張；然擴張軍備，當自整理軍政始。今整理軍政方法：一、劃分軍區：劃分全國為數大軍區，獨立處理軍事。二、統一軍制：使全國軍隊，按一定編制統一。三、裁汰冗兵：老弱無用，一律裁遣。四、興軍事教育：養成一般將校人才。五、擴充兵工廠：吾國軍備最大缺點，為器械不足，兵工廠只有數所，出品亦少，極宜擴充兵工廠。

㈡劃分中央、地方行政：中央政府為全國行政主體；地方為一區域之行政主體，有地方官與地方自治團體。中央行政，以消極、對外、政務的多，地方行政以積極、對內，業務的多。吾人不重地方分權，而著重地方自治，故主張劃分如左：

一、中央行政：有軍政、國家財政、外交、司法行政、重要產業行政（礦政、漁政、路政、墾地）、國營實業、國營交通、國營工程、國立學校、國際商政（移民、通商、航政）。

二、地方行政：有地方官治行政與地方自治行政。地方官治行政，中央以法令委任地方辦理，有民政（警察、衛生、宗教、禮俗、户口、田土、行政）、產業行政、教育行政。地方自治行政，由地方自行立法，有地方財政，地方實業、地方交通業、地方工程、地方學校、慈善事業、公益事業。

㈢整理財政：有一、勵行會計制度：訂會計法，立會計機關，為嚴密預算決算，盡袪浮濫之弊。二、統一國庫：宜將國家歲入，悉繳於國庫。中央設總庫，地方設支庫。三、設立中央銀行，集中紙幣發行權：吸收各地官銀局，設立一規模宏大之中央銀行，發行紙幣。私家銀行、地方銀行皆不得發行紙幣；使中央銀行有支配全國金融界之能力。四、整理公債：今日公債信用不堅，而利息優厚；且中央公債與地方公債，擔負不清，尤非所宜。今後當酌量情形，其應歸中央，則中央完全擔負之；其應歸地方，則地方完全擔負之；其利息過重，則換借之；其有公債必要，則新發之。五、劃定國費、地方費：地方自治經費，為地方費；餘者，皆為國費，屬於中央。六、劃定國稅、地方稅。七、改良幣制行虛金本位：中國金少銀多，故採虛金本位制，定一定之價格為國際滙兌。

㈣整理行政：約有五大端：一、劃分中央與地方官之權限：從來中央與地方官權限，多不明晰，亟應劃分，行政始可着手。若軍政，若國家財政，若外交，若司法行政，若鑛業行政，若拓植行政，若國際商業行政，若國有交通業，若國有實業，若國立學校，若國家工程等，宜為中央各部所直轄，或於各省特立機關掌之，地方官不復過問。若警察行政，若衛生行政，若户口行政，若田土行政，若宗教行政，若禮俗行政，若教育行政，若產業行政等，宜為省行政長官所掌，由中央以法令委任之。中央與地方官之權限，乃可無虞其衝突。二、汰冗員：現用人行政，大率為人擇事，並非為事擇人，故各機關冗員異常衆多，故宜嚴定職掌，凡屬冗員，務期汰除淨盡。三、併閒署：國家財政支絀，多一機關卽多一消費，然為便利政治進行，則機關固有不可不立者，惟閒署處於無用之地，可裁則裁，可併則併，以節國費。三、勵行官吏登庸考試：今日任用官吏，往往用違其學，或毫無學識，僅由私人汲引者，故政治日趨腐敗。宜勵行官吏登庸考試，庶得各盡所長，而眞才易得。四、實行懲戒官吏失職：前此官吏之縱肆無忌，而今亦不能免者，以官吏雖失職，而不能懲戒；故欲政治脩明，非實行懲戒官吏失職不可；須專立考試及懲戒機關，而以法律為之保障，以免為官吏勢力所摧殘。

㈤開發產業：中國今日苟欲圖强，必先致富；以國內貧乏之狀況，則目前最亟之舉，莫若開發產業。第舉首宜進行者數端：一、興辦國有山林：中國有最佳最大之山林，政府不知保護興辦，棄材於地，坐失大宗利源；今農林旣設專部，則國有之山林，宜速興辦。二、治水：中國本農產國，然以人力不修，時遭水患，以致饑饉頻聞，今欲民間元氣之回復，農產物之發達，則當治水。三、放墾荒地：以未闢荒地，放於人民，實行開墾，以盡地利。四、振興鑛業：中國鑛產，有十之八九尚未開掘；非民間物力有限，不能開掘，實政府保護不得其道。今後宜特提倡，或保護主義使之振興。五、獎勵仿造洋貨工業：外貨充塞國內，母財流出日多，故亟須提倡仿造，以為抵制。六、獎勵輸出品商業：世界列強，皆以工商立國；吾國輸入之額，超過輸出之額，不亟獎勵輸出，商業行將坐斃。

(六) 振興民政：民政之事，當為中央委任地方辦理。振興之道有：一、整頓警察：警察為保持地方治安，故須切實整頓，普及各地，使軍隊專事對外。二、勵行衛生：中國地方衛生，素不講求，以致厲疫時起，民生不寧；故宜勵行衛生，謀人民幸福。三、釐正禮俗：社會之良否，繫於禮俗之隆汚，故敝禮惡俗，亟宜釐正，以固社會根基。四、調查戶口：往日調查戶口，多屬敷衍；今後宜切實調查。五、勵行地方自治：中國地方自治，向不發達；如地方自治範圍中地方學校、地方實業、地方財政、地方交通業等，均須勵行。

(七) 興辦國有交通業：交通則政府急宜興辦，責無可辭：一、急辦國有鐵道：鐵道建築，與實業固有極大關係；於軍事上、國防上，亦屬緊要；應酌量現狀，審其緩急，急辦國有鐵道。二、整理電信。三、擴充郵信。二者雖久擧辦，然或未完善，或未普及，故宜切實整理而擴充。四、興辦海外航業：列國皆謀於海上稱雄，而我一蹶不振，不特海軍之不足數；而外海航業，亦極幼稚，故首宜振興，以發達商務。五、整理鐵路會計：中國鐵路會計，弊端叢生；欲盡蠲諸弊，宜使鐵路會計機關獨立，嚴立預算決算，並興辦交通銀行等。

(八) 振興教育：教育為立國根本，振興之道，不可稍緩。今日亟宜振興：一、法政教育。二、工商教育。三、中學教育。四、中小學師範教育。五、女子教育。法政教育，使國民多得政治常識；工商教育，輸進工商新知識，發達工商；中學教育，為小學之模範，大學之基礎；小中學師範教育，為普及教育之第一步，而養成師範人才；女子教育，增進女子知識，發達女權。

(九) 統一司法：司法為三權之一，亟宜統一。統一方法：一、劃一司法制度：各省司法制度，並不一律；宜實行四級制，使各省歸於統一；未設裁判所地方，亦須增設。二、養成法官律師：增設裁判所，則須一面養成法官，設法保持法官地位，俾司法得以獨立；一面養成律師，以保障人權。三、改良監獄：中國監獄制度，極形野蠻；今宜採仿各文明國監獄制度，極力改良。

(十)運用外交：今者吾國積弱，非善運用外交，不足以求存；然欲運用外交，非具世界之眼光，不足以盡其用。中國向來外交，無往而不失敗，蓋以不知國際上相互之關係。一遇外人虛聲恫喝，卽惟有讓步之一法，是誠可傷者也。外交微奧，有應時事發生者，未可預定，亦難於說明；惟外交方針，則可約略言之：一、聯絡素日親厚之與國：今於世界，孤立無助，實為危象，故必當聯絡素日親厚之與國，或締協約，或結同盟，或一國，或數國，俱為當時之妙用。二、維持列國對我素持之主義：吾國現勢，非致力對外之時，故宜維持列國對我素持之主義，使之相承不變，而得專心一意於內政之整理。

總上所述，皆本黨所主張，提綱挈領，略得其凡。苟本是銳意進行，則良政治可期，國利民福之旨可達。國民若贊成吾黨所陳之政見，則宜擁護吾黨，以期實行吾黨所抱之主張，唯國民審擇之焉。

由這篇大政見可以看出宋教仁才幹極傑出；他對於國家政體政策，條例極清楚；中央地方權限，劃分極清晰；尤其政策，無論軍事、財政、行政、實業、交通、教育、司法、外交各方其中有兩三個人在昏暗的燈光下，時時向議員的招待室門口的附近探頭探腦，指指點點，好像在那裏等人。

宋教仁走進了售票處隔壁的議員招待室，黃興、陳第、廖仲愷幾個同行或送行的朋友都已經來了。大家看見他進來，都忙着起立招呼，又坐下寒暄，並且閒談些選舉總統、議定憲法，政黨內閣，議會政府，省長民選等等問題。

宋教仁看看掛錶，已經十點四十分了，說：「火車也快要到站了。」大家出了招待室，一起走向剪票的門口。火車已經到站，嗚嗚的亂鳴，宋教仁等人正準備剪票登車，忽然聽到三聲槍響。原來有人在宋教仁的背後七八步處，向宋教仁開槍狙擊。第一響槍聲很低，似已擊中宋教仁的腰部。宋教仁的身體向前晃了一下，腳步踉蹌，急向剪票口走去。後來兩響都沒有再射中了。一個旅客目擊一個穿着黑色軍衣而身材短小的人，發出第一槍後，就匍匐地上，用槍又向左右兩方連發了兩彈，意在嚇止追捕的人。又有在車站服務的一個侍者事後向警探報告說，他聽到槍聲，就追了出來，只見一個黑衣人從地上爬了起來，拔足往外狂奔，由月臺到站門的中間連跌了兩次，隨跌隨起，隨起隨跑；原在水果攤那邊另外有兩個可疑的人也跟着快步走開了，一下子就不知蹤影了。因為變由突起，黃興等人一時也非常驚愕，但獄制度，極形野蠻；今宜採仿各文明國監獄制度，極力改良。

(十)運用外交：今者吾國積弱，非善運用外交，不足以求存；然欲運用外交，非具世界之眼光，不足以盡其用。中國向來外交，無往而不失敗，蓋以不知國際上相互之關係。一遇外人虛聲恫喝，卽惟有讓步之一法，是誠可傷者也。外交微奧，有應時事發生者，未可預定，亦難於說明；惟外交方針，則可約略言之：一、聯絡素日親厚之與國：今於世界，孤立無助，實為危象，故必當聯絡素日親厚之與國，或締協約，或結同盟，或一國，或數國，俱為當時之妙用。二、維持列國對我素持之主義：吾國現勢，非致力對外之時，故宜維持列國對我素持之主義，使之相承不變，而得專心一意於內政之整理。

總上所述，皆本黨所主張，提綱挈領，略得其凡。苟本是銳意進行，則良政治可期，國利民福之旨可達。國民若贊成吾黨所陳之政見，則宜擁護吾黨，以期實行吾黨所抱之主張，唯國民審擇之焉。

由這篇大政見可以看出宋教仁才幹極傑出；他對於國家政體政策，條例極清楚；中央地方權限，劃分極清晰；尤其政策，無論軍事、財政、行政、實業、交通、教育、司法、外交各方其中有兩三個人在昏暗的燈光下，時時向議員的招待室門口的附近探頭探腦，指指點點，好像在那裏等人。

宋教仁走進了售票處隔壁的議員招待室，黃興、陳第、廖仲愷幾個同行或送行的朋友都已經來了。大家看見他進來，都忙着起立招呼，又坐下寒暄，並且閒談些選舉總統、議定憲法，政黨內閣，議會政府，省長民選等等問題。

宋教仁看看掛錶，已經十點四十分了，說：「火車也快要到站了。」大家出了招待室，一起走向剪票的門口。火車已經到站，嗚嗚的亂鳴，宋教仁等人正準備剪票登車，忽然聽到三聲槍響。原來有人在宋教仁的背後七八步處，向宋教仁開槍狙擊。第一響槍聲很低，似已擊中宋教仁的腰部。宋教仁的身體向前晃了一下，脚步踉蹌，急向剪票口走去。後來兩響都沒有再射中了。一個旅客目擊一個穿着黑色軍衣而身材短小的人，發出第一槍後，就匍匐地上，用槍又向左右兩方連發了兩彈，意在嚇止追捕的人。又有在車站服務的一個侍者事後向警探報告說，他聽到槍聲，就追了出來，只見一個黑衣人從地上爬了起來，拔足往外狂奔，由月臺到站門的中間連跌了兩次，隨跌隨起，隨起隨跑；原在水果攤那邊另外有兩個可疑的人也跟着快步走開了，一下子就不知蹤影了。因為變由突起，黃興等人一時也非常驚愕，但急着要護持宋教仁，慌忙扶住他：「遯初，您怎麼樣啦?!」于右任原跟朋友講話，看見宋教仁、黃興兩人走了，以為他們已經上了火車，趕緊和吳鐵城進了月臺，就聽到兩三響槍聲，站中頓時大亂，知道發生了變故，趕緊走向剪票口來看，只見宋教仁靠在鐵柵邊痛苦地說：「我中槍了！」聲音非常低弱，似乎傷中了要害。

于右任趕緊出站來，向人借了一輛汽車，打算送宋教仁到醫院治療，另一面又招呼友人道：「趕緊找警察，追捕兇手。」可是兇手早已趁着紛亂之際逃入黑暗之中，不知去向了。

黃興等人扶着宋教仁上了汽車，由于右任護送，直奔滬寧鐵路醫院，時將夜半，汽車在暗影籠罩下的馬路上急馳。到了醫院，醫生都不在院內，都已經回家安寢。于右任只好和值夜的護士一起扶着宋教仁進了候診室，讓宋教仁靠在長椅上等待，並且焦急地對護士說：「宋先生受傷了，請快快打電話給醫生吧！」那個護士就隨手拿起了話筒，搖了半天，才接通了：「喂，克爾品大夫嗎?有人受傷了。……啊，什麼傷?槍傷吧。……馬上來。」說着，他回過頭來，對于右任說：「醫生說：『馬上來。』請放心，不要焦急！」

這時，宋教仁一隻手摸着傷口，痛苦極了；並用另一隻手拉着于右任的臉部靠近他的胸前，用極微弱低沉的聲音斷斷續續地說道：

「我痛極了，恐將不起！現在有三件事情，奉託于兄：第一、我所有存在南京北京及東京的書籍，全部替我捐贈給南京圖書館。第二、我本生寒家，老母還在，如果我不幸死了，只好請克強和您幾位老友，替我照顧了！第三、對國家的事，各位仍然要積極努力進行，千萬勿以我死為念！而放棄我們應負的責任！我為了調和南北兩方的關係，費盡了心力，我只希望能夠有一個和平統一的中國！但造謠生事的人不知道原委，每多誤會。我雖受些痛苦，也是值得！現在就是因此死了，也沒有什麼好後悔的！」

話說完了，宋教仁感覺到傷口越來越痛了。他不停呻吟，不斷喊「痛」，臉色慘白，表情至為痛苦，冷汗一顆一顆從額頭上冒了出來，但神志還算清醒。這時，黃興等人也由車站趕了來探望他。

幸好不久克爾品醫生已經趕來。他看見宋教仁所穿衣服，渾是血污，形狀很可怕。「看樣子，他傷得很重！」克爾品醫生趕忙吩咐護士說：「找幾個人來，將宋先生送到手術室，準備急救。」醫院中一些護士很快扛來了一張擔架，扶宋教仁躺下，然後擡上二樓的手術室。于右任等人也跟着進了手術室，扶着宋教仁躺上了手術檯上。

克爾品醫生動手解開了宋教仁被鮮血染紅的衣服，仔細檢視傷口，發現宋教仁中彈處是在腰部脊骨的左邊，子彈斜斜穿過到了右腹間，流血雖說不太多，但因傷處很接近心臟，特別痛苦。克爾品醫生在宋教仁的傷口以及前腹部塗消毒的紅藥水後，將前腹部稍稍割開，尋找子彈，好不容易，到十二點三十分，才取出了一顆形狀尖小的子彈，似乎是發自極新式的五響的勃郎寧手槍。子彈取出後，克爾品醫生馬上又替宋教仁注射一針止痛藥水，希望他能够安睡。可是宋教仁仍然喊痛不已，宛轉呻吟，使在一旁看着動手術的朋友目不忍覩，為他傷心。好一會兒，他才漸漸沈沈地睡着了。

到二十一日凌晨兩三點鐘，上海各報如民立報、民權報、民國新聞報、時報、中華民報、民強報、大共和報的記者，都聞訊趕來採訪，向克爾品醫生詢問各種問題。有的問宋教仁受傷的情況：「很重嗎？」有的問：「這次槍傷，對宋先生的性命有礙嗎？」非常關切。克爾品醫生答覆說：「要等四十八小時後，才能知道。也許有可慰各位的報告吧！」

二十一日清晨，護士說：「宋教仁先生已經醒來了。」民立報特派記者周錫三聞言進入三樓三〇一號病房，看見宋教仁似乎很虛弱，連叫：「痛得很！」並且表示要小便。護士拿來一個大口的玻璃瓶吩咐說：「幫我扶一下宋先生吧。」周錫三幫着扶起了他，經過了二十分鐘，才得顏色鮮紅的血尿。他用手抓住周錫三說：

「我不怕死，只是怕痛罷了。我出生入死，已經習慣，要是醫生能止住我的痛苦，就是死了，也不怕了！」

「先生，好好將養，終會康復的。」周錫三安慰他說。

「只是不知道誤會我的兇手，是何許人？」宋教仁又嘆了一口氣說。

到了六點鐘正，晨光露在玻璃窗上，天氣晴朗，黃興又來醫院問宋教仁的情況，走進了病室。宋教仁看着這個十一二年來與他患難相共的老朋友，心裏很感傷，就說：「要是我死了，你們總要繼續做去！」

黃興看宋教仁這種情況，也覺得十分難受，問道：「有什麼事要我做嗎？」

宋教仁想了一下說：「替我擬一通致袁世凱的電文吧。」接着，他就將自己的意思口述了出來，由黃興執筆寫。黃興寫好了，又改動幾字，就讀給宋教仁聽：

「北京袁大總統鑒：仁本夜乘滬寧車赴京，敬謁鈞座。十時四十五分，在車站突被奸人自背後施槍。彈由腰上部入腹下部。勢必至死。竊思仁自受教以來，即束身自愛，雖寡過之未獲，從未結怨於私人。清政不良，起任改革，亦重人道，守公理，不敢有一毫權利之見存；今國基未固，民福不增，遽爾撒手，死有餘恨。伏冀大總統，『開誠心，布公道，竭力保障民權，俾國會得確定不拔之憲法』，則雖死之日，猶生之年。臨死哀言，尚祈鑒納。宋教仁叩。」

黃興讀完了，他點點頭。黃興就出去，教人送往電信局發出。由這通電文，可見宋教仁臨危猶不忘國事，猶以憲法為念，還希望袁世凱能捐棄成見，開誠布公，尊重民權，實現他理想中所要建立的一個以人民為主體的共和國。

這時克爾品醫生又來了，細細檢查過，又在宋教仁的左肐臂上，打了一針嗎啡。宋教仁又漸漸沉睡。克爾品醫生告訴護士說：「我十一點再來，你小心看護他。」

「革命家宋教仁遇刺」的消息，赫然刊在各報的第一版上，震駭了上海各界，引起極大的騷動，民心人情憤慨極了。午前午後，不斷有學生、婦女、軍警、工商、政治各界人士，趕來滬寧鐵路醫院問候宋先生，詢問病狀，送來鮮花食品，總計不下四、五百人；只是醫生要宋先生靜養，不許人進入病房探病。

到了十時二十分左右，宋教仁又醒了過來。黃興、陳其美、于右任都在旁邊。看見他醒了過來，臉色還是很蒼白。黃興向他問道：「遯初，好些嗎？」

「傷口沒有昨兒晚上那麼痛了。」

「很好，」黃興安慰他說，「慢慢總會復原。」接着又說：「致袁項城的電文發出後，現在已有慰問的回電來了。」說着，隨手將電文從口袋裏掏出，交給于右任。其電文說：

「上海宋遯初先生鑒：閱路透電，驚聞執事為暴徒所傷，正深駭絕。頃接哿電，方得其詳。民國建設，人才至難，執事學識冠時，為世推重，凡稍有知識者，無不加以愛護。豈意衆目昭彰之地，竟有兇人，敢行暗殺！人心險惡，法紀何存？惟祈天相吉人，調治平復，幸勿作衰敗之語，徒長悲觀。除電飭江蘇都督、民政長、上海交涉使、縣知事，滬寧鐵路總辦，重懸賞格，限期緝獲兇犯外，合先慰問。」

大家正為宋教仁高興，以為他好些了。沒想到宋教仁醒了不久，却嘔吐了起來，把「宿食」都吐了出來，又拉了一次血尿，大便也有出血現象。克爾品醫生又來檢查一遍。黃興請求醫院多請幾個醫生會診，說：

「能不能多請兩三位醫生研究病情呢？」

「當然可以。」

於是除克爾品醫生外，醫院又另請比林、哈斯兩位醫生趕來，替宋教仁詳細檢查了一遍後，對于右任說：

「也許宋先生的腸部，有其他創口，需要剖開腹部，檢查修補。」

「你說，要施行切腹手術？」

「是的，只有這個辦法，也許還可以有希望挽回宋先生的生命！」

「呵，這件事，我需要跟大家商量一下。」

「于先生，那就請儘快決定吧！」

這時，剛好黃興、陳其美為了緝兇的事出去。于右任回身出來，跟在病房外面的民立報的同人商量，主張開刀治療的佔多數，認為宋教仁與其不動手術而死，徒增後悔，不如聽從醫生的意見吧。于右任把大家的決議告訴了克爾品醫生，「那就這樣辦吧！」醫院又打電話請捷克遜與摩亞兩位醫生相助。黃興接到于右任電話，又來醫院，陳其美不久也來醫院。

下午兩點鐘，醫院又將宋教仁從三樓的病房移到二樓的手術室去，施行切腹手術。這時五個醫生洗乾淨手，穿好消毒的衣帽和手套，進了手術室。大家放心不下，都想進入手術室旁觀，但醫院只許派于右任一人代表入室臨視手術的過程。

宋教仁平平躺在手術檯上，醫生先用麻藥薰入他的鼻孔，實行麻醉，然後用手術刀在他的腰腹之間割了兩刀，長約六英寸的開口，取出大腸，一一檢驗，洗去血塊淤積，才發現大腸有一處被槍彈貫穿了，有一個小傷口，所以腸中的食物時時溢出腸外；這是他感覺痛苦的原因。大腸外的血，也隨這個傷口漫入腸內；這是他大小便出血的原因。醫生隨將這破裂的傷口的血塊除去洗淨，又用藥線縫合，安放原處，然後縫合了開刀的地方，將麻藥解去。經過一小時十五分，手術才告結束。

于右任走近來看看在手術檯上的宋教仁；他似乎還在半麻醉半睡眠的狀態。于右任搖一搖他的頭部，沒有什麼反應，摸摸他的手，雖冷還溫暖，這才放心跟着克爾品這幾位醫生走出了手術室。在手術室外面等待的宋教仁的朋友，還有新聞記者，看見克爾品醫生出來，都一擁而前問道：「宋先生的情況，好嗎？」只見克爾品醫生的臉色凝重地回答：「現在還不知道。手術結果如何？還沒有把握！」護士又將宋教仁用擔架扛回病房。

時間過的很慢，大家都在等待宋教仁的醒來，都在祈望宋教仁能够康復。醫院內外，到處是人，無不顯露着一種憂慮的神色。

在期待的時候，大家談論着宋案，大多數人都認為刺客一定是受人指使而來的。這時，有一個人提出：「只是不知道幕後主使者是誰呀？」又有一個人接腔說：

「這可能是由於這次國民黨在議員選舉中大獲全勝，宋先生又是主張『政黨內閣』的，因此引致他黨使出這一種齷齪卑鄙的手段呢。」

「不然，我以為這很可能是宗社黨餘孽幹的！宋先生是極有力量的一位政治家，他這次北行，志在調和南北，團結國人，所以宗社黨要加害宋先生；加害了宋先生，也就等於加害了中華民國；從此，南北兩方不免要鬧翻了，統一的希望也將趨於破滅了！」

「說的不錯！許多議員本來預定昨晚或今天北行的，現在都因為宋先生的遇刺，紛紛延期了，有的已到車站碼頭，取回行李。現在大都要看宋先生的傷勢怎樣？才決定行止呢！」

「不過，我個人認為宋先生的遇刺，是跟選舉總統有重大的關係。宋教仁先生和黃克強先生，都是希望黎元洪出來做正式政府的總統。聽說前些日子，他們兩人路經武昌，就曾先後去拜訪黎副總統，協商這事。這又怎能不引起老袁的忌恨？這一個老奸巨滑的梟雄，什麼手段不會使了出來？要是宋教仁不幸死了，恐怕再沒有人能夠在政治上抑制袁世凱走向獨裁專制的路子去了！」

第六四章　一顆巨星殞落了

宋教仁終於在大家期待中，在下午五點鐘左右，徐徐醒轉過來。但他並沒有給接近他的朋友，崇仰他的羣衆帶來寬慰。他一醒過來，就頻頻叫痛，而且痛到不能忍受的地步。醫生只得時時給他注射嗎啡，暫時一止他的痛苦，終歸無效。他在病床上輾轉反側。到了晚上八點多鐘，痛楚尤甚，而且大小便流血不止，顯得非常虛弱。十點多鐘，克爾品醫生和其他醫生再度檢查了一遍，又開會研究了一兩小時。到了午夜十二點左右，克爾品醫生宣稱：「宋先生的腎臟，也因為槍傷而發炎了，流血過多了！恐怕……唉！」他說着這句話的時候，已經露出無可奈何的神態。

這時由宋教仁的書記劉君白在旁邊照顧，聽了這話，不禁感到心酸。拖延到二十二日凌晨三點鐘後，宋教仁已進入極危險的狀態，手脚漸冷，眼睛上翻，只是他的神志仍極清楚，所以大家還抱着一絲希望。醫生認為他如果能够支持度過這最危險的一刻，到了天亮，也許就能脫險。不久，宋教仁漸漸周身的體溫下降，手脚冰冷，心跳微弱，呼吸急促。劉君白急請克爾品醫生趕來，看了一下，說：

「宋先生恐怕不行了。」

黃興、于右任等人都已接到劉君白的電話，急急趕來醫院。黃興看到宋教仁的情況，問說：「痛吧！」

「現在，不痛了！」宋教仁低聲地回答，隨又轉向劉君白說：「劉秘書，我要說的，都已經跟右任先生說了。我死後，就請跟右任先生商量吧！」

劉君白又靠向枕邊，問他說：「宋先生，您還有什麼遺囑吧！」聲音充滿了感傷。

「一兩小時內，我將要死了，還有什麼話說？」這時，宋教仁說話的聲音已非常微弱，氣喘不停，幾不成聲。

這時，他的好友都已聞訊趕來。有黃興、陳其美、于右任、范鴻仙、居正、周錫三、曾鏞……等十幾個人圍集牀邊。宋教仁已經不能說話了，還用眼睛環視這些曾經共患難、出生死，同為革命事業奮鬥的朋友一周。他的兩手忽作合十形，似與大家訣別。忽又廻抱胸際，好像有無數對國家的感觸與痛苦的話要說，又說不出來似的；又像感念他在故鄉的無依無靠的老母與妻兒，而作這依依不忍遽去的情狀似的！而喘着一口氣，不肯咽下去。

黃興看着他痛苦的情態，不禁低下頭，靠近宋教仁無一絲血色的臉，附在他的耳朵邊，輕輕呼道：

「遯初，你放心去吧！」

這時在旁的人，都欲哭無淚，含悲相對，一室肅然，頓時陷入慘痛無言之中。宋教仁終於在中華民國二年三月二十二日黎明四時四十八分氣絕而逝，年僅三十二歲。只是兩眼尚直視，不肯安瞑；雙拳緊握着，不肯放開。黃興用手輕輕安撫他的眼皮，使它闔上。大家這才放聲痛哭了起來！前滬軍都督陳其美在一旁哭得尤其悲慟，連連喊道：

「這事眞不甘心！這事眞不甘心！」

大家聽了這話，益覺悲從中來，都哭不成聲，淚如雨落。眞是：

「斯人如此死，

吾黨復何言！」

第六五章　哀思與悲憤

等到大家哭止，天已大亮，開始借醫院的會議室商量宋教仁先生喪葬後事。商議了一個多小時，大家決定由上海國民黨交通部主持辦理，並由黃興、陳其美、于右任三個人負責其事。最後，由黃興作總結的報告：

「各位既然都認為遯初的喪事，要儘快辦好；這樣，我們才能安下心來追緝萬惡的兇手歸案。現在，決定今天二十二日下午三時半入殮；明二十三日下午三時，由醫院送殯湖南會館，再慢慢擇地安葬。不過，現在先要找一家照相館來拍些遺照，分發給各報刊印；送殯時用遺像也要放大一張；這件事已決定交鴻仙兄去辦！棺木請英士兄偏勞選購。至於明天出殯的行列，佈置湖南會館的場面，這兩件事都請右任兄安排，多派同志辦理。出殯的通告，要馬上印發各界；送殯的路線，也要派人照會租界捕房。出殯時，還請吳鐵城，王漢江幾位同志策騎開導，照料隊伍。另外以我的名義，打一通電報給袁世凱總統，請政府表揚。這些事情，就請各位分頭辦理吧。」散會後，大家紛紛離開醫院，各自辦事去了。只有范鴻仙、居正、劉君白三人留下來，照料醫院裏的事情。

當醫院裏的護士，替宋教仁洗乾淨了傷處，正打算替他穿上衣服的時候，照相館的人來了。范鴻仙說：

「宋先生遭遇到這一種慘刼，我們應該替他在歷史上留下一張哀慟的紀念照片！我認為『赤着上身，躺在病床上，露着傷痕』，先照一張；然後再照『穿着禮服』的照片。」

居正也贊成這種照法，於是讓宋教仁赤着上身，露出傷痕，由攝影師先照了兩次；接着才由護士替他穿衣化妝。經過了化妝，宋教仁的頭髮梳理得整齊光亮，濃濃的眉毛，微閉的眼睛，嘴上留着兩撇八字形鬍鬚，穿着寬領燕尾黑色大禮服，白襯衫配着絲質黑領結；化妝好了，他的神態嚴肅而安詳，安詳中猶帶些微悲痛似的。攝影師和護士將宋教仁扶到高背的白沙發椅上坐着，高帽放在一邊的茶几上，照了一張；又讓他躺在床上，高帽放在腹部上，又照了一張；另外又照了一張半身遺像。

下午三時入殮。兩點多鐘，許多親友都已經來了。殮場設在滬寧鐵路醫院樓下的一個大房間內。由陳其美買來了一口棺木早已安置在那裏。三點三十分，靈床由宋教仁的好友同志親自扶着，從三樓擡了下來，送進了殮場。由殯儀師用紅緞平金衣衾——就是繡着金銀色絲線的殮衣衾被——替他周身緊緊裹束好了，然後安放在厚約五寸的楠木棺內，並且替宋教仁先生戴上禮帽。親友環立四周，觀看含殮，都不禁黯然落淚。四點三十分，蓋上了花板，居正雙手高捧着宋教仁先生的靈位，安放在棺頭；又有人送來了一對花球，輕輕放在靈前，大家這時都忍不住失聲痛哭了起來；黃興、于右任尤其哭得傷心。宋教仁的死訊，時已遍傳上海，大家驚悼不已。滬寧醫院的門前，車馬闐途，弔者不絕。伍廷芳、趙鳳昌、鍾文耀也都趕來參加會殮，還有宋教仁的日本朋友社會黨領袖北輝次郎、國民黨人宮崎滔天等人也都痛哭不已。葉惠鈞登上椅子，作簡單的演說：

「現在，帝政推翻，民國成立，就應當合全國的人，齊心協力，謀政治的改良，期和平的實現。而卑鄙的暗殺，是絕不容許再發生於今天。但沒想到有一些只知私利、不顧大局的人，竟使出這種狠毒陰險的手段，殺害像宋先生這樣熱愛國家、倡導共和的政治家。眞是『喪心病狂』極了！這樣的人，又怎能讓他逍遙法外，不繩於法？宋先生的死，將使中國陷入了危亡之途！」最後，他高聲疾呼：「各位，走出了這一房間，應當永遠勿忘宋先生的犧牲啊！」

葉惠鈞激昂慷慨的演說，更使人心悲憤極了，個個痛哭大喊了起來：「我們要把兇手找出來！」

到五點多鐘，大家始漸散去。

話分兩頭，自宋教仁逝世消息傳到北京，北京表面上平靜如常，總統府發言人特別向新聞記者發佈消息，說：

「袁總統在二十一日獲悉前農林總長宋教仁被刺的消息，大為驚詫。到二十二日午後四時，總統午睡方起，秘書卽向他報告：『宋教仁先生逝世了。』總統非常驚愕，說：『有這等事？』就教秘書拿電報來，計有上海交涉使陳貽範的電文一通，國民黨黃克强先生的電文一通，都是電告宋教仁的噩耗。總統看了，當時就怔住，說：『眞的？這怎麼好？國民黨失去了宋遯初，教人惋惜！以後更難說話了。』於是卽命秘書電覆陳貽範，說：

『宋君竟爾溘逝，曷勝浩歎！目前緊要關鍵，惟有重懸賞格，迅緝眞兇，澈底根究。宋君才識卓越，服務民國，功績尤多，知與不知，皆為悲痛。所有身後事宜，望卽會同鍾文耀妥為料理。其治喪費用，應卽作正開銷，以彰崇報。』」

其實，由於宋教仁的死，中國整個政局陷入動蕩不安的局面，人心惶惶，自不是總統府有關袁世凱這段消息所能安定下來，眞有「山雨欲來風滿樓」的意味。

第六六章 移柩的哀榮

二十三日午後，是宋教仁先生出殯移柩湖南會館的日期。中午十二點多，滬寧鐵路醫院的門前，就紛紛有人前來。到二時左右，送殯的人多達三四千人，把醫院前面的一條大馬路擠得水洩不通。上海軍警好不容易清理出一條道路來。送殯的隊伍，由旗幟在前引導，然後陸軍的樂隊吹奏着沉雄悲壯的軍樂，繼以遺像的花亭，商團的馬隊，還有紮着花彩的馬車安放着宋教仁先生的靈位。跟在靈位後面的，是第一師範的學生，各拿着一個花圈。又有一隊樂隊穿着雪白的制服，踏着整齊的步伐，一路吹奏着海軍的細樂。隨後是許多執紼送殯的人們，約有一兩千人，臂纏着黑紗，胸佩朶黃花，表情沉默幽淒。中間是楠木靈柩，安置在滿紮鮮花的西式馬車內，由兩匹高大的黑色馬駕輓着。靈柩後又有一隊送殯的人們護送，人數也有一兩千；又有一隊樂隊殿後。再後便是賓客的私家汽車、馬車、黃包車，隨着送殯的行列，大約有兩百多輛，但都是空車，因為送殯的人都寧願步行相送，不願坐車，表示他們對宋教仁先生的尊敬與哀念。

這天午後，飄着濛濛的雨絲，凜冽的悲風；送殯的人們在斜風細雨中，由北四川路、蓬路，經河南路、四馬路、廣西路、六馬路，又繞過福州、浙江、松江幾條路，到三洋涇橋，民立報的前面。報社裏過去與宋教仁共事過的同仁，就途中設祭行禮。民立報的社長于右任先生一邊哭着，一邊講述宋教仁先生過去在民立報擔任主筆的往事，說：「今天，我不敢為我們的私交哭，也不敢為民立報哭，是為了中華民國的前途而痛哭！」

大家聽了都禁不住紛紛落淚。送殯至法租界鄭家木橋，經寧波會館、西門，至斜橋，巡警隊、馬隊都整列吹號護送。一路上，又有許多青年、學生、百姓、軍隊、巡警，加入了送殯的行列。從醫院到斜橋，抵湖南會館十幾里，沿途觀者，人山人海，萬頭攢動，總有十幾層，但卻肅靜無譁，到處惟聞歎息、哀悼、悲憤的聲音。當宋教仁先生遺像的花車經過的時候，無不肅然起敬。到了湖南會館，大門早已紮了一片素彩。由宋教仁生前的一些好友，扶着靈柩慢慢擡進了大門，停放在大廳上。於是樂隊吹奏着哀樂，官紳商學，各界人士都到靈前鞠躬行禮，同聲唱着悼歌：

一

邦國殄瘁兮斯人云亡，
風雲黯淡兮寰宇悽惶！
福星隕東方和平奚望？
哀苦海衆生遽失慈航！
名垂千古兮偉業文章，
丹心炳日兮碧海凝香！
吁嗟乎，彼鴟梟，
忍殺翱翔千仞之鸞凰！
維人道，誅公敵，
元凶無恙，

此恨太茫茫！

二

生為奇傑兮死為神明，
浩然之氣兮天地充盈。
吾人宜繼志以慰精靈，
倡平民政治願作犧牲。
惟痛絕暮春殲我天民，
申江嗚咽永作不平鳴！
內訌急，外侮生，
憤奸賊敢壞民國長城，
億萬萬人血淚傾！
一堂渾不辨歌聲哭聲！

這蒼涼慷慨悲憤的哀悼歌，一遍又一遍演奏歌唱，眞要教人心裂！到了六點多鐘，天色漸漸昏暗，弔唁的輓對誄文，還沒全部掛齊，前來行禮的人，還絡繹不絕。

連日，全國各大都市的報紙上所報導的是宋教仁遇刺的噩耗，仁人志士的哀鳴，人人心目中所攘攘不安而悲憤哀悼的，無非是宋教仁案，是代表爭取統一國家、民權與共和所遭遇的挫折與恥辱，給當時人極大的刺激。時人評說：「人民憤慨之情，雖法蘭西革命史中安的安、白山葛二君之死，也無以過之！」宋先生之死，給人留下了無比的哀思！

第六七章　破　案

宋教仁遇刺後，國民黨黨員的悲憤，達到極點，屢次開會商討「緝兇」的事。上海地方檢察廳也早在兇案發生的第二日——二十一日下午二時，派檢察官危道濟、法醫王長春、錄事陶仲牧三人，到滬寧車站，與袁站長共同調查這個案子。在車站工作的侍者，就將當夜目擊兇手行刺逃走的情形再說了一遍：

「兇手離宋先生不過七八步！水菓攤邊還有兩個人，好像就是兇手的同黨！」

「這樣看來，兇手一定不是宋先生認識的人。素不相識，竟下此毒手，當然不是為了私仇。」

「依你的說法，可能是『被人收買的殺手』幹的案子囉？」

「可以這樣確定！」

誰是兇手？誰是主使？成為全國人注目的問題。

江蘇都督程德全，民政長應德閎，通電各地官吏協拿兇手，限期破案。上海縣也懸出重賞。黃興、陳其美也致函公共租界的英總巡卜羅斯，請他偵查，答應破案給酬勞一萬元。滬寧鐵路當局也出賞格五千元。中外警探就日夜加緊偵查。對宋教仁的遇刺，人人激憤，大家都以「緝兇」為己責。

這日午後，英總巡卜羅斯正和探長安姆斯脫郎談論這案子。國民黨派人帶了一個人進來說：「這位先生要來提供線索。」卜羅斯看看來人，說：

「先生貴姓，有什麼好——？」

「敝姓陳，現住寶善街鹿野旅館。鄰室十四號房間，有一個旅客，叫做武士英。」

「武士英，怎麼樣？」

「他是山西人，聽說在兩個月前住進了鹿野旅館；但今天一大早就匆匆地結賬走了。」

「一個旅客結賬走了，有什麼稀奇？」

「我倒覺得這人走得有點蹊蹺。」

「哦，那你就說說看。」

「武先生自己說做過雲南省管帶，有時又自吹什麼參謀；現在却以兜售花瓶為生。看來情況不好，常常向人借錢告幫。」

「是不是借了你的錢不還啊？」

「不是，」姓陳的說：「我要說的，昨天上午，有一個姓馮的，帶了三四個人來找他。我看他們時而附耳作語，鬼鬼祟祟的。武先生聽了，却不禁面露喜色。後來這幫人走了，他向我借了三角小洋做車費，說到『西門』外去。」

「哦，這有什麼可疑？」

「到了昨晚八點多鐘，武士英回到了旅館，改穿了一身新西裝，皮夾裏都是鈔票，隨手抽了一張一元的還給我。我說：『沒錢找哇！』他却對我說：『沒關係，你收下吧！現在，我有錢了。事情辦好了，還有一千塊錢呢！』說完了，他就神氣巴巴地出門去了。我本來還以為他神經有毛病。但當宋教仁先生在昨夜十點多鐘被刺的消息，今天早上傳到了旅館，我才注意到他。向櫃臺打聽，才知道他一夜沒有回來，今天一早就來旅館結清了賬，走了。」

「哦，他是怎麼個長相？」

「面目兇惡，身材矮小。」

「身材矮小！這跟兇手的樣子倒很符合。」卜羅斯這才着急說：「你為什麽不早點來報案？假使他是兇手，怕不早已逃離上海了。」

卜羅斯派人偵查武士英的下落，查了兩天，都沒有消息。

到了二十三日，宋教仁出殯的這一天，卜羅斯看到幾千人送殯的場面，千千萬萬人為之哀悼的情況，心裏很感動。這個案子仍然沒有蛛絲馬跡可尋。現在大家所知道的，只是由宋教仁身上取出的一粒五響勃郎寧手槍的子彈，以及車站上脚夫朱小弟檢到的空彈殼，還有目擊者陳述的兇手是一個矮小的人，再據鹿野旅館的住客所說，這個兇嫌也可能叫做武士英。雖然有這許多線索，但上海是華洋雜處的地方，而且交通發達，兇手也可能躲在那一國租界內，也可能早已鴻飛冥冥，逃離上海了，又到那裏去找他呢？這是一樁極其棘手的案子。可是許多上海人都說要幫着找出這個萬惡的兇手來。也就在這天晚上，有兩個人進來。一個叫鄧文斌的，說他陪同他的朋友王阿法前來報案。說王阿法是宋教仁案重要的見證人。於是這個案子一下子就現露端倪，瀕臨破案的邊緣了。

卜羅斯聽完了王阿法的陳述，就緊急下令圍捕應夔丞。根據國民黨的探員提供的線索，知道應夔丞常常在妓女胡翡雲家吸食鴉片。這晚十點多鐘，卜羅斯率領了十幾名中西警探，趕到胡翡雲家。派了一個便衣警探進去問，胡家的人說：

「蔡爾卿老爺擺檯面請客，應老爺和胡翡雲都到迎春坊三弄李桂玉搭吃酒。耐去看看，阿曾散呢？」

迎春坊、清和坊都在上海英租界湖北路，夜裏這一帶熱鬧得很，燈光熒熒，車聲轆轆，正是濶大少、紅倌人過他們靡爛的生活的時候。這一家是名娼接客，賣笑逞嬌；那一家是狎客登門，騰歡喝采；還有幾家是貴人早降，綺席已開，不是喝酒猜拳，就是彈絲吹竹。卜羅斯和安姆斯脫郎帶着十多名中西警探，也有穿便衣的，把迎春坊三四兩弄，統統派人把守。卜羅斯又帶了幾名巡捕，緩緩步入弄中，到了李桂玉妓館的門口，一齊站住。國民黨的一個特派的便衣探員直入妓館，朗聲呼問：「應大爺在哪個房間吃酒？」

妓院裏的相幫阿大答道：「應老爺，在樓浪第三號房間哩。」這偵探點點頭，說：「多謝。」就逕自上樓去了。進了第三號房門，只見應夔丞等人正喝得興高彩烈，滿臉通紅，就趕忙說：

「應老爺，樓下有人找你呀！」

應夔丞聽說，卽自座位起立，面帶着酒意，隨着這一位探員下樓，一邊問說：「甚麼人找我？有啥要緊事？」到了門口，這位私探指着卜羅斯說：

「這位先生找你。」

應夔丞見了，剛剛一怔，已被扣上了手銬。卜羅斯說：「走吧，到巡捕房去。」

應夔丞聽說：「我犯了啥罪？怎麼可以亂抓人？」話雖說得硬，紅紅的臉色，在燈光下一下子就變得像死灰一樣的蒼白。

應夔丞被捕時候，身邊搜出了三千多元現鈔。他被押到了英租界巡捕房後，才確知是因宋案的緣故，他却一口否認得乾乾淨淨。他說：「我跟宋教仁無寃無仇，幹嗎要找人謀殺他呀？」而要求保釋。但卜羅斯仍然將他收押了起來。

因為應夔丞家在小西門外徐家滙路文元坊北弄二號，屬於法租界管轄；在二十四日的凌晨，英總巡卜羅斯會同法捕房總巡藍維藹，押解着應犯，帶了二十多人，前往應家搜查。這時剛好胡翡雲和妓院的相幫阿大一起來應家報訊，剛敲門進去。這些警探也剛好趕到，一擁而入。

應夔丞的家很大，有樓房五棟，廂房兩棟，裝潢華麗，門首高掛着「江蘇巡查長公署」

和「共進會機關部」兩塊牌子。搜查了半天，查出了許多公文信件。應家人口很多，有二十六個人。到了早晨七時，一干男犯都帶往法捕房去，查問審訊。胡翡雲是一個漂亮的女人，和其他女眷圈禁樓上，派警探四人看守。

其中有一個個子矮小的男人，又穿着新西裝，形色慌張，坐立不安，特別引起卜羅斯注意，就先提出審問，但這人却自稱「吳福銘」。卜羅斯一面派人到滬寧車站找到在他行兇時的目擊者，又派人到鹿野旅館找那個住客，前來辨認。目擊者一眼就認出這個矮子就是行刺宋教仁的兇手，那個旅客也說他就是武士英。因為人證確實，所以一問卽伏，他就承認刺殺宋教仁是他所做的。他說：

「大約七八日前，我在茶樓裏認識陳玉生。在行刺的前一天，就是三月十九日，陳玉生來找我，約我加入共進會，見了應夔丞一面。當時，陳玉生對我說，現在我們要辦一個人，他是無政府黨，並許事成之後，給酬金一千大洋。我就答應了。第二天，行刺的那晚，我們在三馬路半齋吃酒，喝到半醉，陳玉生才告訴我：『今晚就要動手了，這人姓宋，晚上要搭火車走了。』說着就交我一把手槍。這時，還有另外兩個人。」

「他們叫什麼名字？」

「一個叫馮岳軍，一個叫張漢彪。」

「後來呢？」

「我們四個人到了火車站，一個人在外面把風，我們三個人在火車站內等着。宋教仁進入火車站招待室，陳玉生指點着我看，說：『就是這個人。』又等了好一會兒，宋先生才由招待室出來，走向剪票口；我就在他的背後一兩碼地方，向他開了一槍，馬上往外逃。這時有人來追；我就躺下，朝天又開了兩槍。逃出了車站，我就坐黃包車到了應夔丞家躲藏。陳玉生已先來了。應先生稱讚我幹得好。」

「那，你的手槍呢？」

「在應先生家裏，交還了陳玉生。」

「拿了酬勞沒有？」

「還沒有，才拿了三十塊錢。」

藍維藹就讓武士英在供狀上簽字。

由於武士英已經承認行兇，二十四日午後兩點半，英副領事康曡德和裏讞（猶今法官）聶榕卿開特別庭審訊、對質。先由巡捕房刑事檢察官侃克律師詰問見證人王阿法，說：

「你和被告應夔丞，如何認識？」

「我住在打狗橋，賣古董字畫掮客。通清鐵道公司朱君託我代售字畫，由友人吳乃文介紹，才認識應夔丞。為要兜售字畫，去應夔丞家兩次，都見了面。」王阿法說。

「應夔丞是這個人嗎？」侃克檢察官指着應夔丞問王阿法說。

「是的。」

「你說去了兩次。第一次在何時？和第二次相隔幾天？」

「第一次約在案發前半個月，第二次在第一次後三天。」王阿法說。

「你說我跟你買字畫。你帶給我看的字畫，是何種字畫？是何人手筆？」應夔丞問說。

「是仇英石畫的手卷，有山水，也有人物、松竹。」王阿法說。

「請庭上注意，仇英石是中國名畫家，所畫只有人物，從來沒有山水，至於松竹更非所長。可見他胡說誣害本人。」應夔丞非常狡猾地反駁說。

「被告買了沒有？」聶榕卿問。

「沒有。他問我『生意好嗎？』我說：『不好。』他說：『有一件「公事」，辦成了，除差事外，還可以得到一千塊錢報酬。』我問他：『什麼事？』他就拿出一張照片給我看，一邊說：『要辦這個人。如能辦到，就可以得到一千塊大洋，比賣字畫好多了。』我並沒有答應，就將照片交還了他。」

「他胡說八道。」應夔丞故意大聲嚷道。

聶襄讞槌擊桌面，說：「被告請肅靜，不得在法庭亂吼。」又問王阿法道：「那是什麼人的照片？」

「當時我不認得，照片上也沒寫姓名。宋教仁先生，我也不認識。昨天，在報紙上，看到宋先生的照片，才知道應夔丞要我殺的就是宋先生。」王阿法答道。

「報上印的照片，和應夔丞給你看的照片，是不是相像？」侃克檢察官問。

「約略相似。」

「被告要你刺殺的是這個人嗎？」侃克拿了宋教仁的照片問王阿法。

「是。」王阿法細細看了之後答道。

「他給你看照片，是在第一次，還是第二次？」侃克繼續詰問。

「第二次。」

「你為什麼要出來報案？」

「刺案發生後，我在報上看見宋教仁的相片，才想起這件事。因為宋教仁有功國家，我就把這事告訴鄧文斌先生。他就勸我同往捕房報案。」

這時，英總巡卜羅斯向庭上說：「法租界總巡藍維藹君，在被告應夔丞的家裏，拘獲疑兇武士英一名，業已供認，受應夔丞唆使殺害宋教仁先生。」

二十五日、二十六日兩天，卜羅斯和藍維藹又帶了警探，到文元坊應宅搜查，搜到許多重要證物：五響手槍一把，槍內還存子彈兩粒。折驗結果，和宋教仁身上取出的子彈同一型式。還有國務總理趙秉鈞給應夔丞密碼電本，牽涉到和北京洪述祖、趙秉鈞等往來秘密的電報信件、傳單信等等。二十六日，英總巡卜羅斯、法總巡藍維藹、國民黨代表陳其美，一起到上海電報局查看應夔丞與北京洪述祖往來的電報存底。電報局總辦唐露園將有關的底稿四件交出，隨由他們簽字蓋章，交還電報局，妥為保存，作為起訴時的證據。

國民黨理事長孫逸仙先生聞訊，從日本搭輪趕回，在三月二十五日抵達上海，卽趕到黄興的家裏。兩人相見，不禁潸然淚下。雖然明知這個案子是政治性的暗殺，但主兇是誰？還不明朗。孫先生流着淚說：「不意海外歸來，失此良友！為黨為國，血淚皆枯！」又說：「這件事務須徹底根究，只是吾人對於這個案子，應當慎重，以法律為準繩。」

江蘇都督程德全也在二十五日由南京到了上海，命令上海地方審判廳廳長黃涵之先參加英、法法庭的會審，又聘德雷斯律師為原告中國政府代表；又令通商交涉使陳貽範向上海領事團，要求將應、武二犯移交中國審判廳審理。當日宋教仁出事地點是在華界；但應夔丞被捕是在英租界，武士英被捕是在法租界。領事團認為必須由他們預審，證據確鑿後，再交還中國發落。應夔丞請愛理思、沃沛、羅禮士三個律師替他辯護。

民立報駐京記者獲知應夔丞牽涉進去，就懷疑和洪述祖有關，曾電告于右任。三月二十六日，江蘇都督程德全電請國務院設法拘留洪述祖。洪述祖就在這天早上聞風潛逃出京，回天津宿緯路老家。警察總監王治馨延到二十八日派警探侯德山等五人前往天津，下午又派秘書潘毓桂，探訪局長李壽金續往追緝，却又慢了一步。洪述祖在二十八日上午九點半鐘搭津浦車，從從容容地逃到了山東濟南。二十九日早，乘膠濟車，逃往青島。他把鬍鬚剃了去，更名王蘭亭。——青島，地處山東膠州灣口，清光緒二十三年（一八九七）德國藉口教案，派艦强租為軍港，設膠州總督統治。潘、李到了青島，和德國人交涉引渡。德人不肯。國民黨致電袁世凱請政府設法交涉。袁世凱派內務部次長言敦源和秘書程經世前往青島。後來國民黨查明言、洪兩人有戚誼的關係，程經世本身也微涉該案，當然沒有結果。再加洪述祖自己的銀彈，花了五千金，買了德國警務長的一座住宅；因此，德國人不但不答應引渡洪述祖歸案，反而嚴防潘、李，怕他們綁架了洪述祖。言敦源見到洪述祖。洪述祖坦承主使刺宋。言敦源勸他說：「你跟我們一起回去吧，免得拖累政府。」洪述祖說：「我所以逃走，是怕被人暗算罷了。」又用稍帶威脅的口吻，說：「這事原委，我將編寫成書，譯成各國文字，流傳世界呀！」言敦源本來帶了一些人手前去，打算當洪述祖不肯自動被請了回去的時候，卽用武力刼持。這時也就不敢採取行動了，只好回京寫個報告銷差了事。洪述祖也就安然寄身於青島。

應夔丞、武士英兩人，在租界英、法法庭中預審的時候，代表中國政府的德雷斯律師幾次請求庭方，公佈證據「應、洪函件」的內容。英國副領事為陪審官，力加反對，說：「這些函件的內容，與（中國）政治的關係極大；須向北京領事團請示後，才能決定是否可以公布。」經過七次預審，以證據確鑿，而告結束。公共租界將武士英、應夔丞二犯，分於四月十六、十七兩日，移交中國法庭訊辦。十八日將各種證據也一併移交，中國交涉使陳貽範接收。二犯監禁於江蘇海運局內，由陸軍第六十一團負責，嚴密監守。程德全與黃興電請北京政府准許組織特別法庭審訊，而司法部反對，僅答應由上海地方審判廳負責審理。

交涉使陳貽範接收了這些證據，因為關係重大，非請公正的要人共同檢查，不足以昭信天下，因此邀請程德全、應德閎、黃興、伍廷芳、陳其美、王寵惠、陸惠生和上海地方審判廳廳長黃涵之、檢察廳廳長陳英（菘生）等人，在交涉使辦公處會驗，仔細閱看各種證據：應夔丞與趙秉鈞、洪述祖間來往的電函信件，密碼電稿的存底，也用「應」「川」密碼本校譯了出來，將重要文件，分別攝影，製成銅版，印刷多份。到了四月二十三日，全部檢查、拍照完畢。上海地方檢察廳準備在二十五日開庭審判武士英。沒想到武士英却在嚴密的監守下，在二十四日上午意外地暴病身死，似為殺人滅口，而被人毒斃。

程德全等由檢查這些電函信件之類的證據，有了極大的發現，原來刺殺宋教仁的幕後主使人，竟是高高在上的大總統袁世凱，而國務總理趙秉鈞也是這個陰謀的策畫人，洪述祖是中間的聯絡者，應夔丞不過是執行這暗殺的工具，武士英又是應夔丞的鷹犬罷了。實在教人吃驚，難怪公共租界英、法法庭審這案子時，不肯公布證據的內容啊！

第六八章　證據的公布

自從宋案發生後，在英、法租界法庭的預審中，雖未公開宣布證據的內容，但由兩造律師陸陸續續的辯論透露出來一些對質盤詰的話中，也可以看出不但趙秉鈞牽涉了進來，連袁世凱也牽涉了進去。當然，袁世凱更是心裏有數，所以當應、武落網，洪述祖逃亡後，就派人到上海來請求調和該案；另一方面，他在北京遷入南海居住，禁衞森嚴。段祺瑞由陸軍部電令上海製造局將子彈數十萬發運往北京。準備金錢收買各黨議員，以選袁為總統為條件。三月底，派高等顧問王賡極力誘使共和、統一、民主三黨合併，為進步黨，與他結合。四月十日，由秘書長梁士詒出面宴請，毒死林述慶。林是宋教仁的好友，也是國民黨的名將。袁世凱陰謀消滅民黨，需要軍餉，命令趙秉鈞、陸徵祥，周學熙和五國銀行團加速密約妥協，而不計代價，借款二千五百萬鎊。當這借款的消息，在四月二十四日左右傳到了上海，恰好這時整理宋案的證據也已經完成。由這些證據，可以看出嗾使應夔丞、武士英行刺的是洪述祖，嗾使洪述祖的是趙秉鈞，嗾使趙秉鈞的是袁世凱。國民黨的領袖，在黃興與陳其美的家裏，先後為此集商對策。綜合譚人鳳、陳其美、鄒魯、柏文蔚等人的回憶，當時前後參加討論的人士，有孫總理、黃興、陳其美、譚人鳳、居正、李烈鈞、柏文蔚、張孟介、戴天仇等人。今據他們追憶的資料，聯貫寫成下文。孫逸仙先生說：

「遯初實際是死在官僚派袁世凱的手中。官僚派沒有整頓中國的能力，看見有能力整頓中國的人，就用殘忍卑劣的手段暗殺了他。今後的鬥爭，是官僚與民黨的鬥爭。過去，我看錯了袁世凱，是我的過錯。現在，袁世凱想使專制的死灰復燃，辜負國民的付託，必須將他除去，應該乘着反袁之聲，擧國若狂時，起兵討袁。若有兩師軍隊，我當親率問罪。」

黃興說：「宋案的證據已獲；可以公布證據，當可循法律的途徑解決。」

譚人鳳說：「愚見以為最好派遣一介使者，促使湖南、廣東、雲南三省獨立，再檄各省同興問罪之師，『以至仁伐至不仁』，必有起來響應的。」

黃興說：「宣告獨立，袁世凱將藉口破壞統一，而用武力壓迫。」

譚人鳳說：「公道在人心，如果眞是非已經大白於天下，袁要出兵不特兵出無名，而且現在借款尚未訂成，每月政費尚無着落，兵費從何而來？滇、粵遠在邊陲，中央鞭長莫及。湖南卽當衝要，有江西、安徽，可以邀擊，亦可無虞。何懼之有？」

黃興說：「先生的議論，雖然豪爽；但民國元氣未復，仍不如用法律解決比較好。證據確鑿，等到國民開大會發表後，可以組織特別法庭，作缺席裁判。何患效力不復產生？何況袁世凱不經國會審議，違法借款；各省都督，也必定起而力爭。在這三方面抨擊之下，袁世凱終當會屈服而取銷借款案了。」

孫逸仙先生說：「我很贊成譚石屏的主張。國會只是口舌之爭，法律也沒有抵抗專制之力，各省都督大多仰承袁世凱鼻息，一定不敢堅持。這些都不足以戢止這個予智自雄、擁兵自重的野心家。現在解決的方法，只有訴之武力這條路罷了。我主張一方面速興問罪之師，一方面向五國財團表示全國人民不承認借款的公意。」

黃興又說：「法律並不是沒有效力。對宋案與借款這兩個問題，都宜持冷靜的態度。」

孫先生又分析當前局勢說：「袁世凱手握大權，發號施令，遣兵調將，行動極稱自由。我們只有出其不意，攻其無備，迅雷不及掩耳，先發始足制人。現在宋案證據已經確鑿，人心激昂，民氣憤張，正可及時利用！否則，時機一縱卽逝，後悔終嗟無及！所以我主張兩點：一是聯日，日助我則我勝，日助袁則袁勝；我可以親往日本接洽。一是速戰，袁世凱不是空言和法律所能裁抑。但是雲南未必肯聽我們的話獨立，最好先由廣東、湖南、江西各省先行宣告獨立。等袁世凱軍隊前往，再由安徽攔腰一截，一戰卽可成功。」

江西都督李烈鈞、安徽都督柏文蔚，都很贊成。黃興仍然反對說：「南方的武力，並不足恃；一旦發難，必至大局糜爛！我還是主張靜待法律解決。我們可以馬上請程德全、應德閎立卽公布袁世凱殺人的證據，用輿論制裁他；請求組織特別法庭，宣判他罪狀；再由國會不承認他借款，我想五國財團也必不敢再冒險借款給袁世凱了；他軍餉無着，又如何能够與兵作亂？全國人民必能因此覺悟，起來維護共和；軍人必能因此覺醒，不再為袁氏的功狗；所有政黨看穿了袁氏的面目，必能盡釋前嫌，聯合倒袁；到了國會選舉，大家都不選他為總統，也就自然倒臺了。」

到了四月二十五日晚上十二時，江蘇都督程德全、民政長應德閎將調查宋案實際的證據與結果，電告總統袁世凱、參衆兩院、國務院及全國各省都督及民政長。二十六日，民立報將原電的文字，整理刊登了出來，並加醒目的標題：

「注意！注意!!注意!!!

看看民賊的手段

宋案證據之披露」

二十七日，葉楚傖在民立報上撰「哀袁趙」一文，呼籲中外人士起來反對袁世凱，遺棄袁世凱。

現在，將該電原文，全部謄錄如下。因電文簡略，有些難解；所以特在本章的後面，詳加注釋說明：

「前農林總長宋教仁被刺身故一案，經上海公共租界會審公堂，暨法租界會審公堂分別預審，暗殺明確。於本月十六、十七兩日，先後將兇犯武士英（即吳福銘）、應桂馨（即應夔丞）解交前來。又於十八日，由公共租界會審公堂呈送：在應犯家內，由英、法總巡等搜獲之兇器五響手槍一枝，內有槍彈兩個，外槍彈殼一個；密電碼三本；封固函電證據兩包，皮箱一個。另由公共租界捕房總巡當堂移交：在應犯家內搜獲函電之證據五包。並據上海地方檢察廳長陳英，將法捕房在應犯家內搜獲之函電簿籍證據一大木箱，手皮包一個，送交彙檢。當經分別接收，將兇犯嚴密看管後，又將前於三月二十九日，在電報滬局查閱洪、應兩犯最近往來電底，調取校譯。連日，由德全、德閎會同地方檢察廳長陳英等，在駐滬交涉員署內，執行檢查手續。德全，德閎均為地方長官，按照公堂法律，本有執行檢查事務之職權；加以三月二十二日奉大總統令，自應將此案證據，逐細檢查，以期窮究主名，務得確情。所有關係本案緊要各證據公同蓋印，並拍印照片。除將一切證據妥慎保存外，茲特撮要報告：

查應犯往來電報，多用『應』『川』兩密本。

本年一月十四日，趙總理致應犯函：『密碼送請檢收，以後有電，直寄國務院可也』

等語。外附密碼一本，上注『國務院「應密」，民國二年一月十四日』字樣。

應犯於一月二十六日寄趙總理『應密』『徑』電，有『國會盲爭，眞象已得，洪回面詳』等語。

二月一日，應犯寄趙總理『應密』『東』電，有『憲法起草（創議於江浙川鄂國民黨議員）。現以文字鼓吹，金錢聯絡（已招得兩省過半數），主張兩綱：一係總理外不投票，（似已操有把握）。一係解散國會，（手續繁重，取效已難，已力圖）。此外何海鳴、戴天仇等，已另籌對待』等語①。

二月二日，應犯寄程經世轉趙總理『應密』『冬』電，有『孫、黃、黎、宋，運動極烈，民黨忽主宋任總理；已向日本購孫、黃、宋劣史，警廳供抄宋犯騙案刑事提票，用照片輯印十萬册，擬從橫濱發行』等語②。

又查洪述祖來滬，有張紹曾介紹一函。

洪、應往來函件甚多，緊要各件撮如下：

二月一日，洪述祖致應犯函，有『「大題目」總以做一篇激烈文章，方有價値』等語③。

二月二日，洪致應犯函，有『緊要文章，已略露一句，說：「必有激烈舉動」。弟須於題前遲電老趙，索一數目』等語④。

二月四日，洪致應犯函，有『「冬」電到趙處，卽交兄手，面呈總統，閱後色頗喜說「弟頗有本事；既有把握，卽望進行」云云。兄又略提款事。渠說：「將宋騙案及照出之提票式寄來，以為徵信」。弟以後用「川密」與兄』等語⑤。

二月八日，洪致應犯函，有『宋輩有無覓處，中央對此似頗注意』等語⑥。

二月十一日，洪致應犯函，有『宋件到手，卽來索款』等語。

二月二十二日，洪致應犯函，有『來函已面呈總理、總統閱過。以後勿通電國務院，因智老已將「應密」電本交來，恐程君不機密，純令飭兄一人經理。請款總要在物件到後，（國會成立之時，不宜太早太遲），為數不可過三十萬』等語⑦。

（三月十日），應犯致洪述祖『川密』『蒸』電，有『八厘公債，在上海指定銀行交足，六六二折，買三百五十萬，請轉呈，當日復』等語⑧。

三月十三日，應犯致洪函，有『「民立」記遯初在寧之演說詞；讀之，卽知其近來之勢力，及趨向所在矣。事關大計，欲為釜底抽薪法，若不去宋，非特生出無窮是非，恐大局必為擾亂』等語⑨。

三月十三日，洪述祖致應犯『川密』，（有）『「蒸」電，已交財政總長核辦，債止六厘，恐折扣大，通不過。燬宋酬勳位；相度機宜，妥籌辦理』等語⑩。

三月十四日，應犯致洪述祖『應密』『寒』電，有『梁山匪魁，頃又四處擾亂，危險實甚，已發緊急命令，設法剿捕，乞轉呈候示』等語⑪。

三月十七日，洪述祖致應犯『應密』『銑』電，有『「寒」電到，債票特別准。何日繳現領票？另電潤我若干？今日復』等語⑫。

三月十八日，又致應犯『川密』，有『「寒」電，應即照辦』等語⒀。

三月十九日，又致應犯電，有『事速照行』一語。

三月二十日半夜兩點鐘，即宋前總長被害之日，應犯致洪述祖『川密』『號』電，有『二十四十分鐘所發急令，已達到，請先呈報』等語⒁。

三月二十一日，又致洪『川密』『個』電，有『「號」電諒悉，匪魁已滅，我軍一無傷亡，堪慰，望轉呈報』等語⒂。

三月二十三日，洪述祖致應犯函，有『「號」、「個」兩電均悉，不再另復。鄙人於四月七號到滬』等語。此函係快信，於應犯被捕後，始由郵局遞到。津局曾電滬局退回，當時滬局已將此函送交涉員署，轉送到德全處。

又查應犯家內證據中，有趙總理致洪述祖數函。當係洪述祖將原函寄交應犯者。內趙總理致洪函，有『應君領紙，不甚接頭，仍請一手經理，與總統說定，方行』等語。又查應自造『監督議院政府神聖裁判機關』簡明宣告文，謄寫本共四十二通，均候分寄各處報館，已貼郵票，尚未發表；卽國務院『宥』日據以通電各省之件⑯。其餘各件，容另文呈報。

前奉電令窮究主名，必須徹底訊究，以期水落石出。似此案情重大，自應先行撮要據實電陳。除武士英一犯，業經在獄身故，由德全等派西醫，會同檢察廳所派西醫四人剖驗，另行電陳。應桂馨一犯，迭經電請組織特別法庭，一俟奉准，卽行開審外，謹電聞。程德全、應德閎呈。」

由程德全、應德閎公布的證據，可以知道應與趙、應與洪來往的函件，談的都是如何傾陷暗殺宋教仁的事情；無論事前事後，都關連到袁、趙兩人，如洪致應電，有「面呈總統閱後色頗喜」及「面呈總理、總統閱過」等語。又有「既有把握，卽望進行」，說的是傾陷；

「應卽照辦」，說的是暗殺：都是袁世凱囑咐洪轉告應的話。「傾陷與暗殺宋教仁」，袁世凱非特預聞，而且是用金錢收買應夔丞去進行，用勳位誘使應夔丞去辦理。所以應夔丞在謀刺成功後，卽電洪述祖「呈報」、「轉呈」袁、趙。袁世凱是宋案的正犯元兇。

但袁世凱與趙秉鈞為什麽要暗殺宋教仁先生呢？

徐血兒說：「宋先生遊歷多省，演說政見，間及政府之腐敗；袁、趙仇視益甚，遂生殘害之心；復得洪、應二賊為之鷹犬，所以陰謀詭計，百出不窮。初尚以毀壞宋先生之名譽而已，卒以宋先生無過可尋，不能達其目的；且見海內欽服宋先生之忱，迥非尋常可及，羣隱以正式內閣相屬，袁、趙『暗殺之擧，乃於此決』。蓋袁素反對政黨內閣，宋為主張政黨內閣之最有力者，則袁將不得為所欲為，苦於束縛；趙則恐權位之不能長保，不得肆意橫行：此其所以決意暗殺宋先生也。」

附註：

① 「憲法起草」，國民黨時由王寵惠執筆起草有「中華民國憲法芻議」與「草案」，於民國二年三月二十八日起，連續刊載於民立報上。戴天仇字季陶，與何海鳴，都是上海民權報記者，都是反袁的激進份子。本節括號內的文字，係據原電補充。由「現以文字鼓吹」

至「另籌對待」，是應夔丞自述利用金錢，運動議員，投票趙秉鈞為總理，解散「歡迎國會團」二事情況。

② 應言民黨主張宋教仁出任總理，所以他已向日本購買資料，破壞宋的名譽。應所謂「騙案」，係指宋教仁出版「間島問題」一書，引起版權訴訟的事。據民立報民國二年五月六日刊載捄炎「宋案勘言」說：「當間島交涉時，遯初著有『間島問題』，署名『宋鍊』；駐日欽使李家駒延見遯初，閱之甚歡，遂以報告袁氏（袁世凱時為外務部尚書）。袁電李，令遯初進京，許以不次之擢。宋故以川資不足為辭。留學生編譯社遂以二百元購其稿，並未兼買版權。當時同志頗有疑遯初，有貳心於滿清者。遯初不得已在報紙上登一告白：有『革命黨首領宋教仁著間島問題一書，為某君將去印行，因原書錯誤太多，故自行集資再印』之語。該社經理遂指為『撞騙』，向日本警廳提起訴訟；後因『版權本未買絕』，當然不成罪案。應等所指騙案，蓋指此事。欲利用為傾陷之具，可謂心勞力拙矣。」又說：「不足以為傾陷之資料，遂出於暗殺之計。稍有常識者，類能知之。」

③ 「激烈文章」，謂暗殺宋教仁。價值，謂報酬。

④ 「已略露一句」，洪謂已向袁、趙微露其暗殺計畫。弟，稱應夔丞。題前，謂行動

前。民國二年四月一日，民立報載總理趙秉鈞派警察總監王治馨為代表，參加北京國民黨追悼宋教仁大會發表演說時，提到袁世凱的說話：「袁說在宋被刺前，洪述祖曾有一次說及：『總統行政，諸多掣肘，皆由反對黨政見不同。何不收拾一二人，以警其餘。』袁答說：『反對者，既為政黨，則非一二人；故如此辦法，實屬不合。』現在，宋果被刺死，難保非洪藉此為迎合意旨之媒。」王治馨說，袁當時曾加反對，實在是為袁脫罪之語罷了。

⑤兄，洪述祖自稱。此言趙秉鈞收到應夔丞二月二日來「冬」電，即交洪述祖，當面進呈袁世凱；由此，可證洪、應所進行陰謀，亦為袁所授權同意。由袁「閱後色頗喜」，可見袁對宋嫉忌之深；由袁說話，可見袁以一國總統，竟欲以陰謀傾陷政敵，亦可見袁之人格卑劣至極。

⑥「輩」字似「案」字。中央，指袁世凱。

⑦由「來函已面呈總理、總統閱過」，可證應、洪所為，悉稟承袁世凱、趙秉鈞二人之命。趙字智庵，故稱「智老」。程君指程經世。「物件」指宋教仁生命。括號內的文字「國會成立之時，不宜太早太遲」，據洪致應原函補充；由此，可見暗殺的時間表，此時業已定下。袁世凱在國會召開之前，電催宋入京，共商國是，用以配合其陰謀。三十萬，為殺宋

代價的限額。

⑧　應夔丞向洪提出殺宋酬款的交付辦法。三月十一日，洪述祖致應密電，有「蒸電來意不明，請詳再轉」等語。三月十二日，應犯致洪函有「前電述將中央第一次上年九月所出之八厘公債票，外間出賣每百萬只賣六十五萬，夔處親戚承買，願出六六二，即每百萬出洋六十六萬二千元，在上海中央所指定銀行，尅日過付三百五十萬元，乞轉呈財政長，從速密覆。夜長夢多，日久又恐變計。」

⑨　民立，指民立報。遯初，宋教仁字。寧，南京。按應原函，在「必為擾亂」下，尚有「惟中間手續，無米為炊，固非易易。幸餘產拼擋，足可挪撥二十餘萬，以之全力從此急急進行，復命有日，請俟之」等語。據此上下文看來，表明其贊同刺宋，刺宋須找「殺手」來做，須款二十餘萬元，他可以先行挪墊。

⑩　蒸電，指三月十日應致洪電。財政總長，時為周學熙。應夔丞索刺宋代價，為八厘公債三百五十萬元，以六六二折出售給他。洪述祖認為折扣太大，怕財政部不肯通過，故另許他「燬宋酬勳」，作為補償。「燬宋」，即「刺宋」。何人能頒勳位？只有總統。可見此電，當得袁世凱同意。一個民主國家的總統，使兇手暗殺敵黨領袖，竟然以折價出售國家公

債與頒贈國家勳位，作為酬勞。眞是聞所未聞，無恥之極；所以民立報評謂：「桀紂之惡，不若之甚也。」

⑪ 此以「水滸傳」中梁山泊首領宋江，暗示宋教仁。由「乞轉呈候示」一語，可知宋案幕後的主使人，確為袁世凱與趙秉鈞。

⑫ 此覆應三月十四日電，並謂暗殺代價，已由袁世凱特准；末洪求分潤。

⑬ 應夔丞寒電，請洪述祖「轉呈候示」；此電覆以「應即照辦」。由此可見「刺宋」一節，已得到袁、趙批准，所以洪催應「應即照辦」。

⑭ 宋教仁在三月二十日晚上十時四十分左右，在滬寧車站，被應夔丞派的槍手武士英所擊中。故應連夜急電報告達到目的，請洪「先行呈報」袁、趙。

⑮ 應夔丞知宋教仁傷重必死，而武士英已安全逃藏其家，故云「匪魁已滅，我軍一無傷亡」。並請洪「呈報」袁、趙。

⑯ 國務院在宋案發生後，三月二十六日曾通電各省，謂「據應夔丞二十三日函稱，滬上發現一種監督政府政黨之裁判機關，並附有簡明宣告文，雜列宋教仁、梁啓超、袁世凱、趙秉鈞、汪榮寶等等之罪狀，謂俱宜加以懲創，特先判決宋教仁之死刑，即時執行」等語。

這是趙、應、洪等想借此迷惑社會看法，掩飾自己罪狀的一種文字。

第六九章　宋　園

安葬宋教仁的事，由於譚人鳳一力經營，當時在上海滬寧車站直北約十里寶山縣境象儀巷的鄉間（今屬上海市閘北），購買了一塊約一百多畝地，四面田野，村舍寥落，作為宋氏的墓園，叫做「宋園」。在民國二年六月二十六日，將宋教仁先生安葬此地。墓前開闢一條道路，叫做「宋園路」，寬約一丈。

當日，各界前來會葬的人，多達數萬人。墓方塔形，全用紅磚築成，高丈許，上下分為五層，最上一層砌以白色磁磚。墓頂用黃石製成，上尖下方。墓前豎一座紀念銘。後來在滬西靜安寺路闢一公園，宋教仁銅像，作支坐側思狀，鑿石為座。座上陽篆「漁父」二字，為章炳麟所書。陰文刻銘，于右任撰書，曰：

「先生之死，天下惜之。先生之行，天下知之。吾又何紀！為直筆乎？直筆人戮。為曲筆乎？曲筆天誅。嗟嗟九泉之淚，天下之血！老友之筆，賊人之鐵！勒之空山，期之良史。銘諸心肝，質諸天地，嗚呼！」

宋教仁先生的墳墓與銅像，大概在民國二十年一二八事變時候，日軍侵滬，燬於炮火。

第七十章 國賊下場

宋教仁被刺而死，在國內引起了掀天巨浪，洶湧激盪不安極了；到程德全、應德閎通電全國，公布了宋案的證據，眞相大白，全國更是譁然。在一片反袁聲中，這個素精遁甲術的袁魔，却漫空撒下了迷煙毒霧了。他以金錢為迷煙，以武力為毒霧，使中國的局勢險惡到黑暗沈沈不見天日的地步。可是國民黨的一些幹部處身在這險惡萬分的境地中，却不肯聽從偉大的舵手孫逸仙先生明智而果決的領導，終致二次革命失敗。

袁世凱不知道做一個國家元首，必須以造福人民為天職，以富强國家為理想，只知追求個人權位與皇帝迷夢，所以當孫總理將總統的位置讓給他，這無知無識的蠢夫竟不知珍惜，這是無價的禮物啊！應該盡心盡力去實現全國人民的付託。他本可以繼武孫先生，成為流芳萬古的偉人！由於他野心，暴戾本性，無恥的行為，而一手揑碎了這令人羡慕的機遇，不但造成自己身敗名裂可悲的結局，成了千萬人唾罵的國賊，却也給我們的國家帶來了蔓延十幾年的痛苦的戰禍！

袁世凱迷信金錢與武力，認為金錢可以收買一切，武力可以壓制一切，所以當宋案發生後，不但庇護趙秉鈞，破壞法律，自己也不肯知恥辭職，反而在四月二十六日和五國銀行團簽約，借款二千五百萬英磅，並且積極準備戰爭，想用金錢與武力來壓倒反對他的人。

孫逸仙先生看清袁世凱這一種陰謀，就派黨人寧調元、譚人鳳等人，分赴鄂、湘策動，一面電令廣東都督胡漢民、湖南都督譚延闓、江西都督李烈鈞起兵討袁，一面向五國銀行團交涉停付借款。滙豐銀行答應延期兩星期；實際在簽約後三日即交付二百萬英鎊給袁世凱。可是各地的國民黨黨人仍有不少人心存顧忌，觀望徘徊，不敢發動。大家還相信法律可以解決宋案，國會可以阻止借款。遷延又遷延，終致人心灰冷，良機盡失；不但如是，又不作戰爭的戒備。

成敗不是沒有原因，一等到袁世凱借到了巨款，開始大量用金錢收買議員，收買政黨，促使黎元洪的共和黨，章炳麟的統一黨，梁啓超的民主黨，在五月二十五日合併成進步黨，以黎元洪為理事長。梁啓超、湯化龍等人都成為老袁的政治工具。國民黨從宋教仁死後，在北京的同志缺人領導，這時在袁世凱利誘威脅之下，開始分化，有的另組小黨，有的宣告脱黨，大大削弱了在國會裏的地位。

袁世凱有了帝國主義者金錢的幫助，進步黨在國會中的支援，就決定採取武力對付國民黨了。他先派兵南下，再藉口李、柏、胡三人通電反對借款，加上「不服從中央」的罪名，於六月九日先免了李烈鈞江西都督的職務，由黎元洪兼署；十四日，又調廣東都督胡漢民為西藏宣撫使，由陳炯明接任；三十日，又調安徽都督柏文蔚為陝甘籌邊使，由孫多森接替。又命令海軍艦隊北駛煙臺，入其掌握。又派鄭汝成率便衣海軍到滬，七月六日猝然入駐上海製造局。又收買奸徒炸燬湖南的軍械局。然後步步實行「逼變政策」，誣以欲謀二次革命，派軍警查抄國民黨支部；圍搜北京國民黨議員宿舍；封禁國民黨系的報紙；支使黎元洪為幫兇，在武昌大肆捕殺國民黨黨員；又派李純的部隊進入江西九江沙河鎮，故意開槍，製造事端，以激變李烈鈞舊部林虎，好肆行他消滅國民黨的陰謀。

這時，國民黨黨人忍無可忍，讓無可讓，才深深覺悟法律無效，必須起來以武力對抗。可是袁軍早已分途南下，布署妥當。七月十二日，江西省軍隊在袁軍進迫的情況下，組織討袁軍，由李烈鈞出任總司令，歐陽武為都督，在江西湖口發表討袁軍檄。十五日，南京同志也決意起義，孫逸仙先生本要親往主持；但黃興怕孫先生不善軍事，萬一失敗，影響全局，請求由他進入南京，迫使程德全宣布獨立。第三師師長冷遹也在徐州宣稱獨立。十六日，陳其美在上海被推為討袁軍總司令。十七日，柏文蔚復任皖督，在安慶獨立。鈕永建也在淞江獨立。十八日，陳炯明在廣州獨立。十九日，福建都督孫道仁聽從師長許崇智之請，而宣布獨立。二十二日，孫先生發表宣言，並電勸袁世凱辭職，以息戰禍。二十五日，譚延闓在譚人鳳、蔣翊武促勸之下，宣布湖南獨立。八月五日，駐四川重慶師長熊克武也宣布獨立。

由國民黨黨員發動討袁，起義者七省，聯兵約有十萬人，聲勢不能說不大，可惜時機已遲，計畫忽促，終於在袁軍早有準備分路進攻下失敗。江西民軍是國民黨的一支主力，也是袁軍所首要對付的。當湖口兵一起，段芝貴即率李純部進攻，激戰了十幾天；李烈鈞在袁軍水陸夾攻之下，在七月二十五日敗退。張勳沿着津浦線下來，與倪嗣沖合擊徐州；冷遹守不住，退到浦口。陳其美、鈕永建、居正進攻上海製造局，欲奪取彈藥槍械，供應南京；鄭汝成早有防備，兩次進擊，都無功而退。馮國璋率同張勳等軍進攻南京；由於湖口敗訊傳來，南京震動，又加缺餉少械，據孤憤子說「袁世凱又花了三百萬元運動南京的軍官」，致使黃興無法指揮，只好在二十九日搭乘靜岡丸離寧赴日；程德全又宣告撤銷獨立。黃興一走，當然影響其他戰局。八月二日，孫逸仙先生只好離滬，想趕往廣州，以廣東為革命的根據地，作長久對抗計；三日，船抵福建馬尾，得知廣州發生兵變；據孤憤子說這是袁世凱花費四百萬元運動的結果，陳炯明控制不住，被逼走香港；孫先生只好悵然轉往臺北；五日，龍濟光乘虛進入廣州。八日，何海鳴又率軍入南京，憑險死守，與袁軍血戰十餘日，傷亡相當。九日，孫道仁取消福建獨立，許崇智被迫離閩。十三日，上海討袁，經激戰後失敗，陳其美等也棄吳淞口砲臺而走。安徽柏文蔚的手下胡萬泰，這時也被袁世凱二百萬元所收買，發生變亂；柏率殘部，退守蕪湖。譚延闓見湖口、廣州，相繼失敗，也就取消獨立。十八日，南昌失陷，江西討袁軍也告失敗。同日，孫逸仙先生由臺北抵達東京。十九日，蕪湖失守。九月一日，張勳攻下了南京。十二日，在川、滇兩軍會攻下，熊克武退出了重慶。

自七月十二日至九月十二日，前後兩個月，國民黨七省聯軍先後敗亡。最主要的原因，是黨員不聽孫總理領導，坐失有利的先機；到袁世凱借款成功，軍費充裕，布署停當，逐步削去三省都督的權力，黨人受到了壓迫，倉卒間應戰，又缺乏整體計畫，領導中心，當然失敗。史稱二次革命，為「贛寧之役」，因為這兩個地區打得比較久一點；其他有些地方連敵人的火藥味都沒有聞到就變色了。

由於二次革命失敗，國民黨在國內的勢力，逐漸被袁世凱摧殘殆盡。在北京國會中，國民黨籍的議員人數雖仍不少，可是由於黨的領袖全成為通緝要犯，流亡國外，在政治上自然也就不能發生什麼作用了，對組織內閣，競選總統，那就更不必談了。在北京黨員不是受監視，就是遭逮捕，甚至槍殺，也有變節附袁；在各省當然也大都消聲匿跡，不能活動。

這時，袁世凱為了選舉總統，還要利用進步黨與國會。九月一日，袁世凱提名進步黨熊希齡組織政黨內閣。事實上，閣員屬於進步黨的，只有教育總長汪大燮、司法總長梁啓超、農商總長張謇，財政總長由熊希齡自己兼任。其他外交孫寶琦、內務朱啓鈐、陸軍段祺瑞、海軍劉冠雄、交通周自齊，都是袁世凱事先指定的袁派人物。過去唐紹儀組閣，有幾個國民黨的掛名閒曹；現在，熊希齡組閣，換上幾個進步黨的掛名閒曹而已。教育、司法、農商，在當日情況下，都不能有所作為。

十月六日，選舉大總統的日子到了，國民黨沒有提出人選，自是意料中事；這時，進步黨黨魁黎元洪也不敢出來競選；只有袁賊一人高唱獨角戲，當選哪有問題？但袁賊却有自知之明，要議員們根據良心投他一票，難上加難，恐怕選個一年半載，也得不到足夠法定當選的票數，雖說他已花費了二百萬元收買選票，但還有許多有骨氣的議員不為金錢所動；所以他在這一天，派遣了幾萬人，所謂「公民團」，將衆議院包圍了幾十重，來製造民意，聲稱今天若不選出總統，就不准議員出門一步，行動整齊劃一，倒很像軍隊改裝。可憐的議員從上午八點到會直選到晚上十時，在這十四小時中枵腹選擧，仍有不少人選黎元洪等人，擧行了兩次投票，袁得票仍不滿法定票數。第三次用決選法，就得票最多的袁、黎兩人投票，袁才勉强當選總統。七日，又選黎元洪為副總統。

袁世凱在十月十日就職；在就職的前夕，電令桂林鎮守使陳炳焜殺害武昌首義的元勳將翊武。將臨死前，留有絶命詩說：

「斬斷塵根感晚秋，中原無主倍增愁！是誰支得江山住？只有餘哀逐水流！」

袁就職後五日，又全面通緝二次革命首要的人物，孫逸仙先生、黃興、陳其美等數十人。

選過了總統，國會在袁世凱的心目中，已經毫無利用價値。十一月四日，由總理熊希齡副署，實施黨禁，藉口議員與李烈鈞、黃興勾結為亂，下令解散國民黨，撤銷國民黨籍國會議員的資格，追繳證書徽章，計有四百三十八人。從此，國會不足開會的法定人數。進步黨議員也感到被愚弄的悲哀，提出了質問，說：

「國會議員，不能由政府取消，這世界共和國的通義」，「細按約法，大總統沒有這種特權」。

於是袁賊對這殘餘的國會也覺得厭煩，過了兩個多月，又借各省都督、民政長反對，說是不足代表眞正的民意，而下令解散。——這是民國三年一月十日的事。二月三日又下令停辦地方自治；二十八日又解散各省省議會。代表民意與立法機關，至此一掃而盡。

袁賊在國民黨二次革命後，不斷大封他的「功狗」做各省都督，殺戮異己，壓制人民，鞏固袁姓一家的政權，以湯薌銘督湘、趙秉鈞督直、李純督贛、倪嗣冲督皖、龍濟光督粵、馮國璋督蘇、段祺瑞兼督鄂、劉冠雄兼督閩。於是這些地方全為北洋軍閥的勢力所宰制了。黎元洪、程德全、譚延闓、孫道仁都鞠躬下臺。黎、程還被電召入京，加以監視。

黎元洪在贛寧之役，為袁賊幫兇，壓制湖北民軍，殺害寧調元與熊樾山等人。對袁可說有功，在民國二年十二月被調入京為副總統，身處瀛臺，不能越雷池一步，等於軟禁。我們現在讀寧調元在武昌獄中書感詩：「偶倚明窗一凝睇，水光山色劇淒涼！」又當他聽到寧、贛敗訊時，痛哭所作詩：「可憐五族共和史，容易曇花一現中！」可以感受到當日黨人為爭自由，為維護民主失敗時痛苦的心聲，眞教人心魂俱碎，顫搖不已！

宋案中兇犯應夔丞，卻趁着二次革命上海動亂之際，越獄脫逃。十一月，應夔丞從青島電請袁世凱，昭雪其罪，沒有回音。民國三年一月間，應夔丞到北京去，向袁需索，招搖過市；十九日出京，在京津火車上，被刺斃命。行刺者叫做王滋圃。這時趙秉鈞做直隸都督，通電各處嚴緝殺應的兇犯，並且打了一通電話給袁世凱，說：「誰刺殺了應氏？」袁世凱答說：「總統殺了他！」趙稍表不平說：「這樣做，以後還有誰肯替總統做事！」不久，趙秉鈞生病；袁世凱派醫生去看他；到二月二十七日，趙秉鈞忽然七孔流血死了。這是趙秉鈞所不會想到的「朝為功狗，暮登鬼籙」，袁主子的手段竟如此毒辣無情。

袁賊想做皇帝的阻力，國民黨與國會都已排除，現在只剩進步黨一撮人，還把據內閣一些位置，當然也要加以清除。熊希齡深深體會到了，到民國三年二月十二日辭去國務總理，由孫寶琦兼代。司法總長梁啓超、教育總長汪大燮也都跟着辭職了。進步黨這個第一流內閣也不過五個多月，就壽終正寢了，枉做了袁賊的工具。這都是由於熊、梁等人的短視。

四月，袁賊又下令將各地方審、檢廳的職權，歸併於行政官吏；司法獨立，也被摧殘破壞，人權更沒有保障了。

袁賊最壓忌法律，又喜歡用法律做裝飾品。他對元年「臨時約法」不滿，要加廢止，教人參酌日、德兩個君主國的憲法，另造十章六十八條「新約法」，在五月一日頒布。其中除改責任內閣制為總統制，內閣總理為國務卿，廢國會為參政院三幾條，付之實行外，其餘又都視若無物。後來又再修改，將總統任期延長為十年，連選連任，等於終身職了。總統既擁有無限的統治權，可以總攬一切，為所欲為；從此，袁賊專橫暴虐，倒行逆施，益無顧忌，苛捐雜稅，勒攤公債，聚斂錢財，一切規復前清舊制，以便走向帝制之途。

這時，國民黨黨人多半流亡日本，在　總理孫逸仙先生領導下，改組為中華革命黨。大家眼看國事腐敗，日甚一日。七月八日，在東京築池精養軒開成立大會，孫先生就任總理，領導大家共謀三次革命。不久，歐洲大戰爆發，列強無法資助袁賊，黨人趁此回國，像范鴻仙想策動上海軍隊，謀攻製造局，不幸在九月二十日被刺身死；程家檉在北京組織鐵血團，在二十三日被害殉國；其他黨人牽涉案內犧牲的也不少。

因為歐戰關係，列強都捲進戰爭的漩渦，無力東顧，日本認為這是侵略中國的好機會，遂借對德宣戰，進攻青島，蹂躪山東，佔領膠州灣。到民國四年（一九一五）一月十八日，又向我國提出二十一條不平等條約，逼袁承認。袁賊想自己做皇帝，兒子為儲君，建立一個萬世一姓的大家業，很想藉東鄰力量，求稱帝號。他的日籍法律顧問有賀長雄等從旁慫恿。日使日置益又利用袁賊的這種心理，在五月七日，一面提出最後通牒，一面以助成帝制做交換條件，對袁說：「日本希望貴總統再高昇一步。」袁賊信以為眞，就不惜賣國求榮，在九日承認日方要求。全國輿論認為這是喪權辱國的奇恥大辱，猛加抨擊。據中華新報統計，袁賊前後與帝國主義者交涉，斷送的領地有變相租借南滿、東蒙（包括旅順、大連在內）給日本，割棄外蒙與俄，西藏與英，損失土地一百五十七萬八千二百方英里；將鐵路權讓與英、法、德、俄、日、比各國，計有南滿鐵路等二十一條，長一萬五百七十六英里。可見袁賊的顢頇無能之極，還一再申令，勸戒國人，應該「負辱任重」、「不可徒逞血氣」、「輕於發難」，眞是不知廉恥為何物？難怪後來康有為駡他說：「以堂堂萬里之中國元首，稱帝則稱帝耳，不稱帝則不稱帝耳，安有聽命於（外）人如臣僕者哉！」

袁賊以為已得到日本的助力，稱帝在外交方面當不會出問題了，在總統府中和一些幫兇狗腿，施展鬼蜮伎倆，逐步開始製造民意，强汚民意，以實現他最後稱帝盜國的目的。八月間，先由總統府憲法顧問美國博士古德諾（Goodnow）發表「共和與君主論」，提出大總統繼承問題難以解決，一旦總統解除職務，大家競奪，必釀成禍亂，不如君主政體，君逝子繼，比較安定。十四日，楊度、孫毓筠、嚴復、劉師培、李燮和、胡瑛等六人發起組織籌安會，以古德諾的話為依據，高倡「君憲救國論」，主張恢復帝制。只是此論一出，人民驚疑，告發呈文，紛沓而至，要求拿辦楊度。袁記政府認為籌安會「研究學理，自由討論」，符合共和精神，所以絕不加干預。二十一日，梁啓超發表「異哉所謂國體問題者」，力加反對，也沒有效果。籌安會將研究的成果公布，說各省、各團體的代表，都贊成「君主立憲」。這是袁賊製造民意的第一幕。

接着由梁士詒組織全國請願聯合會。八月三十日，帝制黨開始拍發密電給各省首長，由北京政府代寫好請願書，各省找些仕紳列名其上，紛紛寄到參政院，請求「改革國體」；袁賊派楊士琦代表到院故意婉拒說：「極應審慎」。請願聯合會暗中又承意發起第二次請願，請以國民會議為解決國體機關，又由參政院咨請袁賊；為了要表演這是純出於民意，袁賊再做作一番。又由請願聯合會作第三次請願，建議另組一個機關，徵求最正確的民意；於是參政院建議由「國民代表大會」來解決國體問題；袁賊這才申言尊重民意，「據民好惡，以定從違」，而急切盼望各省各特別區趕快選出代表，組織國民代表大會，以便投票決定國體。這是袁賊製造民意的第二幕。

九月二十九日，朱啓鈐代表參政院密電各省長官，就與政府有關係的人物中，挑選所謂「國民代表」，每縣一人，以投票袁賊登上皇帝的寶座。十月二十三日，帝制黨又密電指示各地勸進書的內容，當含「余等國民代表，代表國民之眞意，勸今大總統袁世凱進位為帝，並授以國內至大至尊之君權。天許以此位，傳其子孫，以至萬世」五十字。國人懾於袁賊的淫威，不敢不這樣說，心裏則實在反對。到處是「率人以僞」、「口是心非」，於是報紙、勸進電、請願推戴書，滿紙都是「謊言」，沒有一句眞實的話。袁賊又巧立名目，稱參政院為「代行立法院」。到十二月十一日，這個代行立法院彙齊各省區國民代表的票數，有一千九百九十三人，主張君主立憲票就得有一千九百九十三張，全體通過採取「君主立憲國體」，並且一致推戴當今大總統為皇帝。國民代表大會並委託代行立法院為他們的總代表，上書勸進。袁賊又假惺惺地推讓說：「我過去就職總統時曾經宣誓盡力發揚共和；如今要我去做皇帝，豈不是背棄誓詞了吧！請大家不要強我所難！」說的冠冕堂皇好聽極了！國民代表大會總代表聽到總統婉拒，依歷史勸進的往例，必須至再至三，所以又馬上召集會議，又在十五分鐘內，寫好了一篇洋洋灑灑的二千多字的第二次勸進書，大大吹擂袁世凱自前清末造以來的經武匡國、開化靖難、定亂交鄰六大功業，並且代為解釋總統就職的誓詞，不過是「儀文」罷了，而且誓詞根於元首地位，元首地位根於國體，國體根於民意，現在國體既經民意改變，誓詞自然隨之而變遷，總統應以民意為重。這種詭辯法眞是無行文人的傑作呀！袁賊看了這次勸進書，覺得言之有理，而且不敢違拂民意，諉避責任，再說他們所歌頌的功德，蓋世無匹，足夠做皇帝的資格了；所以在第二天——民國四年十二月十二日，就公開承認接哆「皇帝」這個玩意兒了，而不必第三次勸進了。袁賊為了急於過皇帝的癮，十三日在居仁堂接受百官的朝賀。十五日下頒第一道詔令，册封黎元洪為武義親王。十九日明令設立大典籌備處；其實早在十月間就已組織。二十日又效法周文王，封徐世昌、趙爾巽、李經義、張謇為嵩山四友。二十一日策封龍濟光等五等爵。三十一日，申令明天民國五年一月一日，改為洪憲元年元月元旦，準備不久登極。這是袁賊强汚民意製造帝制的第三幕。

袁賊把全國的人都看做傀儡，由他一人牽線，演出我國歷史上空前未有離奇之極荒謬絕頂的大醜劇。「欲將一人手，掩盡天下目」；其實，這種醜惡的大騙劇，哪裏可以「騙人欺人」？到頭來只是「自騙自欺」罷了！現在，我們且看最後的落幕吧！

袁賊以為只要他答應日本二十一條，日本就會支持他做皇帝，所以像石敬瑭一樣的出賣國家。哪知到了十月二十八日，日本卻會同英、俄向袁政府提出警告。十二月十五日，日、英、俄、意、法五國政府，又聯合向袁政府再度提出警告，要他延緩改變國體。袁政府答稱他是尊重民意，才要做皇帝，而且這是中國的內政問題。不過使袁賊感到意外的，日本竟然領頭反對，並且在外交上拒絕接待袁賊的訪日特使周自齊。其實日本過去並非眞正贊成袁記政府，不過想藉此牟利；現在反對，也不過想藉此使中國發生變亂，好坐收漁利，以達到侵略的目的，日人在北京出版的順天時報更日日煽動反袁。袁賊慣於騙人，沒想到這次卻墜入東洋人的騙局中，只有大呼上當。

中華革命黨人都是勇於犧牲的人，都不是輕棄眞理的人，在民國四年十月間，袁賊導演醜劇正熱鬧的時候，孫逸仙先生就命令陳其美、居正、朱執信、于右任、石青陽、夏之騏、李烈鈞，分赴滬、魯、粵、陝、川、贛、滇各地區運動，準備起兵討伐袁賊，推翻帝制。十二月二日，梁啓超的學生蔡鍔離開天津，稱病到日本療治，得日本協助，十九日由越南潛回到雲南，組織護國軍。二十三日，蔡鍔以雲南將軍唐繼堯、巡按使任可澄的名義，通電袁賊要他取消帝制，誅除禍首楊度、朱啓鈐等十三人。二十六日，蔡鍔、李烈鈞、唐繼堯就任護國一、二、三軍總司令，分道進兵四川、廣西，並組織護國軍政府，檄告遠近，宣布袁賊罪狀，多達十九條。

民國五年（一九一六）一月一日，袁賊在新華宮中，既未登極，又一再延期。五日，袁賊派曹錕入川，龍覲光入滇，率兵進剿，無奈屢戰屢敗。各省義軍，紛紛而起。袁賊這時才知皇帝是再當不得的，在三月二十二日撤消帝制。二十九日焚燬有關製造帝制的公文八百多件。袁賊接着又廢止洪憲年號，仍以本年為中華民國五年，又自稱大總統。到五月二十二日十九省公民主張迫令袁賊退位，執付法庭，審判其罪。袁賊終於在衆叛親離人民唾罵聲中，晝夜焦慮，冷汗浹背，目眩頭暈。到二十七日，終生起病來，眞是羞憤萬狀，無地自容。不到十天，這個宋案中的主使犯，想做皇帝的國賊，拖到六月六日，終於一命嗚呼，卒年五十八。

袁賊謀做皇帝，花費了六千萬元，只做了八十三日的迷夢，像朝露一樣的消逝！當他迷夢還沒全醒，形骸就已經入棺變成了一堆糞土了！

袁賊死後，由黎元洪繼任總統，又恢復了民國元年臨時約法，並且重開國會。孫逸仙先生、黃興先生等革命偉人也都回到了中國。

宋教仁案中五個兇犯，至此死了四個，還有洪述祖一人，於宋案發生四年以後，由青島潛回上海，後來被宋教仁的兒子發現，在民國六年四月三十日在租界被捕，經交涉引渡，移送北京地方檢察廳審訊。民國八年（一九一九）三月二十七日，北京大理院判決洪述祖絞刑，旋卽在監執行。宋案五兇，沒有一個善終。眞是：

「法網恢恢，疏而不漏；罪惡滿盈，天必誅之！」

宋教仁在東京的一段愛情

宋教仁先生，在中華民國的開國歷史上是一位非常重要的人物。他生於清光緒八年（一八八二），是湖南省桃源縣人。

清朝末年，政治腐敗，國勢積弱之極，列強想瓜分我國。光緒二十九年（一九〇三），黃興從日本回來，經過武昌，在兩湖書院講演。這時，宋教仁是湖北武昌文普通中學堂學生，也去聽講。他聽到黃興抨擊清廷無能，主張改革言論，非常感動，十一月就加入了黃興在湖南長沙組織的革命團體「華興會」，並且積極參加革命的工作。

第二年（一九〇四），華興會聯合洪江會首領馬福益，預備十月在長沙起義。沒想到消息在九月中泄露。清廷下令大舉逮補黨人。他不敢回鄉和母親、妻子、兒女告別；十月一日，離開長沙逃亡上海，又從上海搭輪逃亡日本，十一月七日到了東京。

光緒三十一年（一九〇五）陽曆七月，當孫中山先生到東京。宋教仁參加「中國同盟會」籌備工作。八月二十日，同盟會成立，他成爲核心份子之一，負責黨報《民報》的庶務兼撰稿。在中國留日的學生界中，非常活躍。

不久，宋教仁考進早稻田大學預科，學習法律政治，開始翻譯各國憲法、政治、經濟、法律各種制度，不但他文名喧傳，也因此對當時各國民主制度、國際形勢的瞭解極深，而且奠定了後來他在政治上的成就基礎。

清宣統二年（一九一〇）冬天，宋教仁回到上海，在黨人于右任在法租界辦的《民立報》內，擔任主筆，以「漁父」、「桃源漁父」的筆名，撰寫批評清廷的內政外交，分析國際形勢的文字，暗中鼓吹國民革命。

宣統三年（一九一一）三月二十九日，廣州革命失敗，同盟會菁英犧牲一百多人，震驚了中外。七月底，宋教仁遂和陳其美、譚人鳳等人在上海，另外成立「中國同盟會中部總會」，將長江流域江、浙、皖、贛、鄂、湘、川、陝八省的革命同志組織串連起來，並計畫湖北武昌爲首義的地方。這一年終於在燦爛光輝的十月十日，爆發了偉大的爭取自由民主的革命，推翻了兩千多年的專制政體和腐敗的滿清政府，建立了中華民國。國父孫中山先生被選爲臨時政府大總統。國父爲了避免內戰而辭職，並將職位讓給袁世凱。這種大公無私的胸襟必將流傳千古！

宋教仁認爲要想使中國強盛，走上民主，必須實行「政黨政治」、「責任內閣」。同盟會要想組織政黨內閣，實行治國的理想，必須在參、眾兩院的國會中取得多數席位。在他策動之下，同盟會和其他四個黨派合併，在北京成立了「國民黨」。國父以第一高票，當選爲理事長；國父因爲不能長駐北京，即遴選宋教仁爲代理理事長；因此，宋教仁實際擔起了國民黨領袖的責任。

這時，他網羅一流人才爲國民黨各部幹事，積極布署國會參眾議員的競選活動。民國二年（一九一三）一月間，國會參議員與眾議員選舉，國民黨大獲全勝，在參、眾兩院八七〇席中，佔三九二席，包括跨黨份子一百多席在內，將近五百席，佔絕對的多數。

國民黨在選舉中大勝，對當時政局影響極大，對制定憲法，選舉總統，同意總理，組織內閣，通過一切法律案件，有絕對的決定性。自然對袁世凱一系的政權形成嚴重的威脅。當時喧傳宋教仁將支持黎元洪出任總統，由參、眾兩院中多數黨國民黨組織責任內閣。宋教仁並且在《民立報》上發表「國民黨大政見」，描繪出要建立民主自由、富強利民的中國的理想。這時的輿論都寄望他出來組織內閣，認爲他是擔任內閣總理最適當的人選。因此，袁世凱就收買殺手，在三月二十日深夜，趁宋教仁在上海車站，搭車北上之際行刺。宋教仁受傷，終於在二十二日凌晨四時四十八分不治過世，年僅三十二歲。因他之死，遂引起當時政治的掀天巨浪，造成了二次國民革命，袁世凱的稱帝，十幾年軍閥割據的動亂，我國民主政治的倒退，政黨政治的幻滅。

于右任替宋教仁先生作墓銘，希望將來有人爲宋教仁先生撰寫傳記，記述他獻身革命與民主的事蹟。

民國六十七年（一九七八）八月，中央黨史會要我撰寫我國革命開國的先烈宋教仁先生的傳記；經過十三個月的努力，在六十八年九月底完稿；六十九年九月由「近代中國出版社」出版。這是根據眞實珍貴的史料，應用近似小說的筆調寫成的一部文學傳記。現在，再回過頭來細讀一遍，十五年前那樣的潛心閱讀，書報圖籍，披沙簡金，蒐錄材料，廢寢忘食，潛思構想，伏案撰寫到深夜的情況，又歷歷湧現於眼前。

當日《宋教仁傳》出版後，我的好友林建基兄在美國讀完了這部傳記之後，就寫了一封信給我。他認爲這部傳記寫得十分感人，但是有一點小小瑕疵，就是沒有一絲愛情，牽纏其中。他說：「西方偉大的人物傳記，多少都穿插一些愛情故事，因爲作品更接近人性，所以作品更見動人。宋教仁先生流亡日本的時候，才不過二十二歲。像他這樣的熱愛人類、熱愛國家的一個熱情青年，在東京六、七年間，離鄉背親，寄居異邦，身處危疑，心中孤寂、苦悶、抑鬱、悲憤，可想而知。在這種情況之下，難道就沒有寄情於男女的事情發生嗎？我認爲西方作家在偉人傳記中，描寫一些愛情的故事，除了可以表現人情至性之外，也可以大大提升大家閱讀的興趣。」我對這位好友的意見，當時也頗以爲然，很想添補一章文字進去。沒想到一擱十來年，建基兄也已經病逝於美國多年，眞是不勝唏噓感傷。

其實，在宋教仁的日記《我之歷史》中，就有他在東京時候和西村千代子的愛情的一些記事。最近重讀宋氏《我之歷史》，想起好友的話言，因此將有關宋教仁先生在東京時期，有過一段好像曇花一現的愛情韻事，情感與意志激烈而痛苦的交戰，終而擺脫了愛的煎熬，而專心一志地獻身於革命的這件事，鉤畫成下面的這段文章。

宋教仁的異國的愛情是發生於一九〇六年（清光緒三十二年）一月七日的下午。宋教仁和日本同志末永節一起去民報社，路過西村年一家的門前，末永節突然說：「我們去看看西村先生。」宋教仁因此認識西村先生的千金千代子姊妹。他們一起去看日俄戰爭的影展，就是宋教仁的日記所謂「寫眞大活動」。這時，宋教仁是否一見鍾情，而忘記了自己是已經結過婚的男人？日記並沒有做任何交代，只記他晚上到了民報社，他的好友李和生知道了這事，就大加責備反對。後來，宋教仁讀王陽明的《傳習錄》，摘下一段文字，說要將好色等私念拔去，說只要「有一念萌動，即予克去，斬釘截鐵，不可姑容。」由此可知宋教仁之所以動心，是由於西村千代子的秀色可餐。

宋教仁在日記裏描寫他們相識後來往的情事，大致有六個地方：

(一)二月三日，西村年一來訪。五日到西村年一家答拜，坐良久。——九日下午，李和生來信勸戒宋教仁說：「弟年未及壯，而精神搖落，如皤髮老人。……數年以來，家國之憂，日夜涕零，極形疲勞；又兼『情根不斷，昏夢牽纏』；此雖鐵石，尚當消毀，況吾弟生來身體素弱！武侯（諸葛亮）在草廬時，取寧靜、淡泊爲養生秘訣。竊以爲寧靜是對於時局而言。

楚囚對泣，何補大局？只有平心靜氣，潛察趨勢，預備鑄造之能力與方法，任如何的潮流，莫能撓吾意志，所謂『寧靜』也。淡泊是對於外欲的說法，春花綺語，未免有情，只有胸襟灑落，琴書自娛，任有如何的聲華，如何的美麗，莫能亂我情懷，所謂『淡泊』也。吾弟對這兩項都不免有急躁妄想的毛病。」

㈡三月二日，至西村家，與千代子一起坐車去參觀王子製紙會社、製絨會社。——十二日，李和生又來信責備宋教仁愛上千代子。日記又說：昨夜與李和生談到：「『見美色而愛之』，這是生理自然的本能。服部氏心理學說：人的心理有智、情、意三種。看了就能辨別她美是理智的作用；辨別她美而愛上她，是情感的作用。這兩種都是生物的本能。若因愛她，就要得到她，就動念，就決志，這則屬於意念的作用，這時就有善惡、是非、利害的分別了。愛色而至於產生意念作用的時候，就需要審愼了。」

這時，宋教仁已不諱言：自己「時時思慕西村千代子」。

㈢三月十四日下午七時，西村千代子姐妹來訪我，實出意外，非常喜慰，坐了很久，邀到聚豐園買茶點吃。吃時候，我想：「此種行動，抑果無害道德乎！」不過，心中亦感不安。既而又想：「對男女感情，我既另有看法，來往則又何妨？」遂跟千代子姊妹，笑語甚歡。直到九點多鐘，千代子告辭，親送她們回去。

㈣日記裏又有一段寫他在「三月十八日晚八時」前往西村家的情形，說：到西村家，將要進門，又想不進去；在外徘徊很久，終於進去。剛好西村先生不在家，千代子出來款待客人。千代子的言笑，似若有情之間。九時半始辭而歸。——十時，李和生來，懷疑我又去西村家，而責備我。

(五)三月十九日，宋教仁的另一好友吳紹先連續來了兩封信，都是責備他不應貪愛女色。起初一封，猶含糊地說。第二封信，陳述利害，反覆勸戒。這時楊勉卿在坐，也勸他改。所以宋教仁一時心中大受震動，好像劈頭冷水，令他心神皆亂，似愧非愧，似悔非悔，似怨非怨。及至勉卿走了，心意稍定，才有一線之明，省思自己的情感意念，或亦果如他們所說，覺得他們所言利害，實在不錯；可是隨即想起了千代子的情意，又想不聽他們的話。這時，他的靈智與愛情一時在心中交戰掙扎，非常難過！——日記裏，雖然沒有指出是什麼「利害」？但據我猜想，吳紹先信中所說的利害，應當是指「婚外之情的不當，搞不好會使一個人身敗名裂！」宋教仁最後終於下一決心，聽從勸言，然而心中仍如火灼，如刀刺，不能一刻忍受，而急叫車子到李和生的住所，向他表示懺悔，誓絕愛念！又說：立志甚難，一轉念間就成聖人，一轉念間就成敗類。他說他這一日的意念，數次起落變化！

(六)三月二十八日，吳紹先對宋教仁說：「愛色只動情感，而不動意念，固然高尚。可是我輩必不能這樣做；倘使爲之，必仍流入卑污之途，不如馬上停止爲佳。」此後，宋教仁不再和西村千代子來往了，到了四月初，他恢復了正常生活。不過，他卻發生神經衰弱症，無心看書譯作，心神時常不安。到八月二十日，神經痛病日甚，飲食減少，精神疲倦，進入腦科醫院治療。

在宋教仁的日記中又有一段記事說：

「十月五日，目不能交睫，萬籟俱寂，一燈慘然，窗外雨聲時滴，不禁萬感交集！思及吾罹病異國的不幸，一身漂泊海外，朋友雖多，眞正志同道合的甚少。自顧此身仍是孤懷獨行，俯仰天地，恐終處身無所，悲感不堪，一時淚下如雨，幾至失聲，約二時乃稍已，則衾枕皆爲淚痕所濕，輾轉不寐，由悲感更生愁思，直至雞聲唱時，始稍假寐。六日，觀《石頭記》三十一卷：『人有聚就有散，聚時歡喜，散時清冷；清冷則生感傷，所以倒是不聚的好！比如花開時令人愛慕，謝則增惆悵，所以倒是不開的好。只願常聚，生怕一時散了！那花只願常開，生怕一時謝了！』八日，我若終身患此腦病頭痛，則我將來必爲無用的人。若因此病夭折，就更不能盡力於祖國，平生所立之志皆成夢想！」

在宋教仁所著的《我之歷史》中有關：他在日本東京和西村千代子的一段愛情綺念，僅此寥寥數端，爲時不過兩三個月，在朋友的勸告反對，以及他的自我克制之下，而宣告結束。只有這一點點資料，的確很難著墨，補充寫進傳記之中。現在有這一篇文字提了出來，我想也可以幫助讀者知道當時人的道德觀念和婚姻看法，還有宋教仁一生所追求的是他革命的理想能不能實現？在爭取民主的政治，在建立富強的中國上能不能貢獻他的心力！最後希望一些青年與政客讀了《宋教仁傳》之後，能夠形成積極進取的人生觀，能夠繼承先烈先賢的理想，建立一個民主、法治、富強的中國，使我們的子子孫孫能夠永遠生活在自由的土地上。

（民國八十四年四月十五日刊於《國語日報・書和人》第七七一期）

為民主捐軀的宋教仁

張繼說：「興中會時代，我提出兩位中心人物，是陸皓東、鄭士良先生；同盟會時代，是黃克強先生；國民黨時代，是宋教仁先生。」可見宋教仁先生對黨國的貢獻與犧牲的偉大，在中華民國開國的歷史中地位的重要。

今天，我們在紀念這位革命先烈宋教仁先生百年誕辰的時候，我們緬懷他的功業與事蹟，仰慕他的精神與德行，我深深感覺到他就好像一輪太陽燒紅了黃昏的天空，雄偉中蘊涵著無限的悲涼，又好像一顆巨星劃過黑暗的夜空，發出燦爛絕倫的光輝，可是一剎那就隕落沒滅了。不但給他的好友，留下無比的悲慟；給當時的人民，留下無比的憤慨；也使我們感念不已，浩歎不已！

一、宋教仁先生的傳略

宋教仁，字遯初，一八八二年四月六日（陰曆二月十八日），生於湖南省桃源縣的一個農村。一八九九年二月，十八歲，入縣城漳江書院，就立下改良中國政治的理想。他喜歡談論國家大事，同學都叫他「狂生」，和覃振（理鳴）爲同學。

一九〇三年，游學武昌，進入文普通中學堂，與田桐、吳崑，以及在聖公會工作的劉靜庵結爲同志。六月間，結識黃興；黃興時自日本回國，經過武昌，前往長沙。十一月，黃興函邀宋教仁，參加組織革命團體「華興會」，認識劉揆一、張繼、陳天華、吳祿貞、楊守仁、章士釗、胡瑛、譚人鳳、劉道一等人。一九〇四年七月三日（陰曆五月二十日），和胡瑛在武昌設立「科學補習所」，作爲「華興會」的分支機關。呂大森爲所長，胡瑛爲總幹事，宋教仁爲文書，在學堂與新軍吸收同志，擴張革命的勢力。像胡瑛加入湖北陸軍第八鎮工程營積極吸收同志。辛亥革命，首由第八鎮工程營發動；革命的種子就在這時播種下來。

華興會本來計畫由學生與新軍在十一月十六日（陰曆十月十日），趁著省城長沙的百官慶祝慈禧太后七十大壽時舉事，佔領長沙，並由會黨分做五路，在外圍響應。宋教仁被派指揮常德一路的會黨。十月二十三日（陰曆九月十五日）事洩失敗，宋教仁逃亡日本。

一九〇五年春，宋教仁創辦「二十世紀之支那」雜誌，鼓吹革命。五月間，（俄國與波蘭革命黨大起，日見於日本報紙），華興會來東京同志日多，黃興、宋教仁打算在東京設立一個革命團體。由程家檉、宮崎滔天介紹，與興中會領袖孫逸仙先生認識，一起結合興中會、華興會、光復會等各團體革命同志，組織「中國同盟會」。宋教仁積極參與，共黃興、汪兆銘、陳天華、馬君武、程家檉等八人，被推舉爲同盟會規章的起草人。

八月二十日，同盟會成立，孫逸仙先生任總理，黃興任庶務長（相當副黨魁），宋教仁被選爲司法部檢事，時年二十四歲。「二十世紀之支那」改名「民報」，爲同盟會機關報，以闡揚三民主義的思想，宋氏仍爲民報的庶務幹事與撰述員。

九月五日，日俄訂立和約，俄軍撤出東三省，將在中國南滿各項權利，讓給日本。日本另要求經營滿洲安奉鐵路，引起中國留日學生電告清廷反對，觸怒日本；再加民報內容激烈，清廷向日本交涉；日本就借機在十一月二日頒佈「取締支那留學生規則」。中國留學生認爲個人自由受到侵犯、國家權利受到侵略，罷課抗議。宋教仁和胡瑛、寧調元、楊卓霖組織中國學生聯合會，領導留日學生，主張留日學生全體退學回國從事革命工作。十二月八日，陳天華在東京大森海灣投海自殺，刺激更深，秋瑾、易本義、姚宏業等幾百人整裝回國，將革命遍佈各地了。風潮平息後，宋教仁、胡瑛、韓汝庚、田桐等十九名，被滿清駐日公使楊樞列入滋事首要份子的名單內，奏請清廷從留學界革退；宋教仁改名「宋鍊」，才能在一九〇六年二月一日，進入日本早稻田大學預科，學習法政，辭去民報的庶務幹事，讀了將近半年，於七月二十日畢業。其間閱讀範圍相當廣泛，有哲學、心理、倫理、法律、政治、經濟、天象、地志、文學、中國官制、歷史……等，宋教仁學問的基礎，奠定於此。

一九〇七年，黃興前往香港。一月四日至二月底，宋教仁代理同盟會庶務長。當一九〇六年十二月四日，湖南會黨在萍鄉、瀏陽、醴陵一帶起義，清廷發覺東京是革命的策源地，孫逸仙先生是革命黨的領袖，命令駐日公使楊樞向日本交涉驅逐出境，並開除二十九名與革命黨有關中國留學生。三月四日，孫先生被迫離日南下，和胡漢民、汪兆銘，於十四日到達香港，計畫在南方發動革命。宋教仁徵求黃興同意，秘密前往滿洲運動馬賊革命。三月二十三日，宋教仁離開日本；四月初和白逾桓、日人古川清到達中國安東後，深入大孤山，聯絡李逢春等馬賊，運動關東各地豪俠馬賊，灌輸革命大義，設立同盟會遼東支部，作爲東北革命的中心機構，打算遙遙響應孫逸仙先生領導的五月二十二日余丑（既成）在廣東潮州黃岡的革命，六月二日鄧子瑜在廣東惠州七女湖的革命。由於日人古川清向清吏告密，白逾桓被捕；宋教仁才改裝易服，逃回日本東京。

孫總理在越南河內，黃興在香港，革命中心逐漸南移。孫總理和黃興、胡漢民結合會黨、游勇，在廣東欽州、廣西鎮南關、雲南河口一帶，前後又發動了四次革命。宋教仁在東京專心研究政治、經濟、外交各種學問，準備將來革命成功建設國家時能夠發揮自己的才能與抱負。

八月十九日，日本派兵侵入我國領土吉林省局子街，意圖侵佔間島，作將來吞併東三省的打算。宋教仁寫「間島問題」一書，供滿清政府作爲向日本交涉的依據。宋教仁雖然反對滿清政府，可是他熱愛自己的國家，所以搜求有關間島問題的中日韓三國的遺史與古蹟，撰寫「間島問題」一書，幫助清廷解決問題。

一九〇八年十一月十四、十五兩日，光緒、慈禧相繼病逝。溥儀繼爲皇帝，各省設立諮議局，要求實行「君主立憲」。對革命情勢的發展，增加了許多阻礙。譚人鳳、宋教仁等人爲振作黨人，一九一〇年四月，由譚人鳳在東京邀集十一省區同盟會分會會長及重要的同志幾十人，研討革命的策略。宋教仁在會上主張由長江流域發動革命，組織「中部同盟會」作領導機關。得到與會同志的支持，大家紛紛回國。這一年冬天，宋教仁回到上海，加入黨人于右任主持的民立報爲主筆，以「漁父」、「桃源漁父」撰寫批評內政外交、分析國際形勢的文字，極受讀者歡迎，聞名於當時的新聞界。

宋教仁除新聞工作外，暗中和陳其美、章梓、鄭贊丞等暗中進行組織「中部同盟會」的工作。這時，黃興、趙聲、胡漢民奉　國父的命令，準備在一九一一年陰曆三四月間，再在廣州發動一次革命，因此無法兼顧長江流域；黃興接受他們的建議，由譚人鳳等糾集長江流域同志，響應廣東的革命。宋教仁在三月中旬到香港，參加革命。宋教仁與胡漢民等人搭（陰曆）三月二十九夜輪趕往，三十日凌晨到達廣州城外時，革命行動已經先於二十九日下午五六點，在黃興領導下發動，攻入督署，經過激戰後失敗。死了一百多人，七十二人安葬於黃花岡。

宋教仁、譚人鳳、陳其美等回到上海，與潘祖彝、楊譜笙在這年七月三十一日，在上海正式成立同盟會中部總會。宋教仁掌文事部，主管參謀等事務。宋教仁積極在長江流域上海、南京、浙江、江蘇、四川、陝西、湖南、湖北、江西、安徽八個省份，遍立分會，並和北方黨人程家檉、白逾桓、柏文蔚、吳祿貞暗通聲氣。又擬定中部同盟會的全盤革命策略，決定以武昌爲首義之地，通知各地機關。剛好八、九月間，四川發生爭鐵路的罷市停課、抗糧罷稅的大風潮。九月七日，四川總督趙爾豐扣押諮議局議長蒲殿俊等人，並用武力鎮壓槍殺群眾。宋教仁撰寫文章，公開鼓動四川人民起來革命。湖北派居正、楊玉如來上海邀請宋教仁、譚人鳳、黃興去湖北主持大計。宋教仁與焦達峰、黃興各方聯絡，本擬在十一月各省同時並舉，卻因孫武在漢口裝炸彈爆炸，一些黨人被捕；武昌革命黨人只好提前於十月十日起義，獲得成功。當時武昌革命因找不到適當的領導人，劉公藏匿漢口，孫武因傷入院，蔣翊武遠走京山，而黃興、宋教仁尚未趕來，臨時強迫局外人物新軍第二十一混成協統領黎元洪擔任中華民國軍政府鄂軍都督。宋教仁和黃興二十八日才到達漢口，主張儘快組織「中央臨時軍政府」，結合全國革命力量，並和湯化龍商討草擬「中華民國鄂州約法」，計七章六十條。其第二章人民，規定人民的種種權利與義務，爲後來我國人民制定憲法的先聲，所以後人稱宋氏爲我國憲政的先驅者。

由於第六鎮統制吳祿貞被袁世凱派人暗殺，對袁軍後路的威脅解除；漢口又在十一月二日被袁部攻陷，武昌受到威脅，情勢緊急。宋教仁在十一月十二日搭輪東返。十七日趕到上海。二十二日調和各軍急攻南京。十二月二日革命軍光復南京。黃興因漢陽失守，在二十七日也回到上海；宋教仁積極策畫在南京組織中央臨時軍政府，讓黃興爲大元帥，以便從黎元洪的手中收回革命的領導權，主持全國軍務，未能成功。到 國父自歐洲回國，臨時政府才組織成功。 國父於一九一二年元旦在南京就任我國第一任臨時大總統，成立中華民國。宋教仁在一月十六日出任法制院總裁（後改稱法制局局長），湯化龍爲副總裁。開國之初，臨時政府的各種法制，官職令、組織法，多出於宋氏之手。

南北和議成功，二月十一日，清帝退位。十三日， 國父辭去大總統職務，推薦袁世凱爲大總統。袁世凱卻藉口「北方危機隱伏」，遲遲不肯來南京就辭。南京臨時政府派蔡元培、宋教仁、汪兆銘等十人組成專使團前往北京，迎接袁世凱前來南京就職。二十一日起行。二十七日到北京，與袁談判。二十九日晚上，袁世凱親信曹錕的部隊卻製造兵變，放火搶刼，焚毀房屋一千多家，損失多達九千萬元。袁氏藉口兵變，無法南下。蔡元培與宋教仁力加勸說，無效。蔡、汪等聯名電告南京，宋教仁和王正廷、鈕永建，會同袁世凱的代表范源濂、唐在禮在三月五日先離京回南，向孫大總統報告。當宋氏於九日回到上海，孫大總統已提出變通辦法，早於宋教仁抵達前三日——三月六日，由參議院通過：允許袁世凱在北京打電報到南京參議院宣誓就職。——按袁世凱在三月八日電傳誓詞，十日在北京就職。蔡元培十四日離開北京。

民國元年（一九一二）三月二十九日，唐紹儀內閣成立。宋教仁任農林總長。黃興爲參謀總長，留守南京，統轄南方各軍。

四月十五日，宋教仁北上。二十日到達北京。五月一日到部視事。宋教仁在北京參加實際政治活動，深深體會到黨派不同，彼此傾軋不已，以致政潮迭起；他認爲由各黨各派組成的「混合內閣」，不是好辦法，主張由參議院多數黨組織「政黨內閣」，可以得到參議院同黨的支持，閣員意見也容易統一，不會彼此掣肘，一事也做不成，政黨徒然成爲有力者（如袁世凱）操縱利用的工具了。六月十五日，唐紹儀由於袁世凱破壞「臨時約法」，委任王芝祥職務，未經國務總理副署，即判行發給，憤而辭職。同盟會四位總長教育總長蔡元培、農林總長宋教仁、司法總長王寵惠、工商次長王正廷也一起辭職。宋教仁離開政壇後，專心辦理黨務。他認爲同盟會要想組織政黨內閣，必須在現在參議院及將來議會中，佔絕對多數席位，才能夠實現。

宋教仁主張合併「統一共和黨」等黨，改組同盟會，得到魏宸組、胡瑛、譚人鳳、劉揆一、張耀曾、李肇甫的支持，後來又徵得孫逸仙先生與黃興先生的同意。到八月二十五日，同盟會與統一共和黨、國民公黨、國民共進會、共和實進會合併，改組成國民黨。孫文、黃興、宋教仁等九人當選爲理事。共推孫逸仙先生爲理事長。孫先生打算往北方各地，考察鐵路，不能長駐北京，就遴選宋教仁代理他爲理事長。所以國民黨成立後，宋教仁實際上擔任起黨的領袖的責任。在他手下負責各部門幹部，也都是一時最傑出的人才。宋教仁因黨務暫告一段落，十月十九日離開北京，回湖南桃源故鄉，探望母親。回鄉後，京滬一帶的黨人朋友，又因蒙、藏問題的惡化，政治一無改革，屢電催他出山。

民國二年（一九一三）一月十日，國會參議員與衆議員的選舉結束，國民黨大獲全勝。北京國民黨本部屢電敦促宋教仁趕緊入京主持黨務。一月初，宋教仁離別了母親妻兒，到湖南長沙，經過武昌、九江、到上海，又往杭州、南京，到處演說，批評時政，尤強調責任內閣、政黨政治，撰擬「國民黨大政見」，深引袁世凱一系人物之忌。宋教仁說當趁第一屆國會，「制定眞正的共和憲法，產生純粹的政黨內閣」，當時輿論認爲他是最有希望組織內閣，出任總理的人選。這時袁世凱急電邀他入京，共商要政。當宋教仁在三月二十日夜十時四十五分，在上海滬寧車站，準備搭車，前往南京，轉車北上之際，袁世凱派人行刺，彈中腰部，因傷重，至二十二日黎明四時四十八分過世，享年三十二歲。由於宋教仁之死，引起二次革命，對民初中國的政治影響極爲深巨。

二、關於宋教仁先生一些事蹟的釋疑

由於當時人對宋教仁先生有一些微言，引致現代歷史家對宋氏不大持平的評論。所以我認爲後人對宋氏的某些事蹟懷疑的地方，有加闡釋的必要。現列述如下：

㈠胡漢民自傳中敘述「黃岡起義之經過」說：

「事之失敗，東京本部同志破壞武器購運之計劃者，當首任其過。蓋是時（孫）先生與精衛在河內，克強入郭人漳軍中，余在港策應潮、惠一方面事，宋教仁、章炳麟等居東京，左右本部同志。章、宋毫無軍事知識，而予智自雄，以爲所購槍爲村田式，非最新武器，孫、黃輕舉，事必無成，徒多犧牲，遂陰爲阻撓。……搖惑同志，以違反黨魁之命令，破壞革命軍之大計，良可恨。余馳書本部同志力責之，且言：『當執行黨中紀律。』旋由林時爽同志等返東京，禁制章、宋，使以後不得侵與黨中軍事問題。」

據胡漢民自傳所說，則余既成(丑)在一九〇七年五月二十二日於廣東潮州黃岡舉事前，宋教仁是在東京，而且曾會同章炳麟反對，阻礙購買槍械，以致失敗。但依據宋教仁日記「我之歷史」的記事，宋教仁在孫逸仙先生、胡漢民(三月四日)離日不久(三月二十三日)，也前往東北，運動馬賊，響應南方的革命。四月一日抵達安東；在第二日，他「致李逢春、朱二角、金壽山、王飛卿、楊國棟、孟福亭、藍黑牙等書」中，就勸使李等參加革命說：

「若統集遼河東西，黑水南北之義軍，合爲一團，共舉大事，豈官軍所能敵者？西渡山海關，則永平不守；南出喜峰口，則北京告危；大舉以爲革命之事，莫便於此。」

接著又說：

「僕等向在南方經營大業，號召黨徒已不下數十萬眾，欲扶義興師久矣，而山川隔絕，去京絕遠，欲爲割據之事則易，欲制清廷之死命則難。視公等所處之地，形勢不及遠矣。欲與公等通好，南北交攻，共圖大舉，特遣派某某等躬詣戎幕，商議機宜。其訓練士卒，編制軍隊，皆所諳曉，有足備公等之顧問者。若不嫌微末，而以提倡大義之事，互相聯合，則不獨僕等之幸，亦中國四萬萬同胞之幸也。」

宋信中「欲與公等通好，南北交攻，共圖大舉」，已很明顯地可以看出，宋教仁到遼東去，目的是在配合這時南方的舉事。這時，同盟會在南方所策畫的，就是「胡漢民自傳」中所說的潮、惠之役。所以徐血兒在「宋先生教仁傳略」中說：

「先生見同志俱在南方運動，北方尚未著手，乃奮起，偕白逾桓、吳崑及日人末永節赴東三省，立遼東支部，運動馬賊，『謀佔奉天，與南方響應』，鹹廠招兵時，忽敗，白逾桓被捕。先生乃復回東京。」

「鹹廠招兵時，忽敗，白逾桓被捕」，又在何時？據白逾桓撰程家檉革命事略跋：

「余與遯初赴奉（奉天），謀在軍械廠起義，爲清督（東三省總督）趙爾巽擊敗。余歷盡艱苦，冒險入瀋陽，圖再舉；日人古川清告密，余爲清督徐世昌所囚。」

白逾桓說，他和宋教仁在奉天曾經兩次圖謀起義：第一次謀襲軍械廠，被東三省總督趙爾巽打敗。我認爲這一次是在響應五月二十二日（陰曆四月十一日）余丑在廣東潮州黄岡之役；

黃岡之役在五月二十七日即告失敗，史稱孫中山先生第三次革命。第二次宋教仁派白逾桓冒險入瀋陽城，在鹹廠招兵失敗，白逾桓被東三省總督徐世昌所捕囚。我認爲這第二次是在響應六月二日（陰曆四月二十二日）鄧子瑜在廣東惠州七女湖之役；惠州之役在六月十二日失敗，史稱孫中山先生第四次革命。爲什麼這樣説呢？因爲徐世昌發表東三省總督，是在光緒三十三年（一九〇七）四月二十日（陰曆三月己亥），但到了六月十二日（陰曆五月壬辰）才抵達就任（徐世昌抵任，見清史疆臣年表七第二九九七頁，趙爾巽卸任見清史疆臣年表二十一第三二八六頁），接替了趙爾巽。白逾桓被徐所囚，當在徐世昌到任之後，也就是説在六月十二日之後。宋教仁逃回日本東京，也當在廣東潮州黃岡、惠州七女湖舉事之後；所以中央黨史史料編纂委員會所撰「宋教仁傳」就説：

「宋教仁成立同盟會遼東支部，到了夏天，聽到革命軍在廣東潮州、惠州舉事，就擬同時發動，先佔遼寧，再逼榆關，而窺京畿，不料鹹廠招兵，風聲走漏，逾桓不幸被捕。他見大勢已去，就改了裝束，逃往日京。」

這是很正確的説法。既然宋教仁在三月二十三日就離開東京，前往遼東，積極圖謀響應潮州、惠州二役革命的事，又如何能夠如「胡漢民自傳」所説，宋教仁「和章炳麟在東京，左右本部同志，陰爲阻撓」潮、惠革命的事呢？這當然也不是胡漢民對宋教仁故意的誣衊。然而又何以有如此矛盾的記載呢？這似乎是很難解釋，其實也不難。蓋當日革命黨人被派擔任某一項工作，都是非常秘密的，只有授命的一兩人知道，其他同志未必知道。而且宋教仁奉黄興之命，前往遼東，又是在胡漢民離開東京之後。所以宋教仁在遼東工作，應該說胡漢民並不知道，所以還以爲他還在東京。再加孫逸仙先生接受日本政府條件，被迫離開東京時，曾發生黨潮，章炳麟、宋教仁、張繼、譚人鳳等人認爲孫先生接受日方條件，未經眾議，大起反對。因爲先有此誤會，所以到了東京本部同志阻撓購買槍械，非議潮、惠的事時，胡氏就以爲宋教仁也有一份，當時就「馳書力責之」，東京同志如代理庶務長劉揆一與張繼等人，因宋教仁擔負的是秘密的工作，當然也不會答書置辯了。這種誤會現象，在「辛亥革命」成功後，也曾發生了一次。黨人焦達峰在湖南首先起義，響應武昌革命，光復了長沙，但不久即遭殺害。可是焦達峰卻被誣爲匪首姜守旦冒名，上海民立報一連好幾天登載這件事，大概民立報的黨人，不知道焦達峰秘密的身份，直到宋教仁自湖北回來上海，這抨擊焦達峰的事，才停止了。所以「胡漢民自傳」的記載，大概是在這種情況之下存在，而事後也未深究其事，所以他撰寫自傳時，就憑著舊日的記憶與保留的書函或日記的資料，撰寫進去。因此，有如此不實的記載了。

㈡吳鐵城在「四十年來之中國與我」中，回憶「宋案主謀袁世凱」一事，說：

「宋教仁，富才氣，有抱負，議壇論政，人物周旋，具有近代政治家風範；當時大多數同志許身革命，敝屣權位利祿，如張溥泉、馬君武諸君，視宋氏爲功名念切，心頗不懌。」

認爲宋教仁喜歡權位與利祿。這一種說法，對宋氏來說，是一種極不公平的說法。

宋教仁是一個有理想的政治家，一生所追求的是在推翻專制皇帝與不良政府，建設福國利民的政治，建立一個民主富強的中國，他對個人的權位利祿看的極淡。有幾件事情，可以證明。

1.南京成立臨時政府，孫逸仙先生就任臨時大總統時候，宋教仁堅持採取「責任內閣制」，目的爲將來萬一袁世凱任大總統時，可以限制其權力；在「責任內閣制」下，總統的權力非常小。當時卻被人誤會，以爲宋教仁自己想當總理。章炳麟這時發表支持宋教仁爲內閣總理的言論，「遯初有總理之才」，「建置內閣，僕則首推宋君教仁」，尤引起時人的誤會，以爲宋氏所以主張修改「臨時政府組織大綱」，將「總統制」改爲「內閣制」，用意就在謀求實現他個人的野心，而紛紛抨擊宋教仁。徐血兒「宋教仁先生傳略」：

「先生內審國情，外察大勢，鑒于『責任內閣』之適于民國也，起而力爭。中山認可，派張繼與先生磋商，以克強不允任總理，擬請先生代之。先生不允，邀居正、田桐、呂天民，至克強處，力勸克強，始允。于是『中山爲總統，克強爲總理』之議，始定。同赴南京，先生以『臨時政府組織大綱』規定，不設國務總理，乃提出修改案。代表有不知在滬所決議者，起而反對，致未通過。」

由此，可見宋教仁當時並沒有想做內閣總理的意思。黃興不肯出任內閣總理，擬請宋教仁代替他。宋教仁還找了居正、田桐、呂天民幾人去，力勸黃興出任。

2.宋教仁出任唐紹儀內閣的農林總長，是孫逸仙總統向袁世凱去電推薦。這時，宋教仁在上海。當他接到唐紹儀電報，知道已被任命爲農林總長，就在三十一日打了一通「辭農林部長電」（見民立報），給唐紹儀；後來袁世凱來電慰留，他才接受了這個職位。

3.當日，由於財政困難，各部司長科長以下，僅月給津貼六十元，總長、次長自五月份開始，暫不支薪。宋教仁生活也很艱苦。有一次，袁世凱給宋教仁一本支票簿，說：「遯初要錢花，自己開了去取。」宋教仁只開了一小筆，表示意思，就將支票簿交還了袁世凱。可見宋教仁人格高潔，取捨極有分寸，也因此爲袁世凱所深忌。

4.唐紹儀辭職後，宋教仁與蔡元培、王寵惠、王正廷一起辭職，退出內閣。袁世凱這時屬意陸徵祥出任總理，仍想網羅宋、蔡、王幾人參加新閣，一再挽留。宋教仁因爲主張政黨內閣，不肯參加「混合內閣」。可見宋教仁是一個講原則的人；他的出處，絕不是爲了個人的功名打算的。

5.宋教仁改組同盟會爲國民黨，與統一共和黨、國民公黨、國民共進會、共和實進會商妥合併。國民黨雖尚未正式成立，實際在參議院中，已佔多數席位。這時（八月二十日），內閣總理陸徵祥辭職。袁世凱就派教育總長范源濂、工商總長劉揆一，往訪宋教仁，力勸他出來接替陸徵祥，爲國務總理，但條件是其他閣員不動。宋教仁說：這跟本黨「政黨內閣」的主張衝突，就不肯接受。這件事公開見於民立報。他認爲總理與閣員不能做到一致，就不能組成強固的政府。由此，更可見宋教仁的爲人了。

6.國民黨成立後，宋教仁專心策畫國會議員選舉的事，實在無意出任國務總理。所以當袁世凱和　國父討論內閣繼任人選，　國父向袁世凱推薦宋教仁，黃興也從上海電勸宋教仁出任；宋都加拒絕。九月八日，黃興和陳其美北來，到了天津；宋教仁親往迎接他們，往訪唐紹儀；唐紹儀也勸他勉爲其難，出任總理。宋教仁仍加拒絕。參議院中，國民黨籍的議員佔多數，袁世凱因爲怕提出自己的人爲總理不能通過，改提國民黨的沈秉堃，黃興也很贊同。宋教仁認爲沈出任總理，本黨「政黨內閣」的主張將遭破壞，仍加反對。

由上面種種事實，可知宋教仁先生絕不是一個對個人「功名念切」的人。他雖然說：「政治是吾人的生命，吾人一日未死，一日不忘政治。」他一生所奮鬥的是求民主政治與良好政治的實現，並非在個人的功名地位。現在引用和宋教仁非常接近的朋友張繼（溥泉）在民國三十二年十一月九日在中央訓練團黨政班，第二次講「五十年歷史之研究與回顧」，談起「國民黨時代」的往事說：「宋教仁先生改組國民黨的事，現在爲許多人所誤解。有人說：『他想做內閣總理。』這未免是小人之心了。」作爲這個問題結束。國民黨在國會議員的選舉中大勝，大家決定由宋教仁入京主持黨務，甚至想推宋教仁出來組織內閣，擔任總理。宋教仁打算入京，又豈是爲個人打算？這也不過是國民黨多數黨人革新政治理想要求實現罷了。就像戴傳賢在「中國革命論」中說：

「革命不僅止破壞而已也，建設事業，實爲目的之所在。」

宋教仁先生不幸竟因此遭到袁世凱、趙秉鈞深忌而被殺害了。

㈢吳鐵城在「四十年來之中國與我」第三章「民國的初生與挫折」，談到「總理北上」爲國相忍的事，說：

「總理辭總統職，讓位於袁世凱，當時黨中同志意見紛歧，有人以爲所托非人，恐貽伊戚；但黨中有主張和議甚堅者，如宋教仁、汪精衛。總理當時顧念大局，又以黨裏中堅同志具此主張，恐釀成黨內分裂，便毅然決定讓位。」

其實，「要讓袁世凱做總統」，是逼於時勢，並非某幾個人的主張。宋教仁應該是始終不和袁世凱妥協的一個黨人。宋教仁對袁世凱素無好感，在武昌時致李燮和司令函中，曾說：「其人本不學無術，其品更惡劣可鄙，此間早與斷絕，聯兵北伐，以一中原」，「弟擬抽閑至滬，與公面商大計。」公開發表於民立報一九一一年十一月二十一日。所以當袁世凱派遣劉承恩、蔡廷幹在辛亥年（一九一一）十一月十一日（陰曆九月二十一日）到武昌，和軍政府議和，宋教仁也參加這次會議，而且對劉、蔡二人提出六點意見，一一加以駁斥拒絕（詳見民立報十一月二十日——陰曆九月三十日——武昌專電及其特派員函追記）。宋教仁

第二日就搭輪回上海去了。黎元洪也拒絕了這次和議。

可是不幸得很，漢陽在十一月二十七日失守。二十八日，黃興離開武昌東下。這時，武昌在清軍炮火猛轟威脅之下，非常危險。袁克定派遣朱芾煌南下，二十九日到達武昌，帶來汪兆銘的秘函，請舉袁爲臨時大總統，逼迫黎元洪。黎元洪受袁壓迫，只好接受停戰條件。這時剛好各省代表團到達湖北，適當其會，也就接受袁方條件，在十二月二日議決：「如袁世凱反正，當公舉爲臨時大總統。」一下子將大總統的位置相贈袁世凱了。這時，宋教仁在上海，爲留滬代表，實未曾參加議和行列。五日袁世凱派唐紹儀充談判代表；十七日唐到上海，民軍派伍廷芳爲代表，雙方在上海英租界市政廳開始正式談判。英、美、德、法、日、俄六國也參加調停，希望雙方早日和平解決。同一天，袁世凱又派代表廖宇春，和江、浙聯軍參謀顧忠琛秘密會商，和平解決時局，推袁爲大總統。黃興命令顧與廖訂立草約五條，中有「先推覆清政府者爲大總統」。至於當日　國父對總統人選的態度，江蘇都督程德全在十一月十四日通電說：「選舉臨時總統，應留待孫逸仙先生回國之後，方可舉行。」孫總理十六日從巴黎來覆電，卻說「總統自當推定黎君。聞黎有請『推袁』之說；合宜亦善。總之，隨宜推定，但求早鞏國基。」爲什麼當日大家要擁袁世凱爲大總統？蓋漢陽一陷，湖北被迫，接受和解；黃興由漢陽敗回，威望大減，各省步調，極不一致；民眾以爲推倒滿清，於願已達，故厭戰亂，惟求和平；起義各省，分設軍政府，號令不能統一，等於各省分立；中央臨時政府，又遲遲不能組織成功，缺乏領導中心；孫總理回國，組織臨時政府，就任大總統後，據章炳麟說：「孫公就職，以江寧爲南京，政府號令，不出百里。」而各省府庫空虛，財政艱窘，軍火糧餉，皆告匱乏；南京政府對外借款，議院代表又加反對，財政奇絀，軍隊又多烏合，不堪戰鬥，南京政府可以調動兵力，只有浙、粵二軍，要以武力擊敗北洋軍也極困難；而且日本已有助清之議，俄國已在支持外蒙古獨立，也不能排除國際干涉的危機；根據中國歷史，欲以武力統一這廣大的疆土，其戰爭往往蔓延長達十餘年。後來黃興致書汪兆銘與胡漢民，曾說：「和議若不成，自度不能下動員令，惟有割腹，以謝天下。」所以各方面人士大多傾向和平解決，因此反而矚望這個代表舊勢力的軍閥首領、專制餘孽，出來爲大總統。這當然是中國至不幸的事，但也是當日客觀的局勢所逼使然，「自不是少數黨人所能左右控制的。」岑春煊說：

「袁世凱手握強兵，直壓武漢；外挾民意，以制朝廷；使雙方皆受其指揮，而坐收漁人之利。」

爲了國家的統一，孫大總統也願意讓位袁世凱；居正「梅川譜偈」說「孫公許袁世凱以十年總統，自創十萬里鐵路」。國父這種期許袁世凱的心理，也是可以理解的。蓋「唐虞揖讓」之心，眞可爲民主共和的典範。就是最卑鄙齷齪的人，也應該會深受這偉大的人格所感化呀！而努力來建設國家的。誰又會想到袁世凱受專制遺毒竟如此之深呢！不想做偉人，只想做皇帝。

由過去這段歷史，說汪兆銘主張和議甚堅，可以；說是宋教仁的主張，則未可也。

後來袁世凱不肯南下就職。南京政府派蔡元培、汪兆銘、宋教仁等十人前往北京，迎接袁世凱來南京就職。袁世凱於民國元年二月二十九日，製造北京兵變，搶劫將近五千家，燒了一千多家房屋，人民損失多達九千萬元。袁世凱藉口「北京兵變」，不肯南下了。三月四日，蔡元培將情形電告南京，派宋教仁、鈕永建和袁世凱代表范源濂、唐在禮等人在三月五日離開北京，回南方去。宋教仁三月九日才回到上海，而孫大總統已在三月六日提出變通辦法，復經參議院通過，袁世凱早已在三月八日電傳立誓之詞，在北京就職。當日袁世凱終不肯南下就職的過錯，與宋教仁並沒有多大關係。居正在梅川日記「馬與宋鬨」一節中：「袁氏嗾使駐京、津第三鎭兵變，其勢洶洶，一面刼持專使，一面阻袁南下。（袁）婉託專使回南京代達一切。蔡、宋二專使洞悉其謀，痛陳利害。袁不爲動。」又說蔡元培和宋教仁都回到南京後，「大家群集總統府，聽取專使團報告後，主張由黃興統兵北上，仍以迎袁爲名，乘便掃蕩北洋軍閥及專制餘毒。蔡元培持重不語；宋教仁曰：『統兵北上，不是兒戲。直、魯有北洋重兵駐守，我若出兵，勢必惹起戰爭。』話沒說完，馬君武就大罵宋教仁爲『袁世凱作說客，出賣南京』，照著宋面一拳，左眼受傷出血。馬君武賠禮了事。」現在歷史家有據此記載，作爲孫總統所以允許袁世凱在北京就職總統的原因。這實在是「倒果爲因」的說法；馬與宋發生爭吵，不過是在事後檢討的時候，大家在袁世凱就總統職後，仍希望迎袁來南京主持政府罷了。

(四)張繼在「五十年歷史之研究與回顧」中，談到「國民黨時代」的往事，說：

「宋教仁先生擔任改組國民黨的事，現在爲許多人所誤解，說他不應該主張改組國民黨。這倒也不對。既然頒布約法，當然要有國會；既有國會，當然須有大黨來運用。一部清白的中國同盟會歷史，不願夾雜政黨臭味，自應作一個清白的結束，是當時一部分幹部同志的意思，不全是宋先生的意思。……宋先生主持國民黨，他曾費了很大的力量，所以各省國會議員選舉時，得佔絕大多數的席次；宋先生以近代政治家的風度，主張『在政治上鬥爭』，立場嚴正。」

張繼又說：「『以黨治國』的話，總理早在同盟會時代，便說得明明白白。」可見同盟會要想實行他們理想的優良政治，就必須「以黨治國」，這也是孫總理的想法，也是絕大多數的革命黨人的想法。像戴傳賢在「中國革命論」中就說：

「革命不僅止破壞而已，建設事業實爲目的之所在；若放任建設事業於他人，是焉用革命爲也？」

革命的發起，並不是只爲了製造一場轟轟烈烈革命的歷史。宋教仁說：「大革命之目的，在推翻不良的政府，在建設優良的政治。」以期能造福人民，富強國家。在民主的時代，一個黨派要實現這種理想，就必須在國會議員選舉時，佔絕大多數的席次，才能在政治上爭勝，組織「政黨內閣」，來治理國家。這也是現代西方民主政治的型式。

當時，同盟會在參議院的席次，並不是多數黨，在參議院內，同盟會的主張，常被反對，理想政策，無法實行。所以宋教仁認爲要實行理想的政策，只有組織政黨的內閣才能做到。而中國要想圖存只有組織強有力的政黨內閣，但同盟會要想組織政黨內閣，必須在參議院及將來議會中，佔絕對多收席位，才能夠實現。民立報主筆章行嚴，是宋教仁的朋友，七月間在民立報論「政黨組織案」中，指出一個國家的「政黨貴分爲二，一黨用事，一黨批評」，這樣政治才會進步；由於國內小黨林立，各樹一幟，又倡「毀黨造黨說」，主張各黨應該破壞重組，才智之士應該互相研究，商榷政見，棄小異，取大同，尋求一個大同、大異之點，以形成正反兩面的政策，造成兩個對立的大政黨，作爲實現責任內閣的基礎。立法與行政兩部門能打成一片，政治才能推行；兩部門衝突，政治即無由推行。政黨內閣，必須由參議院或議會中多數黨出來組織；內閣因爲是由一黨組成，政見容易一致，提出參議院也容易得到支持，大政方針自然就容易施行了。所以他提倡先「毀舊黨」，然後再「造新黨」。章氏這種說法和宋教仁的想法，極爲相近。宋教仁主張改組同盟會，合併他黨，網羅建設人才，實行造福國家的黨綱，得到魏宸組、胡瑛、譚人鳳、劉揆一、張耀曾、李肇甫的支持，徵得孫總理與黃興同意（見張繼回憶錄），運用靈活政治的手腕，終於和「統一共和黨」、「國民共進會」、「共和實進會」、「國民公黨」等小黨合併，改組爲國民黨。當日同盟會在辛亥革命後，投機份子，紛紛加入的也很多，有志氣才略的人，反以依附同盟會爲恥，被他黨所吸收。湖北、浙江一部分同志，與同盟會分裂，另起爐灶，叫做「民社」，民社變爲「共和黨」；章炳麟又爲政客所利用，成立「統一黨」；同盟會已不能統治同志，力量削弱很多。這也是決定改組原因之一（見張繼「回憶錄」民國元年九月的部分）。

同盟會改組成國民黨後，勢力膨脹的很厲害，份子複雜，良莠不齊。如袁系人物趙秉鈞組織內閣。當時的名記者黃遠生在民國元年十月五日的「政談竊聽錄」一文中說：

「趙秉鈞通過後，黃因力勸袁總統勸各國務員，加入國民黨。臨時現湊的『政黨內閣』，不驢不馬，人多非笑之，謂此非『政黨內閣』，乃係『內閣政黨』。」

又說：宋教仁派議員並不承認這是「國民黨內閣」，「此足見宋派之頗講究嚴格的政治理論」。腐敗的官僚也掛名爲國民黨黨員了，原來的革命主義與精神，也就喪失了。

不過，由於改組，國民黨的勢力也大大膨脹，黨員號稱數十萬，網羅許多傑出人才。在宋教仁的手下，負責各部門的幹部，都是一時之選：

總務部主任幹事魏宸組、殷汝驪，幹事任鴻雋。

交際部主任幹事李肇甫，幹事覃振、顧維鈞。

政事部幹事谷鍾秀、湯漪。選舉科主管幹事楊永泰。幹事張東蓀、沈鈞儒、徐傅霖、羅文幹、劉盥訓、張耀曾、伍光建、文群、仇鰲。

文事部主任幹事楊光湛。

政務研究委員會主任幹事張耀曾、劉彥，幹事馮自由、石志泉、吳鐵城、張東蓀等。

這些人物都是學有專長，熟悉歐美日本各國政治及學術的，對後來中國民主政治的發展也有相當的關係。

在宋教仁主持下，國民黨黨人參加民國第一屆國會議員的競選，大獲全勝。以這樣龐大的黨，又佔參、眾兩院絕大多數的席位，怎能不教袁世凱害怕呢？再加宋教仁主張政黨內閣最力，與袁相反，沿江而東，到湘、鄂、皖、寧各地演說，又評析現政府的失政，要取代趙秉鈞組織內閣。卑鄙的袁、趙二人，又怎能不趁著國民黨黨基尚未穩固之際，刺殺他最有力的領袖呢？以癱瘓國民黨的勢力。所以宋教仁死後，由於國民黨其他首領不能前往北京主持，形成「群龍無首」，終而在袁世凱的金錢與權力的利誘威迫下，跨黨脫黨，甚而依附袁氏了。

「以成敗論英雄」；因此，宋教仁改組國民黨，也就為一些同志所詬病了。于右任「題宋墓詩」，有「殺身翻道名成易，謀國全求世諒難。如斗餘杭漁父篆，墳前和淚為君刊。」給人留下無限的慨歎了！

三、宋教仁先生的才能與理想

在國民黨中，宋教仁是僅次於孫總理、黃興先生的領導者；在這三人中，宋教仁年齡最輕，比孫總理小十六歲，比黃興小八歲，參加革命工作，不到十年，就脫穎而出，成爲革命領導者之一，開國的英雄之一。我認爲下列幾點，是他成爲領袖的原因：

第一、他有傑出的領導能力：一九〇四年冬，長沙之役失敗，宋教仁逃亡日本，不久就成了東京留日學界的活躍份子，在華興會中的地位，也日漸提高。一九〇五年，　國父到東京，組織同盟會。他爲了擴大孫逸仙先生在東京中國留學生間的影響，發起歡迎孫逸仙先生演說會，八月十三日在富士見樓舉行，他擔任主席，辦得非常成功，到有一千三百多人。這年十一月二日，日本文部省頒佈「取締支那留學生規則」，他和胡瑛等人發起組織中國學生聯合會，領導留日的中國學生罷課反對，造成一時極大的風潮。民國元年，參加唐紹儀內閣，就成爲核心份子，時人甚至稱之「唐宋內閣」。八月二十五日，改組同盟會爲國民黨成功，他以九百十九票，當選爲理事，並由　國父遴選爲代理理事長；統籌全黨國會議員競選，一下子就大獲全勝。可見他的領導與組織能力之強。

第二、他有篤實廣博的政治學識：一九〇六年二月，宋教仁進入早稻田大學後，讀書非常努力，範圍甚爲廣泛，再加文筆流暢，頗負文名。留學界有重要的文字，常請他執筆。後來，楊守仁隨清廷出洋考察憲政的大臣戴澤等人，於一月二十二日到達東京，以譯述歐美各國政治制度要覽委託宋教仁，有日本憲法，俄國之革命，英國制度要覽，萬國社會黨大會略史，各國警察制度，世界史表解，俄國制度要覽，奧地利、匈牙利制度要覽，比利時、奧匈國、俄國財政制度，美國制度概要，日本地方漁政法規要覽……等。由從事這些翻譯的工作，使他對當日世界重要國家的政治、財政、法律各種制度，有相當認識。這對他後來從事黨政工作，像草訂約法憲章，官制組織，籌謀共和，改組國民黨，發表大政見，都有極大的幫助。

第三、他有卓越遠大的眼光：像研究國際發展的趨勢，能夠遠及數十年後的事，預測其發展，頗爲正確。像他在分析「二百年來之俄患」說：「俄人此次對於蒙古、新疆之舉動，甚蓄意深，而規畫甚巨；其目的所在，要不外乎欲握蒙古、新疆之政治勢力、經濟勢力，以圖展其極東政策、中東政策之雄略。」又說：「俄人大彼得政策，固惟有橫斷蒙古，駛進中原，突貫新疆，席捲西藏、印度、阿富汗；此其極東政策與中東政策。」現在，蘇俄果然在我國的外蒙古擴張其勢力，在執行彼得大帝的政策，侵入阿富汗，窺伺伊朗了。宋教仁早在一九一一年二月八日民立報上，發表「東亞最近二十年時局論」，就指出日本是「吾中國既往將來之大敵國」，時懷吞噬中國的野心。並在五月十七日「論近日政府之倒行逆施」中，預測說：「不出十年，日本與美國則以干戈相見於太平洋之間。」至一九四一年十二月八日，日軍偷襲珍珠港，在太平洋，美國和日本終於發生戰爭了。可見宋教仁透視國際局勢的發展的深遠地方，眼光的確高人一等。

第四、他有堅忍不拔的革命精神：一九一一年三月二十九日，黃花岡之役失敗，黨人死了一百多人，對當時親歷其事的同志，是一記難以承受的重擊。趙聲氣鬱身死，黃興、胡漢民杜門謝客。宋教仁回到上海，卻不因此次失敗，而灰心喪氣，和譚人鳳、陳其美等人，組織同盟會中部總會，在長江流域各省，遍立分會，更加積極發展革命了。黃興致同盟會中部總會書，說：「中部總會列公大鑒：奉讀手札，欣悉列公熱心毅力，竟能於橫流之日，組織幹部，力圖進取，欽佩何極！」

第五、他有運籌策畫的才略：宋教仁的才能，爲時輩所欣賞欽佩，凡事都能作詳密計畫。譬如他組織中部同盟會，就能考慮全盤革命策略，說：「湖北居中國之中，宜首倡義；然武昌爲四戰之地，故一俟湖北舉事，即令湘、蜀，同時響應，以解上游之困，而爲鄂中後援。又以京漢路爲南北交通之孔道，敵軍易輸於運，不欲以武漢爲戰爭區域，以防牽動租界，而啓外人之干涉，擬於武昌既舉之後，即派兵駐守武勝關，使敵兵不得南下，以保武漢之安寧。一面令秦、晉繼起，出兵斷京漢路，以分敵勢。而又懼湖北一動，下游阻塞，將使運輸不利也；故擬長江下游，同時於南京舉事，並即封鎖長江海口，使敵軍海軍艦隊孤立，而乘利應便以取之。」他計畫的縝密，考慮的周到，黃興來信就深加讚美說：「老謀深算，雖諸葛復生，不能易也。光復之基，即肇於此。」後來，章炳麟撰宋教仁「我之歷史」序，說：「自長江中流起者，則漁父與譚石屏策爲多，武昌倡義，卒仆清廷，而漁父亦有宰相之望。」

第六、他有實現憲政、建設國家的偉大理想：我們從一九一一年宋教仁在武昌時所起草的「中華民國鄂州約法」第二章，規定人民的權利，人民一律平等，享有言論著作刊行集會結社、通訊、信教、居住遷徙、保有財產、營業等等自由。保有身體自由，非依法律所定，不得逮捕審問處罰；家室自由，非依法律，不得侵入搜索。對於行政官所作違法損害權利的行爲，可訴訟於行政審判院。可向議會陳請，行政官署陳訴。有任官考試、選舉與被選舉的權利。由此，可以看出宋教仁的革命理想，是在建立一個民主的政體，是爲了爭取中國人民的自由平等，永遠推翻獨裁的帝制。這「鄂州約法」，連續刊載於民立報上（一九一一年十二月二日起），這也是後來中華民國制定憲法的先聲，有人稱宋教仁爲憲政的先驅者。這種理想的民主政治，在今天已漸漸實現。我們從民國二年（一九一三），宋教仁代擬的「國民黨的大政見」，連續刊載在二年四月二日至七日的民立報上。由其內容，可以看出宋教仁對於國家政體與施政政策，都有妥善的擬訂；尤其政策，在軍事、財政、行政、實業、交通、教育、司法、外交各方面，都提綱挈領，標其主要計畫，努力方向，可以做爲一個政黨組織內閣時施政的方針。宋教仁是一位有理想的政治家，一生所努力追求的，是在制定一套眞能夠保障民權的憲法，以掃清我國數千年來帝王專制的毒害；而組織純粹的政黨內閣，實施眞正的民主政治，建立一個富強自由的中國。

宋教仁先生雖然不幸遇刺身死，未竟其功，但他的偉大的革命精神與政治理想，都已經在我們的心中植下深深的根苗。

四、結語

宋教仁的死，不但對當時時局的轉變，引起滔天巨浪，而且對我國民主政治的發展，有極其深遠的不良影響，是一記非常沈重的打擊。當民國二年（一九一三）四月二十五日晚上十二時，江蘇都督程德全、民政長應德閎將袁世凱收買兇手謀刺宋教仁的證據公布之後，國民黨因爲袁世凱謀殺黨中要人，自然與袁不兩立；袁世凱知道以前籠絡國民黨的手段，不能再行，就盡揭其醜惡面目，違法向英、日等五國銀行團借款二千五百萬英磅，利用借來的金錢收買議員與軍隊，又利用總統的特權免去胡漢民、李烈鈞、柏文蔚三位國民黨籍都督，又派兵南下，用武力逼迫民軍，終於引發二次革命，造成袁賊的稱帝、軍閥的割據、我國的民主政治的倒退。使當日革命志士寧調元痛哭作詩：「可憐五族共和史，容易曇花一現中！」由於宋教仁的死，在政治上無人抑制袁世凱走向獨裁的路子，袁世凱也因此親手挖掘了致使自己身敗名裂的可悲的墓坑，成了千萬人唾罵的國賊。

一個人物的死亡，影響如此深遠巨大，在中國現代史上，應算第一人了。

（一九八一年四月刊於《近代中國雙月刊》第二十二期）

主要參考書目

我之歷史（宋教仁著，文星書店印行）。

革命先烈先進詩文選集（宋教仁選集、鄒容選集、陳天華選集、秋瑾選集、吳祿貞選集、居正選集、于右任選集，中華民國各界紀念 國父百年誕辰籌備委員會出版）。

宋教仁（吳相湘著，文星書店印行）。

中國近代史話二集（宋教仁評傳，左舜生著，文星書店印行）。

革命先烈先進傳（採用傳記資料，有鄒容、陳天華、劉道一、劉靜菴、朱子龍、王漢、吳樾、徐錫麟、秋瑾、馬福益、熊成基、倪映典、方聲洞、林覺民、喻培倫、林文、宋玉琳、楊篤生、溫生才、武昌首義殉難彭、劉、楊三烈士傳、吳暘谷、焦大鵬（達峯）、吳祿貞、張先培、黃之萌、楊禹昌、彭家珍、于德坤、張振武、張懋隆、宋教仁、林述慶、蔣翊武、沈翔雲、甯調元、程家檉、范鴻仙、張百祥、陳其美、楊王鵬、井勿幕、朱執信、楊仙逸、廖仲愷、詹大悲、畢永年、馮自由、王寵惠、張靜江、趙聲、黃興、徐宗漢、黃明堂、王和順、胡漢民、曹亞白、伍廷芳、蔡元培、吳稚暉、馬君武、張繼、秦力山、居正、譚人鳳、黃復生、林森、戴傳賢、于右任、田桐、鄒魯、蘇曼殊、覃振、何天炯、潘達微、李烈鈞、柏文蔚、秦毓鎏、吳醒漢、古應芬、譚延闓、吳鐵城、周淡游、張恭、呂大森、吳崑、管鵬等，中華民國各界紀念　國父百年誕辰籌備委員會學術論著編纂委員會主編，中國國民黨中央黨史史料編纂委員會編輯，中央文物供應社發行）。

國民革命史（李守孔編著，中華民國各界紀念　國父百年誕辰籌備委員會出版，中央文物供應社發行）

國父孫中山先生傳（傅啓學編著，中華民國各界紀念　國父百年誕辰籌備委員會出版，中央文物供應社發行）。

中華民國史畫（中國國民黨中央委員會黨史委員會主編，中央文物供應社發行。本書人物的形貌，大抵據此刻畫）。

中國近代畫史（中國國民黨中央委員會黨史史料編纂委員會出版）。

二十世紀之支那一册（一九〇五年五月東京鉛印本，宋教仁與友人合辦的刊物）。

民報（二十六册，一九〇五年十一月東京創刊，宋教仁用𢇅齋筆名撰稿）。

間島問題（宋教仁著，用宋鍊名發表，一九〇八年在上海刊行，今收在革命先烈先進詩文選集宋教仁選集中）。

民立報（一九一〇年十月十一日創刊，上海印行。宋教仁自一九一〇年為民立報主筆，就和民立報結下不解之緣。本書一九一〇年後許多史蹟係根據民立報而寫定。今有中國國民黨中央委員會黨史史料編纂委員會發行精裝影印本三十三册）。

近代中國史事日誌第二册（清季，光緒十二年至宣統三年，郭廷以編著，中央研究院近代史研究所經售）。

清史八册（國防研究院印行。本書主要採用其「德宗本紀」、「宣統皇帝本紀」、「禮志」、「邦交志」、「革命黨人列傳」、「屬國朝鮮傳」等部分）。

清代通史五册（蕭一山著，商務印書館發行。本書採用其第六篇「憲政運動與國民革命」與「清代大事年表」、「清代軍機大臣表」、「清代督撫表」、「清代外交約章表」等部分）。

孫逸仙先生（吳相湘等著，文星書店出版）。

關於孫中山先生的傳記和考證（王瑛琦等著，文星書店印行）。

細說民國一、二册（黎東方著，文星書店印行）。

革命逸史五集（馮自由著，商務印書館印行）。

清史通俗演義下册（蔡東帆撰，世界書局印行）。

民國通俗演義（蔡東藩編著，大東書局印行）。

中華民國之建立（包括馮自由「記中國同盟會」、周曙山「中華民國的回顧」、張忠紱「中華民國誕生初期之外交」、鄒魯「民初之國會」等篇史料，收在包遵彭、李定一、吳相湘等編纂「中國近代史論叢」第一輯第八册中，正中書局印行）。

清稗類鈔（徐珂著，商務印書館印行。本書採用其有關「地理」、「名勝」、「宮苑」、「園林」、「宮闈」、「禮制」、「物品」、「服飾」等資料）。

孫中山自由民主言論彙編（孫文著，文星書店印行）。

廣州三月二十九革命史（鄒魯編，帕米爾書局印行。本書廣州「三二九之役」與「七十二烈士與黃花岡」、「趙聲的死」等部分，大抵據此資料撰寫）。

武昌首義上下兩册（其中包括當時人譚人鳳、曾伯興、李廉方、章裕昆、胡祖舜、楊開甲、熊秉坤、吳醒漢、甘績熙、蔡濟民、黎元洪……等人有關的重要文獻；由中華民國開國五十年文獻編纂委員會編纂出版，有辛亥武昌首義同志會民國六十年十月重印本。本書「中部同盟會」、「川路風潮」、「武昌革命」、「軍政府成立」、「鄂州約法」等部分，大抵據此書資料而寫）。

辛亥革命史料（張國淦編，文海出版社印行）。

晚清宮庭與人物（吳相湘著，文星書店印行。中有「武昌起義時清軍之行動」與「清帝退位與出京經過」）。

民國四川史事（周開慶著，商務印書館印行。中有「同盟會在四川之活動」、「辛亥革命四川起義經過」）。

中華民國開國史（谷鍾秀著，文星書店印行。本書有關「武昌起義」、「組織臨時政府」、「南京臨時政府」、「南北議和」、「臨時政府組織大綱」、「孫大總統就職」、「袁世凱」、「臨時政府地點」、「唐紹儀組閣」、「內閣更迭」、「財政與借款」、「政黨變遷」、「宋教仁被刺」等內容資料，部分據此）。

北京兵變始末記（楊抹炎、沈實甫、陳鷺洲、陳勳庭等撰，國事新聞編。文星書店印行。本書有關「北京兵變」一節，主要據此書及民立報寫成）。

袁世凱與中華民國（白蕉著，文星書店印行。本書有關「袁世凱」資料，部分據此）。
袁氏盜國記（黃毅著，文星書店印行）。
袁大總統書牘彙編（徐有朋編，文星書店印行）。
黎副總統政書（易國幹等編，文星書店印行）。
黃留守書牘（黃興著，吳硯雲編，文星書店印行）。
三水梁燕孫先生年譜（岑學呂著，文星書店印行）。
民國經世文編（經世文社編，文星書店印行）。
最近卅年中國軍事史上册（文公直著，文星書店印行）。
遠生遺著兩册（黃遠庸著，文星書店印行）。
戴天仇文集（戴季陶著，文星書店印行）。
黎元洪傳（沈雲龍著，中央研究院近代史研究所專刊）。
中國近百年政治史下册（李劍農著，商務印書館發行。本書有關「民國初年政黨與國民黨」史料，部分據此）。
中國近百年史資料初編、續編（左舜生輯，中華書局印行。初編中有唯剛「俄蒙交涉始末」、羅惇融「藏事紀略」、孫文「中國革命之經過」;續編中有林長民「參議院一年史」、蔡元培「壬子迎袁始末」、程德全、應德閎「宋案眞相」等篇資料)。

飲冰室文集第十一册、十二册(梁啓超著,中華書局印行。中有梁啓超在民國元年十月間回國,及「袁世凱之解剖」等資料)。

宋漁父(葉楚傖等編,文星書店印行。本書有關宋教仁「遇刺」、死後「哀榮」、「破案」等部分,據此書及民立報等寫成)。

近世中西史日對照表(鄭鶴聲編,國立編譯館編訂,商務印書館印行。本書「陽曆」與「陰曆」對照附註部分,據此)。